"十三五"国家重点图书出版规划项目

国家出版基金项目

NATIONAL PUBLICATION FOUNDATION

《中国经济地理》丛书

孙久文　总主编

# 山西经济地理

安树伟　郭文炯　安祥生　冯文勇　等◎著

SHANXI

经济管理出版社

ECONOMY & MANAGEMENT PUBLISHING HOUSE

**图书在版编目（CIP）数据**

山西经济地理 / 安树伟等著. —北京：经济管理出版社，2017.10
ISBN 978-7-5096-5357-9

Ⅰ.①山… Ⅱ.①安… Ⅲ.①经济地理—山西 Ⅳ.①F129.925

中国版本图书馆 CIP 数据核字（2017）第 231334 号

组稿编辑：申桂萍
责任编辑：侯春霞
责任印制：司东翔
责任校对：张晓燕

出版发行：经济管理出版社
　　　　　（北京市海淀区北蜂窝 8 号中雅大厦 A 座 11 层　100038）
网　　址：www. E-mp. com. cn
电　　话：（010）51915602
印　　刷：玉田县昊达印刷有限公司
经　　销：新华书店
开　　本：720mm × 1000mm/16
印　　张：27.75
字　　数：458 千字
版　　次：2018 年 1 月第 1 版　　2018 年 1 月第 1 次印刷
书　　号：ISBN 978-7-5096-5357-9
定　　价：88.00 元

# 《中国经济地理》丛书

# 总　序

今天，我们正处在一个继往开来的伟大时代。受现代科技飞速发展的影响，人们的时空观念已经发生了巨大的变化：从深邃的远古到缥缈的未来，从极地的冰寒到赤道的骄阳，从地心游记到外太空的探索，人类正疾步从必然王国向自由王国迈进。

世界在变，人类在变，但我们脚下的土地没有变，土地是留在心里不变的根。我们是这块土地的子孙，我们祖祖辈辈生活在这里。我们的国土有960万平方公里之大，有种类繁多的地貌类型，地上和地下蕴藏了丰富多样的自然资源，14亿中国人民有五千年延绵不绝的文明历史，经过近40年的改革开放，中国经济实现了腾飞，中国社会发展日新月异。

早在抗日战争时期，毛泽东主席就明确指出："中国革命斗争的胜利，要靠中国同志了解中国的国情。"又说："认清中国的国情，乃是认清一切革命问题的基本根据。"习近平总书记在给地理测绘队员的信中指出："测绘队员不畏困苦、不怕牺牲，用汗水乃至生命默默丈量着祖国的壮美山河，为祖国发展、人民幸福作出了突出贡献。"李克强总理更具体地提出："地理国情是重要的基本国情，要围绕服务国计民生，推出更好的地理信息产品和服务。"

我们认识中国基本国情，离不开认识中国的经济地理。中国经济地理的基本条件，为国家发展开辟了广阔的前景，是经济腾飞的本底要素。当前，中国经济地理大势的变化呈现出区别于以往的新特点。第一，中国东部地区面向太平洋和西部地区深入欧亚大陆内陆深处的陆海分布的自然地理空间格局，迎合东亚区域发展和国际产业大尺度空间转移的趋势，使我们面向沿海、融入国际的改革开放战略得以顺利实施。第二，我国各区域自然资源丰裕程度和区域经济发达程度的相向分布，使经济地理主要标识的区内同一性和区际差异性异常突出，为发挥区域优势、实施开发战略、促进协调发展奠定了客观基础。第三，以经济地理格局为依据调整生产力布局，以改革开放促进区域经济发展，以经济发达程度和市场发育程度为导向制定区域经济政策和区域规划，使区域经济发展战略上升为国家重大战略。

因此，中国经济地理在我国人民的生产和生活中具有坚实的存在感，日益发挥出重要的基石性作用。正因为这样，编撰一套真实反映当前中国经济地理现实情况的丛书，就比以往任何时候都更加迫切。

在西方，自从亚历山大·洪堡和李特尔之后，编撰经济地理书籍的努力就一直没有停止过。在中国，《淮南子》可能是最早的经济地理书籍。近代以来，西方思潮激荡下的地理学，成为中国人"睁开眼睛看世界"所看到的最初的东西。然而对中国经济地理的研究却鲜有鸿篇巨制。中华人民共和国成立特别是改革开放之后，中国经济地理的书籍进入大爆发时期，各种力作如雨后春笋。1982年，在中国现代经济地理学的奠基人孙敬之教授和著名区域经济学家刘再兴教授的带领和推动下，全国经济地理研究会启动编撰《中国经济地理》丛书。然而，人事有代谢，往来成古今。自两位教授谢世之后，编撰工作也就停了下来。

《中国经济地理》丛书再次启动编撰工作是在2013年。全国经济地理研究会经过常务理事会的讨论，决定成立《中国经济地理》丛书编委会，重新开始编撰新时期的《中国经济地理》丛书。在全体同人的努力和经济管理出版社的大力协助下，一套全新的《中国经济地理》丛书计划在2018年全部完成。

《中国经济地理》丛书是一套大型系列丛书。该丛书共计39册：概论1册，"四大板块"共4册，34个省市自治区及特别行政区共34册。我们编撰这套丛书的目的，是为读者全面呈现中国分省区的经济地理和产业布局的状况。当前，中国经济发展伴随着人口资源环境的一系列重大问题，复杂而严峻。资源开发问题、国土整治问题、城镇化问题、产业转移问题等，无一不是与中国经济地理密切相连的；京津冀协同发展、长江经济带战略和"一带一路"倡议，都是以中国经济地理为基础依据而展开的。我们相信，《中国经济地理》丛书可以为一般读者了解中国各地区的情况提供手札，为从事经济工作和规划工作的读者提供参考资料。

我们深感丛书的编撰困难巨大，任重道远。正如宋朝张载所言"为往圣继绝学，为万世开太平"，我想这代表了全体编撰者的心声。

我们组织编撰这套丛书，提出一句口号：让读者认识中国，了解中国，从中国经济地理开始。

让我们共同努力奋斗。

孙久文

全国经济地理研究会会长

中国人民大学教授

2016 年 12 月 1 日于北京

# 序

　　山西因地处太行山以西而得名，是中华民族重要的发祥地之一。因外河而内山，故有"表里山河"之称。山西以煤炭为主的矿产资源极为丰富，为能源和高载能原材料产业发展奠定了良好的资源基础，多样的农业自然条件也为开展多种经营和农、林、牧、渔综合发展提供了有利条件。20 世纪 80 年代，山西经济发展水平位居全国平均水平，但是由于各方面的原因，20 世纪 90 年代以来在全国的地位日益下降。1980~2016 年，全省地区生产总值占全国的比重从 2.39% 下降到 1.74%，在全国所有省（自治区、直辖市）中从第 16 位下降到第 25 位，人均地区生产总值从第 12 位下降到第 28 位。

　　总结改革开放以来山西经济发展的基本经验与教训，研究山西经济布局与发展的基本特征，明确新时代山西经济发展的功能定位，提出保障山西经济持续发展的路径和若干重大政策措施，是山西人义不容辞的责任。在这种背景下，《山西经济地理》出版了，这是新时代认识山西、了解山西、研究山西的一部重要著作。本书兼顾了学术性与知识性，试图从多个方面对上述问题做出回答。概括来讲，本书在如下几方面有较好的创新。

## 一、总结了改革开放以来山西经济发展的基本经验与教训

　　多年来，山西高度重视产业结构调整工作，特别是在资源型经济转型发展方面进行了积极探索。

　　适应国家战略需要，及时调整经济发展战略。改革开放以来，随着市场范围的扩大和煤炭资源开发力度的加大，山西迅速成长为我国最重要的能源重化工基地，为国家能源供应和现代化建设做出了突出贡献。20 世纪 90 年代，随着经济社会的发展和宏观形势的变化，山西经济综合实力排名不断下滑，开始寻求出

路,谋划建设内陆经济开放区。2010年以来,山西试图通过深化改革和体制机制创新,探索资源型经济转型发展的新路子。

交通等基础设施适度超前建设。山西是我国重要的能源大省,"晋煤外运"历史悠久。20世纪90年代,按照交通建设适度超前的思路,以打通太(原)旧(关)路为契机,山西大力改善了交通路网。2016年全省铁路营运里程5293.4km、铁路货运量64861万t,分别居全国各省(自治区、直辖市)第8位和第1位;公路里程142066km、公路货运量102200万t,分别居全国各省(自治区、直辖市)第16位和第17位。①由于煤炭外运方向主要是向东、向南,外运通道建设主要是加强与环渤海、东部沿海、中原经济区的联系,这样就忽视了西向联系交通的建设,限制了太原在全国交通网中的地位,直到太(原)中(卫)银(川)铁路、G22高速公路的建成,这种状况才有所改善。伴随着道路等基础设施的完善,山西区域经济空间格局已由20世纪八九十年代的"K"字型格局逐步过渡到2010年的"大"字型格局,目前正在向"叶脉式"空间结构演变,实现了区域开发格局由点轴开发向网络开发格局的转变。

开展广泛的区域合作。山西具有开展区域合作的区位优势。近几年,山西对外合作力度加大,全省各地积极对接国家"一带一路"建设及京津冀、环渤海等发展战略,积极承接京津冀新材料、节能环保、高新技术等产业转移,加快晋北地区鲜活农产品进入京津市场,实现与京津冀协作领域的多元化。山西还加强了与中原经济区、长三角、珠三角、黄河沿岸省份的区域合作,加大了面向长三角、珠三角等沿海地区的招商及产业承接力度,有力地推动了全省经济的发展。

坚定不移走可持续发展之路。山西曾经是全国污染最严重的省份,近年来通过加强重点流域、重点城市、重点区域环境整治和重点行业污染治理,全省环境污染急剧恶化的趋势得到初步遏制,水环境恶化趋势得到缓解,工业废水排放量减少,处理率大幅度增加,大气环境状况明显改善,工业固体废物利用率提高,主要污染物总量减排成效初显,局部地区环境质量有所改善。但是,由于资源型经济发展模式具有一定的"锁定效应",生态环境脆弱与经济社会发展的矛盾依然十分突出。

---

① 其中,高速公路5265km,居全国各省(自治区、直辖市)第10位。

## 二、概括了山西经济布局与发展的基本特征

改革开放以来，随着市场范围的扩大和煤炭资源开发力度的加大，山西迅速成长为我国最重要的能源重化工基地，也形成了以能源、原材料为主的经济结构。2016 年山西以占全国 1.64% 的国土面积，承载了 2.66% 的人口，创造了 1.74% 的地区生产总值。

"重工业过重，轻工业过轻"的经济结构。中华人民共和国成立以来，山西沿着建设成为全国"重工业基地之一→能源重化工基地→重要的新型能源和工业基地"的发展道路，成功地抓住了国家振兴老工业基地、促进中部崛起的机遇，能源基地建设取得了巨大成就，逐步形成了以能源、原材料为主的经济结构，工业发展高度依赖煤炭开采、焦化、煤化工等行业。由此，也导致了山西"重工业过重，轻工业过轻"的格局一直持续到现在。

农业结构发生了根本性转变，但稳定脱贫任务依然艰巨。1978~2015 年，种植业产值占全省农业产值的比重由 82.6% 下降到 67.5%，林业由 6.0% 提高到 6.8%，牧业由 11.4% 提高到 25.0%，渔业比重也有一定程度的提高，农业结构发生了根本性改变。近年来，农产品逐步向优势产区集中，一批布局相对集中、区域特色明显的优质农产品生产基地取得突破，各具特色的农业经济区如雁门关生态畜牧经济区，忻定盆地玉米、杂粮经济区，晋中盆地蔬菜、水果、花卉等设施农业经济区，上党盆地玉米、畜牧业经济区，晋南盆地粮食、水果和蔬菜经济区，太行山和吕梁山杂粮、林果业经济区已经初具规模和影响力。山西省还是我国内陆欠发达地区和贫困人口较多的省份之一，在国家新时期 14 个集中连片的贫困地区中，涉及山西的有吕梁山区和燕山—太行山区。2015 年全省有贫困人口 232 万人，占全省农村总人口的 9.6%，2/3 的贫困村农民人均收入不足 3000 元，稳定脱贫任务依然艰巨。

资源开发是城镇化的主要动力，城镇化滞后于工业化的状况得到根本改善。山西矿产资源的开发不但形成了新型城镇，而且使原有不同规模的聚落因周围矿产资源的开发而成长起来。全省 22 个城市中有 15 个城市分布于六大煤田的覆盖区域内。1978~1985 年，资源导向型的城镇化道路曾导致山西的城镇化严重滞后于工业化，并且滞后程度日益扩大；1986~2005 年，城镇化仍然滞后于工业化，但二者不协调的程度在逐渐缓解；2006 年之后，城镇化滞后于工业化的状况得

到根本改善，这一改变也与宏观经济形势对能源、原材料产品需求的减少有关。2015年全省建成区人口超过100万人的大城市只有太原和大同，介于50万~100万人的中等城市也只有长治、阳泉、临汾；2015年山西省城市城区平均人口50.56万人、平均建成区面积51.07km²，仅分别相当于全国平均水平的72.1%和64.3%。

### 三、明确了新时代山西经济发展的功能定位

从经济社会发展现状、优势和限制性因素出发，考虑到区位和资源生态条件、发展基础和面临的发展环境等因素，未来山西的总体定位是：国家资源型经济转型综合配套改革试验区，国家新型综合能源与制造业基地，国家生态文明示范区，华夏文明展示、传承与创新区。

国家资源型经济转型综合配套改革试验区。在巨大的经济下行压力下，必须破解山西过度依赖资源型产业而造成的"产业结构锁定"、政府干预过多造成的"转型模式锁定"等发展困局。山西的经济转型要与国家发展战略紧密结合，加强供给侧结构性改革，提高投资有效性，破解制约资源型经济转型的全局性重大体制问题，全面深化改革，进一步大胆探索，建立完善支撑资源型经济转型的政策体系和体制机制，发挥好试点对全局性改革的示范、突破、带动作用，努力为全国其他资源型地区转型发展发挥示范作用。

国家新型综合能源与制造业基地。"山西之长在于煤"，在未来经济发展中，能源工业仍然是山西经济的支柱产业，这是由我国的能源资源是以煤炭为主的产品结构所决定的。山西能源工业必须提升产业层次，提高发展质量，促进能源产业升级，加快国家新型综合能源、原材料基地建设。工业是国民经济的主导，制造业是工业的主导，山西制造业发展水平总体偏低，要以装备制造园区为载体，加快制造业发展，重点发展先进装备制造，全面提高发展质量和核心竞争力，逐步建设成为布局合理、特色鲜明的制造业大省。

国家生态文明示范区。"绿水青山胜过金山银山"，要继续突出生态文明建设的内容，以尊重和维护自然为前提，坚持"点轴开发，面上保护"的原则，以改善环境质量为核心，实行最严格的环境保护制度，强化污染防治与生态保护联动协同效应，围绕大气、水、土壤污染防治三项重点，加快推进生态环境治理体系和治理能力现代化建设，推动形成节约资源和保护环境的空间格局、产业结构、

生产方式、生活方式，还自然以宁静、和谐、美丽，提供更多优质生态产品以满足人民日益增长的生态环境需要。

华夏文明展示、传承与创新区。山西是中华民族先祖的政治文化活动中心之一和华夏文明的发祥地，山西文化旅游业的发展与丰富的文化旅游资源、优越的区位还很不相称，要创新理念、发挥优势，大力挖掘三晋历史文化的深厚底蕴，加大保护和利用历史文化遗产的力度，建设历史文脉和时尚创意、地域风貌和人文魅力相得益彰的美丽家园。宣传推广"华夏古中国，山西好风光"、"五千年文明看山西"等品牌，重点塑造和提升五台山、云冈石窟、平遥古城三大世界文化遗产及晋商大院等一批具有世界和全国影响力的历史文化旅游品牌，提升文化品牌知名度，建设面向海内外的重要旅游目的地，在展示中实现华夏文明的传承与创新。

### 四、提出了保障山西经济持续发展的路径和若干重大政策措施

未来山西的经济发展路径如下：第一，发展多元化的支柱产业。要把化解产能过剩和发展新兴产业有机结合起来，在加速改造煤炭、冶金、焦化、电力等传统产业的同时，加快发展市场潜力大、产业基础好、带动作用强的装备制造、煤化工等新兴支柱产业，促进新材料、节能环保、食品、医药产业等接续替代产业的尽快成长，逐步形成以传统优势产业为主导、新兴接替产业为先导、服务业全面发展的产业格局。对于新开矿井绝不能走过去"先开采，后转型"的老路，要把过去资源型城市转型过程中遇到的环境、就业、接续产业等各种问题估计、考虑在先，解决在资源开采的各个阶段和环节中，从根本上避免资源枯竭之后的被动转型。第二，因地制宜走多元、集约的城镇化道路。多元，既包括形成多种城镇化阶段共存的格局，也包括大中小城市和小城镇协调发展的格局；集约，应积极探索高效集约节约利用资源的发展方式，走紧凑节地、高效节约的集约型城镇化道路，减少城镇化过程中的资源消耗，提高城镇资源配置效率。遵循城市发展规律，促进大城市的优先增长，集中力量再建设三个左右的大城市，通过大城市的优先增长带动中小城市功能的提升。第三，拓展区域发展新空间，培育有效推动工业化和城镇化的关键区域。立足历史发展基础，综合考虑区位条件、经济增长、城镇化、环境容量，晋城、朔州、忻州具有良好的区位优势，GDP 总量和人均 GDP 及其平均增速均有较好的表现，经济效率较高，城镇化率也有待提升，

可以作为山西经济发展的新空间。高度重视无煤县的发展，无煤县生态环境优越，是山西生态环境的一方净土，是发展现代农业、农副产品精深加工业、旅游休闲业等的重要场所，应加大财政转移支付力度，尽快解决无煤县的财政问题，重点支持无煤县特色优势产业、交通等基础设施、教育卫生事业的发展，这对于资源型经济转型具有重要作用。

有效促进山西经济持续快速发展的措施如下：第一，提高经济的市场化程度。就国内而言，市场化程度高的区域，也拥有最高的人均收入水平，随后逐步递减，减至最低得分组，人均收入水平也最低。2008年以来，山西在全国所有省（自治区、直辖市）的市场化程度位序中处于中下游水平。要通过加强产权保护和减少规制来提高经济自由度，充分发挥市场在资源配置中的决定性作用，大幅度减少政府对资源的直接配置，把政府的主要精力用于加强和优化公共服务、保障公平竞争、加强市场监管、维护市场秩序、实现可持续发展、促进共同富裕、弥补市场失灵方面，着重解决好收入分配、教育、就业、社会保障、医疗、住房、生态环境、食品药品安全、安全生产等关系群众切身利益的问题。第二，优化企业发展的制度环境。2006年以来，山西企业发展环境偏差，多数年份处于全国下游位置。要从根本上降低企业发展的非生产性成本，用制度来约束地方政府的投资冲动，使企业真正成为市场活动和投资决策的主体。第三，更加重视法治建设，促进政府调控经济活动的方式由行政手段为主尽快过渡到以法律手段和经济手段为主，以保证政策的科学性、连续性、高效性和透明性。第四，推进东西贯通的通道建设。目前，山西省内交通线已形成了以太原为中心的纵贯南北的通道，而省内东西向的交通联系相对偏弱。我国北方客货运输的主导方向是东西方向，在山西省内交通已经得到根本改善的状况下，鉴于山西承东启西的地理位置，以及"东引西进"的对外开放战略，要加快全省东西贯通的通道建设，以引导沿海产业向山西的转移及山西能源产品和工业制成品向沿海的流动，加快山西与京津冀、中原城市群以及中西部广大地区的人员和货物的交流。第五，加快省外科研成果在山西的转化。山西科技创新实力基础弱、底子薄，在国内属于科技综合竞争力薄弱的省份。要走自主创新与引进相结合的道路，有效借助外部科技资源，加强与省外（尤其是京津与长三角）高等院校、科研机构、企业的合作与交流，鼓励在山西建立成果转移中心或研发、成果转化基地，开展科技创新活动。

需要说明的是，本书所做的探索和研究仅仅是一次尝试。山西经济转型与可持续发展的道路任重道远，山西经济发展仍有许多问题有待深入探索，我们期待更好、更多的研究山西经济发展的成果问世，以有效服务于山西经济的全面发展。

是为序。

安树伟

2017 年 11 月

# 目　录

# 第一章　地理位置与行政区划

山西因地处太行山以西而得名，又因春秋时期大部分地方属晋国的领地而简称"晋"。战国时期，韩、赵、魏三家分晋，史称"三晋"。山西是中华民族发祥地之一，省会为太原市。

## 第一节　地理位置及其影响

山西位于中纬度大陆东侧的内陆地区，地处黄河中游地段、黄土高原的东部、华北平原的西部，东部以太行山为天然屏障，西部、南部以黄河为界，北抵长城脚下，因外河而内山，故有"表里山河"之称。

### 一、地理位置

山西位于 34°36′~40°44′N、110°15′~114°32′E 之间，东与河北接壤，南与河南相隔，西与陕西毗邻，北与内蒙古相连。全省东西宽约 380km，最西端在永济县（现为永济市）长旺村以西，最东端在广灵县南坑村以东；南北长约 680km，最南端在芮城县南张村以南，最北端在天镇县平远头村以北（黄东升，1994），省界轮廓大致呈平行四边形。全省总面积 15.63 万 km²，约占全国的 1.64%。

山西地理位置始终具有明显的过渡性质。从气候条件看，处于我国东部暖温带湿润、半湿润季风气候区与西北干旱、半干旱气候区的过渡地带。除雁门关以北地区属中温带外，大部分地区属于暖温带。东距海洋仅 300~400km，但受山脉重重阻挡，来自海洋温暖湿润的夏季风对山西影响较小，而受大陆内部干冷的冬季风影响较大，使山西成为明显的温带大陆性季风气候，自然景观由东南湿润地区的落叶阔叶林向西北半干旱地区的草原过渡（李世侩，1993）。

太行山以东是以北京、天津为中心的京津冀地区，以及工业化程度较高、经济较发达的山东省，西部隔黄河为邻的是经济欠发达的广大西北农牧区，南部与富饶的关中平原和中原沃野相连，而北出外长城便是以牧业经济为主的塞外高原，东南与经济发达的华东地区相距不远。这对于山西能源重化工基地的建设、输送煤炭、电力以及发展经济十分有利（李世侩，1993）。

山西是环渤海地区的重要组成部分，不仅是保障环渤海地区持续发展的战略空间和强力支撑，更是环渤海地区与中西部、东北地区联动发展的重要平台和联系纽带。

山西还是国家重要的能源原材料基地的组成部分。2010 年 8 月，《促进中部地区崛起规划实施意见》强调，要把中部地区建设成我国重要的粮食生产基地、能源原材料基地、现代装备制造及高技术产业基地和综合交通运输枢纽。其中，能源原材料基地建设主要是对山西而言的。

## 二、地理位置对经济发展的影响

山西地理位置优越，在全国经济发展和生产力布局中具有承东启西、连接南北的独特区位优势，是国家实现中部崛起的重要战略区域（安小平，2015）。山西虽是一个内陆省份，但并不闭塞，它与国内各主要经济发达中心地区的空间距离并不十分远（除珠江三角洲较远外）。我国当前经济发达地区主要集中在沿海一带与长江中下游地区，山西紧邻沿海省份，距长江中下游地区也不算远，中间无险恶地形阻挡，这就便于向外寻求政治、经济、文化等方面的联系，有利于从经济发达地区取得经济、技术、信息等方面的支援，也有利于山西面向外部世界拓展经济发展的深度与广度。

地理位置决定了山西在我国经济地域结构中处于过渡地带，这对区域联系有利，它既可就近取得东部、南部经济发达地区的经济、技术、信息支持与协助，也可以以自己的经济力量向西扩散，使山西开拓对外经济联系处于全方位的有利地位。交通条件比较优越，对外联系主要以铁路为主，而且全省铁路电气化比例较高，对外联系比较便利。

山西地理区位示意图如图 1-1 所示。

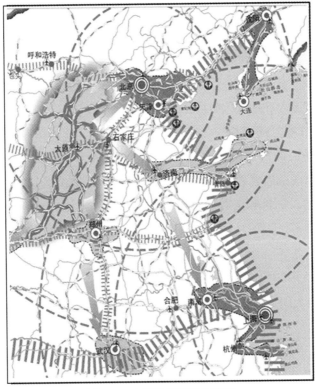

图 1-1　山西地理区位示意图

# 第二节　历史沿革

山西历史悠久，人文荟萃，拥有丰厚的历史文化遗产。迄今为止，有文字记载的历史达三千年之久，素有"中国古代文化博物馆"之美称。

## 一、先秦时期

### （一）远古人类的发祥地

在中华文明形成之前，位居黄土高原的山西就留下了许多史前遗迹（侯毅等，2001）。1995 年垣曲县寨里村发现的"世纪曙猿"化石说明，4500 万年前这里已有高等灵长类动物生存。芮城县西侯度遗址发现的击打取火石器以及若干烧骨，说明 180 万年前人类已有用火活动。在西侯度遗址南面发现的距今 60 万年的匼河遗址化石，已具有现代人的一些特征。1954 年襄汾县出土的距今 10 万~15 万年的"丁村人"化石，是周口店"北京人"与现代人之间我国早期智人化石的最早发现。距今近 10 万年的山西阳高许家窑遗址以及朔州峙峪遗址等，所发现的化石已进入晚期智人阶段。

**（二）华夏文明的摇篮**

传说中中华民族的始祖炎帝、黄帝都曾把山西作为活动的主要地区。尧、舜、禹都曾在山西境内建都立业。《左传》孔颖达的注疏中有："尧治平阳，舜治蒲坂，禹治安邑，三都相去各二百里，俱在冀州，统天下四方。故云'有此冀方'也。"（侯毅等，2001）平阳，在今临汾市一带；蒲坂，在今永济市蒲州一带；安邑，在今夏县至运城北一带；冀州的中心则在晋南。

20 世纪七八十年代，在襄汾县发掘的陶寺遗址，是我们迄今所见中国原始社会晚期规模最大的聚落遗址。

---

**专栏 1-1　陶寺遗址**

陶寺遗址位于襄汾县城东北 7.5km 的陶寺村南。遗址由居住区和墓葬区两部分组成。在 430 万 m² 的范围内，发掘出道路、水井和大量房屋遗迹。在几千座等级不同的墓葬中，发现了无数石器、陶器、木器，以及成套的玉石礼器和乐器、饰物等。这个 56 万 m² 的圆角长方形小城，宫殿区、建筑区、街市、仓储设施均轮廓井然，一座占地 1400m² 的夯土三层半圆形祭祀台，是我国最早的观象台。陶寺遗址已经具备了文明社会和原始国家的基本标志，被公认为我国历年来极为重大的考古发现。

资料来源：张正明. 风云黄土地　文明千古路——山西历史文化概谈 [J]. 民主，2004（11）：37.

---

山西的南部，即今晋南和晋东南地区，在夏代是夏人聚居和活动的重要地区。商代，山西是商王朝的主要统治区，省内南部一些地方为商王朝中央政权直接统治的"邦畿"。周代，省内的主要诸侯国是晋国。

### 二、秦汉魏晋南北朝时期

#### (一) 秦汉时期

秦统一全国后，在全国实行郡县制，初"分天下三十六郡"，在省内置有 5 郡、21 县。5 郡分别是：太原郡（郡治晋阳，今太原市西南古城营村）、河东郡（郡治安邑，今夏县西北禹王村）、上党郡（郡治长子，今长子县）、雁门郡（郡治善无，今右玉县西南古城村）及代郡（郡治代县，今河北省蔚县代王城）。西汉时期，汉武帝设置 13 州刺史部，山西时属并州刺史部，分监 6 郡：太原郡、上党郡、代郡、云中郡、定襄郡、雁门郡（谢鸿喜等，2001）。

#### (二) 三国两晋南北朝时期

三国时期，今山西大部分为曹魏统治。西晋时省内有 67 县，分别属于司州、并州、幽州三州的平阳郡、河东郡、太原郡、上党郡、西河郡、乐平郡、雁门郡、新兴郡、代郡 9 郡（谢鸿喜等，2001）。东晋和南北朝时期，省内各地先后为前汉、后汉、前燕、前秦、西燕、后燕、夏国、后秦所统治。428 年，山西全境才由北魏统一。北魏时期省内共设 13 州、35 郡。

### 三、隋唐五代十国时期

隋统一全国后，省内有 14 郡，分别为长平郡（辖沁水、陵川等 6 县）、上党郡（辖长子、屯留等 9 县）、河东郡（辖芮城、安邑等 10 县）、绛郡（辖曲沃、闻喜等 8 县）、文城郡（辖伍城等 4 县）、临汾郡（辖汾西、霍邑等 7 县）、龙泉郡（辖永和、石楼等 5 县）、西河郡（辖介休、灵石等 6 县）、离石郡（辖离石等 5 县）、雁门郡（辖五台、灵丘等 5 县）、马邑郡（辖善阳等 4 县）、定襄郡（辖大利 1 县）、娄烦郡（辖静乐等 3 县）、太原郡（辖文水、晋阳等 15 县）。唐朝初年，分天下为十道。其中，河东道的范围大体相当于今天的山西，治所在蒲州（今永济市），下辖 2 府、16 州、110 县（黄东升，1994）。到五代十国，山西仍然对中国北方的政治、军事形势起着决定性的作用。

### 四、宋辽金元时期

宋辽时期，山西进一步繁荣，是中国北方经济、文化发达地区之一。北宋时期，河东地区的行政区划屡有变动。宋代的行政区划基本上是路、州（府、军）、县三级制，当时山西全境除西南部属永兴军外，其他皆属河东路（治太原），下辖 3 府、14 州、8 军、82 县（黄东升，1994）。

辽代曾长期据有山西北部，在大同置西京道，下辖大同府、蔚州、应州、朔州。1125 年金灭辽，1127 年金灭北宋，省境遂为金所统治。金在山西北部置西京路，中、北部置河东北路，南部置河东南路（黄东升，1994）。

山西设省始于元朝的中书省，山西、山东与河北由中书省直接管辖，设河东山西道宣慰使司。大同、平阳（今临汾）、太原三城，成为黄河流域著名都会。当时山西经济繁荣、商业发达、文化昌明，曾受到当时来中国旅行的意大利伟大旅行家马可·波罗的盛赞（楚刃、王振芳、马玉山等，2001）。

## 五、明清时期

元末明初，中原连年战乱，灾荒频繁，而山西尤其是晋南一带，经济繁荣，人口稠密，成为明初向外移民的主要地区。在长达半个世纪的时间内，山西曾向外移民十几次，洪洞县大槐树是当时一个主要移民站。"问我祖先在何处，山西洪洞大槐树"，即由此而来。

明代，山西的商业迅猛发展，曾领全国之先。特别是晋商十分活跃，威震海内外。明初设山西行中书省，不久改为山西承宣布政使司，共领 5 府、3 直隶州、78 县（高春平、李三谋等，2001）。

清朝正式设山西省，辖 9 府、16 州、108 县。晚清，全省设 4 道、9 府、10 州（直隶州）、13 厅。

## 六、民国时期

1912 年中华民国政府对行政区划进行了改革和整顿，废除了府州，实行省县两级制，增设了一些县，将明清时山西管辖的绥远特别区（1928 年改为省）直属中央。至此，山西的疆域才和现在完全一致。

1914 年对全国范围内重复的县名进行了改名。如宁乡县改名为中阳县、太平县改名为汾城县、乐平县改名为昔阳县、凤台县改名为晋城县。同年又增设了道的建制，全省分了三道，即冀宁道（治所汾阳）、河东道（治所运城）、雁门道（治所大同），辖 105 县（黄东升，1994）。

抗日战争时期，八路军挺进山西，以太行山、五台山、吕梁山为依托建立了晋冀鲁豫、晋察冀、晋绥抗日根据地，开展敌后抗日战争。为了适应对敌斗争的需要，先后建立了太行、太岳、晋绥、冀晋等区（黄东升，1994）。

# 第三节　行政区划

中华人民共和国成立后，山西行政区划曾做过多次调整。1978 年之前受人为因素影响，频繁变动；1978~2003 年主要是撤县（地）设市；2004 年之后基本稳定。

## 一、中华人民共和国成立以来行政区划的演变

### （一）频繁变动阶段（1949~1977 年）

1949 年，全省划分为忻州、兴县、榆次、汾阳、长治、临汾、运城 7 个专区和太原市，辖 92 个县。1953 年，行政区划做了较大的归并调整，全省划分为晋北、晋中、晋南和晋东南 4 个专区，大同、阳泉、长治、榆次、侯马 5 个专辖市和太原 1 个省辖市。

在"大跃进"、国民经济调整时期以及"文化大革命"时期，山西的行政区划均有一些较大的变动。在"一大二公"的人民公社体制确定后，曾采取了一些不适当的合并专区和并大县的做法。例如，撤销陵川、高平 2 个县，将原两县的行政区域全部划归晋城县；撤销沁水县，将该县的行政区域分别划归晋城、阳城、翼城 3 县。

### （二）撤县（地）设市阶段（1978~2003 年）

1978 年以后，为了适应新的形势，山西行政区划随之进入了新的调整期，加快了市建制设立和"市管县"的步伐。1983 年，将晋东南地区的长治县、潞城县划归长治市管辖；将晋中地区的平定县、盂县划归阳泉市管辖；撤销榆次县，将该县的行政区划并入榆次市；撤销临汾县，将该县的辖区并入临汾市；撤销运城县，设立运城市；撤销晋城县，设立晋城市；撤销忻县，设立忻州市。榆次、临汾、运城、晋城、忻州均为省辖（县级）市，忻县地区更名为忻州地区。

1983 年底，山西共分为雁北、忻州、吕梁、晋中、晋东南、临汾、运城 7

个地区，太原、大同、阳泉、长治4个省辖地级市，榆次、临汾、侯马、忻州、运城、晋城6个县级市，共96个县、15个市辖区（张维邦，1987）。1985年撤销晋东南地区，实行"市管县"体制。晋城市升为地级市，并设立城区、郊区。将原晋东南地区的沁水、阳城、高平、陵川4县划归晋城市管辖；将原晋东南地区的襄垣、屯留、平顺、黎城、壶关、长子、武乡、沁县、沁源9县划归长治市管辖。1987年以来，随着改革的深入，一些县域经济得到较快发展，为了进一步加快这些地区的经济发展，撤县（地）设市步伐明显加快。1988年撤销古交工矿区，设立古交市。1989年撤销霍县，设立霍州市。

1992年撤销孝义县，设立孝义市；撤销介休县，设立介休市。1993年撤销高平县，设立高平市；撤销原平县，设立原平市；撤销雁北地区，实行地市合并，其原属的大同、阳高、天镇、左云、浑源、广灵、灵丘7县划归大同市，原属的怀仁、右玉、应县归属朔州市，朔州市升格为地级市。1994年撤销永济县，设立永济市；撤销河津县，设立河津市；撤销潞城县，设立潞城市。1996年撤销离石县，设立离石市；撤销汾阳县，设立汾阳市；撤销晋城市郊区，设立泽州县（《山西改革发展三十年》丛书编委会，2008）。1997年撤销太原市南城区、北城区、河西区、南郊区、北郊区，设立小店区、迎泽区、杏花岭区、尖草坪区、万柏林区、晋源区。这对于打破城郊界限、加强城乡联系、加快城乡一体化进程，具有积极的意义（《山西改革发展三十年》丛书编委会，2008）。1999年撤销晋中地区和县级榆次市，设立地级晋中市，原县级晋中市设立榆次区。

2000年，撤销运城地区和县级运城市，设立地级运城市，原县级运城市设立盐湖区；撤销忻州地区和县级忻州市，设立地级忻州市，原县级忻州市设立忻府区；撤销临汾地区和县级临汾市，设立地级临汾市，原县级临汾市设立尧都区。2001年，山西一些乡镇进行了合并，由原563个镇减少到560个，1209个乡减少至638个；街道办事处由164个增加到185个。2003年，撤销吕梁地区，设立地级吕梁市，原离石市设立离石区。2003年底，全省辖11个地级市、11个县级市、85个县、23个市辖区、564个镇、634个乡、188个街道办事处。

（三）基本稳定阶段（2004年至今）

2004年以后，山西的行政区划基本上没有太大的变化。2015年共有11个地级市，119个县级行政区划单位（包括23个市辖区、11个县级市、85个县），1398个乡级行政区划单位（包括202个街道、564个镇、632个乡）（见表1-1）。

表1-1 2015年山西省行政区划

| 序号 | 城市 | | | 市辖区 | 县 | 镇 | 乡 |
|---|---|---|---|---|---|---|---|
| | 合计 | 地级市 | 县级市 | 23 | 85 | 564 | 632 |
| | 22 | 11 | 11 | | | | |
| 1 | 2 | 太原市 | 古交市 | 小店区、迎泽区、杏花岭区、尖草坪区、万柏林区、晋源区(6) | 清徐县、阳曲县、娄烦县(3) | 21 | 31 |
| 2 | 1 | 大同市 | | 城区、矿区、南郊区、新荣区(4) | 大同县、阳高县、天镇县、浑源县、广灵县、灵丘县、左云县(7) | 33 | 66 |
| 3 | 1 | 阳泉市 | | 城区、矿区、郊区(3) | 盂县、平定县(2) | 20 | 12 |
| 4 | 2 | 长治市 | 潞城市 | 城区、郊区(2) | 长治县、襄垣县、屯留县、平顺县、黎城县、壶关县、长子县、武乡县、沁县、沁源县(10) | 68 | 64 |
| 5 | 2 | 晋城市 | 高平市 | 城区(1) | 泽州县、阳城县、沁水县、陵川县(4) | 48 | 26 |
| 6 | 1 | 朔州市 | | 朔城区、平鲁区(2) | 山阴县、应县、右玉县、怀仁县(4) | 19 | 50 |
| 7 | 2 | 晋中市 | 介休市 | 榆次区(1) | 太谷县、祁县、平遥县、灵石县、寿阳县、昔阳县、和顺县、左权县、榆社县(9) | 59 | 59 |
| 8 | 3 | 运城市 | 永济市 河津市 | 盐湖区(1) | 临猗县、芮城县、万荣县、稷山县、新绛县、闻喜县、夏县、绛县、平陆县、垣曲县(10) | 81 | 55 |
| 9 | 2 | 忻州市 | 原平市 | 忻府区(1) | 代县、繁峙县、静乐县、定襄县、五台县、神池县、五寨县、岢岚县、偏关县、河曲县、保德县、宁武县(12) | 59 | 126 |
| 10 | 3 | 临汾市 | 侯马市 霍州市 | 尧都区(1) | 曲沃县、翼城县、襄汾县、洪洞县、古县、安泽县、浮山县、吉县、乡宁县、大宁县、隰县、永和县、蒲县、汾西县(14) | 75 | 76 |
| 11 | 3 | 吕梁市 | 孝义市 汾阳市 | 离石区(1) | 中阳县、文水县、临县、方山县、交城县、交口县、柳林县、岚县、兴县、石楼县(10) | 81 | 67 |

资料来源:《山西统计年鉴》(2016)。

目前,山西行政区划还有一些问题,突出表现为有些城市市辖区面积太小,如晋城市市辖区面积只有141km²,长治市市辖区面积只有345km²(见表1-2)。有些城市的发展受到行政区划的限制,如侯马作为晋南设立最早的一个市,由于行政区划的影响,发展空间有较大局限;太原—晋中的同城化进展也很缓慢等。

表 1-2 **2015 年山西省设区城市市辖区面积比较**

| 城市 | 市辖区面积（km²） | 全市面积（km²） | 市辖区面积/全市面积（%） |
|---|---|---|---|
| 太原 | 1460 | 6999 | 20.9 |
| 大同 | 2080 | 14200 | 14.7 |
| 阳泉 | 662 | 4452 | 14.9 |
| 长治 | 345 | 13900 | 2.5 |
| 朔州 | 4107 | 10600 | 38.8 |
| 忻州 | 1954 | 25150 | 7.8 |
| 晋中 | 1327 | 16400 | 8.1 |
| 吕梁 | 1323 | 21100 | 6.3 |
| 临汾 | 1304 | 20300 | 6.4 |
| 运城 | 1237 | 14000 | 8.8 |
| 晋城 | 141 | 9490 | 1.5 |
| 全省合计 | 15940 | 156591 | 10.2 |

资料来源：《山西统计年鉴》（2016）。

## 二、各市概况

### （一）太原市

太原简称并，别称并州，古称晋阳，位于太原盆地的北端，西、北、东三面环山，中、南部为河谷平原，整个地形北高南低呈簸箕形。平均海拔 800m，地理坐标为 37°27′~38°25′N、111°30′~113°09′E，总面积为 6999km²。太原是山西省省会，全省的政治、经济、文化与科教中心，黄河中下游地区重要的商业、贸易、物流中心，中西部地区重要的综合交通枢纽，全国重要的新材料和先进制造业基地，国家历史文化名城。

太原矿产资源丰富，主要有铁、锰、铜、铝、铅、锌等金属矿物和煤、硫黄、石膏、硝石、耐火黏土、石英、石灰石、白云石、石美砂等非金属矿物。太原市旅游资源丰富，主要景点有晋祠、双塔、龙山石窟、蒙山大佛、崇善寺、永祚寺、多福寺、纯阳宫等。

近年来，太原在交通、通信、市政和生态环境等方面取得了明显成效。2015 年市区空气质量优良天数达到 230 天，森林覆盖率达到 23.0%，城市面貌日新月异，已形成航空、铁路、公路的立体交通网络。（大）同蒲（风陵渡）、石（家庄）太（原）、太（原）焦（作）、（北）京（太）原等铁路，G5、G20、G55等高速公路交会于此，交通十分便利。

2015年全市常住人口431.87万人，城镇化率84.4%；全市地区生产总值2735.34亿元，人均63483元；三次产业结构为1.4∶37.3∶61.3，主要产业部门有高端装备制造、新能源、新材料、节能环保、食品药品、旅游业等。

### （二）大同市

大同市古称云中、平城，是山西第二大城市，位于大同盆地的中心、黄土高原东北边缘。地理坐标为39°00′~40°30′N、112°15′~114°15′E，总面积为1.42万km²。大同市是山西北部地区的中心城市、国家历史文化名城、国家综合性能源基地。

大同市矿产资源丰富，除煤炭以外，主要矿藏有铜、铁、金、银、铝、锌等金属矿物和石墨、磷、长石、云母、石灰石、珍珠岩、大理石、花岗石、玄武石、沸石等非金属矿物。大同曾是北魏都城，辽、金陪都，境内古迹众多，旅游资源丰富，著名旅游景点有云冈石窟、华严寺、善化寺、悬空寺、北岳恒山、大同古城墙、九龙壁等。

大同是华北地区重要的交通枢纽城市。（北）京包（头）、（北）京（太）原、大（同）张（家口）、大（同）秦（皇岛）、大（同）准（格尔旗）、神（木）朔（州）、（大）同蒲（风陵渡）等铁路纵横交错，（北）京大（同）、得（胜口）大（同）和G55高速公路等四通八达，航班可直达北京、上海、广州等城市，已形成了铁路、公路、航空相互配套的立体交通体系。

2015年大同市常住人口340.64万人，城镇化率61.0%；全市地区生产总值1052.9亿元，人均30975元；三次产业结构为5.3∶41.8∶52.9，主要产业部门有煤炭、冶金、电力、化工医药、装备制造、旅游业等。

### （三）阳泉市

阳泉市地处山西东部，太行山中段西侧，地理坐标为37°40′~38°31′N、112°54′~114°04′E，总面积为4452km²。阳泉市是山西东部地区的区域中心、全国重要的能源基地、以特种新型材料为主的工业城市。

阳泉物华天宝，矿藏丰富，现已探明的矿藏资源已达53种之多，尤以煤、铝矾土、硫铁矿著称于世。阳泉主要旅游景点有娘子关、藏山祠、关王庙、冠山书院、诸龙山森林公园和药岭寺森林公园、梁家寨温泉等。

阳泉雄踞太行，俯瞰华北平原，地理位置优越，交通便利。我国第一条电气化复线铁路——石（家庄）太（原）线横贯市区，与 G5 和 G20 高速公路，以及国道、省道和乡村公路，构成了纵横交错、四通八达的交通网络。

2015 年全市常住人口 139.83 万人，城镇化率 65.9%；全市地区生产总值 595.7 亿元，人均 42688 元；三次产业结构为 1.7∶49.8∶48.5，主要产业部门有煤炭、铝工业、新型材料、装备制造、耐火工业等。

### （四）长治市

长治古称上党、潞州，位于山西东南部，为太行山、太岳山所环绕，构成高原地形，通称沁潞高原，又称上党盆地。地理坐标为 35°49′~37°08′N、111°58′~112°44′E，总面积为 1.39 万 km²。长治市是晋冀豫三省交界地区门户城市、国家重要的新型能源和制造业基地。

长治属典型暖温带半湿润大陆性季风气候，四季分明，雨热同季，年平均气温介于 4.9~10.4℃之间，主要农产品有小麦、玉米、谷子、豆类、蔬菜，培育了屯玉种业、沁州黄等一批农业产业化龙头企业。

长治矿产资源丰富，矿藏种类达 40 多种，煤、铁藏量尤为丰富，素称"煤铁之乡"。长治水源充足，属北方地区的相对富水区，水资源总量为 17.9 亿 m³，为发展工业生产提供了得天独厚的条件。潞安煤矿、淮海机械厂、惠丰机械厂等大型工业企业闻名全国。长治市主要旅游景点有老顶山森林公园、潞安府城隍庙、上党门、观音堂、太行太岳烈士陵园等。

长治市交通发达，太（原）焦（作）、邯（郸）长（治）铁路，G22 和 G55 高速公路在此交会，市区北部有长治机场；正在建设的太（原）焦（作）客运专线通过长治。

2015 年全市常住人口 342.04 万人，城镇化率 50.0%；全市地区生产总值 1195.10 亿元，人均 34940 元；三次产业结构为 4.9∶51.1∶44.0，主要产业部门有煤炭、炼焦、电力、冶金、化工医药等。

### （五）晋城市

晋城古称泽州，位于山西东南部，是山西通往中原的重要门户。地理坐标为 35°12′~35°42′N、112°31′~113°14′E，总面积为 9490km²。晋城市是山西东南部重要的门户城市，是服务于能源、煤化工基地和旅游的区域中心城市。

晋城市属暖温带半湿润大陆性季风气候区，四季分明。蕴藏着煤、煤层气、铁矿石、铝土矿、铜、锰、锌、金、银、大理石、水晶石、白云石等 10 多种矿产资源，尤以煤铁为著。山川秀美、文物众多，旅游资源丰富独特。主要旅游景点有羊头山、秦赵长平之战古战场、棋子山、皇城相府、王莽岭、蟒河自然保护区。历史悠久，底蕴深厚，女娲补天、精卫填海、愚公移山、神农躬耕等众多的神话传说都发生在这里。全市拥有古文化遗址 63 处、国家级重点文物保护单位 43 处、省级重点文物保护单位 57 处。现存宋、金时期基本保存完好的木结构古建筑 46 处，占全国的 1/3。

晋城市交通便捷，太（原）焦（作）、侯（马）月（山）铁路和 G55、G5512 高速公路纵贯全市；正在建设的太（原）焦（作）客运专线通过晋城。

2015 年全市常住人口 231.5 万人，城镇化率 57.4%；全市地区生产总值 1040.2 亿元，人均 44944 元；三次产业结构为 4.7∶55.4∶39.9，主要产业部门有煤炭、电力、煤化工、冶铸、建材、旅游业等。

**（六）朔州市**

朔州位于山西西北部，地理坐标为 39°05′~40°17′N、111°53′~113°34′E，总面积为 1.06 万 km²。朔州是全国重要的综合能源服务基地，具有塞北文化特色、自然精致的生态园林城市，晋北城镇群南部中心。

朔州属温带大陆性季风气候，四季分明。朔州生态秀美，畜牧业发达，是全国三北防护林建设和京津风沙源治理区，也是全省晋西北防风固沙生态林建设区。朔州资源丰富，基础雄厚，初步探明的矿藏有煤炭、石灰岩、铁矿石、铝矾土、云母、黏土、石墨等 30 余种。煤炭总储量 430 亿 t，约占全省总储量的 1/6。朔州自然风景优美，名胜古迹众多，主要旅游景点有杀虎口、应县木塔、崇福寺、内外长城等。

朔州区位优越，交通便利，（大）同蒲（风陵渡）和神（木）黄（骅港）铁路、G18 和 G55 高速公路在朔州交会。

2015 年全市常住人口 176.22 万人，城镇化率 53.2%；全市地区生产总值 901.1 亿元，人均 51256 元；三次产业结构为 15.6∶45.4∶39.0，主要产业部门有煤炭、电力、冶金、装备制造、旅游业等。

**（七）晋中市**

晋中市位于山西中部，地理坐标为 36°39′~38°06′N、111°23′~114°28′E，总面积为 1.64 万 km²。晋中市是太原都市圈的重要组成部分、全省重要的高等教育中心、商贸物流枢纽和先进制造业基地。

晋中境内山、川、丘陵皆备，气候四季分明，自然条件比较优越。东部山地岭高坡广、林木丰茂，是全市重要的林产品基地；中部丘陵岗峦起伏、草种繁多，具有发展畜牧业的良好基础；西部平川地势平坦、土质肥沃，素为发达的农业区。

晋中境内矿产资源极为丰富，具有开采价值的有煤、铁、铝土、硫黄、石膏、陶瓷土等20余种，占全省探明储量矿种的1/4。其中，煤炭储量大、煤种全、品质优，是全国十大煤炭基地之一，为发展能源、原材料工业提供了得天独厚的条件。晋中是晋商故里，旅游资源丰富，主要景点有"四城"、"六院"。①

晋中交通十分便利，铁路、公路四通八达，石（家庄）太（原）、（大）同蒲（风陵渡）、太（原）焦（作）、太（原）中（卫）银（川）铁路，大（同）西（安）及在建的太（原）焦（作）客运专线在此交会，G5、G20和G55高速公路贯穿全境。

2015年全市常住人口333.57万人，城镇化率51.7%；全市地区生产总值1046.1亿元，人均31434元；三次产业结构为10.1∶43.8∶46.1，主要产业部门有煤炭、机械、冶金、化工、建材、旅游业等。

### （八）运城市

运城古称河东，位于山西西南部，地理坐标为34°35′~35°49′N、110°15′~112°04′E，总面积为1.40万km²。运城市是晋陕豫黄河金三角地区的区域中心城市、山西西南部的现代物流基地和重点产业基地、以关公文化和盐文化为特色的生态宜居城市。

运城市地势平坦，土壤肥沃，气候温和，光照充足，是山西传统的农业大市和全国重要的麦棉基地，是山西能源重化工基地的重要组成部分，也是山西新兴的工业基地，拥有南风集团、山西铝厂、中条山有色金属公司、永济电机厂等大型企业。运城市历史悠久，是中华民族最早的发祥地之一，文物古迹众多。全市文物古迹达1600余处，其中国家重点文物保护单位22处，主要旅游景点有关帝庙、鹳雀楼、永乐宫、普救寺、后土祠、黄河大铁牛等。教育发达，基础教育一

---

① "四城"指太谷城、平遥古城、祁县历史文化名城和榆次老城；"六院"指榆次常家庄园、祁县乔家大院和渠家大院、灵石王家大院、太谷曹家大院、太谷孔祥熙宅院。

直走在全省前列,康杰中学、运城中学等一批名牌学校在省内外享有盛誉。

运城市交通便利,(大)同蒲(风陵渡)、侯(马)西(安)铁路,(大)同西(安)客运专线,G55和运(城)风(陵渡)高速公路等在运城交会。运城机场已开通北京、上海、广州、深圳、太原等22条航线。

2015年全市常住人口527.53万人,城镇化率46.1%;全市地区生产总值1174亿元,人均22304元;三次产业结构为16.4:37.5:46.1,主要产业部门有装备制造、有色冶金、农产品加工、医药化工、旅游业等。

(九)忻州市

忻州古称秀容,位于山西中北部,地理坐标为30°40′~31°53′N、120°52′~122°12′E,总面积为2.515万km²。忻州市是省内中北部中心城市之一、具有旅游文化特色的宜居城市。

忻州地貌多样,山区、高原约占全市面积的87%,川地占13%。全市森林覆盖率为14.3%,有五台山、管涔山、禹王洞、赵杲观4处国家森林公园。忻州素有"杂粮王国"的美誉。忻州矿产资源富集,品位较高,开发潜力巨大,已探明储量的矿产达50余种。其中,煤炭、铝土矿、铁矿、钛矿等储量较大。忻州有各类旅游景区景点294处,其中世界文化遗产1处、国家历史文化名城1处、国家级自然保护区1处、全国重点文物保护单位19处、省重点文物保护单位47处。

忻州交通发达,(大)同蒲(风陵渡)、(北)京原(平)铁路,大(同)西(安)客运专线,G55和阜(平)保(德)高速公路在此交会。

2015年全市常住人口314.1万人,城镇化率46.3%;全市地区生产总值681.2亿元,人均21731元;三次产业结构为9.4:44.7:45.9,主要产业部门有煤炭、电力、装备制造、冶金、旅游业等。

(十)临汾市

临汾古称平阳,位于山西西南部,地理坐标为35°23′~36°57′N、110°22′~112°34′E,总面积为2.03万km²。临汾市是晋南地区重要的工业城市和中心城市之一,晋南北部文教、科技、商贸和旅游服务中心。

临汾市地形轮廓大体呈"凹"字型分布,临汾盆地纵贯中部,东部为太岳山,西部为吕梁山。地处暖温带内陆地区,属温带大陆性季风气候,冬寒少雪,春风秋雨,夏热伏旱,年平均温度12.6℃,年平均降水量500~600mm,无霜期190天。

临汾市矿产资源丰富。目前已探明的矿种有 38 种，其中燃料矿产 2 种、金属矿产 12 种、非金属矿产 24 种，煤、铁、石膏、石灰岩、白云岩、膨润土、花岗石、大理石、油页岩、耐火黏土等在省内及全国占有重要地位。临汾是中华民族的发祥地之一，文化底蕴深厚，旅游资源丰富，主要旅游景点有侯马晋国遗址、洪洞古大槐树、霍州署大堂、黄河壶口瀑布等。

临汾交通便利，（大）同蒲（风陵渡）铁路、大（同）西（安）客运专线、G5 高速公路纵贯南北，侯（马）西（安）、侯（马）月（山）铁路和 G22 高速公路横穿东西。

2015 年全市常住人口 443.57 万人，城镇化率 48.6%；全市地区生产总值 1161.1 亿元，人均 26239 元；三次产业结构为 7.8：48.5：43.7，主要产业部门有钢铁、轻纺、机电、精细化工、新型材料和旅游服务等。

**（十一）吕梁市**

吕梁位于山西中部西侧，地理坐标为 36°43′~38°43′N、110°22′~112°19′E，总面积为 2.11 万 km²。吕梁市是晋西中部区域中心城市、以煤电能源产业服务为主的工业城市。

吕梁为典型的黄土高原地貌，区内沟壑纵横，山峦起伏。吕梁属半干旱大陆性季风气候，四季分明，多年平均降水量 502.5mm，年平均气温 8.9℃，主要灾害性天气有干旱、暴雨、冰雹、霜冻和风灾。

吕梁市矿产资源十分丰富，已探明矿藏有 40 多种，含矿面积占全市国土面积的 90% 以上，主要有煤、铁、铝矾土、白云岩、煤气层等。煤炭远景储量 1101 亿 t，探明储量 404 亿 t；铝矾土品位高、埋藏浅，预测储量达 4.4 亿 t；铁矿石已探明储量 9.87 亿 t，占全省的 29.4%。核桃、红枣、沙棘等经济林得天独厚；野生动物有国家珍禽褐马鸡以及金钱豹、鹿、獐等，鸟类 140 多种；小杂粮品种齐全，质优量大。

黄土高原古老的文明和特殊的地理环境，形成了许多独特的民俗文化，有临县道情、孝义皮影、木偶戏，孝义碗碗腔等地方戏曲，有中阳剪纸、文水鈲子、柳林盘子、临县伞头秧歌等一批国家级非物质文化遗产。吕梁历史悠久，文物众多，旅游资源丰富，境内有文物古迹 5901 处。其中，全国重点文物保护单位 26 处、省级重点文物保护单位 37 处。主要旅游景点有北武当山、碛口古镇、庞泉沟、玄中寺、杏花村等。

近年来，随着太（原）中（卫）银（川）铁路、G20、太（原）佳（县）高速、吕梁机场等重大基础设施项目建成，公路、铁路、航空的立体化交通网络体系基本形成。

2015 年全市常住人口 383.22 万人，城镇化率 46.2%；全市地区生产总值955.8 亿元，人均 25003 元；三次产业结构为 5.6∶56.9∶37.5，主要产业部门有煤炭、焦炭、冶金、铝业、电力等。

**参考文献**

［1］李世伧.山西省地理位置与山西经济发展关系的简析［J］.山西师范大学学报（自然科学版），1993（S1）：58-62.

［2］张正明.风云黄土地　文明千古路——山西历史文化概谈［J］.民主，2004（11）：37.

［3］楚刃，王振芳，马玉山等.山西通史（宋辽金元卷）［M］.太原：山西人民出版社，2001：39-40，665.

［4］高春平，李三谋等.山西通史（明清卷）［M］.太原：山西人民出版社，2001：13.

［5］黄东升.山西经济与文化［M］.太原：山西经济出版社，1994：1-2，27-38.

［6］韩进峥.中国经济地理［M］.北京：高等教育出版社，2003：5-6.

［7］侯毅等.山西通史（先秦卷）［M］.太原：山西人民出版社，2001：94-95，444-445，450，455，156-157.

［8］李茂盛，李劲民.山西省情报告［M］.太原：山西人民出版社，2014：13-14.

［9］李茂盛.民国山西史［M］.太原：山西人民出版社，2011：5-6.

［10］王灵善，王振芳.山西通史（隋唐五代卷）［M］.太原：山西人民出版社，2001：5-6，64，65-66，66-69.

［11］谢鸿喜等.山西通史（秦汉魏晋南北朝卷）［M］.太原：山西人民出版社，2001：3-5，12，95-97，156.

［12］张维邦.山西省经济地理［M］.北京：新华出版社，1987：1-4.

［13］《山西改革发展 30 年》丛书编委会.山西改革发展 30 年·综合卷［M］.北京：中共党史出版社，2008：916-918.

# 第二章　自然地理条件与资源禀赋

山西地处黄土高原，位于我国东部湿润季风区与西北干旱半干旱地区的过渡地带，自然条件复杂，地貌类型多样，资源种类分布广泛且赋存相对集中，资源空间组合良好，综合开发利用程度较高，是我国重要的能源和原材料供应基地。伴随城镇化的飞速发展，人口的文化素质和身体素质得到大幅度提升，劳动力资源丰富，城乡发展结构日趋合理。

## 第一节　自然地理条件[①]

山西是我国黄土高原的一部分，地貌类型多样。其中，盆地和平原面积 3.0 万 km²，占 19.7%；台地和丘陵面积 6.30 万 km²，占 40.3%；山地面积 6.33 万 km²，占 40.0%。

### 一、"两山夹一川"，呈现凹字形地貌结构

山西平面轮廓整体略呈东北—西南向延伸的平行四边形，地势上呈由东北向西南斜降的特征。中部的断陷盆地把整体隆起的高原分为东西两部分山地，呈现"两山夹一川"的凹字形地貌结构（见图 2-1）。境内大部分地区海拔在 1000m 以上，与东侧海拔不足 100m 的华北平原相比，呈现整体隆起的地势。省内地势起

---

① 这一节较多引用了《山西国土资源》编写组编写的《山西国土资源》（铅印本，1985 年版）和山西省地方志编纂委员会办公室编写的《山西概况》（1985 年版）的有关内容，文中不再一一注明。

伏较大，最高为五台山北台顶（海拔 3058m），最低为垣曲县黄河谷地（海拔不足 200m），相对高差超过 2800m。

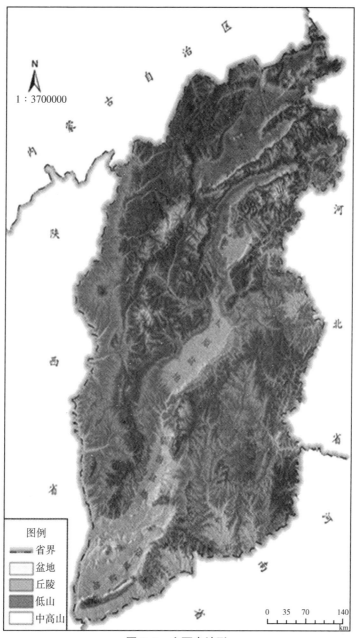

图 2–1　山西省地形

资料来源：作者绘制。

山西东部以太行山为主体，包括恒山、五台山、太岳山、中条山及沁潞高原；西部以吕梁山为主体，包括云中山、芦芽山及以西的黄土连绵覆盖的高原。经过长期复杂的堆积侵蚀过程，形成以塬、源、峁为主体的黄土地貌。在整体隆起的高原中部，是一连串雁行排列的断陷盆地，从北到南海拔逐步降低，依次为大同盆地、忻定盆地、太原盆地、临汾盆地和运城盆地。大同盆地地势最高，平均海拔约1000m；运城盆地地势最低，平均海拔约350m。这一系列盆地阡陌相连，是山西人口密集地区和工农业生产与政治、文化、交通的中心。

## 二、河流分属黄河和海河两大水系

河流流向主要受地质构造和地貌条件控制。全省地势西北高、东南低，东、西两侧断块隆起的山地对峙，中部一系列盆地雁行排列，具有山地型河流特征。山脉的脊线成为河流的分水岭，流向大体上与两侧山脉走向一致，东部和北部河流属于海河水系，西部、中部和南部河流属于黄河水系（见图2-2）。黄河流域在境内面积为9.71万km²，占全省面积的62%；海河流域在境内面积为5.91万km²，占全省面积的38%。两大水系中流域面积大于4000km²、长度在150km以上的河流有8条（不含黄河），属于黄河水系的有汾河、沁河、涑水河、三川河和昕水河；属于海河水系的有桑干河、滹沱河和漳河。

### （一）汾河

汾河是山西最长的河流，也是黄河第二大支流，发源于宁武县东寨镇管涔山雷鸣寺泉，纵贯省境中部，流经太原盆地、临汾盆地，原来在河津市汇入黄河，但由于黄河泥沙淤积，现由万荣县汇入黄河。汾河总长695km，流域面积3.95万km²，约占全省总面积的1/4，养育了全省41%的人口，是全省主要的农业区。主要支流有岚河、潇河、文峪河、昌源河、洪安涧河、浍河等。汾河多年平均径流量为25.9亿m³，平均流量为46.5m³/s。

### （二）沁河

沁河古称沁水，全长456km（省境内长326km），是山西第二大河流。沁河发源于沁源县绵山东麓的二郎神沟，流经安泽、沁水、阳城等地，而后切穿太行山流入河南省，在武陟县西营附近注入黄河。沁河流域面积1.29万km²，其中山西境内流域面积9315km²。沁河多年平均径流量为10.1亿m³，平均流量为35.4m³/s。

图 2-2 山西省水系

资料来源：根据山西省相关地图修改绘制。

### （三）涑水河

涑水河发源于山西绛县横岭关陈村峪，向西南流经闻喜、夏县、盐湖、临猗、永济等地，在弘道园村附近汇入黄河。涑水河全长 193km，流域面积 5565km²。

### （四）三川河

三川河由北川河、东川河、南川河汇流而成，故名三川河。全长 176km，多年平均径流量为 0.24 亿 m³，平均流量为 7.64m³/s。三川河干流可分为上中下游三段：由河源至圪洞镇为上游，长 49km，河谷较窄，川峡相间；圪洞镇至离石区为中游，长 52km，此段河谷开阔，川地平坦，水利条件较好，是当地农业生产基地；离石区以下为下游，长 75km。

### （五）昕水河

昕水河发源于山西境内的蒲县摩天岭，全长 174km，在大宁县西注入黄河，流域面积 4326km²。昕水河流经黄土残塬区，水量不大，含沙量高，多年平均径流量为 0.1 亿 m³，平均流量为 3.26m³/s，年平均含沙量为 55kg/m³，年输沙量为 2830t。

### （六）桑干河

桑干河是海河的重要支流，其上游有恢河、源子河两条河流。恢河发源于宁武县的管涔山分水岭村，源子河发源于左云县的截口山，两河在朔城区汇合后始称桑干河。桑干河先后流经朔城、山阴、应县、怀仁、大同，至阳高县尉家小堡村进入河北省境内。桑干河在山西境内长 252km，流域面积 1.55 万 km²，多年平均径流量为 7.73 亿 m³，平均流量为 36m³/s。

### （七）滹沱河

滹沱河全长 587km，山西境内长 330km，流域面积 1.43 万 km²。主要支流有阳武河、云中河、牧马河、清水河、南坪河、冶河等，呈羽状排列，集中在黄壁庄以上，以下无支流汇入。流域内天然植被稀少，水土流失较重，山地和丘陵的面积约占全流域面积的 86%，河流总落差达 1800 多米，多年平均径流量为 9.28 亿 m³，平均流量为 35.7m³/s。

### （八）漳河

漳河分清漳河与浊漳河两支。清漳河分东、西两源。东源发源于昔阳沾岭山，全长 104km；西源发源于和顺八赋岭，全长 96.5km。东、西两源在左权县上交漳村汇合后，始称清漳河。浊漳河分南、北、西三源。南源发源于长子发鸠山，全长80km；北源发源于榆社柳树沟，全长109km；西源发源于沁县漳河村，全长78km。南源与西源在襄垣甘村汇合，流至合口村又有北源汇入，始称浊漳河。清漳河在省内全长146km，流域面积4159km²；浊漳河在省内全长237km，流域面积1.17万km²。清漳河多年平均径流量为4.15亿m³，平均流量为13.2m³/s；浊漳河多年平均径流量为7.2亿m³，平均流量为22.8m³/s。

## 三、综合自然地理区划

山西境内多山，地形起伏较大，地貌类型变化多样。根据地貌特征，结合生产布局的需要，将全省划分成四个自然地理组合区，即东部太行山地和山间构造盆地地区、中部断陷盆地地区、吕梁山地和晋西北高原丘陵区、晋西黄土高原丘陵沟壑区（见图2-3）。

### （一）东部太行山地和山间构造盆地地区

本区北起恒山、南达中条山、西临中部断陷盆地地区、东至省界，包括六棱山、恒山、五台山、系舟山、太行山、太岳山和中条山等山地及沁潞高原，地势突起，海拔均在1500m以上。由于地貌形态的不同，本区可分为晋东北山地和山间盆地、晋东南山地和沁潞高原两个亚区。

1. 晋东北山地和山间盆地

本区包括阳泉—平定盆地及其以北地区，由一系列北东—东向的山地和山间盆地组成，自北而南为恒山—六棱山断块山地、广灵—灵丘断陷盆地、五台山断块山地、五台山山前拗陷盆地、系舟山溶蚀山地、寿阳—阳泉构造盆地。地形起伏变化大，海拔高度一般大于2000m，相对高差超过1000m，是全省海拔最高和高差较大的山地。各山间盆地黄土充填较厚，是主要的农耕区，适宜于多种经营和发展立体农业。

2. 晋东南山地和沁潞高原

本区四周山地环绕，东和东南为太行山、西北为系舟山、西为太岳山、西南为中条山，山地外围多以大断层与华北平原、汾河平原相接，高差从几百米至千米以上；山地之间是一个起伏和缓、被抬升的构造盆地，为沁潞高原。山地上部草甸草原地带是良好的牧场，太岳、太行和中条山区山地森林生长较好，都是重要的林区。沁潞高原内部受河流切割产生的小盆地是晋东南的主要农业区。

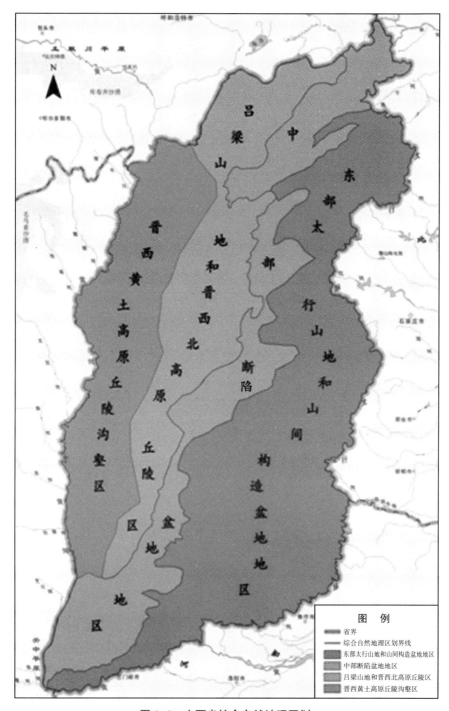

图 2-3　山西省综合自然地理区划

资料来源：作者绘制。

**（二）中部断陷盆地地区**

本区位于境内中部，是呈现雁行排列的盆地，各盆地海拔自北向南逐渐下降，由大同盆地平均约1000m下降到运城盆地平均约350m，是省内重要的农业生产基地。

1. 大同盆地

本区位于恒山以北，介于采凉山、恒山、七峰山、洪涛山之间。海拔1000~1100m，呈北东—东向展布，长约150km，宽约20~40km，面积约5000km²，是山西最大的盆地，包括大同市、朔州市的平原部分。

2. 忻定盆地

本区东北起于繁峙大营一带，南至石岭关，西有云中山，东接五台山，东南面为系舟山。海拔800~1000m，面积约2157km²，包括滹沱河上游谷地和忻定平原。滹沱河上游谷地呈北东—东向展布，河谷平原狭长；忻定平原冲积层分布广，地势平坦，河床宽浅，低洼处有土壤盐渍化现象。

3. 太原盆地

本区北起石岭关，南至韩信岭，东西两侧与山地相接。海拔700~800m，呈东北—西南向展布，长约150km，宽约30~40km，面积约5016km²。盆地两侧均以明显的断崖与山地相接，盆地边缘分布着被分割的黄土台地，有的已被切割成丘陵；中部系汾河冲积平原，河道宽浅，发育有二级阶地。

4. 临汾盆地

本区北起韩信岭，南至侯马，折转向西至黄河岸边。海拔400~600m，长约200km，宽约20~25km，面积约5000km²。主要由汾河多级阶地组成，现代冲积平原比较狭窄；阶地上冲沟发育，平原上河道曲折，山麓发育有洪积扇形地，沿山前断裂带有大型岩溶泉水流出，水源丰富，是全省重要的农耕地区。

5. 运城盆地

本区北依峨嵋岭，西至黄河岸边，东部、南部接中条山，海拔330~360m，面积约3000km²。盆地内多河湖相堆积，沉积了厚层湖积物。南部有盐池、硝池、伍姓湖等。

**（三）吕梁山地和晋西北高原丘陵区**

本区位于汾河谷地以西，山体高大雄伟，两坡极不对称，东坡陡峭，植被覆盖较好；西坡平缓，多为黄土覆盖。吕梁山南段海拔较低，约1500m，地表分割破碎；北段高峻，海拔介于 2000~2500m 之间。分为吕梁山地和晋西北高原丘陵区两部分。

### 1. 吕梁山地

吕梁山位于省境西部，由北向南依次为管涔山、黑驼山、芦芽山、云中山、关帝山、起云山、紫荆山、五鹿山、天高山、龙门山，大体呈东北—西南走向。在山西境内长约 400km，宽约 40~120km。吕梁山区是山西主要的林区，其中芦芽山是省内最好的林区。吕梁山末端的龙门山，近东西走向，被黄河穿切，有举世闻名的壶口瀑布及峡谷。

### 2. 晋西北高原丘陵区

本区位于雁北地区西部，包括采凉山、七峰山和洪涛山以西，以及内、外长城之间的地区，是一个起伏和缓的高原丘陵区，海拔介于 1300~1500m 之间，相对高差在 200m 以下。海拔较高，是山西的一个高寒地区，受强劲北风及干旱气候影响，风蚀和风积地貌都有明显的表现，风沙危害突出。

### （四）晋西黄土高原丘陵沟壑区

本区位于山西西部，包括内长城以南、吕梁山和黄河之间的广大地区，属于我国黄土高原的东部，除少数孤立的山体外，整个地貌表现为黄土高原，自东向西倾斜。黄土覆盖厚度平均达到 50m 以上，地面坡度小、黄土堆积厚度很大，形成了黄土塬，经过流水侵蚀切割后，破碎发展成为残塬，是全省水土流失最严重的地区。大力开展水土保持，因地制宜调整农林牧的关系，是该区发展生产的当务之急。

# 第二节　资源禀赋

山西资源种类丰富多样，分布广泛且赋存相对集中。受地形、地理位置等因素的影响，各地光、热、降水等组合形成的气候资源差异显著；水资源总体相对贫乏，属于极度缺水地区；山地多，平地少，土地资源利用类型复杂多样；生物资源种类繁多，南北差异较大；矿产资源（特别是煤炭资源）储量大、埋藏浅，为山西能源重化工基地的建设奠定了坚实的发展基础；地热、风能等新能源的优势也日渐凸显。

## 一、资源禀赋条件

### （一）土地资源比较丰富，耕地自然质量处于全国中等水平

山西土地总面积 15.63 万 km²，占全国总面积的 1.64%，在全国各省（直辖市、自治区）中排列第 19 位；人均土地面积 0.41ha，相当于全国平均水平的 58.6%。2012 年未利用土地 500 万 ha，占全省土地总面积的 32.1%；其次是耕地，占 30.6%；再次是林地，占 23.3%；其余依次是牧草地、居民点及工矿用地、水域用地、园地、交通用地，这五类地仅占 14.0%（见表 2-1）。

表 2-1　2012 年山西省主要土地利用类型

| 主要土地利用类型 | 面积（万 ha） | 占总面积比重（%） |
| --- | --- | --- |
| 未利用地 | 500 | 32.1 |
| 耕地 | 480 | 30.6 |
| 林地 | 367 | 23.3 |
| 牧草地 | 87 | 5.4 |
| 居民点及工矿用地 | 67 | 4.2 |
| 水域用地 | 40 | 2.4 |
| 园地 | 13 | 1.1 |
| 交通用地 | 13 | 0.9 |
| 合计 | 1567 | 100 |

资料来源：山西省国土资源厅. 山西省土地资源概况 ［EB/OL］. http:// www.shanxilr.gov.cn/Article/ ShowArticle.asp? ArticleID=372，2012-07-05.

国土资源部将全国耕地划分成优等地、高等地、中等地、低等地四类。2014 年山西耕地自然质量无优等地，高等地面积 63.64 万 ha，占全省总耕地的 15.68%；中等地面积 248.13 万 ha，占 61.14%；低等地面积 94.07 万 ha，占 23.18%。耕地自然质量等级最高的是泽州县和夏县。山西耕地自然质量处于全国中等水平（见表 2-2）。

表 2-2　2014 年山西各市耕地自然质量等级面积及比例

| 城市 | 总面积（km²） | 耕地面积（km²） | 耕地面积/总面积（%） | 耕地质量等级比例（%） | | | | 耕地质量利用等别总体水平 |
|---|---|---|---|---|---|---|---|---|
| | | | | 优等地 | 高等地 | 中等地 | 低等地 | |
| 太原 | 6988 | 1165 | 16.67 | 0.00 | 0.00 | 81.69 | 18.31 | 中等水平 |
| 大同 | 14176 | 3761 | 26.53 | 0.00 | 0.00 | 34.67 | 65.33 | 中低水平 |
| 阳泉 | 4452 | 763 | 17.14 | 0.00 | 0.00 | 15.64 | 84.36 | 低等水平 |
| 长治 | 13896 | 3589 | 25.83 | 0.00 | 0.53 | 86.34 | 13.13 | 中等水平 |
| 晋城 | 9490 | 2049 | 21.59 | 0.00 | 0.36 | 59.82 | 39.83 | 中高水平 |
| 朔州 | 10600 | 3954 | 37.30 | 0.00 | 0.00 | 48.22 | 51.78 | 中低水平 |
| 晋中 | 16400 | 3733 | 22.76 | 0.00 | 1.18 | 48.77 | 50.05 | 中高水平 |
| 运城 | 13968 | 5040 | 36.08 | 0.00 | 14.90 | 56.82 | 28.28 | 中高水平 |
| 忻州 | 25150 | 6332 | 25.18 | 0.00 | 0.00 | 37.15 | 62.85 | 较低水平 |
| 临汾 | 20275 | 5059 | 24.95 | 0.00 | 11.31 | 37.01 | 51.68 | 中等水平 |
| 吕梁 | 21133 | 5140 | 24.32 | 0.00 | 0.27 | 52.55 | 47.18 | 中低水平 |
| 全省 | 156528 | 40584 | 25.93 | 0.00 | 15.68 | 61.14 | 23.18 | 中等水平 |

资料来源：山西省国土资源厅. 山西省 2014 年度耕地质量等别年度更新评价分析报告［R］. 2016.

2014 年山西耕地利用无优等地，高等地面积为 14.08 万 ha，占全省总耕地的 3.47%；中等地面积为 202.15 万 ha，占 49.81%；低等地面积为 189.61 万 ha，占 46.72%。全省耕地利用质量最高的是洪洞县。全省耕地利用质量处于全国中等偏低水平。2014 年全省耕地经济质量无优等地，高等地面积为 4.77 万 ha，占全省总耕地的 1.18%；中等地面积为 93.52 万 ha，占 23.04%；低等地面积为 307.54 万 ha，占 75.78%。耕地经济质量最高的是尧都区和汾阳市。山西耕地经济质量处于全国低等水平（山西省国土资源厅，2016）。

**（二）光热资源充足，但水资源总体短缺**

山西光能资源十分丰富，年辐射总量介于 4900~6000MJ/m² 之间，从北向南依次减少，纬向分布较明显。年生理辐射量[①]为 2400~2900 MJ/m²，但经向分布较为明显。日平均气温稳定 ≥0℃的生理辐射量介于 1800~2200 MJ/m² 之间；日平均气温 ≥10℃的生理辐射量介于 1300~1800 MJ/m² 之间。山西年日照时数在

---

① 植物在光合作用过程中只同化太阳光谱 380~710nm 区间的能量，通常把绿色植物吸收的光带（380~710nm）称为生理辐射。

2088.0~2977.5h 之间，盆地少于山区，南部少于北部。晋西北的大部分地区，日照时数均在 2700h 以上（《山西国土资源》编写组，1985；安树伟等，1999；朱敏嘉，2010）。

山西绝大部分地区平均气温介于 3.9~14.0℃之间，由北向南升高，由盆地向高山降低。东西山区和大同部分地区，年平均气温在 8℃以下；忻定盆地、太原盆地、晋西北黄河沿岸、阳泉和平定及晋东南大部分地区为 8~10℃；临汾盆地、运城盆地及中条山以南地区是山西热量资源最丰富的地区，年均气温达 12~14℃。由于热量受地理纬度和海拔高度的影响相当大，致使各地热量相差悬殊，加上光照、水分条件不同，构成了喜热、喜温、喜凉多种作物的复杂生态型（《山西国土资源》编写组，1985；朱敏嘉，2010）。

山西水资源储量总体缺乏且空间分布极不均衡，人均地面水资源占有量远低于全国平均水平。全省年降水量介于 362.4~606.5mm 之间（五台山除外），从东南向西北逐渐减少。大同盆地为少雨区，而晋东南为全省的多雨区，水资源相对丰富，可布局用水量较多的产业。由于地形的抬升作用，暖湿气流遇到山地极易成云致雨，致使山地降水量普遍较多，这是山西降水的明显特征。如中条山东段山区、陵川东部山区、太岳山区、五台山顶、关帝山和芦芽山的高山区等为多雨中心（《山西国土资源》编写组，1985；安树伟等，1999）。

2015 年山西水资源总量 111.26 亿 m³，人均占有量 303.65m³，相当于全国平均水平的 1/6、世界平均水平的 1/25。依据"国际认可行动"（PAI）提出的标准，山西属于极度缺水地区。

**（三）矿产资源丰富，新能源潜力较大**

山西是全国的矿产资源大省，截至 2013 年底，全省共发现 120 种矿产，矿产地 1361 处，其中查明资源储量的有 65 种，保有资源储量居全国前 10 位的有 28 种。全省查明资源储量的矿产中，具有资源优势并在经济社会发展中占有重要地位的矿产有煤、煤层气、铝土矿、铁矿、铜矿、金红石、冶金用白云岩、耐火黏土、熔剂用灰岩、芒硝等。锰、银、金、石墨、膨润土、高岭岩、石英岩（优质硅石）、含钾岩石、花岗岩、沸石等矿产也有着良好的勘查、开发前景（山西省国土资源厅储量处，2014）。

煤炭是山西最大的优势矿产资源，煤炭资源主要分布于大同、宁武、河东、西山、霍西、沁水六大煤田，浑源、五台、垣曲、平陆、繁峙、灵丘、广灵、阳高也有少量分布（见图 2-4）。2013 年底全省保有资源储量为 2694 亿 t，其中可采、预可采储量为 702.87 亿 t，占保有储量的 26.09%；基础储量为 1167.63 亿 t，占总资源储量的 43.34%（山西省国土资源厅储量处，2014）。

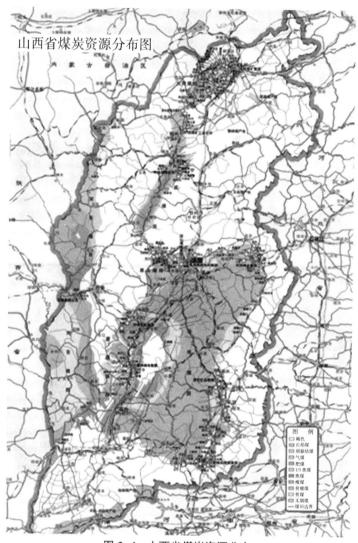

**图 2-4　山西省煤炭资源分布**

资料来源：作者根据相关资料修改绘制。

黑色金属矿产资源以铁矿为主，也有少量的钛、锰、铬、钒等矿藏。截至 2013 年底，铁矿资源储量 34.10 亿 t，其中保有资源储量 18.87 亿 t。有色金属矿产资源以铜、铝为主，铅、锌、钴、钼、镍、镓、锗等也有一定分布。铜矿储量较丰富，95%分布在以垣曲为中心的中条山地区，但其品位较低，贫矿占83%。铜矿中含有黄金、钴、钼、硫等，可以综合利用。铝土矿是山西的第二大矿种，预测储量居全国首位。截至2013年底，保有资源储量14.03亿t，全部为古风化壳沉积型铝土矿矿床，其中约70%的资源储量分布在吕梁市和忻州市。层位稳定，品位中等，开采技术条件简单，共伴生矿产多（山西省国土资源厅储量处，2014）。

山西非金属矿产资源十分丰富，主要有冶金辅助原料矿产、化工原料矿产、建材原料及其他非金属矿产。冶金辅助原料矿产资源主要有白云岩、石英岩、脉石英、熔剂用灰岩、耐火黏土和铁矾土，其中耐火黏土、铁矾土探明储量在全国均居首位。化工原料矿产资源主要有硫铁矿、芒硝、镁盐、电石、磷、重晶石等。硫铁矿总储量达3000万t，集中分布在平定、阳泉、五台、晋城、阳城等县（市），但矿体薄、较分散，不利于大规模工业开采。芒硝、镁盐和池盐集中分布在运城盐池，是山西历史悠久的著名化工原料基地，也是全国重要的化工原料基地之一。电石石灰岩资源丰富，工业储量近7000万t，绝大部分是特级或一级品，主要分布在太原、交口、灵石等地。磷矿已探明储量3.7亿t，但品位低，98.9%为等外品，大部分储量集中在灵丘、繁峙一带。建筑材料及其他非金属矿产主要有水泥石灰岩、石膏、含钾岩石、长石、石墨、石棉、膨润土、大理石、珍珠岩等（山西省国土资源厅储量处，2014；《山西国土资源》编写组，1985；安树伟等，1999）。山西省主要矿产资源分布如图2-5所示。

山西新能源主要包括地热资源和风能资源。全省共有地热田25处，温泉和热水井451个，多分布在断陷盆地的隆起区和边山断裂带，均属中低温地热，目前主要用于热矿水洗浴、疗养。风能资源较好的区域主要分布在五台山高山区、管涔山及吕梁山西部、晋西北、中条山。五台山高山区盛行风向稳定，全年均为西北风，是全省平均风功率密度最高的，达776W/m²；管涔山及吕梁山西部位于山西中部断陷盆地与黄河峡谷之间，晋西北位于山西和内蒙古交界，风力较强，属于适宜开发风电场的区域；中条山位于山西南部段，受地形影响，有较大风速（《山西国土资源》编写组，1985；张向东，2009）。

**（四）生物资源丰富多样**

受水热条件的影响，山西由东南向西北形成了暖温带和温带两个气候带，相应地形成了暖温带落叶阔叶林和温带草原两个植被带。恒山山脉是山西植被纬向

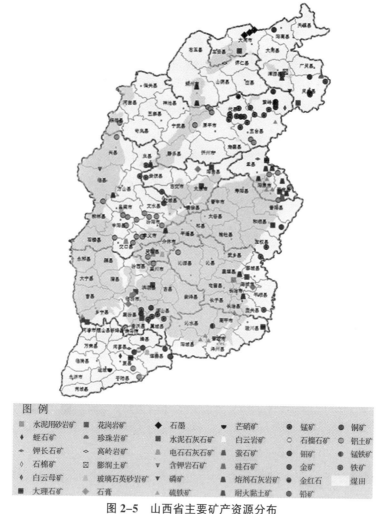

**图 2-5 山西省主要矿产资源分布**

资料来源：作者绘制。

水平地带的主要分界线。

1. 森林植被资源

山西的森林主要分布在中条山、太行山、太岳山、吕梁山、管涔山、五台山等山地，这些山地均属暖温带落叶阔叶林植被地带，森林植被的南北差异极其显著。南部即南暖温带植被亚地带，暖温带半湿润气候特征明显，落叶阔叶栎林是该区域的地带性森林植被。中南部南暖温带半湿润气候向北暖温带半干旱气候过渡的特征明显，辽东栎是该区分布最广、面积最大的落叶阔叶栎林。中北部属北暖温带落叶阔叶林植被亚地带，森林植被以寒温性针叶林为标志，温性针叶林次之，在个别地段尚有油松和辽东栎组成的针阔叶混交林，但辽东栎林极度矮化。北部属温带草原植被地带，半干旱气候特征显著，天然森林植被极其贫乏，全区以人工林为主，主要有小叶杨林、樟子松林、油松林、华北落叶松林（《山西国土资源》编写组，1985）。

**2. 牧草植被资源**

山西组成草地的植物种属和生态类型较为复杂多样，已查明牧草种类 400 余种，其中以花麦、白羊草、胡茅和胡枝子等适口性最好，营养价值高（《山西国土资源》编写组，1985）。

**3. 野生动物资源**

山西野生动物以陆栖类为主，已知的有 400 多种，属于国家保护的珍稀物种达 70 多种。其中，一级保护动物有白鹳、黑鹳、金雕、玉带海雕、白尾海雕、虎头海雕、胡兀鹫、褐马鸡、丹顶鹤、大鸨、金钱豹、梅花鹿等；二级保护动物有 56 种，包括鸟类 40 种，两栖爬行类 2 种，兽类 14 种。此外，还有皮毛动物 20 多种，名贵的有水獭、石貂、貉、狐等；肉用动物有野兔、野猪、环颈雉、石鸡等；药用动物 70 余种（《山西国土资源》编写组，1985）。

## 二、资源禀赋组合特征及对区域发展的意义

### （一）煤铝、煤铁、煤镁资源空间组合良好

山西煤铝、煤铁、煤镁资源的数量和空间组合良好，可在较短的空间距离内完成生产环节，大大缩减了资源在长途运输中的时间和运输成本，为能源和高耗能原材料工业的专业化发展奠定了良好的资源基础。

煤炭资源分布广泛且储量集中，含煤地区的面积占全省面积的 40%，119 个县级行政区中有 94 个县储有煤炭资源。铝土矿资源储量占全国的 1/4，主要分布在六大煤田和八个煤产地的区域范围内，与煤炭资源相伴分布，煤铝资源在数量上和空间上具有良好的组合优势（赵宏宝，2004）。

铁矿资源分布广泛且储量相对集中，省内 85 个县（市、区）均有铁矿资源，几乎遍布全省。其中，铁矿资源储量集中区与煤田和煤产地在空间上基本重叠，煤铁资源在数量和空间分布上有较好的组合特性（何青等，2004）。

冶镁原料主要依赖储量较大的白云岩，优质白云岩分布区在空间上同煤炭资

源分布区相互交汇、重合。达到工业冶镁开采要求的优质白云岩集中分布区基本可分为三个地区：北部区，包括原平市—定襄县及五寨县、保德县一线以北地区；中部区，包括太行山中段平定县到黎城县及太原市至汾阳县、中阳县、交口县一带；南部区，包括云梦山到晋城市一带（范海明，2007）。冶镁产业依托煤炭资源提升了市场竞争力，有较好的发展前景。

**（二）土地类型复杂多样，适宜农、林、牧、渔全面发展**

山西土壤分布和发育趋势的复杂性与差异性，形成了繁多的土地类型，为开展多种经营和农、林、牧、渔综合发展提供了物质基础和有利条件。山西处于沿海湿润森林气候向内陆荒漠气候过渡的中间位置，反映在土地类型上，表现为两气候区间的过渡类型。土地资源类型大致分为东西向山地系列、中部平原系列以及广泛分布的黄土丘陵系列。东、西两山地地区以林、牧业为主，同时兼顾农、林、牧全面发展；盆地主要以农业为主，农牧业结合发展（《山西国土资源》编写组，1985）。

雁北地区纬度偏高，属中温带干旱草原景观，土壤为草原型栗钙土。该区为低产和广种薄收的杂粮、土豆与胡麻产区，同时具备发展畜牧业的有利条件。西部和西北部处于干旱森林向荒漠草原过渡的地带，水热条件都逊于同纬度其他地区。土壤类型是地带性灰褐土，土壤质地为砂壤到轻壤，土层分异不明显，土壤黏化较弱。黄土地貌发育明显，黄土堆积深厚辽阔，加之垦耕历史悠久，大半土地早经耕种或放牧，天然植被部分遭到破坏，地面植物稀少。农、林、牧业要适度搭配发展，一旦开发利用不合理，会引起严重的水土流失。中部盆地地区位于我国亚热带森林气候和温带草原气候的中间区域，土壤类型为褐土，也是农业利用最好的土壤。晋中和忻州地区一带，土壤发育为淡褐土，农、林、渔业发展条件良好，在农业生产上主要以杂粮为主，并可以种植棉花、小麦等。晋南和晋东南土壤呈现褐土类型的一般特征，四季分明，高温期和多雨期一致，可发展农、林、渔业，是山西棉花和小麦的重要种植基地（《山西国土资源》编写组，1985）。

**（三）光、热、降水等组合形成的气候资源差异显著，生态环境较为脆弱**

光能资源空间分布从北向南依次减少，西部山区较多，南部盆地较少，纬向分布较明显。热能资源的分布由北向南升高，由盆地向高山降低，年温分布很大程度度上受到地势的影响。晋南盆地和晋西黄土丘陵区，耕地和光热资源储量丰富，但水资源缺乏；晋东南土石山区，水资源比较充足，但耕地资源相对缺乏；

晋西北土地广阔，水热资源较差，风沙危害突出，一般不能种植高产农作物；中部一系列阡陌相连的盆地是境内发展条件最佳的地区，已发展成为人口密集地区和工农业生产与政治、文化、交通的中心。总的来看，晋南地区水土热资源要素分配较好。全省热量由北向南逐渐增高，晋南地区盆地面积占比大、地势较为低缓，其大部分地区为全省的多雨区，且通过跨区域调水、引水等工程提供了更多的水资源补给（《山西国土资源》编写组，1985）。

随着人口的不断增加、活动开发范围的不断扩大，更多的土地被用来进行农业生产，加速了生态环境的脆弱化，山西生态环境不断恶化，成为我国的多灾害省份之一。五大盆地是全省现代工业发达、人口集中分布的地区，人类的生产生活活动对当地的自然环境干扰最大，是生态环境最为脆弱的地区，自然灾害发生频率和损失程度最大，其次是晋东南地区和东西两侧山地。

地震灾害是山西重要的自然灾害，地震多以构造地震为主，多沿山前深断裂和盆地中基底断裂发生。破坏性地震几乎均发生在人口稠密经济发达的五大新生代断陷盆地中，其中又以临汾、忻定两个盆地最强，太原、大同、运城三个盆地相对较弱。西部的吕梁山区、东部的太行山区、北部的五台山区地震灾害较轻。滑坡是仅次于地震的自然灾害，省内滑坡较多，遍布各地，主要分布在晋西黄土高原、各大断陷盆地边缘的黄土台地、寿阳和静乐等地的黄土丘陵区、受河流侵蚀的岸坡和路堑两侧（韩军青，1996）。

山西是全国水土流失严重的区域之一，省内大多数地方黄土裸露、沟壑纵横，主要分布于晋西中部沿黄河一带、临汾市西部县、雁北西部和忻州西北部、大盆地边缘及较大河流两侧、太行吕梁等山区和各大河谷盆地地区。山西"十年九旱"，干旱对农业生产危害最大，是影响范围较广、出现频次最多的气象灾害。旱灾东西两山轻，中间盆地重，南部重于北部。临汾盆地和运城盆地是全省旱灾最严重的地区，有"十年九春旱，晋南占其七"的说法。干旱导致全省受灾面积和成灾面积分别占耕地面积的 25.0% 和 16.7%，粮食产量每年减少 10% 左右（韩军青，1996）。

自然环境的区域差异取决于各种发展要素以及这些要素的合理搭配。区域内部的发展要素在时间上的差异以及在空间上的不同组合，决定了一个区域是否具有因地制宜、可替代性小的发展优势，区域内部的发展方向由发展要素的时空组合决定。山西内部发展要素的空间组合和有序性决定了不同区域内生产和生活方式各有特点，这是长期选择的结果（《山西国土资源》编写组，1985）。

# 第三节　人口与劳动力资源

1978 年以来，山西有效控制人口增长，努力提高人口素质，人口再生产方式实现了由"高出生、低死亡、高增长"到"低出生、低死亡、低增长"的转变。

## 一、人口与劳动力资源的总量与结构

### （一）人口总量

1979~2016 年，山西人口总量由 2423.60 万人增加到 3681.64 万人，年均增长 11.1‰，呈平稳增长态势（见图 2-6）。人口分布受自然条件影响以及社会经济、历史因素的制约，河谷盆地是全省的经济中心地带、农业精华所在，这里地形平坦，水源丰富，自然环境优越，虽然面积仅占全省总面积的 20%，却集中了全省人口的近 1/2；两侧丘陵区面积超过 40%，人口占近 30%；东西山地区面积占 40%，人口只占 20%。全省各县（市、区）级行政区的人口分布高低相差悬殊，2015 年临汾市尧都区人口总数最多，高达 97.14 万人，永和县人口总数最少，仅为 6.55 万人。全省人口数量在 10 万~30 万人的县（市、区）有 65 个；10万人以下的县有 5 个，分别是古县、安泽县、大宁县、永和县、岢岚县。2015

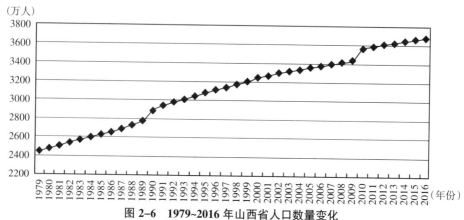

**图 2-6　1979~2016 年山西省人口数量变化**

资料来源：《山西统计年鉴》（2016）、《中国统计摘要》（2017）。

年全省人口密度为 234 人/km²，人口密度最高的是太原市，最低的是忻州市（见图 2-7）。

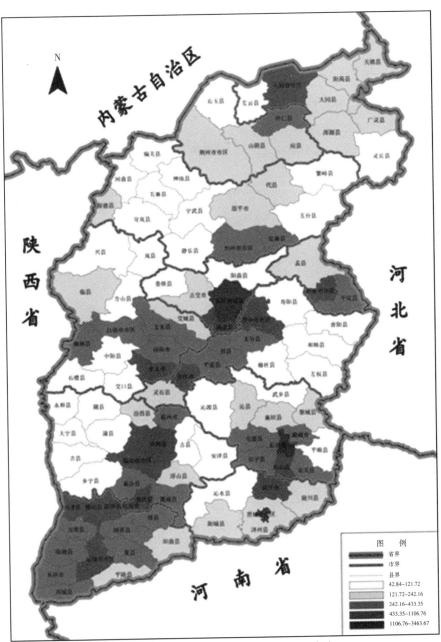

图 2-7　2015 年山西省各县（市）人口密度

资料来源：根据《山西统计年鉴》（2016）绘制。

### （二）人口增长方式

1978 年以来，山西人口变化基本处于人口转变的现代阶段，基本特征是低死亡率、波动的出生率和由高转低的自然增长率。人口转变大致经历了四个阶段（见图 2-8）。

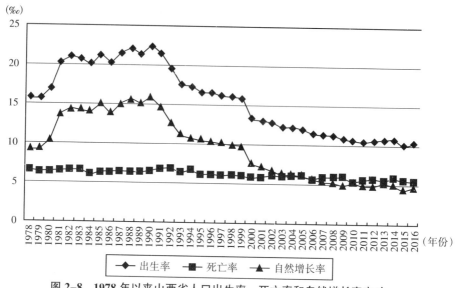

**图 2-8　1978 年以来山西省人口出生率、死亡率和自然增长率变动**

资料来源：同图 2-6。

早期扩张阶段（1978~1981 年）。人口出生率陡升，1981 年人口出生率达到了 21.07‰；死亡率保持在 6.00‰左右，处于较低水平，出生率与死亡率的差距逐年拉大；人口自然增长率由 9.11‰上升至 13.77‰。

高位波动阶段（1981~1991 年）。出生率比前一阶段有了明显的提高，呈波动变化；死亡率保持在 6.00‰左右；自然增长率较高，最低为 13.77‰，最高为 15.98‰。

后期扩张阶段（1991~2000 年）。人口出生率明显下降，由高位逐步走向较低位水平，人口死亡率继续保持低位，自然增长率与出生率同步下降，自然增长率由 14.69‰减少至 7.48‰。

低位静止阶段（2000 年至今）。人口出生率保持低位、缓慢平稳下降，仍然高于死亡率；死亡率略微有所下降；自然增长率低，逐步进入老龄化社会。

### （三）人口素质

**1. 身体素质**

1978年以来，山西社会经济稳步发展，人民生活水平和生活质量不同程度地得到了提高，居民的收入水平和消费水平也在逐年增加。医疗卫生事业不断取得新的进展，卫生技术人员及卫生机构不断增多，医疗卫生保障条件逐渐转好，有效地降低了人口死亡率，保障了人民健康水平的提高。

1982~2010年，山西人口平均预期寿命由67.63岁提高到74.92岁（见图2-9），2010年比全国平均水平高0.09岁，在全国所有省（直辖市、自治区）中居第17位。其中，男性平均预期寿命72.87岁，比全国平均水平高0.49岁；女性平均预期寿命77.28岁，比全国平均水平低0.09岁。2010年太原市人口预期寿命最高，为80.42岁，其中男性人口预期寿命为78.62岁，女性为82.37岁；长治市人口预期寿命最低，为72.86岁，其中男性人口预期寿命为70.82岁，女性为75.29岁。2010年城市人口平均预期寿命为78.68岁，比农村高5.49岁（见表2-3）；城市、乡镇均为女性人口预期寿命高于男性。

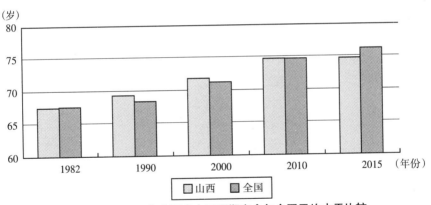

**图2-9 1982~2015年山西省人口预期寿命与全国平均水平比较**

注：全国为1981年数据。

资料来源：《山西统计年鉴》（2016）、《中国统计年鉴》（2016）。

**表2-3 2010年山西省人口预期寿命**

单位：岁

| 地区 | 总体 | 男性 | 女性 | 城市 | 镇 | 村 |
|------|------|------|------|------|------|------|
| 全省 | 74.92 | 72.87 | 77.28 | 78.68 | 75.65 | 73.19 |
| 太原 | 80.42 | 78.62 | 82.37 | 82.10 | 79.49 | 75.33 |
| 大同 | 76.08 | 73.70 | 79.04 | 77.79 | 77.16 | 75.47 |

续表

| 地区 | 总体 | 男性 | 女性 | 城市 | 镇 | 村 |
|------|------|------|------|------|------|------|
| 阳泉 | 74.45 | 72.74 | 76.50 | 76.20 | 75.28 | 72.82 |
| 长治 | 72.86 | 70.82 | 75.29 | 76.26 | 75.07 | 71.28 |
| 晋城 | 73.09 | 71.23 | 75.17 | 79.41 | 74.54 | 70.46 |
| 朔州 | 73.87 | 71.85 | 76.66 | 74.23 | 73.33 | 72.71 |
| 晋中 | 75.39 | 73.69 | 77.38 | 81.87 | 78.00 | 73.28 |
| 运城 | 74.58 | 72.31 | 77.11 | 76.90 | 76.01 | 73.67 |
| 忻州 | 74.83 | 72.87 | 77.39 | 81.91 | 75.46 | 73.59 |
| 临汾 | 74.01 | 71.48 | 76.85 | 76.88 | 74.82 | 72.96 |
| 吕梁 | 73.27 | 71.19 | 75.81 | 73.96 | 73.63 | 72.57 |

资料来源：苏景岳. 山西人平均预期寿命 74.92 岁　太原等高于平均水平［EB/OL］. http://shanxi.sina. com.cn/news/m/2013–10–11/080636553.html.

### 2. 文化素质

1982 年以来，文化素质在小学程度的人数逐年减少，初中、高中和大学程度的人数不断增加，人口文化素质在不断提高，受教育程度逐步走向高水平化。

2010 年全国第六次人口普查结果显示，山西常住人口中具有大学（指大专以上）程度的人口为 311.44 万人；具有高中（含中专）程度的人口为 561.86 万人；具有初中程度的人口为 1611.53 万人；具有小学程度的人口为 780.48 万人。[1] 与 1982 年第三次全国人口普查结果相比，每 10 万人中具有大学程度的人口总数由 593 人上升为 8721 人；具有高中程度的人口总数由 7440 人上升为 15733 人；具有初中程度的人口总数由 21851 人上升为 45126 人；具有小学程度的人口总数由 38835 人下降为 21855 人（见表 2–4）。2010 年，在全省常住人口中文盲人口

表 2–4　第三、第四、第五和第六次人口普查山西省每 10 万人中具有不同文化程度人数

单位：人

| 项目 | 小学程度 | 初中程度 | 高中程度 | 大学程度 |
|------|----------|----------|----------|----------|
| 第三次人口普查 | 38835 | 21851 | 7440 | 593 |
| 第四次人口普查 | 35713 | 29237 | 8820 | 1384 |
| 第五次人口普查 | 31779 | 38921 | 11587 | 3422 |
| 第六次人口普查 | 21855 | 45126 | 15733 | 8721 |

资料来源：根据历次全国人口普查数据整理得到。

---

[1] 各种受教育程度的人包括各类学校的毕业生、肄业生和在校生。

（15 岁以上不识字的人）为 76.20 万人，与 2000 年第五次全国人口普查相比，文盲率由 4.22% 下降到 2.13%。

**（四）人口构成**

1. 人口的性别构成

2015 年全省常住人口中，男性 1879.09 万人，女性 1785.03 万人，性别比为 105.58（以女性为 100，下文同），高于全国 105.0 的平均水平。朔州市性别比最高，为 109.10；晋城市最低，为 102.27（见表 2–5）。

表 2–5　2015 年山西省分地市人口性别比例情况

| 项目 | 常住人口数（人） | 总人口 | | 性别比（女=100） |
| --- | --- | --- | --- | --- |
| | | 男（人） | 女（人） | |
| 全省 | 36641196 | 18790874 | 17850322 | 105.58 |
| 太原 | 4318675 | 2206890 | 2111785 | 104.50 |
| 大同 | 3406380 | 1732981 | 1673399 | 103.56 |
| 阳泉 | 1398283 | 723483 | 674800 | 107.21 |
| 长治 | 3187293 | 1631441 | 1555852 | 104.86 |
| 晋城 | 2314977 | 1170480 | 1144497 | 102.27 |
| 朔州 | 1762225 | 919459 | 842766 | 109.10 |
| 晋中 | 3335694 | 1735216 | 1600478 | 108.42 |
| 运城 | 5275312 | 2685523 | 2589789 | 103.70 |
| 忻州 | 3141323 | 1619987 | 1521336 | 106.48 |
| 临汾 | 4435653 | 2259920 | 2175733 | 103.87 |
| 吕梁 | 4065381 | 2105494 | 1959887 | 107.43 |

资料来源：《山西统计年鉴》（2016）。

人口性别比在地域上分布不均衡，基本上北高南低，高性别比的地区在空间上大体呈"U"型分布，以北部偏关县为起点，向南至永和、隰县，再向东折，经过汾西、霍州，逐渐向北偏移，经过沁源、沁县、武乡、榆社、左权、和顺、昔阳，最后到达东部省界（见图 2–10）。人口性别比低值区域主要分布在中部的断陷盆地，性别比在 107 左右，包括大同盆地、忻定盆地、晋中盆地、临汾盆地、运城盆地和上党盆地。城市人口性别比普遍低于周边县域。在城市内部，城市中心性别比低于郊区；在县域内部，县城的性别比高于周围地区，随着同县城距离的增大，性别比又有一定程度的上升（安树伟和朱登兴，2000）。

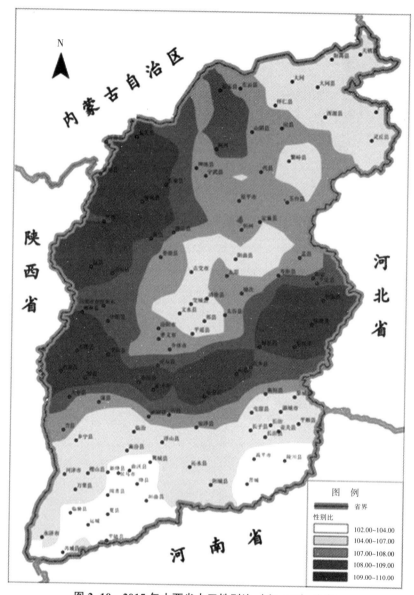

图2-10　2015年山西省人口性别比（女=100）分布

资料来源：根据《山西统计年鉴》（2016）绘制。

2. 民族构成

山西以汉民族为主体，少数民族人口较少。2010年全国第六次人口普查显示，全省共有35个民族，其中汉族占99.75%。少数民族中，回族、满族、蒙古族、朝鲜族等人数相对较多，合计为6.7万人。为数不多的少数民族散居在全省各地，又相对多集中在城镇，全省有相对聚居的少数民族村58个。

3. 年龄构成

全国第四、第五和第六次人口普查统计结果显示，山西人口经历了由快速扩张型到慢速扩张型，再到收缩型的年龄结构发展阶段，并叠加周期性的人口变化。

1990年，人口金字塔下宽上窄，山西人口处于快速扩张型阶段，少年、儿童人口比重大，老年人口比重小，人口出生率、自然增长率都长期保持高水平（见图2-11）。在扩张过程中伴随着周期性人口数量快升快降，这是政策主导下的育龄人群高比重周期性出现的结果，会引起较高的生育率，形成迅速增长、不断扩张的未来人口再生产趋势。

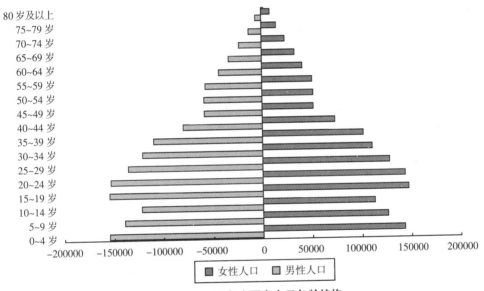

**图2-11　1990年山西省人口年龄结构**

资料来源：根据《全国第四次人口普查统计数据》整理。

2000年，人口金字塔依旧是上窄下宽，但下部各年龄组人口比重大体上扩张趋势变缓，步入人口慢速扩张型阶段（见图2-12）。与1990年相比，出生率和死亡率的差距大大缩小。未来的人口再生产基本趋于稳定，进入并保持在低自然增长率阶段。但由于此前人口迅速增长而形成的高人口基数背景，人口增量依旧较大。周期性人口波动趋势更为明显，这主要由于育龄人口呈现周期性变化，导致新生人口也有周期性变化。

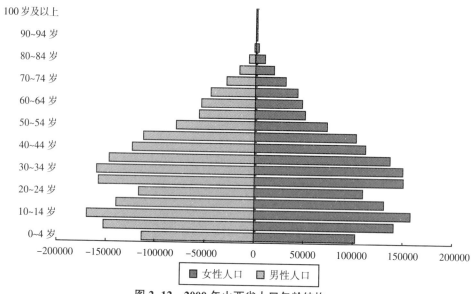

**图2-12  2000年山西省人口年龄结构**

资料来源：根据《全国第五次人口普查统计数据》整理。

2010年，人口金字塔底部出现明显的大幅度收缩，预期的周期性增长也未出现，呈现上窄、中宽、底窄的收缩型发展模式，已经步入老龄化社会（见图2-13）。出生率持续下降导致少年、儿童的比重缩小，老年人口比重增大，这一

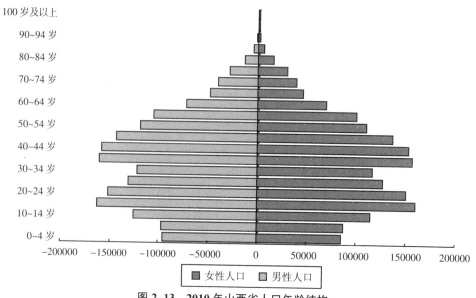

**图2-13  2010年山西省人口年龄结构**

资料来源：根据《全国第六次人口普查统计数据》整理。

现象同经济发展良好、生活质量提高、人口素质优化、思想意识和价值观转变有关。新生人口的减少不是由于育龄人群比重降低，主要是育龄人口生育观念的转变。生育率的不断下降，导致未来人口再生产趋势呈负增长，人口缩减。

**（五）劳动力资源**

1978 年以来，劳动力的自然增长呈现稳步增长的态势。2015 年全社会从业人员达到 1872.76 万人，与 1978 年相比净增加 908 万人。

2003~2014 年，山西第一产业从业人员所占比重稳中有降，由 44.3% 下降到 35.6%；第二、第三产业从业人员所占比重稳中有升，分别从 24.5%、31.2% 上升到 26.3%、38.2%，农村剩余劳动力实现了部分向第二、第三产业的转移（见图 2-14）。

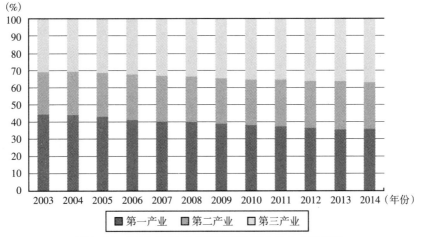

**图 2-14　2003~2014 年山西省三次产业从业人员结构**

资料来源：同图 2-13。

## 二、人口与劳动力资源的评价

### （一）人口步入老龄化社会

按照国际通行的判断标准[①]，2010 年全国第六次人口普查数据显示，山西 0~14 岁人口比重为 17.1%，65 岁及以上人口比重为 7.6%，老少比为 44.3%，已经达到老年型社会人口年龄结构标准（见表 2-6）。

---

① 0~14 岁人口比重在 30% 以下，65 岁及以上人口比重在 7% 以上，老少比在 30% 以上为老年型社会的人口年龄结构。

表2-6 1990~2010年山西省人口年龄结构

单位：%

| 年龄段 | 1990年 | 2000年 | 2010年 |
|---|---|---|---|
| 0~14岁 | 28.3 | 25.7 | 17.1 |
| 15~64岁 | 66.2 | 67.9 | 75.3 |
| 65岁及以上 | 5.5 | 6.4 | 7.6 |

资料来源：根据相关年份全国人口普查数据整理。

### （二）人口文化素质得到大幅提高

人口科学文化素质与区域经济社会的发展有着非常密切的相互促进关系，一个区域的经济振兴、科技发展和社会进步取决于人口科学文化素质的提高（董金涛，2012）。2010年全省文盲率为2.13%，比2000年降低了2.09个百分点，比同期的全国文盲率（4.08%）低1.95个百分点。在人口文化程度中，每万人拥有小学文化程度的人口大幅度减少，而初中学历以上人口（包括初中）不断增加，初中学历人口增加幅度最大。

### （三）劳动力资源供大于求

2015年全省劳动力资源总数达2762.75万人，而全社会从业人员人数为1872.76万人，整体上劳动力就业压力较大。加之处于资源型产业优化转型升级的关键期，就业情况值得重视。

---

**专栏2-1　翼城县人口政策实践**

1985年7月，经原国家计划生育委员会和山西省人民政府批准，翼城县全县农村开始实行"晚婚晚育加间隔"的生育二胎的政策。核心内容是对于农民家庭，要求女性在不早于24岁生育第一胎，30岁可以生育第二胎，严格限制第三胎。

1. 人口总量和增长速度

1982~2010年，翼城县总人口由25.4万人增加到31.18万人，年均增长7.35‰，同期全国总人口年均增长9.72‰，山西省年均增长12.16‰，临汾市年均增长12.79‰。翼城县人口增长速度明显低于全国、山西省、临汾市的平均水平。

2. 人口自然变动

根据1982~2010年进行的普查汇总数据，翼城县人口自然增长率并没有因推行"晚婚晚育加间隔"的生育政策而出现较大幅度的上升，与同期全国、山西省、临汾市的数据相比，均处于较低水平（见表2-7）。

表2-7 1982~2010年翼城县人口自然变动与全国、山西省、临汾市比较

单位：‰

|  | 翼城县 | | | 临汾市 | | | 山西省 | | | 全国 | | |
|---|---|---|---|---|---|---|---|---|---|---|---|---|
|  | 1982年 | 1990年 | 2010年 | 1982年 | 1990年 | 2010年 | 1982年 | 1990年 | 2010年 | 1982年 | 1990年 | 2010年 |
| 出生率 | 12.1 | 15.85 | 11.18 | 15.29 | 12.95 | 10.08 | 21.1 | 22.31 | 10.68 | 22.8 | 20.98 | 10.38 |
| 死亡率 | 7.35 | 6.38 | 5.39 | 5.75 | 4.51 | 5.54 | 6.70 | 6.25 | 5.38 | 7.18 | 6.28 | 5.57 |
| 自然增长率 | 4.75 | 9.47 | 5.79 | 9.54 | 8.44 | 5.54 | 14.4 | 16.06 | 5.3 | 15.68 | 14.7 | 4.81 |

3. 总和生育率

1990~2010年，无论是全国、山西省、临汾市这些实施现行生育政策的地区，还是翼城县实施"晚婚晚育加间隔"二孩政策试点的地区，总和生育率都在迅速下降，并很快低于2.1的替代生育水平。1990年，翼城县总和生育率为2.28，而全国、山西省、临汾市分别为2.31、2.44、2.8；2000年，翼城县总和生育率下降到1.51，同期全国、山西省、临汾市的总和生育率分别为1.22、1.44、1.46，均低于翼城县；2010年，全国的总和生育率已经下降到1.181，而山西省更是下降到1.095，翼城县多年来总和生育率波动幅度较小。

4. 出生性别比

1985年"晚婚晚育加间隔"二孩政策推行之初，翼城县的出生性别比为112.4（女=100，比全国的数据更偏离正常值，但1990年翼城县的出生性别比下降为109.2，比全国的数据更接近正常值范围。2010年第六次人口普查时，翼城县的出生性别比下降到101.3，接近正常值范围，而同期全国出生性别比继续增加，远离正常值范围（见表2-8）。

表2-8 1985~2010年翼城县、全国出生性别比（女=100）

| 年份 | 翼城县 | 全国 |
|---|---|---|
| 1985 | 112.4 | 111.4 |
| 1990 | 109.2 | 111.7 |
| 2010 | 101.3 | 118.0 |

　　翼城县"晚婚晚育加间隔"二孩生育政策是对现行生育政策的补充和完善，30 多年试点经验表明，这一政策对于控制人口总体规模、避免"四二一"家庭、降低生育率、减缓人口老龄化等方面作用明显，在今后二胎生育进一步放开的进程中，有其突出的现实意义。

　　资料来源：吴艳文.翼城县"晚婚晚育加间隔"二孩试验效果分析[J].人口学刊，2014（4）：103-112.

**参考文献**

[1]《山西国土资源》编写组.山西国土资源 ［Z］. 1985.

[2] 山西省地方志编纂委员会办公室.山西概况 ［M］.太原：山西人民出版社，1985.

[3] 山西省国土资源厅.土地资源年度统计资料 ［Z］. 2012.

[4] 山西省国土资源厅.山西省土地资源概况 ［EB/OL］. http：// www.shanxilr.gov.cn/Article/ShowArticle.asp？ArticleID=372，2012-07-05.

[5] 山西省国土资源厅.山西省 2014 年度耕地质量等别年度更新评价分析报告 ［R］. 2016.

[6] 山西省环境保护厅.2014 年山西省环境状况公报 ［Z］. 2015.

[7] 朱敏嘉.山西主要气候资源探析 [J].山西农业科学，2010，38（7）：77-79.

[8] 张向东.山西风能资源及风电发展综述 [J].山西能源与节能，2009（5）：11-13.

[9] 山西省国土资源厅储量处.2013 年度山西省矿产资源概况 ［EB/OL］. http：// www.shanxilr.gov.cn/Article/ShowArticle.asp？ArticleID=38114，2014-10-23.

[10] 安树伟，安树荣.山西省自然资源禀赋分析 [J].山西师范大学学报（自然科学版），1999（2）：55-60.

[11] 赵宏宝.山西铝土矿资源分布、开发利用现状分析 ［D］.太原理工大学硕士学位论文，2004.

[12] 范海明.山西省优质冶镁白云岩的找矿方向 [J].华北国土资源，2007（3）：13-14，19.

[13] 何青，赵玲玲.山西铁矿资源的概况与展望 [J].山西冶金，2004，27（4）：5-7.

[14] 牛仁亮.辉煌山西 60 年 ［M］.北京：中国统计出版社，2009：19-25.

[15] 安树伟，朱登兴.山西省人口性别比地域分布规律探讨 [J].山西师范大学学报（自然科学版），2000（3）：78-85.

[16] 董金涛.人口素质对区域经济发展的影响研究 ［D］.南京财经大学硕士学位论文，2012.

[17] 苏景岳.山西人平均预期寿命 74.92 岁　太原等高于平均水平 ［EB/OL］. http：// shanxi.sina.com.cn/news/m/2013-10-11/080636553.html.

[18] 吴艳文.翼城县"晚婚晚育加间隔"二孩试验效果分析 [J].人口学刊，2014（4）：103-112.

# 第三章　经济概述

在中华人民共和国成立后近 70 年的发展中，山西既经历了前 30 年的社会主义改造和社会主义经济建设，又经历了后近 40 年的改革开放和经济社会发展，获得了举世瞩目的辉煌成就。在取得重大成就的同时，由于经济结构不合理等，山西经济也面临着严峻问题。

## 第一节　经济发展历程

中华人民共和国成立以来，山西发生了翻天覆地的变化，特别是 1978 年以来，国民经济建设和社会事业进入了工业化与城镇化快速发展的新时代。全省经济发展可以划分为计划经济时期（1949~1978 年）、能源重化工基地建设时期（1979~1998 年）、经济结构调整时期（1999~2009 年）、国家资源型经济转型时期（2010 年至今）四个阶段（见图 3-1、图 3-2）。

### 一、计划经济时期

#### （一）经济发展动力由农业转变为工业，居民生活水平偏低

1978 年之前，与全国一样，山西经历了战后国民经济三年恢复、"大跃进"、人民公社化运动、十年"文革"时期，经济开始艰难恢复，从传统农业经济占绝对优势转变为以工业为主。1952~1978 年，全省地区生产总值由 16.0 亿元增长为 77.6 亿元（按可比价格计算，下文同），人均地区生产总值从 114.7 元增加至 320.4 元，三次产业结构从 58.6：17.2：24.2 演变为 20.7：58.5：20.8。1953~

1978 年，经济总量年均增速 6.26%。

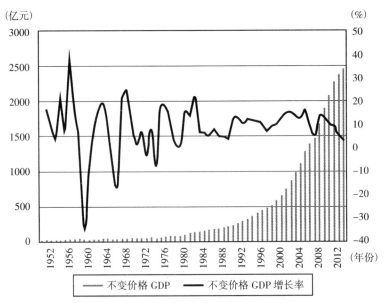

**图 3-1　1952~2015 年山西省地区生产总值变化情况（1952 年=100）**

注：1952 年缺少 GDP 增长率。

资料来源：牛仁亮.辉煌山西 60 年［M］.北京：中国统计出版社，2009；《山西统计年鉴》（2016）。

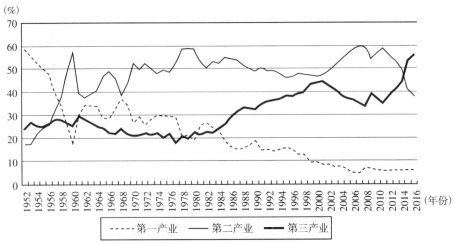

**图 3-2　1952~2016 年山西省三次产业结构变化情况**

资料来源：牛仁亮.辉煌山西 60 年［M］.北京：中国统计出版社，2009；《山西统计年鉴》（2016）；《中国统计摘要》（2017）。

这一时期山西经济波动性十分明显。"一五"期间全省地区生产总值年均增速10.50%，是改革开放前经济发展最好的时期之一；1958年地区生产总值增长创最高增速，高达37.36%；1960~1962年、十年"文革"时期，山西经济社会发展受到较大影响；1959~1978年地区生产总值年均增速3.02%，其中有五年为负增长[1]，1959年人均地区生产总值265元，到1962年下降为155元，1978年达到320元。

山西城乡居民生活有一定改善，但总体生活水平偏低。1954年全省人均消费支出70.3元，1978年为90.6元，年均增速仅有1.1%。1952年城镇居民90.0%的消费支出用于生存资料，食品消费比重高达67.8%，1978年食品消费比重仍占55.0%；1954年农村居民食品消费占68.2%，1978年仍高达67.3%（牛仁亮，2009）。城乡居民衣着以保暖为主；农村居民住房以土窑洞为主，住房以遮风、挡雨、保暖为基本特征。

**（二）发展成为全国主要重工业基地**

"一五"时期国家大规模经济建设开始，山西逐渐开始了以煤炭、冶金、电力、机械、化工为支柱的工业化进程。国家在山西投资52个限额以上项目和40个限额以下项目，新建了一批化肥、农药、有色金属、机械等行业企业，煤炭、钢铁、发电、机械等基础工业得到加强，大同矿务局、潞安矿务局、太原第一热电厂、太原化工厂、太原制药厂等全国重点项目和江阳化工厂、大众机械厂、山西柴油机厂、汾西机器厂、太谷利民机器厂和大同机车厂等全国重点工程竣工投产，奠定了山西工业生产体系的初步基础；用于基础设施的投资额达到21.4亿元，是三年恢复时期的8.5倍（牛仁亮，2009）。1959~1978年，国家先后在山西部署了许多机械、化工企业，加大对基础产业和基础设施的投资，以能源、原材料和机械制造为主的工业体系初具规模，基础设施水平也有所提升。

1949~1978年，山西原煤产量从267万t增加到9825万t；焦炭从7.54万t增加到356.51万t（见图3-3）；发电量从0.44亿kW·h增加到106.63亿kW·h（见图3-4）。1957年铜冶炼生产投产，1973年猛增到万吨级；1958年铝冶炼投产，产量仅16t，年均增速33.23%（见图3-5）。重型机械是山西机械加工的主要产品，1952~1978年矿山设备产品年均产量7185t，年均增速15.52%（见图3-6）。

---

[1] 1961年和1968年跌幅较大，增长率分别为-34.59%和-16.1%。

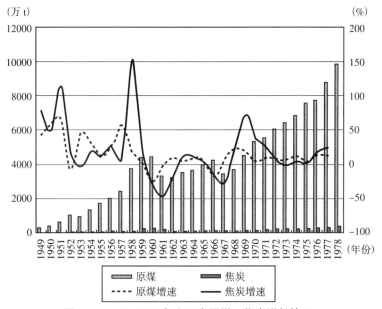

**图 3-3　1949~1978 年山西省原煤、焦炭增长情况**

资料来源：牛仁亮. 辉煌山西 60 年 [M]. 北京：中国统计出版社，2009.

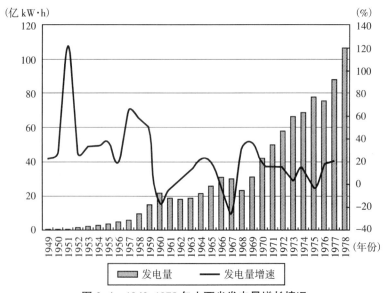

**图 3-4　1949~1978 年山西省发电量增长情况**

资料来源：同图 3-3。

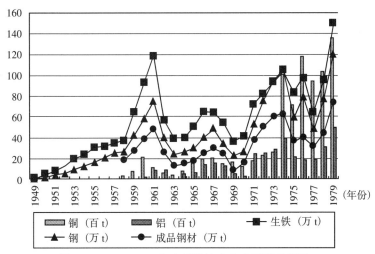

图 3-5 1949~1979 年山西省冶金业主要产品产量

资料来源：同图 3-3。

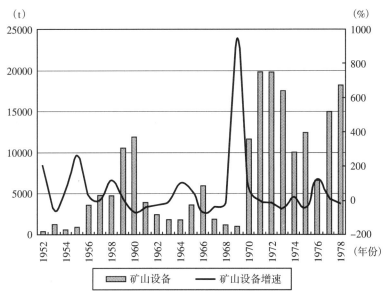

图 3-6 1952~1978 年山西省矿山设备产品产量

资料来源：同图 3-3。

## （三）粮食产量较快增长

计划经济时期，山西农作物和粮食作物播种面积先增后减，分别于 1956 年和 1954 年创历史最高值 501.9 万 ha 和 535.5 万 ha。历年来看，农作物和粮食作物播种面积均高于 430.0 万 ha 和 350.0 万 ha。粮食单产波动性增长明显，1949

年粮食产量 634kg/ha，1978 年为 1915kg/ha，是 1949 年的三倍多（见图 3-7）。粮食作物中谷物、豆类种植面积逐渐下降，薯类种植面积有所提高，但是谷类和豆类单位面积产量增长远胜于薯类。1949 年山西谷物、豆类、薯类单产分别为 594kg/ha、488kg/ha、1275kg/ha，1978 年谷物、豆类、薯类单产分别增长到 1941kg/ha、1188kg/ha、1910kg/ha。

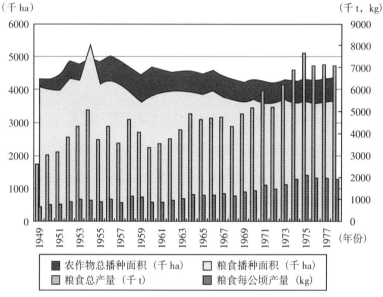

**图 3-7　1949~1978 年山西省农作物和粮食播种面积与产量**

资料来源：同图 3-3。

### （四）人口总量快速增长，但城镇化率提升较慢

1949~1978 年，山西人口发展的特点是高出生率、高死亡率、高迁入率、高增长率。全省人口由 1280.86 万人增长到 2423.60 万人，年均增长 2.22%；城镇化率由 8.01% 波动增长至 19.18%，平均每年仅提高 0.39 个百分点（见图 3-8）。

## 二、能源重化工基地建设时期

1980 年中央批准《山西能源基地建设规划纲要》，山西从此拉开能源基地建设的序幕。

### （一）产业结构快速调整，人民生活水平明显提高

1979~1998 年，山西地区生产总值（按可比价格计算）从 77.62 亿元增至

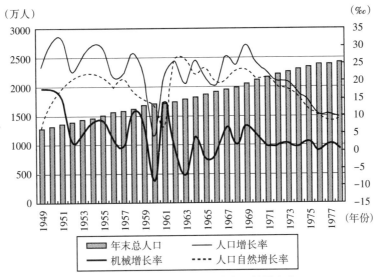

图 3-8  1949~1978 年山西省人口数量变化

资料来源：同图 3-3。

448.94 亿元，以年均 9.14%的速度发展；三次产业结构从 21.3：58.9：19.8 演变为 12.9：47.3：39.8。这一时期，城镇居民生活从温饱型向小康型迈进，城镇居民人均可支配收入从 1980 年的 379.7 元提升至 1998 年的 4098.7 元，教育文化娱乐、交通通信、医疗保健消费增速明显加快；农村居民人均纯收入从 145.41 元增至 1858.6 元，农村居民进入温饱阶段，衣着、居住、文教娱乐用品消费所占比重明显提高。

**（二）国家"能源基地"地位确立**

1982 年底，为缓解全国能源紧张局面，不仅以国有资金投资建设煤矿，而且确定了"有水快流"的方针，放手让有煤地区的群众发展小煤矿、小煤窑。1983~1990 年，全省煤矿数量净增 3 倍，达到 6000 多座（张夏明、陈国伟、蔡飞等，2009）。1979~1998 年原煤产量年均增速 4.45%，1996 年产量高达 34881 万 t；焦炭产量从 1979 年的 354.86 万 t 增加到 1989 年的 1390 万 t，特别是 1985 年后焦炭生产快速发展（见图 3-9）；1979~1998 年，发电量从 114.1 亿 kW·h 增加到 554.03 亿 kW·h，年均增速 12.92%（见图 3-10）。

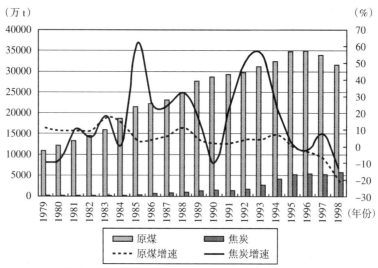

**图3–9  1979~1998年山西省原煤、焦炭增长情况**

资料来源：同图3-3。

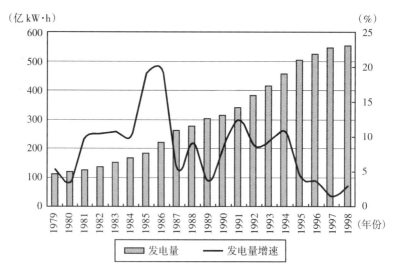

**图3–10  1979~1998年山西省发电量增长情况**

资料来源：同图3-3。

能源外调量长期居全国第一位。如图 3-11 所示，1979 年山西一次、二次能源外调量 5422.05 万 t 标准煤，1984 年超过 1 亿 t 标准煤，1992~1998 年超过 2 亿 t 标准煤，1979~1998 年全省累计外调能源 30.73 亿 t 标准煤，为全国 25 个省（直辖市、自治区）和日本、朝鲜、英国、法国等 10 多个国家供应能源，占全国煤炭调出量的 78%，外输电量 64.5 亿 kW·h，占全国净输出量的 25.6%，居全国各省（直辖市、自治区）第一位。外输能源品种结构不断优化，1979 年山西输出能源中一次能源原煤占 95.8%，二次能源占 4.2%（其中，电力 0.19%、洗煤 2.95%、焦炭 1.03%）；1998 年原煤占输出能源的比重下降到 79.56%，二次能源输出比重上升到 20.44%（其中，电力 2.36%、洗煤 8.18%、焦炭 9.9%）。

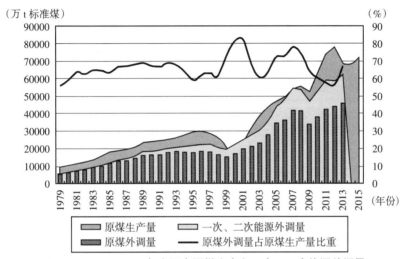

**图 3-11　1979~2015 年山西省原煤生产和一次、二次能源外调量**

注：缺少 2014 年、2015 年一次、二次能源外调量数据。

资料来源：同图 3-3。

### （三）能源产业链不断延伸，逐渐向国家"能源重化工基地"转变

1983 年编制的《1981~2000 年山西能源重化工基地综合建设规划》中，把山西经济功能由"能源基地"调整为"能源重化工基地"，提出发展战略的重点集中在煤炭、电力和煤炭化学工业上。1979~1998 年，以生铁、粗钢、铝和矿山设备为主的冶金工业产量提升明显，生铁产量从 166.75 万 t 增加到 1488 万 t；钢、成品钢材产量分别增加 3.3 倍、4.29 倍；铜产量基本维持在 2 万 t 以上，1997 年铜产量达到 4.32 万 t；铝产量增长了 26.79 倍，从 1992 年开始铝的产量已经稳定超过铜（见图 3-12）；矿山设备呈"N"字型增长，1981 年最低仅为 0.44 万 t，1990~1996 年产量均高于 2 万 t（见图 3-13）。

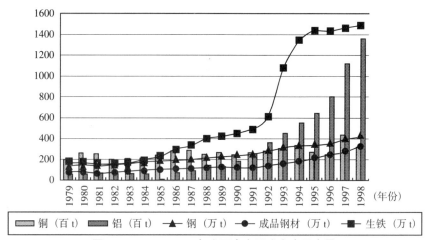

**图3-12　1979~1998年山西省主要冶金产品产量**

资料来源：同图3-3。

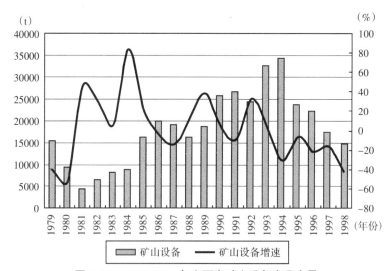

**图3-13　1979~1998年山西省矿山设备产品产量**

资料来源：同图3-3。

1979~1998年，山西以化学肥料和化学纤维为代表的化工业也快速发展。化学肥料产量增长4.51倍，化学纤维增长10.69倍。纱增长呈倒"U"型，1979年为7.8万t，1988年达到峰值11.27万t，1998年降至6.12万t。合成洗涤剂呈现出波动增长，1979年产量1.77万t，1988年达到8.9万t，1998年达到历史最高值20.96万t（见图3-14）。

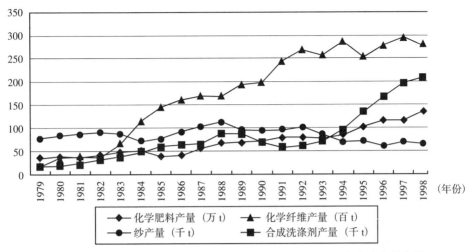

**图3-14 1979~1998年山西省化学肥料、化学纤维、纱、合成洗涤剂产量**

资料来源: 同图3-3。

### (四) 农作物播种面积减少, 单产波动增加

1979~1998年, 山西农作物和粮食种植面积都减少, 粮食单产波动性上升 (见图3-15)。农作物播种总面积平均为403.58万ha, 比前一阶段减少47.2万 ha; 粮食作物播种面积年均327.6万ha, 较上一阶段减少66.0万ha, 粮食播种

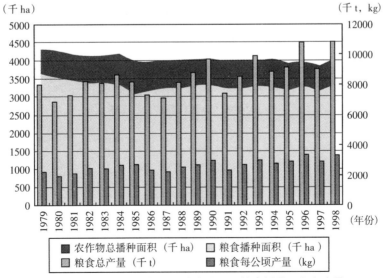

**图3-15 1979~1998年山西省农作物、粮食播种面积和产量**

资料来源: 同图3-3。

面积占农作物总面积的比重下降到 81%；粮食单产年均 2617.15kg/ha，比计划经济时期翻了一番。粮食作物中谷物种植面积持续下降；豆类、薯类种植面积逐渐增加，单位面积产量波动性稳步增加。1998 年谷物、豆类、薯类播种面积分别为 248.47 万 ha、46.65 万 ha、34.55 万 ha，分别占粮食播种面积的 75.4%、14.2%、10.5%。1998 年谷物、豆类、薯类单产分别增长到 3747kg/ha、1307kg/ha、2592kg/ha。

### （五）人口增速较高，城镇化速度有所提高

1979~1998 年，山西人口呈现较高出生率、低死亡率、低迁入迁出率、较高增长率的特点，全省总人口从 2447.2 万人逐渐增长到 3271.2 万人（见图 3-16），年均增长 13.56%，人口出生率年均 19.48‰，人口机械增长率年均 0.52‰；城镇化率从 19.81% 提高到 31.03%，年均提高 0.55 个百分点。

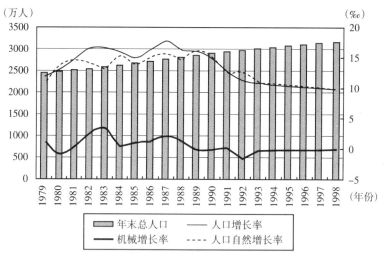

图 3-16　1979~1998 年山西省人口数量变化

资料来源：同图 3-3。

## 三、经济结构调整时期

1997 年以来，山西经济受亚洲金融危机的影响，拉开了新一轮经济结构调整的序幕。"十五"以来，山西把结构调整作为一项系统工作，确定了经济结构调整的重点，建设新型能源和工业基地成为山西经济发展的主要目标，煤炭、焦化、冶金、电力等支柱产业快速发展，现代煤化工业、装备制造业、材料工业和旅游产业四大新型支柱产业正逐渐形成一定规模（牛仁亮，2009）。

**（一）总量高速增长，居民消费逐步向发展和享受型过渡**

1999~2009 年，山西地区生产总值（按可比价格计算）从 481.54 亿元增至 1470.5 亿元，年均保持 11.81% 的增长速度。第一产业比重持续下降，第二产业比重明显上升，第三产业比重有所下降。消费结构进入新一轮升级换代，发展和享受型消费比重上升，现代生活方式进入寻常百姓家，居民生活实现了由量的扩张到质的提升。1999~2008 年，城镇居民恩格尔系数由 40.3% 降至 33.8%，农村居民恩格尔系数从 51.6% 降至 39.0%。居民生活显著变化，引导时代潮流的移动电话、电脑和家用汽车成为 21 世纪家庭的"新三件"。2007 年全省城镇居民每百户拥有 39.1 台家用电脑，是 2000 年的 6.3 倍；拥有家用汽车 4.66 辆，居全国各省（直辖市、自治区）第 13 位，居中部六省第一位（牛仁亮，2009）。

**（二）四大传统产业优化发展**

1999~2009 年，山西大力发展以煤炭、电力、炼焦、冶金为核心的传统产业，原煤产量由 2.5 亿 t 增长到 6.1 亿 t；发电量由 569.87 亿 kW·h 增长到 1873.8 亿 kW·h；焦炭由 4960 万 t 增长到 7705.83 万 t；生铁、钢、成品钢材产量位列冶金业前三甲（见图 3-17、图 3-18）。2006 年有色金属铝和铜产量均突增一倍多，2007 年均达到峰值后转为下降。在四大产业的带动下，山西经济呈现出 1949 年以来发展最好的状态，煤、电、焦、冶四大支柱产业占规模以上工业的比重超过 80%，能源工业在全国的地位举足轻重，但也为以后的产业转型造成了困难。2007 年全省传统产业新型化水平达到 43.5%，比 2000 年提高 33.0 个百分点。

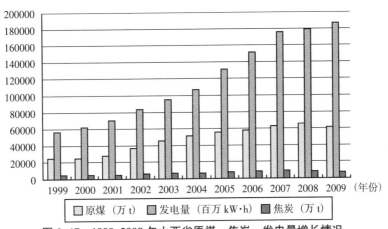

**图 3-17　1999~2009 年山西省原煤、焦炭、发电量增长情况**

资料来源：牛仁亮. 辉煌山西 60 年［M］. 北京：中国统计出版社，2009；《山西统计年鉴》(2010)。

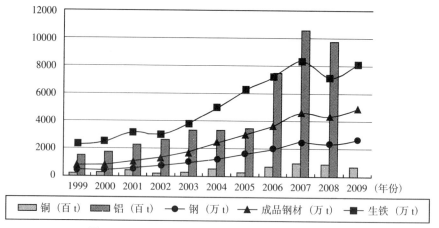

**图 3-18  1999~2009 年山西省冶金业主要产品产量**
资料来源：同图 3-17。

2008 年全省矿井数量下降到 2598 座；2004 年全省仅有 10 座煤矿实行综采，到 2008 年上升为 307 座（牛仁亮，2009）。2003~2008 年，全省规模以上工业的机焦比重由 75.8% 提高到 98.2%，30 万 kW 以上机组发电设备容量比重由 39.2% 上升到 61.1%。

**（三）新兴产业快速发展**

这一阶段山西强调发展新兴产业，深化产业结构调整，明确提出积极培育现代煤化工业、装备制造业、材料工业和旅游产业四个新型支柱产业，进一步促进经济结构优化。尤其是 2003 年以来，新兴产业规模化快速发展，2008 年全省装备制造业完成增加值 186 亿元，是 2003 年的 3.33 倍；医药产业销售收入达到 64.95 亿元，比 2003 年增长 112%（牛仁亮，2009）。1999~2009 年，山西旅游业成为经济中发展势头最强劲的产业，平均年增 29.7%，远超全省经济平均增速和全国旅游业收入增长速度。2003 年全省旅游收入占地区生产总值的比重只相当于全国水平的 50% 左右，而 2009 年则相当于全国平均水平的三倍。

**（四）农业结构和布局进一步优化**

农业的产业结构不断优化，从偏重于农作物种植，变为注重农、林、牧、渔业全面发展。以农作物种植为主的农业比重不断缩小，畜牧业、渔业所占比重逐步上升，农业专业化分工、区域化布局的趋势逐步显现，形成了特色鲜明的雁门关生态畜牧经济区，太行山、吕梁山干果、杂粮生态经济区，中南部无公害果菜作物经济区三大优势区域格局。特色农业发展取得良好进展，不少特色农产品已经形成产业化规模，以优质杂粮、干鲜果、蔬菜和草食畜为主导的特色农业产业体系已初步成型。农作物和粮食种植面积仍不断下降，粮食单产总体保持高速增长（见图3-19）。1999~2009年，山西农作物播种总面积平均为376.13万ha，粮食作物播种面积年均302.05万ha，粮食单产年均3163.6kg/ha。

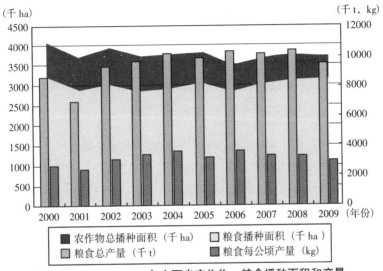

**图3-19　2000~2009年山西省农作物、粮食播种面积和产量**

资料来源：同图3-17。

### （五）人口增速明显放缓，城镇化进程加快

1999~2009年，山西人口呈现出较低出生率、低死亡率、较低人口增长的特点，总人口从1999年的3203.63万人增长到2009年的3427.36万人（见图3-20），年均增长10.05‰；城镇化率由31.35%提高到45.11%。

## 四、国家资源型经济转型时期

山西作为我国典型的资源型经济发展区域，经过多年发展，暴露出产业结构相对单一，主要依靠煤炭、焦炭、冶金、电力的问题，还出现了环境污染等问题。在这种形势下，2010年12月国家设立山西省国家资源型经济转型综合配套改革试验区，2013年《山西省国家资源型经济转型综合配套改革试验实施方案》正式发布。

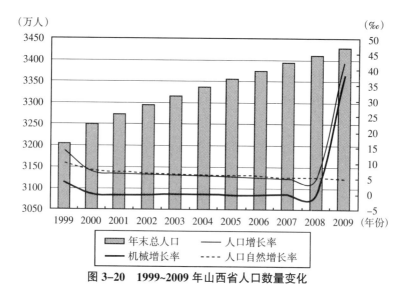

**图 3-20　1999~2009 年山西省人口数量变化**

资料来源：同图 3-17。

### （一）经济发展陷入困境

山西以煤炭为主的单一产业结构调整进入困难时期。2010~2015 年，全省地区生产总值增速不断下滑，2015 年下降至 3.1%。这一局面的出现有深刻的内外部环境原因。从外部环境来看，2008 年全球金融危机后，中国经济进入新常态，出口贸易尤其是产品附加值不高、科技含量较低的加工贸易受到冲击，山西能源型产业受到的冲击最大。2012 年以来国际煤炭价格快速下跌，直接影响山西经济增长，2011~2014 年全省焦炭产量出现负增长，增幅分别为 -4.81%、-3.91%、-8%；2010~2014 年全省年发电量增速分别为 9.0%、8.2%、2.7%、1.5%、-7%（见图 3-21）。生铁、钢、成品钢材、铜、铝产量出现下降趋势（见图 3-22）。山西以能源为主体的资源消耗型工业体系的特征还突出表现为经济增长对要素投入的依赖程度高、能源消耗量大、污染相对严重、产业结构中缺乏核心技术的低端产业占有较大比重、国际竞争力不高等。

### （二）重建现代产业体系

鉴于资源型省情的特点，山西重建现代产业体系，发展装备制造业、化学、医药、食品工业四大新兴产业。

以煤为基、多元发展，通过传统产业循环化发展，实现高碳产业低碳发展，加快煤炭装备制造业高端化。"十二五"期间建设了晋煤 10 万 t 甲醇制汽油产业

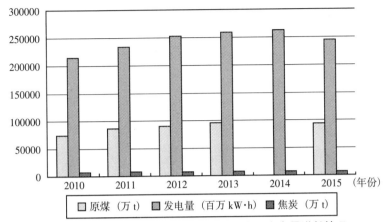

**图 3-21 2010~2015 年山西省原煤、焦炭、发电量增长情况**

资料来源：相关年份《山西统计年鉴》。

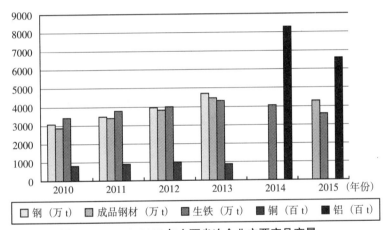

**图 3-22 2010~2015 年山西省冶金业主要产品产量**

注：2014 年、2015 年缺少部分数据。

资料来源：同图 3-21。

示范项目和高性能聚丙烯腈基碳纤维原丝、山西宏特煤系针状焦、太重煤机千万 t 级矿井综采成套设备等一批重大项目；开发了太重 1.5MW 风电成套机组、永济电机厂风力发电机、定襄金瑞风电塔筒等一批新产品。潞安集团百万 t 级资源综合利用循环经济产业化项目，同煤集团与中海油合作建设年产 40 亿 $m^3$ 煤制天然气项目，阳煤集团太化新区己二酸、己内酰胺、聚甲醛项目等一批现代煤化工重大高新技术产业化项目已经实施。

积极挖掘发展潜力行业，培育山西工业的新增长点。①装备制造业较快发展。2010~2015 年装备制造业主营业务收入由 1042.4 亿元上升到 1479.4 亿元，已成为全省工业第三大支柱行业。②化学工业比重不断提高。以煤化工为主的化学工业增加值逐渐上升，2015 年达到 740.5 亿元，已成为全省工业转型发展的重要力量。③食品工业发展不断提升。结合"一县一业"工程，酒类、食醋、乳品等传统食品产业和小杂粮加工、肉类加工、特色食用油加工、干鲜果蔬加工、功能食品等特色食品产业发展较快，2010~2015 年全省以农副产品加工为主的食品工业主营业务收入由 390.0 亿元上升到 648.6 亿元。④医药工业发展势头较好。自 2011 年"晋药战略"实施以来，山西初步形成以大同—太原—晋中—临汾—运城为中轴，以长治、晋城和忻州、吕梁为两翼的"一体两翼"医药产业带，以中药加工、生物医药为主的医药工业增加值占全省工业的比重保持在 0.7%。⑤旅游业增长势头强劲。2015 年旅游收入 3447.5 亿元，接待国内旅游者 3.6 亿人次，旅游外汇收入 2.97 亿美元。

**（三）农业产业化步伐加快**

积极发展现代农业，提高农业综合生产能力，农业生产保持了稳定增长的势头。大力发展设施农业，提高农产品附加值，摆脱"靠天吃饭"的传统农业发展模式。因地制宜，加快特色农业发展，扶持龙头企业尽快做大做强。农作物和粮食作物播种面积均波动上升，粮食单产快速增加。2010~2015 年平均农作物播种总面积 379.14 万 ha、粮食播种面积 327.77 万 ha，粮食单产年均 3790.04kg/ha。

**（四）人口增速减缓，城镇化水平提升**

2010~2016 年，山西人口发展规律演变为低出生率、低死亡率、低迁入迁出率、低增长率，总人口由 3574 万人增加到 3682 万人；人口迁入量、迁出量变动幅度偏低，外迁人口多于迁入人口；城镇化率提升到 56.2%。

这一时期，山西经济转型就是由资源依赖型经济向非资源型经济转型，在产业结构上要实现由"煤焦冶电"单一资源性主导产业向多元化新兴产业、文化产业转变；在经济增长方式上则要实现由粗放式、高能耗、高污染的传统增长方式向集约型、技术型的现代增长方式转型。

# 第二节 经济发展和产业布局现状

山西作为全国重要的能源和原材料供应基地，为全国经济社会的可持续发展做出了突出贡献，但长期高强度的资源开发，导致支柱产业单一粗放、生态环境破坏严重、资源利用水平偏低、安全生产事故多发、资源枯竭问题逐渐暴露，资源型经济发展的深层次矛盾和问题日益突出，严重地制约着全省经济社会的可持续发展。

## 一、经济发展和产业布局的成效

### （一）经济综合实力逐渐提高

1978~2015 年，山西人均地区生产总值由 403 元猛增至 35891 元，11 个地级市经济也保持较高速发展（见表 3-1），省会太原是区域经济发展的领头羊，增速高于全国平均水平。但忻州、吕梁、运城人均地区生产总值仅为全国平均水平的一半左右。从中部六省来看，山西在中部地区的经济整体实力由较强转变为最弱，2009 年人均地区生产总值 21522 元，居中部六省第二位，相当于全国平均水平的 84%；2015 年人均地区生产总值 35891 元，居中部六省末位，仅相当于全国平均水平的 73%（见图 3-23）。

表 3-1　1978~2015 年山西省 11 个地级市人均地区生产总值变化

| 地区 | 人均地区生产总值 | | | | | |
| --- | --- | --- | --- | --- | --- | --- |
| | 1978 年 | 1980 年 | 1990 年 | 2000 年 | 2010 年 | 2015 年 |
| 大同 | 496 | 744 | 2291 | 6083 | 21360 | 30924 |
| 朔州 | 334 | 400 | 1818 | 6100 | 41107 | 51645 |
| 忻州 | 220 | 260 | 779 | 2941 | 14188 | 21685 |
| 吕梁 | 232 | 242 | 905 | 2525 | 23013 | 24941 |
| 太原 | 937 | 1075 | 3648 | 11386 | 46144 | 63337 |
| 晋中 | 337 | 395 | 1337 | 4589 | 23575 | 31361 |
| 阳泉 | 575 | 619 | 2094 | 7646 | 31898 | 42602 |

续表

| 地区 | 人均地区生产总值 | | | | | |
|---|---|---|---|---|---|---|
| | 1978 年 | 1980 年 | 1990 年 | 2000 年 | 2010 年 | 2015 年 |
| 长治 | 401 | 562 | 1614 | 5472 | 27642 | 34946 |
| 晋城 | 345 | 393 | 1415 | 6897 | 32329 | 44935 |
| 临汾 | 291 | 357 | 1115 | 4286 | 20841 | 26177 |
| 运城 | 263 | 308 | 1010 | 3592 | 16170 | 22255 |
| 山西均值 | 403 | 442 | 1528 | 5722 | 26283 | 35891 |
| 全国均值 | 379 | 393 | 1633 | 7828 | 29920 | 49351 |

资料来源：《山西统计年鉴》(2016)、《中国统计年鉴》(2016)。

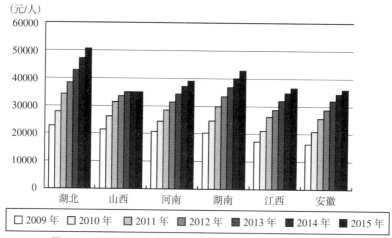

**图 3-23　2009~2015 年中部六省人均地区生产总值比较**
资料来源：《中国统计年鉴》(2016)。

### （二）产业结构演变逐步优化

山西从工业化初期逐步迈入中期阶段，产业结构不断优化升级，能源基地建设成为重点。1949 年全省三次产业比例为 58.6∶17.2∶24.2，为"一三二"结构，1958 年演变为 34.6∶37.1∶28.3，属于"二一三"结构，1978 年演变为 20.7∶58.5∶20.8 的"二三一"格局，2016 年演变为 6.1∶38.1∶55.8 的"三二一"结构（见表 3-2）。需要指出的是，2011~2016 年，全省第三产业比重大幅度提升，这主要是由于这几年以资源型产业为主的第二产业比例下降，但并不能说明山西的产业结构已经发生了根本转变。

表 3-2 1978~2016 年山西省地区生产总值和产业结构

| 年份 | 人均 GDP（元） | 三次产业结构 |
|---|---|---|
| 1978 | 365 | 20.7：58.5：20.8 |
| 1980 | 442 | 18.9：58.4：22.6 |
| 1985 | 838 | 19.3：54.8：25.9 |
| 1990 | 1528 | 18.8：48.9：32.2 |
| 1995 | 3569 | 15.7：46.0：38.4 |
| 2000 | 5137 | 9.7：46.5：43.8 |
| 2005 | 12495 | 6.3：56.3：37.4 |
| 2010 | 26283 | 6.0：56.9：37.1 |
| 2015 | 35070 | 6.1：40.7：53.2 |
| 2016 | 34919 | 6.1：38.1：55.8 |

资料来源：《山西统计年鉴》(2016)、《中国统计摘要》(2017)。

主导产业向多元化发展，第二产业"一煤独大"的状况有所改善。2015 年农产品加工业销售收入达到 1422.6 亿元，以煤炭、焦炭、冶金、电力为主的资源型工业在国民经济中的比例逐步降低，如采矿业在工业增加值中的比重从 2010 年的 60.5%降低到 2015 年的 50.6%（见表 3-3）。2010~2015 年，山西新型工业发展快速，计算机、通信和其他电子设备制造业的增加值从 44.7 亿元增加到 212.9 亿元，专用设备制造、医药制造业增加值增加达 2 倍。第三产业也由传统服务业向现代服务业转变，金融保险、房地产、信息咨询、科技服务等新业态不断发展。

表 3-3 2010 年和 2015 年山西省工业增加值及其结构

| 年份 | 工业增加值（亿元） | 采矿业（%） | 制造业（%） | 电力、热力、燃气及水的生产和供应业（%） |
|---|---|---|---|---|
| 2010 | 4591.4 | 60.5 | 33.9 | 5.6 |
| 2015 | 3965.0 | 50.6 | 35.4 | 13.1 |

资料来源：《山西统计年鉴》(2016)。

产业技术进步快，以煤炭工业为例，山西通过加大力度整合煤炭资源，淘汰落后产能，煤矿"多、小、散、乱"的格局发生了根本性变化，大基地、大集团、大型现代化矿井建设加快。2014 年底，全省验收达标现代化矿井 89 座。其中，1000 万 t 及以上的有 3 座，500 万~1000 万 t 的有 16 座，300 万~500 万 t 的有 13 座，150 万~300 万 t 的有 37 座，90 万~150 万 t 的有 20 座。

### （三）依托区位和资源禀赋成为全国能源重化工基地

独特的区位特点和丰富的煤铁资源，加之改革开放初期煤电供应长期紧张制约全国经济建设，1982 年中央决定将山西建设成为全国能源基地。1978~2015 年，全省原煤、电力、煤层气能源生产量大幅攀升，其中原煤产量由 9825 万 t 增至 96680 万 t，外调比重由 56% 提到 75% 以上，有力地支撑了全国经济发展对能源的需求。为增加产业附加值，延伸产业链，1949 年以来山西围绕建设成为全国重要的能源重化工基地，全省自北向南形成了六大能源工业基地：大同—朔州动力煤生产基地、忻州—原平煤化工基地、太原重工业综合基地、阳泉无烟煤生产基地、临汾—霍州煤电工业基地、长治—晋城能源综合工业基地。

除煤炭外，全省重化工业产品迅速发展，产量呈十几倍、几十倍增长。1978~2015 年，发电量增长了 23 倍，粗钢产量增长了 32 倍，钢材产量增长了 57 倍，焦炭产量增长了 23 倍，化肥产量增长了 14 倍，初级形态的塑料增长了 114 倍。

### （四）空间结构由“K”字、“大”字向叶脉式演变

山西区域经济空间呈现出“K”字型格局—“大”字型格局—叶脉式空间结构的演变发展特点。受到“两山夹一水”①地形的影响，全省经济发展以南北纵贯的（大）同蒲（风陵渡）铁路、大（同）运（城）高速公路、大（同）西（安）客运专线为主轴线，是全省人口最集中、城镇密集分布的工农业重点区域；以向东方向联系首都北京的太（原）旧（关）高速公路、石（家庄）太（原）铁路、石（家庄）太（原）客运专线为一次轴；以向东南方向联系中原地区和东部沿海地区的太（原）焦（作）铁路、太（原）长（治）晋（城）高速公路为另一次轴，形成了山西最初的“K”字型空间结构。随着太（原）中（卫）银（川）铁路建成通车，空间结构演化为东西、南北贯通的“大”字型格局，山西成为东部京津冀和沿海地区连接西部，中原地区通往北部内蒙古、蒙古的中间地带。近年来山西高速公路网络的不断完善，使“大”字型空间结构逐步向叶脉式格局转变（见图 3-24）（曹海霞和赵学义，2006）。

---

① 即东有太行山，西拥吕梁山，中部汾河贯穿南北。

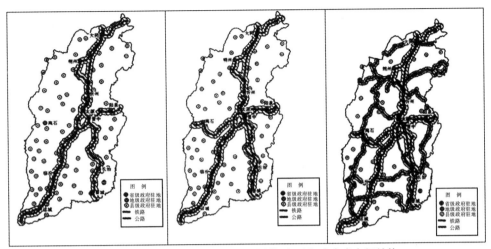

**图 3-24 山西省 "K" 字型、"大" 字型和叶脉式空间结构**

资料来源：曹海霞，赵学义. 山西区域经济空间结构与动态研究［J］. 山西大学学报（自然科学版），2006（1）：107-112.

### （五）资源型特征的城镇体系形成

山西作为我国重要的能源和重工业基地，以大中型煤炭、电力、冶金、化工项目为重点，进行了大规模的经济建设，有力地促进了城市、工矿区的发展和城镇人口的快速增长，城镇数量逐步增多，各级城镇得到较快发展。1949~2015 年，城市数量由 2 个发展到 22 个，建制镇数量由 63 个发展到 564 个，逐步建立起具有明显的资源型特征的城镇体系。根据《全国资源型城市可持续发展规划（2013~2020 年）》，山西 11 个地级市中除太原外均为资源型城市，11 个县级市中有 3 个是资源型城市，分别是古交市、霍州市、孝义市。

城镇空间分布的矿产资源指向和交通指向特征突出。全省 22 个设市城市中有 15 个城市分布于六大煤田的覆盖区域内；14 个分布于（大）同蒲（风陵渡）铁路沿线及附近地带，6 个分布于太焦铁路沿线地带，形成重要的城镇与经济发展轴带。山西资源型城市存在着城市发展对资源型产业高度依赖的特征，产业结构单一僵化，生态环境可持续问题突出，人才缺乏与区域自主创新能力薄弱。山西作为国家资源型经济转型综合配套改革试验区，核心任务之一是城乡统筹，即通过综改试验区建设，实现资源型经济转型和城乡一体化发展，实现城乡之间公共服务的均等化。

### （六）基础设施格局基本成型

山西初步形成了"一轴两纵三辐射，四网五横六枢纽"的以铁路、公路、机场、轨道交通为主体的综合交通网络构架。"一轴"，北起大同，途经太原，南至运城。"两纵"，东纵北起天镇南至焦作，位于太行山山脉，沿沁水煤田等重要煤炭基地；西纵北起偏关南至风陵渡，毗邻黄河，穿越山西河东煤田腹地。"三辐射"，东北方向辐射至环渤海经济圈；东南方向连通中部地区；西北方向辐射至西北地区。"四网"指太原经济圈、晋北中部、晋南中部、晋东南中部城镇群城镇交通网。"五横"，第一横西起平鲁二道梁，横穿大同，东至河北张家口；第二横西起偏关天峰坪，横穿忻州，东至河北阜平；第三横西起柳林，途径吕梁、太原，东至平定旧关；第四横西起大宁，东至长治平顺；第五横西起河津，东至河南焦作。"六枢纽"，即太原、大同、运城、临汾、长治和吕梁六个综合交通枢纽。到 2020 年，山西高速公路总里程将达到 6300km，将形成"三纵十一横十一环"的高速公路网格局（见图 3-25）。

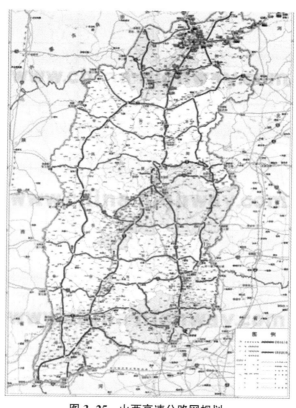

**图 3-25 山西高速公路网规划**

资料来源：山西省交通运输厅. 山西省高速公路网规划调整方案（2009~2020 年）〔Z〕. 2009.

近几年，以石（家庄）太（原）、大（同）西（安）客运专线及太原南站的运营为标志，拉开了山西高铁时代的序幕。大秦铁路成功试验开行 3 万 t 组合列车，开辟了我国铁路重载运输的新纪元。山西省交通基础设施情况如表 3-4 所示。

表 3-4 山西省交通基础设施情况

| 指 标 | 1980 年 | 2015 年 |
|---|---|---|
| 综合交通网总里程（万 km） | 2.93 | 14.75 |
| 铁路运营里程（km） | 2129 | 5121.6 |
| 其中：客运专线（km） | 0 | 567.0 |
| 公路通车里程（万 km） | 2.7 | 14.1 |
| 其中：高速公路（km） | 0 | 5028.0 |
| 民用运输机场数（个） | 3 | 7 |

注：综合交通网总里程不含民航航线。
资料来源：《山西统计年鉴》(2016)。

山西大水网是以纵贯全省南北的黄河北干流和汾河两条天然河道为主线，以建设覆盖全省六大盆地和主要经济中心区的骨干供水体系（十横）为骨架，通过连通工程建设，将黄河、汾河、沁河、桑干河、滹沱河、漳河这六大河流及各河流上的大中型水库相连通，实现"两纵十横、六河连通，纵贯南北、横跨东西，多源互补、保障应急，丰枯调剂、促进发展"的工程体系。大水网建设于 2011 年 4 月正式启动，到 2012 年四大骨干工程全部开工建设。

## 二、经济发展与产业布局存在的问题

### （一）经济发展在全国的位次逐步后移

山西经济发展从 20 世纪 80 年代位居全国平均水平，下降到目前的下等水平。1980~2015 年，全省地区生产总值从 109 亿元增加到 12767 亿元，但占全国的比重从 2.39% 下降到 1.88%，在全国各省（直辖市、自治区）中从第 16 位下降到第 25 位；人均地区生产总值从 442 元增加到 34919 元，在全国各省（直辖市、自治区）中从第 12 位降到倒数第 6 位（见表 3-5）。

从山西经济发展速度看，经济增长呈周期性特征（见图 3-26）。①经济运行周期与全国同步，但振幅大于全国。1980~2015 年，全省地区生产总值的标准偏差为 3.49，而同期全国为 1.96。②改革开放以来，全省经济运行轨迹呈现出明显

表 3-5　1980~2016 年山西省地区生产总值、人均地区生产总值变化情况

| 年份 | 山西 GDP（亿元） | 山西/全国（%） | 山西在全国排名 | 山西人均 GDP（元） | 山西/全国（%） | 山西人均 GDP 在全国排名 |
|---|---|---|---|---|---|---|
| 1980 | 109 | 2.39 | 16 | 442 | 95.5 | 12 |
| 1985 | 219 | 2.43 | 15 | 838 | 97.7 | 12 |
| 1990 | 429 | 2.30 | 18 | 1528 | 92.9 | 16 |
| 1995 | 1076 | 1.77 | 20 | 3569 | 70.8 | 16 |
| 2000 | 1846 | 1.85 | 21 | 5137 | 65.4 | 20 |
| 2005 | 4180 | 2.28 | 23 | 12495 | 88.1 | 15 |
| 2010 | 9201 | 2.42 | 20 | 26283 | 87.6 | 19 |
| 2014 | 12759 | 2.01 | 21 | 35070 | 75.4 | 24 |
| 2015 | 12767 | 1.88 | 25 | 34919 | 69.8 | 27 |
| 2016 | 12928 | 1.74 | 24 | 35198 | 65.2 | 27 |

资料来源：相关年份《中国统计年鉴》、《中国统计摘要》（2017）。

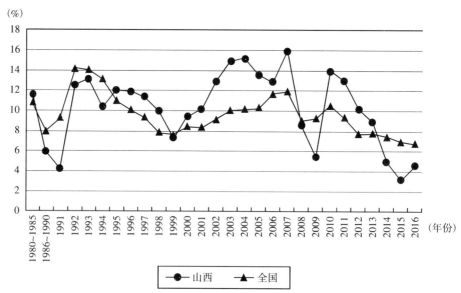

图 3-26　1991~2016 年山西省地区生产总值增长速度与全国情况

资料来源：同表 3-5。

的周期性运行趋向，即十年左右一个周期，分别为 1981~1990 年、1991~1999
年、2000~2008 年、2009 年至今四个比较完整的经济周期。从 2009 年开始进入
新的经济运行周期，目前正在经济周期的谷底。③山西经济周期受煤炭产业波动

的影响大。改革开放以来，全省经济连续五年以上两位数高速增长的时期有两个，第一个是 1992~1997 年，其间年均增长 12.0%；第二个是 2001~2007 年，其间年均增长 13.1%。对应这两个时期，都是煤炭价格相对高的时期。而低谷也是煤炭价格下跌的时期，分别是始于 1998 年的亚洲金融危机，以及 2012 年以来随着煤炭价格剧烈下跌，山西经济进入低谷。

**（二）资源型产业结构依然突出**

2015 年，山西重工业增加值占工业增加值的比例为 91.5%，轻工业只占 8.5%，而全国重工业的比例近几年约为 70%，轻工业为 30%。按工业部门看，产业结构初级化，以煤、电为主的单一化结构更加突出。2015 年煤炭工业增加值为 1885.2 亿元，占工业增加值的 47.55%；电力工业增加值为 518.9 亿元，占工业增加值的 13.1%；黑色金属冶炼和压延加工业增加值为 260.7 亿元，占工业增加值的 6.57%；黑色金属矿采选业增加值为 76.9 亿元，占工业增加值的 1.94%；炼焦和化学工业增加值分别为 156.1 亿元和 125.9 亿元，共占工业增加值的 7.12%。以上煤、电、炼焦和化工、黑色金属采选和加工 4 个部门占到工业增加值的近 80%，加上其他资源型产业，2015 年全省资源型产业占到工业增加值的八成多。20 世纪 90 年代中期以来，山西开始调整产业结构，但由于多种原因，产业结构不合理的问题远远没有得到解决，资源型产业仍然左右着全省经济的发展。

**（三）高新技术产业发展滞后**

1. 山西科技创新投入少、产出低

山西科技创新投入少，表现在研发经费占地区生产总值的比重低于全国平均水平，且有拉大的趋势。2001 年研发经费支出为 15.79 亿元，2015 年增长到 100.9 亿元，但是研发经费支出占 GDP 的比重与全国的差距在逐渐拉大。2001 年山西为 0.77%，低于全国 0.18 个百分点；2015 年山西为 0.79%，低于全国 1.28 个百分点。山西科技创新产出低，2015 年国内专利受理数 14948 件、国内专利申请授权数 10020 件、国内有效专利数 34009 件，分别居全国各省（自治区、直辖市）第 25 位、第 24 位和第 24 位。

2. 山西高新技术发展滞后

2015 年山西高技术产业企业数 139 家，主营业务收入 865 亿元，企业利润总额 55 亿元，出口交货值 450 亿元，占全国的比重分别为 0.47%、0.62%、

0.61%、0.88%（见表 3-6）。与其他中部省份相比，企业数、主营业务收入、利润总额三项指标均居末位，只有出口交货值指标高于江西省。

**表 3-6　2015 年山西省高新技术产业主要经济指标**

| 指　　标 | 全　　国 | 山　　西 | 山西在全国的位次 |
|---|---|---|---|
| 企业数（家） | 29631 | 139 | 24 |
| 主营业务收入（亿元） | 139969 | 865 | 23 |
| 利润总额（亿元） | 8986 | 55 | 22 |
| 出口交货值（亿元） | 50923 | 450 | 15 |

资料来源：国家统计局调查中心.中国高技术产业统计年鉴（2016）[Z].北京：中国统计出版社，2016.

### 3.科技创新环境有待改善

无论是基础设施环境，还是制度与政策环境，山西的创新环境与沿海发达省份相比仍然较差，并存在严重的经济发展依靠煤的文化、意识，造成创新文化缺失，科技创新的氛围不足。2015 年山西科技进步环境指数居全国各省（自治区、直辖市）第 22 位（见表 3-7）。

**表 3-7　2010~2015 年山西省科技进步环境指数分析**

| 年份 | 山西省 | | 全国 |
|---|---|---|---|
| | 科技进步环境指数 | 排名 | 科技进步环境指数 |
| 2010 | 55.36 | 14 | 60.64 |
| 2011 | 48.94 | 19 | 56.94 |
| 2012 | 42.48 | 21 | 57.47 |
| 2013 | 44.47 | 19 | 58.59 |
| 2014 | 49.27 | 19 | 61.60 |
| 2015 | 47.67 | 22 | 62.23 |

资料来源：2015 全国及各地区科技进步统计监测结果（二）[EB/OL].http://www.sts.org.cn/，2016-06-30.

### （四）非公经济发展慢、比重低

从企业隶属关系看，县级及以上（包括中央、省属、市属、县属企业）企业数量 1063 家，只占全省企业的 27.6%，但工业销售产值占全部工业的 55%，资产总计占 69.6%，主营业务收入占 62.8%，利税总额占 65.9%（见表 3-8）。

表 3-8  2015 年山西省工业企业隶属关系情况

| 企业性质 | 单位数 | | 工业销售产值 | | 资产总计 | | 主营业务收入 | | 利税总额 | |
|---|---|---|---|---|---|---|---|---|---|---|
| | 绝对数（家） | 比例（%） | 绝对数（亿元） | 比例（%） | 绝对数（亿元） | 比例（%） | 绝对数（亿元） | 比例（%） | 绝对数（亿元） | 比例（%） |
| 中央企业 | 147 | 3.8 | 2027.62 | 16.1 | 4450.79 | 13.9 | 2090.83 | 14.3 | 105.85 | 17.1 |
| 省属企业 | 323 | 8.4 | 3441.20 | 27.4 | 13199.40 | 41.2 | 5695.29 | 38.9 | 163.89 | 26.5 |
| 市属企业 | 158 | 4.1 | 479.85 | 3.8 | 1513.41 | 4.7 | 462.08 | 3.2 | 38.62 | 6.2 |
| 县属企业 | 435 | 11.3 | 971.15 | 7.7 | 3130.28 | 9.8 | 928.90 | 6.4 | 100.01 | 16.1 |
| 城市街道企业 | 5 | 0.1 | 2.48 | 0.0 | 14.05 | 0.0 | 2.70 | 0.0 | 0.21 | 0.0 |
| 镇属企业 | 22 | 0.6 | 124.28 | 1.0 | 160.26 | 0.5 | 117.29 | 0.8 | 2.26 | 0.4 |
| 乡属企业 | 13 | 0.3 | 10.45 | 0.1 | 107.88 | 0.3 | 12.67 | 0.1 | 1.90 | 0.3 |
| 居委会办企业 | 2 | 0.1 | 0.61 | 0.0 | 1.34 | 0.0 | 0.64 | 0.0 | 0.03 | 0.0 |
| 村办企业 | 29 | 0.8 | 85.96 | 0.7 | 113.32 | 0.4 | 84.93 | 0.6 | 0.75 | 0.1 |
| 其他 | 2711 | 70.5 | 5423.39 | 43.2 | 9377.70 | 29.2 | 5228.83 | 35.8 | 206.007 | 33.3 |
| 合计 | 3845 | 100.0 | 12566.97 | 100.0 | 32068.45 | 100.0 | 14624.14 | 100.0 | 619.52 | 100.0 |

资料来源：《山西统计年鉴》（2016）。

山西非公有经济主要指标在全国处于下游水平。2015 年全省私有工业企业数 2258 家，占全国同类企业数的 1.04%；港、澳、台商投资工业企业数 49 家，占全国同类企业数的 0.20%；外商投资工业企业数 92 家，占全国同类企业数的 0.33%。港、澳、台商和外商投资企业数只高于云南、贵州、西藏、甘肃、青海、宁夏、新疆、海南 8 省（自治区），在全国排名第 24 位。

**（五）经济发展的资源环境约束加剧**

改革开放以来，随着山西能源重化工基地的大规模、大面积、高强度开发建设，煤炭、电力、焦化、冶炼等工业高速发展，导致环境污染加剧，主要污染物排放呈上升态势，是全国环境污染和生态破坏严重的省份。2015 年，全省 $SO_2$ 排放总量、氮氧化物排放量、烟（粉）尘排放量、一般工业固体废物产生量分别居全国第 4、第 7、第 2、第 3 位（见表 3-9）。2015 年全省地表水水质属中度污染；11 个地级市环境空气质量达标天数平均为 253 天，占全年有效监测天数的 70.4%；11 个地级市重污染天数平均为 12 天，占全年有效监测天数的 3.4%。

表3-9　2015年山西省污染物排放情况

| 项　　目 | 废水排放总量 | SO$_2$排放总量 | 氮氧化物排放量 | 烟（粉）尘排放量 | 一般工业固体废物产生量 |
|---|---|---|---|---|---|
| 山西排放量（万t） | 145252 | 112.1 | 93.08 | 144.9 | 31794 |
| 占全国比重（%） | 2.0 | 6.0 | 5.0 | 9.4 | 9.7 |
| 在全国位次 | 21 | 4 | 7 | 2 | 3 |

资料来源：《山西统计年鉴》（2016）。

　　煤炭开采造成的生态环境问题主要集中在地表沉陷、水资源破坏、煤矸石堆积、水土流失、植被破坏、生物多样性减少、湿地缩减、大气和水环境污染等方面。山西矿区面积累计达8000km²，采空区面积达5000km²，每年新增采空塌陷面积100多km²，引起严重地质灾害的区域近3000km²。采煤对水资源的破坏问题十分严重。由于采煤排水引起矿区地下水位下降，人均水资源占有量下降到全国各省（自治区、直辖市）倒数第一；平均每生产1亿t煤造成水土流失影响面积约为245km²，每年新增水土流失面积1200多km²，约有2667ha水浇地变成旱地；受煤炭开采影响的森林面积约为17万ha，采煤对植被资源的破坏降低了林业生产力，提高了造林成本；山西煤矸石累计堆存约11.4亿t，每年以300万t的速度递增，省内有300多座矸石山；采煤导致矿区生态环境的全面退化和恶化，严重影响当地人的生存。

　　数十年的采煤活动极大地破坏了山西的生态环境，留下了巨大的恢复治理的历史欠账，成为经济社会发展长期需要面对的问题。

# 第三节　经济发展的基本经验与教训

　　多年来，山西高度重视产业结构调整工作，特别是在资源型经济转型发展方面进行了积极探索，包括实施煤炭工业可持续发展政策措施试点、循环经济试点和生态省建设试点，大力改造提升传统产业，积极培育壮大新兴产业，加快生态环境治理修复，加快民生社会事业建设等，取得了显著的成效。我们应该总结经验和教训，做好经济转型升级，破解山西"经济下行"难题。

## 一、适应国家战略发展需要，及时调整经济发展战略

20 世纪 80 年代初以来，山西以国家能源基地建设为重点，进行了 20 年的大规模开发和建设，取得了巨大成就，解决了能源产业长远发展的目标、方针、政策等一系列重大问题，解决了煤炭、电力以及其他部门之间开发、加工、转化、运销等环节之间的各种问题。加快大型煤炭基地建设，加快煤炭工业技术改造的步伐；重点建设了一批现代化矿井，形成煤炭综合开发工业园区；关井压产，淘汰落后生产能力，改革采煤方式，提高煤炭工业技术和装备水平；加快实施大公司、大集团战略，改革煤炭企业，实现体制和机制创新；加大结构调整力度，实现产业结构升级；深化安全生产专项治理，建立煤炭安全生产体系。

1997 年受亚洲金融危机影响，全省经济发展面临非常严峻的形势，山西开始产业结构转型，成效也是比较明显的。2010 年，国家设立"山西省国家资源型经济转型综合配套改革试验区"，通过深化改革，加快产业结构的优化升级和经济结构的战略性调整，已经取得了较为明显的效果。

## 二、积极谋划区域经济发展

改革开放以来，随着国家能源基地建设，山西特别重视对区域规划、区域经济的研究，发展战略既有成功经验，也存在明显教训。一是省域区域发展主线不突出，如《山西省国民经济和社会发展第十三个五年规划纲要》中提出："重点推进太原晋中同城化、晋中 108 廊带区域一体化发展示范区、临汾百里汾河生态经济带一体化发展，有序推进上党城镇群、孝汾平介灵、阳平盂、忻定原、离柳中、盐临夏等区域协同发展。"实际上是把山西各地市区域战略堆积起来，缺乏全省统一的省域空间战略。二是区域经济和区域定位缺乏深入研究，区划和定位多变，如先后有六大经济区、五大经济区、四大经济区的提法，与此相对应，中心城市性质与功能定位也多变，如 2010 年国务院批准新修编的《太原市城市总体规划（2010~2020 年）》中确定太原市是"山西省省会，中部地区重要的中心城市，全国重要的新材料和先进制造业基地，国家历史文化名城"。同年，又提出要努力将太原建设成为具有国际影响力的区域性大都市（王秀强，2010）。2013年，提出要努力把太原建成北京的"副中心"。

专栏 3-1　山西省历次五年计划（规划）中有关区域经济发展的论述

"六五"计划提出：实行改革开放，加强能源基地建设。

"七五"计划提出：有计划、有步骤地开发东西两山，特别是西部地区的煤、铝资源。要调整工业布局，电力工业要从省内腹地向黄河沿岸、沁河和漳河水源地带发展。

"八五"计划提出：山西省实行中心辐射、沿线推进、重点突破、逐渐扩散的开放战略，狠抓"三条线"，带动"五大区"的发展。要狠抓石（家庄）太（原）、（大）同蒲（风陵渡）、太（原）焦（作）三条铁路沿线和相应的"大"字型主体公路沿线的建设，全省形成五个各具特色和实力的经济区，即太原经济区、雁同经济区、阳泉经济区、长治晋城经济区、晋南经济区。

"九五"计划提出：搞好区域经济发展，大力振兴县域经济，加强同环渤海经济区的联系与合作。

"十五"计划提出：积极培育区域优势经济、县级特色经济和小城镇辐射经济，形成合理的区域经济布局。

"十一五"规划提出：大力推进区域经济协调发展。继续支持太原率先发展，逐步形成太原城市经济圈，发挥带动全省经济社会发展的龙头作用。要举全省之力，支持晋西北、太行山革命老区和连片贫困地区加快发展。

"十二五"规划提出：按照"一核一圈三群"布局，以太原都市区为核心、区域中心城市为节点、大县城和中心镇为基础，加快推进市域城镇化，形成城镇化与工业化、城镇化与新农村建设良性互动的发展格局。

"十三五"规划提出：按照核心带动、轴带发展、节点提升、对接周边原则，加快要素有序自由流动，加快形成全省各市竞相发展的新格局。支持省会太原率先发展，强化在全省的带动、支撑和辐射功能。重点推进太原晋中同城化、晋中 108 廊带区域一体化发展示范区、临汾百里汾河生态经济带一体化发展，有序推进上党城镇群、孝汾平介灵、阳平盂、忻定原、离柳中、盐临夏等区域协同发展。

资料来源：根据山西省相关五年计划（规划）整理得到。

## 三、开展广泛的区域合作

山西作为我国中部欠发达省份，东邻河北省，西靠西部大开发前沿省份陕西，北接京津，南与中原经济带河南相邻，具有开展区域合作的区位优势。近几年，对外合作力度加大，全省各地积极对接国家"一带一路"倡议及京津冀、环渤海发展总体战略，加强与京津冀地区的产业协同，积极承接京津冀地区的新材料、节能环保、高新技术等产业，加快晋北地区鲜活农产品进入京津市场，实现与京津冀地区旅游资源共享，实现与京津冀协作领域多元化。山西还加强与中原经济区、长三角、珠三角、黄河沿岸省份的区域合作，扩大与相关地区的交流合作，加大面向长三角、珠三角等沿海地区招商及产业承接力度，有力推动了全省经济的发展。

---

**专栏 3-2 山西与周边省份的区域合作**

山西与京津冀蒙地区的合作主要集中在能源、旅游、基础设施、生态环境等方面。山西大型煤炭企业在河北秦皇岛港、津塘港、黄骅港分别成立了分公司，为煤炭外运打下了基础；在生态建设方面实施京津风沙源治理和水资源涵养保护工程，加强向京津冀地区输电及能源供应；1993 年水利部、山西、内蒙古三方达成协议，出资建设万家寨水利工程，解决山西、内蒙古缺水问题；2016 年山西旅游部门与内蒙古签订了联合开发偏关老牛湾旅游项目的合同，2007 年万家寨至老牛湾的旅游公路开通，山西旅游部门与内蒙古旅游部门签订了旅游合作战略协议。

1986 年，山西运城、河南三门峡、陕西渭南三地成立了"晋陕豫黄河金三角经济协作区"，联合建设了三门峡、风陵渡黄河公路大桥，为晋煤南运、黄河两岸经贸往来提供了支持；联合建设黄河金三角精品旅游，建成无障碍旅游协作区，运城和三门峡还实现了旅游年票一卡通。2012 年国家发展和改革委批复建立《晋陕豫黄河金三角承接产业转移示范区》，2014 年国务院批准了《晋陕豫黄河金三角区域合作规划（2014~2030 年)》。

资料来源：根据山西省相关五年计划（规划）整理得到。

---

## 四、走工业化和城镇化协调发展之路

煤炭资源的大规模开发利用是区域经济增长、工业化演进的主要动力，同时也推动了城镇化演进。

山西城镇化水平低于全国平均水平，城镇化滞后于工业化，这是由于全省城市多为资源型城市。资源型城市的经济发展重点是采掘、能源及相关的重化工业，而煤炭等产业就业吸纳能力低，客观上对城镇化发展造成阻碍；在主观上，长期忽视集聚因素对社会经济发展的重要作用，对城镇化的功能作用认识不足。在煤炭资源富集地区，用矿产开发、工业开发代替城市发展，用工业职能、工业站场设施代替城市职能、市政基础设施，工业化单兵突进，城镇化受到抑制，导致城市的区域功能薄弱、载体功能不健全、城市建设质量低下，从而使城镇化与工业化严重脱节。改革开放以来，特别是进入 21 世纪，资源型经济转型取得了较大进展，工业结构多元化、第三产业的快速发展加快了就业结构转换进程，积极的城镇化政策促进了各级城镇的快速发展和城乡结构的转化，城镇化与工业化之间呈现出逐步协调发展的趋势。

在城镇布局方面，"因矿设市、随矿建镇"的现象相当普遍，形成了城镇布局"大分散、小集中"的特征。在主观上，对大城市、城镇群在区域发展中的作用认识不足，导致城市规模普遍较小，除太原、大同超过 100 万人口外，其他城市都是几十万人，大城市发展滞后。另外，城市新区、城市经济开发区的发展落后于相邻省份。

山西地处黄土高原东部，生态环境脆弱。近年来，由于高度重视城乡生态环境建设，城市生态环境明显改善，但与全国城市相比，城镇质量和生态环境仍有待提高。《2013 年中国城市竞争力蓝皮书》（倪鹏飞，2013）显示，在全国 393 个城市中，综合经济竞争力指数太原排名第 74 位、临汾第 196 位、运城第 202 位、晋城第 203 位、大同第 240 位、阳泉第 252 位、忻州第 266 位；在其他指标中，太原的宜居竞争力居全国第 177 位，宜商竞争力居第 57 位，和谐城市竞争力居第 138 位，生态城市竞争力居第 249 位。这说明太原的宜居、生态等指标偏低，反映出太原在生态、环境、住房、交通、城市化、人文管理等方面的一系列问题。

## 五、基础设施适度超前建设

山西是我国最重要的能源大省，"晋煤外运"历史悠久。从 20 世纪能源基地建设以来，煤炭产量迅猛增长，煤炭外运量持续增长，但多数年份运输紧张，交通压力十分巨大。石（家庄）太（原）、大（同）秦（皇岛）等铁路专线运力饱和，给公路运输带来巨大压力。20 世纪 90 年代提出了交通建设适度超前的思想，山西交通超前建设带来了交通路网的改善。截至 2015 年底，全省铁路里程 5086km，铁路网密度为 3.2km/100km²，居全国各省（自治区、直辖市）第 7 位；全省铁路货运量常年居全国第 1 位，铁路货物周转量常年居全国前列。全省公路通车里程 140906km，公路网密度为 90km/100km²，居全国各省（自治区、直辖市）第 16 位；全省高速公路通车里程 5028km，高速网密度居全国第 7 位。

由于山西外运煤炭方向主要是向东、向南，所以，外运通道建设主要是打通东西向交通，加强与环渤海、东部沿海方向的联系及与中原经济区的联系。山西第一条高速公路太（原）旧（关）高速公路、我国第一条复线电气化铁路石（家庄）太（原）铁路、我国第一条重载铁路大（同）秦（皇岛）铁路，都是重要的运煤干线，也是向东沟通与京津冀联系的通道。但是，忽视了西向联系交通的建设，限制了太原在全国交通网中的地位，直到太（原）中（卫）银（川）铁路、G22 高速公路建成，太原才成为全国重要的铁路、公路十字枢纽，在全国路网中的交通枢纽地位明显得到提高。

## 六、加强环境保护，走可持续发展之路

1980~1999 年山西国民经济增长速度在 8%以上，但由于经济结构对资源的依赖性极强，经济发展加大了对生态环境的压力，生态破坏和环境污染程度不断加剧，造成的经济损失也相应增加。20 世纪最后 20 年，山西生态环境破坏累积损失值达 2181.13 亿元，若对已破坏的生态环境进行初步恢复治理，则需要恢复费 3373.03 亿元。二者合计，全省生态环境破坏的总损失费用为 5554.16 亿元（李素清，2002）。需要指出的是，上述测算只是生态环境破坏的直接经济损失和部分间接经济损失。

面对日益严重的生态环境破坏问题，国家和山西制定了一系列措施，加大环境保护力度，实现绿色发展。坚持绿色、低碳、循环发展的基本路径，加快形成

节约资源和保护环境的空间格局、产业结构、生产方式、生活方式，全面增强可持续发展能力。注重生态环境建设和环境污染控制，特别是要有计划地对重点城市、重点流域、重点行业实行重点治理，大力实施"蓝天碧水"环境改善工程。

**参考文献**

［1］牛仁亮.辉煌山西60年［M］.北京：中国统计出版社，2009.

［2］张复明，陈国伟，蔡飞等.改革开放三十年山西经济结构调整评述［A］//张复明.山西发展报告2007~2008［M］.北京：中国科学技术出版社，2016：21-26.

［3］张复明.资源型经济理论解释：内在机制与应用研究［M］.北京：中国社会科学出版社，2007.

［4］曹海霞，赵学义.山西区域经济空间结构与动态研究［J］.山西大学学报(自然科学版)，2006（1）：107-112.

［5］王茂林.山西新型能源基地研究［M］.北京：中国科学技术出版社，2005.

［6］张复明.山西发展报告2009［M］.北京：中国科学技术出版社，2010.

［7］王秀强.太原城市再定位之后［N］.21世纪经济报道，2010-07-16（023）.

［8］王雪峰，李浩.从山西煤炭运输看交通运输与国民经济的协调发展［J］.中国工商经济研究，1992（10）：27-30.

［9］张维邦.山西省经济地理［M］.北京：新华出版社，1987.

［10］倪鹏飞.2013年中国城市竞争力蓝皮书：新基准：建设可持续竞争力理想城市［M］.北京：社会科学文献出版社，2013.

# 第四章 新型工业化

中华人民共和国成立以来，特别是改革开放以后，伴随着能源重化工基地建设，山西能源重化工业发展取得了长足进步，工业化进程明显加快。进入 21 世纪，在煤炭市场需求旺盛的背景下，山西工业发展经历了"黄金十年"。与此同时，充分利用自身优势，积极主动调整产业结构与布局，加快传统产业新型化和新兴产业规模化。2010 年国务院批准山西作为国家资源型经济转型综合配套改革试验区，山西通过深化改革和体制机制创新，加快培育和发展战略性新兴产业，促进了全省工业的可持续发展。

## 第一节 概 述

山西近代工业始于 1892 年建立的太原火柴局，之后各类民族工业企业不断出现，但进展极为缓慢。至 1949 年中华人民共和国成立前夕，全省仅建成 130 多家厂矿企业，基本上以中小型为主。中华人民共和国成立以后，国家巨额的工业投资和六个五年计划的大规模建设，使山西工业得到迅速发展。1949~1960 年，许多大型骨干企业陆续投产，工业实力日益雄厚，初步形成了门类齐全的工业体系（王铭和张夏明，1987）。改革开放以后，通过能源重化工基地建设，山西逐步形成了以煤为主的工业体系，工业发展深深地打上了煤炭经济的烙印。

### 一、山西工业发展历程

山西拥有得天独厚的煤炭和其他矿产资源优势，改革开放之后，随着市场范围的扩大和煤炭资源开发力度的加大，迅速成长为我国最重要的能源重化工基地，为国家能源供应和现代化建设做出了突出贡献。20世纪90年代，随着经济社会的发展和宏观形势的变化，山西经济综合实力排名不断下滑，开始寻求出路，谋划建设内陆经济开放区。2010年以来，试图通过深化改革和体制机制创新，探索资源型经济转型发展的新路子。

**（一）能源重化工基地建设时期（1978~1998年）**

这一时期又可分为三个阶段：能源基地建设初期（1978~1982年）、能源重化工基地建设发展十年（1983~1992年）、能源重化工基地建设的产业结构调整期（1993~1999年）（任力军，2015）。

*1. 能源基地建设初期*

1978年山西提出建设"两个基地"的目标，即高产稳产的农业基地和农轻重协调发展的、具有自己特点的工业基地。同年，《中共中央关于加快工业发展若干问题的决定》指出，要把燃料、动力、原料工业和交通运输业的发展放在突出地位，客观上强化了山西在全国劳动地域分工中能源、原材料输出基地的定位，对全省改革开放后的产业发展和结构形成产生了重大影响。1981年全国人大五届四次会议提出"要把开发山西的煤炭作为重点来抓"。1982年国务院专门成立了山西能源基地建设办公室，推动能源基地建设，1979~1982年全省煤炭产量由1.1亿t增长到1.5亿t，发电量从114.1亿kW·h增长到136.9亿kW·h，煤炭能源基地初具规模。

*2. 能源重化工基地建设发展十年*

1983年山西省人民政府向国务院呈报了《关于山西能源重化工基地建设综合规划的报告》；1984年国务院能源规划办公室编制了《山西能源重化工基地发展规划》；1985年山西省明确提出重点搞好能源重化工基地建设，带动和促进整个国民经济和社会的协调发展。能源工业投资占到全省工业固定资产投资的60%左右，其中煤炭和电力工业是投资重点，并兼顾能源加工转换的发展。

老矿普遍进行了扩建和技改，新矿相继建成，形成了一批全国重点煤矿，包括当时我国最大的中外合作项目平朔安太堡露天矿，全国最大的无烟煤矿井贵石沟矿，以及汾西矿务局水略矿、大同矿务局四台矿等。与此同时，乡镇煤矿也得到快速发展，截至1990年底，全省乡镇煤矿发展到5678座，分布在79个产煤县（区），年产原煤1.2亿t，占全省原煤产量的64.3%（李巧明和苗长青，

2007)。煤炭工业更新改造投资占同期山西全部更新改造投资的 45%~50%，机械化采煤程度明显提高。1983~1992 年，全省原煤开采能力由 1.6 亿 t 增长到近 3 亿 t，原煤外调量由 1.0 亿 t 增长到 2.1 亿 t。

电力工业投资占能源工业固定资产投资的 25%~35%，一大批大型电厂相继开工建设和投产。1986 年神头电厂第二期建成投产发电，成为全省第一座百万 kW 电厂；1991 年漳泽电厂二期建成投产，使山西成为继江苏之后第二个拥有三座百万 kW 火电厂的省份。1982~1992 年，全省发电量从 136.9 亿 kW·h 增加到 384.2 亿 kW·h，外调电力从 8.8 亿 kW·h 增加到 97.8 亿 kW·h。

在能源加工转换方面则发展相对缓慢。1987 年山西省出台了《关于大力发展煤炭加工转化有关问题的规定》，推动了能源加工转换业的快速发展，二次能源产品快速增加、品种增多。1985~1992 年，全省用于加工转换所消费的原煤从 2744 万 t 增加到 6650 万 t，占全省原煤产量的比重从 12.8% 上升到 22.4%。1982~1992 年，全省洗精煤产量由 448 万 t 增加到 2041 万 t，焦炭产量由 328.8 万 t 增加到 1815 万 t。

3. 能源重化工基地建设的产业结构调整期

20 世纪 90 年代初期，山西以煤炭采掘业为主导的经济开始落后于全国发展水平，经济结构失衡越来越突出，面临铁路运力紧张、原煤产大于销、工业经济效益低、对外开放程度低等一系列问题，山西开始重视结构调整问题（李乃华和胡积善，1992）。1992 年山西提出了调整工业发展的"14888"工程[①]，重点发展二次能源和煤炭深加工。1993 年提出"三个基础、四个重点"的经济发展战略，强化农业基础、基础工业、基础设施，搞好挖煤、输电、引水和修路四个重点建设。1996 年进一步提出要加快培育四大战略带头产业，发展十大系列产品，把调整产业结构作为全省经济的"三件大事"之一来抓，并成立了相应的领导机构和办事机构组织实施。1998 年提出以产业高级化为目标来进行结构调整，大力培育优势产业、优势企业、优势产品和优秀企业家。

为解决"煤多电少"的问题，山西加大了电力投资力度，数十座大中型电厂

① "14888"工程："1"指继续发展现有的重点支柱产业，即能源工业；"4"指培育冶金工业、机电工业、化学工业和轻纺食品工业，形成多元化的支柱产业体系；"8"指重点发展煤炭加工系列、煤化工系列、能源机械系列、铝及铝制品系列、钢铁系列、建材系列、食品系列和纺织系列 8 个产品链；"88"指做好 88 种重点产品的技术进步和产品创新。

相继开工建设或投产，神头第二发电厂、柳林发电厂、太原第二热电厂四期工程、山西华通榆社电厂一期、阳城电厂等均是在这一时期开工建设或投产的。1999 年电力产业投资额在全省能源产业投资中的比重上升至 61.9%，装机容量达到 1180 万 kW，发电量增加到 569.87 亿 kW·h，建成 500kV 线路 8 条共 824km、110kV 以上线路 1.3 万 km，成为全国对外输电最多的省份，外调电力占全省电力总量的比例达到 19.5%。

**（二）经济结构调整时期（1999~2009 年）**

1999 年底，山西省提出了"以调整经济结构为中心，以改革开放为动力，抓好五项创新（技术创新、金融创新、人才机制创新、环境创新、观念创新），实现三个提高（提高经济增长的质量和速度、提高全省综合经济实力、提高人民群众生活水平）"的经济发展思路。继 2003 年的煤炭工业技术改革之后，于 2004 年在临汾试点煤矿产权改革；2006 年山西出台了《煤炭资源整合和有偿使用办法》，使年产 9 万 t 以下的煤矿全部淘汰出局；2007 年出台《煤炭工业可持续发展政策措施试点工作总体实施方案》，旨在提高煤炭产业集中度，对私人小煤矿鼓励采取国有煤矿托管、兼并等方式；2008 年发布《关于加快推进煤矿企业兼并重组的实施意见》，要求到 2010 年全省矿井个数控制在 1500 座以内，并使大集团控股经营的煤炭产量达到全省总产量的 75% 以上；2009 年出台《煤炭产业调整和振兴规划》，并成立了煤矿企业兼并重组整合工作组。在这一过程中，很多民营办矿主体退出煤炭工业，通过出售矿权获得了大量的现金资本，民间的财富效应刺激了其他行业的投资，山西工业也开始逐步从"一煤独大"向"多元发展"迈进。

**（三）综合配套改革时期（2010 年至今）**

2010 年国务院批准山西省作为国家资源型经济转型综合配套改革试验区。围绕产业转型、生态修复、城乡统筹、民生改善四大任务，开展了十个方面的综合配套改革，取得了较好的成效。在工业领域，积极完善煤炭资源市场化配置，完善矿业权出让市场，除国家有明确规定外，对新设立的煤炭资源矿业权全部采用招标、拍卖、挂牌等市场竞争方式出让。深化煤炭、煤层气管理体制改革，探索"部控省批"的煤炭和煤层气矿业权审批制度。实施煤炭资源税和环境保护税改革，按照清费立税原则，全面清理煤炭企业收费，加快煤炭资源税从价计征改革，进一步理顺环境保护税费关系。探索对重点生态功能区的生态补偿机制，加快地区间建立横向生态补偿制度，完善矿山环境恢复治理保证金制度等。进一步理顺开发区运行机制，创新园区管理体制，完善园区土地供应保障机制，建立园区与属地利益分配机制。按照集约化、规模化的思路，统筹规划布局全省各类园区建设，形成主导产业明确、各具特色的园区格局。

## 二、山西工业发展的现状特征

### （一）工业结构明显得到优化

得益于山西丰富的煤炭资源优势，煤炭行业在全省工业发展中的"抽水机"效应非常明显，大量的资金、人才投入到煤炭及相关产业。但伴随着2012年以来煤炭行业步入"寒冬"，山西煤炭工业投资能力持续衰减，主动转型也促使越来越多的资金由"煤"流入"非煤"。2015年，煤炭、冶金、焦化和电力等传统支柱产业投资占全部工业投资的比重下降为46.9%，山西重点培育发展的装备制造、煤化工、新材料、食品等新兴产业投资比重达到53.1%（见图4-1）；四大传统产业增加值占全部工业增加值的比重下降到46.8%，非煤产业增加值所占比重达到53.2%，工业结构转型升级步伐明显加快，经济增长的活力和动力进一步增强。

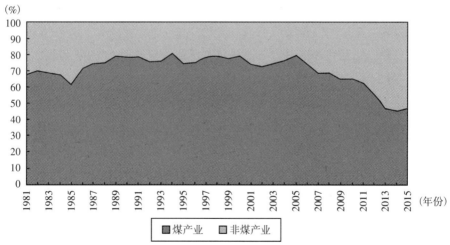

**图4-1　1981~2015年山西省煤产业与非煤产业固定资产投资对比**

资料来源：《山西统计年鉴》（2016）。

### （二）工业布局逐步走向集聚

工业布局与工业结构是密不可分的，过去山西"一煤独大"的产业结构使工业布局呈现出非常明显的原料指向性特征。由于全省绝大多数县（市、区）有煤炭资源赋存，加上过去国家对中小煤矿的鼓励政策，因此资源开发主体过多，工业布局比较分散。经过 2008~2010 年的煤炭资源整合，煤矿"多、小、散、乱"的产业格局发生了根本性变化，大基地、大集团、大型现代化矿井建设加速，产业布局开始从分散转向集聚。同时，山西持续优化调整产业结构，不断延伸传统产业链条，促进非煤产业发展壮大，而非煤产业的空间布局在客观上以市场指向为主，因此产业发展的聚集效应得以进一步显现，最终促使山西的工业布局从分散走向集聚。

### （三）创新能力得到较大提升

截至 2015 年底，全省共建成国家级企业技术中心 26 家、省级企业技术中心 224 个，建成山西省研究生教育创新中心 43 个、产学研合作基地 3 个和行业技术中心 15 个（山西省人民政府，2016）。行业技术水平显著提升，碳纤维、特种钢等重点产品技术实现了进口替代，千万 t 级智能煤炭综采成套装备、煤层气勘探装备等部分行业产品技术水平达到国际领先，核心技术掌控能力显著增强。

### （四）"两化"融合水平不断提高

在中国经济减速发展的大背景下，山西通过主动适应经济发展新常态，不断深化信息技术在工业领域中的应用，围绕自身产业特点，实际研发了一批软件和系统解决方案，运用高新技术改造提升传统产业，从区域、行业、企业三个层次上推进信息化与工业化深度融合，信息技术产业稳健发展，形成了较为全面的产业体系。2015 年，山西信息产业实现收入 952.9 亿元，其中规模以上电子信息制造业实现主营业务收入 668.4 亿元，电信及软件业务收入达到 284.5 亿元。建设了太原钢铁集团有限公司、山西潞安矿业集团有限责任公司、太原重型机械集团有限公司、山西晋城无烟煤矿业集团有限公司、山西阳泉煤业集团有限责任公司、山西经纬纺织机械器材有限公司等一批信息化示范企业，有力提升了企业生产自动化、智能化和管理现代化水平。

## 三、山西工业发展存在的问题

在取得重大成就的同时，山西工业经济也因此患上了"能源依赖症"，工业发展仍然面临着结构单一、布局分散，生产方式粗放、资源利用效率低，国有经济比重高和接续产业发展不足等突出问题，阻碍了新型工业化的进程。

**（一）工业结构单一，布局分散**

伴随能源重化工基地建设，山西逐步形成了煤炭领航、能源原材料工业主导的发展模式，以煤为主的工业体系得以确立和巩固。由于过多强调单向度的能源开发，不重视整体持续发展，导致综合资源的浪费和不必要的闲置，社会整体结构性效益差，经济发展缺乏后劲。"三线建设"时期，为满足战备需要在晋南把许多工厂散布于偏僻的山区单独配置，既远离原料和消费地，又造成产业联系脱节；改革开放以后，企业自主权逐步增加，除一部分企业破产倒闭外，还有的考虑到沉没成本和路径依赖依然在沿用原有的基础设施。此外，山西本身的煤炭资源型特征，使产业布局分散且远离城市，产业发展的聚集效应无法发挥，造成产业发展与城市发展相互脱节，第三产业发展滞后。

**（二）生产方式粗放、资源利用效率低**

长期以来，在能源资源丰富、价格低廉、产权不明晰等因素影响下，山西能源工业从开采、运输到加工利用环节形成了一种粗放式的生产方式。主要矿产探明储量的增长远低于开采耗竭速度，而且开采难度越来越大，开采成本逐年增加，资源约束瓶颈日益显现。经过数十年对煤炭的高强度开采，全省浅层煤炭资源、整装资源已所剩无几，大同侏罗纪动力煤资源已近枯竭，后备资源匮乏。低品位煤炭燃料消费占能源消费的比重较高，能源利用中间环节损失大，共生、伴生资源破坏严重，资源综合利用程度低。据估算，山西每采 1t 煤约损耗与煤炭资源共生、伴生的铝矾土、硫铁矿、高岭土、耐火黏土等矿产资源 8t，大量煤矸石、焦化副产品等二次资源得不到合理利用（王炤坤、陈忠华和王炤，2005）。

**（三）国有经济比重高**

山西在能源重化工基地建设时期，以及后来的煤炭资源整合过程中，无论是煤炭还是电力，项目投资额都比较大，投资回报期长，集体经济或个体经济都缺乏巨额资金支持，而且民间资本还面临产业投资的一些限制，能源重化工基地建设只能更多地依靠国有经济单位，从而导致国有经济"一统天下"，非国有经济规模较小。在此基础上，逐步形成和强化了能源基地部门分割和条块分割的管理体制，以及能源主管部门对大型骨干企业的集中控制，从而阻隔了地区和煤田区域内部企业之间的经济联系，降低了能源工业对地方经济发展的溢出效应。直接后果就是山西的市场化程度落后于全国水平，经济发展缺乏活力。

### (四) 接续产业发展不足

国内外资源型区域经济社会发展的经验表明，培育和发展接续产业，调整优化产业结构，加快资源型产业与其他产业的融合发展，降低经济发展对资源特别是不可再生资源的依赖性，保证经济发展的后劲与动力，是资源型地区经济社会发展的必然选择。20 世纪 90 年代开始，山西就积极实施结构调整，谋求转型和跨越发展，但是当经济运行处于上升周期时，资源型产品价格大幅上涨的财富效应对其他产业发展产生挤出效应，当经济下行时又因各方面储备不足，转型发展面临重重困难。山西接续产业发展处在"有钱时无暇他顾，无钱时无力他顾"的尴尬局面。

# 第二节　能源工业及其深加工

以煤炭为主的能源工业及其深加工是山西国民经济的基础产业，自改革开放以来获得了快速发展，煤炭产销量屡创新高。煤炭工业的快速发展，不仅有力地支撑了国民经济发展对煤炭的需求，而且带动了电力、冶金、化工、建材等产业的发展，成为全省经济最重要的支柱产业。与此同时，积极促进传统产业采用先进适用技术和信息化技术改造提升，逐步构建起具有山西特色的工业循环经济发展模式，促进了传统产业生产集约化、利用清洁化、发展高端化。

## 一、煤炭

1978~2016 年，山西原煤产量从 9825 万 t 增加到 81642 万 t，年均增长 5.7%（见图 4-2）。截至 2013 年底，全省煤炭开采和洗选业共有工业企业 1256 家。"六五"和"七五"时期，山西煤炭生产受"有水快流"、"国家、集体、个人一起上"、"大中小型煤矿相结合、以中小煤矿为主"的影响，乡（镇）村小煤矿一哄而起。这些小煤矿生产力水平很低，受电力、交通、通信条件及资金投入限制，多数煤矿仍采用人力采掘、人（畜）力运输，机械化和现代化程度非常低。到"七五"期末，地方国营煤矿中型矿井基本实现普通机械采煤或高档普通机械采煤，各矿务局大矿已推广应用综合机械化采煤，采、掘、机、运、通各环节平衡配套。

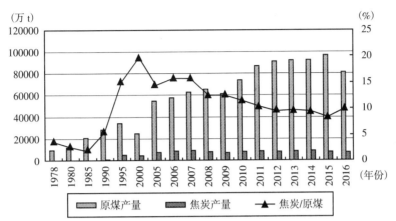

**图 4-2　1978~2016 年原煤产量、焦炭产量及焦炭与原煤产量的比值**

资料来源:《山西统计年鉴》(2016)、《中国统计摘要》(2017)。

"八五"、"九五"时期,山西逐步加大对地方煤矿特别是乡(镇)村煤矿的治理整顿力度,关闭淘汰不具备基本安全生产条件的小煤矿,通过技术改造和采煤方法改革,提高煤炭生产技术装备水平,大部分煤矿基本上实现了半机械化和机械化生产,部分地方煤矿已实现综合机械化采煤,并配套洗选加工商品煤。各矿务局实施集团化、公司制改革,积极引进国内外先进技术装备和生产工艺,并自主研发先进技术工艺,提高劳动生产率,加快了生产现代化、信息化步伐。

"十五"、"十一五"时期,山西煤炭产业持续发展,特别是经过 2008~2010 年的煤炭资源整合,取缔资源非法开采,减少资源开发主体,淘汰落后产能,煤矿"多、小、散、乱"的产业格局发生了根本性变化,大基地、大集团、大型现代化矿井建设加速,70%的煤矿矿井单井规模达到 90 万 t/年以上,生产矿井淘汰了炮采工艺,全部实现以综合机械化为主的机械化生产,并配套建成相应规模的选煤厂,井工开采单井规模达 2000 万 t/年。

"十二五"时期,山西煤炭工业跨入"大矿时代",截至 2013 年底,全省共有煤矿 1077 座,产能 14 亿 t;2013 年煤炭产量 9.6 亿 t,出省销量 6.2 亿 t,国有重点煤矿和重点整合煤矿产量达到 6.7 亿 t,占全省产量的 70%。随着国家资源型经济转型综合配套改革试验区的全面实施,围绕煤炭就地转化和循环利用,累计投资 640 亿元建成 20 多个煤炭循环园区,从根本上改变了传统的"挖煤、烧煤"方式。"十二五"期间,山西煤炭循环经济项目总投资达 8600 多亿元,可利用或减排大量矸石、粉煤灰、粉尘、二氧化硫等工业废弃物（山西省社会科学院能源经济研究所，2015）。

当前，煤炭行业面临产能严重过剩、价格持续大幅下跌、企业亏损严重等一系列问题。山西着力"去产能、去库存、去杠杆、降成本、补短板"，加快煤炭供给侧结构性改革，按照"依法淘汰关闭一批、重组整合一批、减量置换退出一批、依规核减一批、搁置延缓开采或通过市场机制淘汰一批"的要求，从2016年起暂停出让煤炭矿业权，暂停煤炭探矿权转采矿权。

"十三五"期间，重点推进晋北、晋中、晋东三大煤炭基地提质，全力建设煤炭产业升级版。以安全绿色开采、清洁利用为重点，大力引进和推广先进适用技术，提高煤炭利用的清洁化、低碳化程度，努力提高清洁煤炭生产供应能力；加快煤转电、煤转化产业发展，有效化解煤炭过剩产能，提高煤炭就地转化率；建立关闭矿井衔接机制和落后产能退出机制，构建有效控制煤炭生产总量、以市场需求调节煤炭产品结构的新机制。原则上不再新配置煤炭资源，不再批准新建煤矿项目，不再批准新增产能的技术改造项目和产能核增项目，确保全省煤炭总产能只减不增。[①]

## 二、焦化

改革开放以来，全省焦炭产量从1978年的356.5万t起步，到2007年达到峰值9897.3万t，之后逐渐进入平稳期，2016年产量为8186.0万t，焦炭产业从产量扩张向横向兼并和纵向一体化转变，1978~2016年年均增长8.6%（见图4-2）。作为全国最大的焦炭生产基地，山西省焦炭产量约占全国市场的1/4；年外运焦炭6000万t左右，约占国内省际间调运量的70%；年出口焦炭约750万t左右，约占全国出口量的90%（以货源地计算），均位居全国各省（自治区、直辖市）第一位。2011~2013年，山西开展了焦化行业兼并重组，形成了4个千万t级和14个500万t级焦化集聚区，大幅度提高了产业集中度。焦化行业焦炉煤气、煤焦油、粗苯的焦化产品已实现了全面回收，并形成了250万t焦炉煤气制甲醇生产能力、66万t粗苯精制生产能力和270万t煤焦油加工能力。

当前和未来一段时期，焦化行业仍然面临需求减弱、竞争激烈、效益下滑的

---

① 本章各工业部门的"十三五"发展方向均参考了《山西省"十三五"工业和信息化发展规划》。

新常态,焦化企业必须将转型升级、节能减排和提质增效作为生存发展的重中之重,以解决好焦炭用户的稳定性和个性化需求为导向,积极实现能耗和环保达标。控制焦炭总产能,优化调整产品结构,发展化工焦、培育洁净焦、压缩冶金焦、巩固铸造焦,进一步提高产能利用率,转移化解过剩产能。主动创新商业模式,积极利用电子商务平台,提高企业焦化产品交易的规范性和效率,优化大宗原燃料和产品的物流配置,有效降低物流成本。

## 三、电力

作为能源重化工基地,山西肩负着向京津唐电网和省内输供电力的双重任务,为此提出了建设三大火电基地的目标:一是利用大同、平朔及鹅毛口矿区动力煤,以及神头泉水、地下水和册田水库等水源,建设以大同、神头为中心的雁同火电基地;二是利用太原西山、古交、阳泉、霍县及柳林、河曲保德矿区的煤炭资源,以平定县娘子关泉水、柳林县柳村泉水、霍县郭庄泉水、保德县天桥水库和汾河水库作为电厂水源,建设以太原、阳泉、柳林、霍县、保德为主的晋中火电基地;三是利用潞安、晋城的煤炭资源,以平顺县辛安泉水、阳城县马山泉水和漳泽、后湾等水库作为电厂水源,建设以长治、晋城为中心的晋东南火电基地。同时,利用河津县王家岭煤矿资源,以及黄河水、河滩地下水等水源建设河津电厂。1978~2016 年,全省发电量从 106.6 亿 kW·h 增加到 2510.5 亿 kW·h,年均增长率为 8.7%,累计发电 27412.9 亿 kW·h。

"六五"、"七五"期间,随着省内国有企业和大量涌现的乡镇企业的快速发展,山西用电负荷增长迅猛,缺电局面较之前愈加严重。为改善缺电现状,国家调整小火电发展政策,鼓励在电网末端新建和扩建小型电厂,以及企业自建电厂。1988 年将地方小型水、火电站审批权限下放到各地市,小火电厂建设一度失控;同年,国务院开始治理整顿,使小火电的发展有所控制,但是由于资金渠道多,各地市及一些企业办电未能全面控制。

"八五"期间,在"政企分开、省为实体、联合电网、统一调度、集资办电"和"因地因网制宜"的方针指导下,山西初步形成了"电厂大家办、电网国家管"的局面。这一时期共完成电力投资 92.1 亿元,新增发电装机容量 327.5 万kW,全省总装机容量达到 911 万 kW。

"九五"时期,山西电力工业在发电领域逐步引入竞争机制,充分调动多方办电积极性，合理有效利用外资。截至 2000 年末，全省发电装机容量达 1315 万 kW（其中，水电 78.2 万 kW），年发电量 620.7 亿 kW·h，外送电量 119 亿 kW·h。

"十五"时期以来，山西能源发展取向由输煤为主转向输电为主，电厂建设亦随着西电东送进程大大加快。2002 年末，电力发展进入"厂网分开、竞价上网"时代，各大发电集团纷纷在山西投资建设大型电厂。截至 2014 年底，全省装机容量 6306 万 kW，其中风电、光伏等新能源发电机组装机容量 498 万 kW，占全省装机容量的 7.9%。山西电网已形成以 500kV "两纵四横"为骨干网架，220kV 分大同、忻朔、中部、南部四大供电区域，110kV 和 35kV 及以下电压等级辐射供电的网络格局。在外送通道方面，形成了以 1000kV 特高压为核心，6 个通道、13 回线路的外送格局，输电能力约 2000 万 kW（山西省经济和信息化委员会，2015）。

山西把"清洁烧煤"作为破解生态环境问题的现实路径，以科技手段支撑以煤变电、煤炭高端循环、工业固废利用，让"污染的煤"变成"科技煤、清洁煤"，生态环境持续改善，煤炭资源综合利用率显著提升，控制污染物排放取得较大进展。截至 2014 年底，山西所有电厂均建成烟气脱硝设施。

"十三五"时期，以建设大型煤电基地、扩大晋电外送能力、节能减排为重点，加快电力产业优化升级。加快晋北、晋中、晋东国家级千万 kW 现代化大型煤电外送基地建设。依托丰富的风能、光能资源优势，把发展风电、太阳能等新能源产业作为产业转型的突破口，实现传统能源基地向新型能源基地的转变。

## 四、煤化工

1978 年以来，依托丰富的煤炭资源优势，山西煤化工产业规模不断扩大，形成了以"肥、醇、炔、苯、油"等特色优势煤化工为主的产业格局。截至 2015 年底，全省现有合成氨产能 650 万 t，居全国各省（自治区、直辖市）第 3 位；化肥产能 1200 万 t，居全国各省（自治区、直辖市）第 2 位；甲醇产能 550 万 t，居全国各省（自治区、直辖市）第 5 位（山西省发展和改革委员会、山西省经济和信息化委员会，2016）。结合煤炭产业转型发展要求，煤化工产业与煤炭产业融合发展加快，传统煤化工加快向新型煤化工转型①，呈现出向大型企业

---

① 传统煤化工产品主要包括合成氨、尿素、甲醇、甲醛、醋酸、电石、乙炔衍生物等，新型煤化工产品则主要包括煤制油、煤制天然气、煤制烯烃、煤制二甲醚等。

和资源集中地发展的趋势。

在产业规模不断扩大的同时，煤化工产业技术水平也不断提升，积聚了中国科学院山西煤化院等一大批在国内知名的煤化工专业研究机构，在煤基合成油、焦炉煤气制甲醇等领域的科研成果居国内领先水平。但是与周边煤化工省（自治区）相比，山西煤化工产业发展速度仍相对缓慢，发展质量和效益较差，发展差距进一步拉大。究其原因，一是环境、水资源压力较大，产业发展受到制约；二是行业整体装备水平偏低，缺少一流先进水平的特大型煤化工装置；三是吸引省外优势企业投资的力度不够，大型企业特别是央企在山西投资煤化工产业明显不足。

煤化工产业应进一步优化空间布局，加快建设晋北现代煤化工基地。充分利用晋北地区相对丰富的煤炭、水、土地资源等要素，依托主要煤炭企业和国内外战略投资者，重点发展大同左云煤化工园区等六个化工园区，加快示范项目建设，稳步发展煤基清洁能源（煤制天然气、煤制油），高起点、高标准发展煤基高端石化产业（煤制烯烃、煤制芳烃）及其配套下游产业，建设现代煤化工基地；发挥晋东、晋中（南）基地现有化工产业基础好的优势，探索拓展晋东下组煤利用途径，依托阳煤集团清徐化工新材料工业园等20个重点化工园区，通过产业耦合发展，建设特色化工产业基地（见表4-1）。加强信息化与工业化的深度融合，通过"互联网+化工"，建立化工企业物联网、行业信息管理平台等，加快化工企业信息化和智能园区建设，提升化工园区信息化水平。

表 4-1 山西省现代煤化工产业基地

| 基地 | 主要园区 | 重大项目 |
|---|---|---|
| 晋北基地 | 大同左云煤化工园区、大同塔山循环经济园区、阳高龙泉工业园区、朔州山阴煤化工园区、忻州煤化工循环经济园区、忻州五寨现代煤化工园区 | 20亿 m³/年以上煤制天然气项目，60万 t/年及以上煤制烯烃及下游项目，100万 t/年以上煤制油联产精细化品项目，百万及以上甲醇制汽油项目，60万 t/年及以上煤制芳烃及下游项目，20万 t/年及以上合成气制乙二醇项目 |
| 晋中（南）基地 | 阳煤清徐化工新材料工业园、交城下家营工业园区、吕梁三泉焦化工业园区、孝义市梧桐焦化工业园区、榆社化工园区、山西安泰国家生态工业示范园区、洪洞煤焦化深加工园区、临猗县工业园区、稷山县西社新型煤焦化循环经济示范区、新绛县煤化工循环经济示范园、山焦盐化运城无机盐循环经济园区 | 年利用焦炉气 6 亿 m³ 及以上的焦炉气制天然气、甲醇、化肥项目，30 万 t 及以上的煤焦油精深加工项目，10 万以上的粗苯精制和下游产品项目，"专、精、特、新"精细化学品和化工新材料项目 |

续表

| 基地 | 主要园区 | 重大项目 |
|------|---------|---------|
| 晋东基地 | 平定县龙川工业园区、盂县牛村煤电化工业园、昔阳煤电化循环经济工业园区、寿阳煤化工循环经济工业园、长治襄垣富阳循环经济工业区、潞城市现代煤化工工业园区、襄垣县王桥新型煤化工园区、高平煤电化工业园区、北留周村循环经济工业园 | 百万t煤制清洁燃料项目，百万t甲醇制汽油项目，20万t/年己内酰胺及下游产品项目，20万t/年及以上合成气制乙二醇项目，大型复合肥、复混肥项目 |

资料来源：山西省发展和改革委员会，山西省经济和信息化委员会.山西省"十三五"化学工业发展规划〔Z〕. 2016.

# 第三节　冶金及建材工业

山西拥有全球产能最大的不锈钢生产企业和具有国内先进水平的大型氧化铝生产企业，不锈钢产品质量达到国际先进水平，部分建筑钢材、铝、镁产品在国内外具有较大影响，形成了以钢铁、铝、镁、铜为主体的冶金产业结构。冶金产业的发展有力地带动了相关产业的发展，为山西经济建设做出了重要贡献。随着我国经济发展进入新常态，冶金及建材工业发展均受到"产能过剩、技术水平、资源环境"三重约束，迫使其进行结构调整，实现绿色发展。

## 一、冶金工业

### （一）钢铁

1978年以来，依托铁矿石、煤炭等资源优势，山西钢铁产业规模不断扩大，形成了太原、长治、运城、临汾和吕梁五大钢铁产业基地。1978~2016年，粗钢产量从120万t增加到3936万t，年均增长9.6%；钢材产量从74万t增加到4279万t，年均增长11.3%；生铁产量从150万t增加到3641万t，年均增长8.8%（见图4-3）。截至2015年底，全省共有钢铁联合企业27家，其中国有钢铁企业4家，分别为太原钢铁集团有限公司、首钢长治钢铁有限公司、酒钢集团翼城钢铁有限责任公司、同煤集团钢铁有限公司，民营钢铁企业23家（山西省发展和改革委员会、山西省经济和信息化委员会，2016）。太原钢铁集团有限公司是全球最大、工艺技术装备水平最先进、品种规格最全的不锈钢企业。

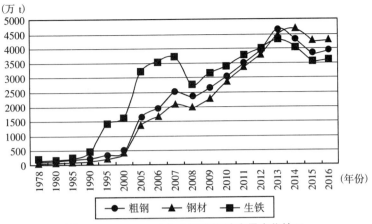

**图4-3 1978~2016年山西省钢铁产量变化情况**

资料来源:《山西统计年鉴》(2016)、《中国统计摘要》(2017)。

在产业规模不断扩张的同时,山西钢铁工业装备水平持续提升,兼并重组步伐加快,节能减排成效明显,产品结构逐步优化。但钢铁产业粗放发展特征依然明显,技术装备水平参差不齐,先进装备占比较小;产业链条短,高技术含量、高附加值产品少;自主创新能力不足,资源保障水平较低,节能减排压力较大;受产能过剩、金融环境及企业管理等内外部因素影响,钢铁行业出现总体亏损,企业生产运行困难,部分企业甚至进入破产重组。国内钢铁工业将进入减量发展、提质增效的绿色发展阶段,山西钢铁工业必须坚持降本增效、改进品种、科技创新、节能挖潜,以提高质量效益为中心,全面实现钢铁工业优化升级、转型发展,建设具有国内竞争力的钢铁工业强省。通过逐步规范在建产能,继续淘汰落后产能,将淘汰落后、兼并重组、产能置换、升级改造相结合,促进钢铁行业装备水平提升和产业布局优化,建设太原、长治、运城、临汾、吕梁五大千万t级钢铁基地。继续推进企业集团化和产业基地化、园区化发展,有效促进产业优化整合。重点抓好品种质量、新产品开发、节能环保工程配套、余能回收、资源综合利用等建设项目的实施和技术改造,促进产业能效和环保达标,提高产业发展质量。

**(二)有色冶金**

依托丰富的铝土矿、白云石、煤炭等资源优势,山西逐步建立起以铝、镁、铜等为主体的有色产业结构,构建起"煤—电—铝"、"铝土矿—氧化铝—电解铝—铝深加工"、"白云石矿—原镁—镁深加工"以及"铜矿—电解铜—铜材深加工"等产业链条，初步形成了铝、镁、铜三大产业基地。2015 年全省氧化铝产量为 1272.9 万 t、电解铝产量为 66 万 t、金属镁产量为 19.2 万 t、精炼铜产量为 18.1 万 t（山西省发展和改革委员会、山西省经济和信息化委员会，2016）。

山西有色产业发展也面临一系列问题：一是资源配置错位，氧化铝企业配套铝土矿矿山建设能力不足，资源保障能力差；铝土矿开采以中小企业为主，回采率较低，资源浪费现象严重。二是产业链结构不平衡，氧化铝发展迅速，产能不断扩张，但下游电解铝产能不足，氧化铝就地转化率低；铝、镁、铜及其合金深加工产业链条短，产品档次低，规模小，品种少，高附加值和高端产品占比小，产品同质化现象严重，市场竞争能力不强。三是产业配套能力差，除山西华泽铝电公司和阳煤兆丰铝业公司外，其他电解铝企业都未配套自备电厂，由于电力成本在电解铝成本中占比较高，导致电解铝企业亏损严重，上游氧化铝企业利润空间也大幅下降。

山西有色金属工业必须充分发挥能源资源优势，以园区化布局为载体，以市场需求为主导，构建能源资源合理高效利用、绿色低碳、具有完整产业链条的有色金属工业体系，建设具有行业特色、竞争力强、企业高效生产运行、装备技术水平先进的有色工业大省。

铝产业应坚持煤电铝材一体化发展思路，优化产能和资源配置，提高产业集中度，重点建设运城、吕梁两个百万 t 级铝工业基地；优化"铝土矿—氧化铝—电解铝—铝深加工"产业链，促进资源就地转化。镁产业应以发展提升、整合优化、延伸产业链为发展方向，提升镁合金延伸加工和工艺配套，提高镁合金产品生产规模；重点布局太原、运城两大镁产业基地，鼓励发展再生镁产业。铜产业应以稳定铜的采选冶为基础，以延伸铜产业链为发展方向，重点发展高性能铜合金、压延铜箔、挠性覆铜板等深加工产品，重点布局运城和太原铜产业基地。

## 二、建材工业

改革开放以来，伴随着城镇化进程和基础设施建设，山西建材工业快速发展，2012 年建材工业规模以上工业增加值完成 121 亿元。在产业规模不断扩张的同时，装备水平也明显提高。以水泥为例，随着新型干法水泥工艺的快速发展，2012 年全省新型干法水泥企业达到 65 家、生产线达到 75 条，其中日产 2000t 熟料及以上的生产线共 45 条，日产 5000t 熟料及以上的生产线 11 条。建材工业节能减排成效显著，截至 2012 年底，全省有 13 家企业 18 条新型干法生产线建成余热发电站，总装机容量 118MW，可年发电 8 亿 kW·h，年节约标准煤 30 万 t，减少 $CO_2$ 排放量 76 万 t。

山西建材产业发展要实现由以原材料制造业为主向以加工制品业为主转变，通过延伸产业链，积极探索低碳、减排发展模式，进一步强化节能减排和资源综合利用，大力发展绿色建材以及为新能源等战略性新兴产业配套的无机非金属材料及制品，提高水泥、平板玻璃、建筑陶瓷等行业产品精、深、专、特加工程度，优化新型墙体材料、耐火材料、煤系高岭土等特色优势产业规模化布局，置换落后生产能力，加快产业结构调整，实现企业兼并重组，提高行业整体竞争实力，实现全省建材行业绿色转型发展。山西省冶金及建材工业分布如图 4-4 所示。

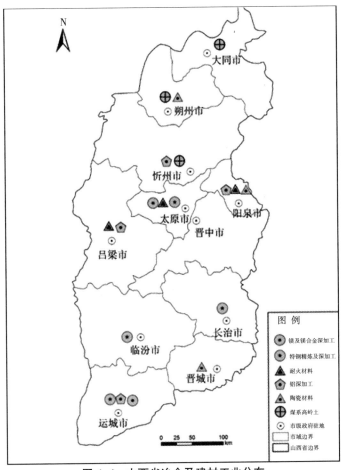

**图 4-4 山西省冶金及建材工业分布**

资料来源：作者绘制。

# 第四节　装备制造业

在全省产业结构调整过程中，煤、焦、冶金、电力等传统产业新型化水平不断提升，并促进了煤机制造、轨道交通等新兴产业的规模扩张。2012年，装备制造业超越焦炭、电力成为山西转型发展的重要支柱产业。其中，煤机制造、轨道交通、纺织机械、汽车制造等，在全国劳动地域分工中占有重要地位。

## 一、煤机制造

依托丰富的煤炭资源优势，山西煤机制造产业迅速发展，2013年实现销售收入200多亿元，初步形成了以太原为中心，大同、阳泉、朔州、忻州、吕梁、长治、晋城、临汾竞相发展的区域格局。1978~2015年，全省矿山设备产量从1.8万t增加到26万t，年均增长7.5%。

山西煤机制造行业拥有太原重型机械集团有限公司、中国煤炭科工集团太原研究院有限公司、山西平阳重工机械有限责任公司等一批国内知名企业。依托大型骨干企业，山西煤机行业技术创新能力不断提升，形成了以中国煤炭科工集团太原研究院有限公司煤矿采掘装备国家工程实验室、煤矿安全计量器具产品国家监督检验中心、煤矿掘进机械质量监督国家检验中心3个国家级工程技术研究检测机构为核心，以山西太重煤机煤矿装备成套有限公司山西省煤机行业技术中心、山西省煤机工程CAE研究中心等省级企业技术中心和太原理工大学等科研院所为主体的技术研发体系。

在煤炭市场难以预测的大背景下，对煤机装备的需求也存在很大的不确定性。因此，山西煤机制造产业应以内涵发展为主，积极采用物联网、大数据等信息技术，加快发展适用各类煤层和各种复杂地质条件的煤矿井下机器人、大型露天矿用挖掘机、自移式破碎站、转载机等智能化成套设备，重点布局山西（太原）煤机技术研发中心和晋中、晋东、晋北三大煤机制造产业基地。

## 二、轨道交通

随着近年来轨道交通产业规模的不断扩张，山西轨道交通装备制造业已初步形成以中国中车股份有限公司所属大同、太原、永济三大企业为主，以太原钢铁集团有限公司、太原重型机械集团有限公司、晋西工业集团有限责任公司等地方企业为辅的原材料、关键部件和整车组装等相互配套、较为完整的产业体系。目前，全省铁路装备制造拥有国家级企业技术中心4个，铁路货车及关键零部件的工艺生产技术日趋成熟，车轴、轮对及摇枕侧架等产品的制造能力、工艺技术水平在国内甚至国际同行业中处于领先水平，初步掌握高速动车组、铁路载重货车等产品的核心研发和制造技术。

山西轨道交通装备制造将围绕高速、重载、快捷方向，发展高速列车、重载列车、城市快捷轨道装备、工程养护装备等产品和动车组轮对总成、齿轮箱等关键零部件，提升动车组轮轴用钢、动车组轮轴加工等技术，研制先进、可靠、适用的产品和轻量化、模块化、谱系化产品，进一步提高整车配套和研制能力。

## 三、纺织机械

山西纺织机械行业以晋中市榆次区纺机生产基地为代表，是我国重要的纺机生产基地，全区从事纺机生产的企业达200多家，"鸿基"、"沪晋"、"贝斯特"、"福晋"等品牌形成了较强的竞争优势。这些企业生产的纺纱机械、织造机械、精梳成套机械、化纤纺丝机械、棉纺细纱机和高档精梳机等已达到国际先进水平。其中，经纬纺织机械股份有限公司拥有国家棉纺机械制造行业唯一一家国家级技术中心。未来，山西纺织机械产业将寻求突破新型传感技术、模块化与嵌入式控制系统设计技术，进一步提高制造过程的数字化、柔性化及系统集成水平。

## 四、汽车制造

"十二五"时期，山西汽车工业实施了"北、中、南合理布局，基本型和专用车同步发展"的战略，初步形成了大同、长治、运城、临汾、太原、晋城六大汽车零部件产业基地（见表4-2）。

表4-2　山西省汽车产业零部件产业基地

| 城市 | 代表企业 | 主要产品 |
|---|---|---|
| 大同 | 中国重汽集团大同齿轮有限公司、大同北方天力增压技术有限公司、大同机械集团东华机械有限公司等 | 重车变速箱系列产品、柴油发动机、涡轮增压器等 |
| 长治 | 山西成功淮海发动机有限公司、长治液压有限公司、长治九鼎汽车配件有限公司等 | 微车发动机、转向动力泵、铝镁合金轮毂、制动鼓、半轴等 |
| 运城 | 山西亚新科国际铸造有限公司、山西华恩机械制造有限公司、山西千军铝业有限公司等 | 后桥、离合器、变速箱同步器锥环、独立悬架、扭杆弹簧、缸体缸盖等 |
| 临汾 | 山西汤荣机械制造股份有限公司、山西华翔集团有限公司、山西华德冶铸有限公司等 | 汽车前轴、后轴、后桥、制动鼓、制动盘、轮毂、离合器、曲轴、缸体等 |
| 太原 | 中航工业太原航空仪表有限公司、富士康科技集团、山西双喜轮胎工业股份有限公司、山西荣长汽车部件有限公司等 | 汽车安全气囊、铝镁合金部件、轮胎等 |
| 晋城 | 山西清慧机械制造公司、山西晋城小笠原铸造有限公司、山西晋城汉通机械等 | 气缸套、轮毂、刹车盘、转动节、制动鼓、齿轮墨盒、刹车支架、变速箱体、气缸体等 |

资料来源：山西省汽车行业协会.山西省汽车工业行业发展思路〔Z〕.2013.

　　新能源汽车要以电动、甲醇、燃气汽车为重点，加快发展煤基醇醚燃料汽车、煤层气燃料汽车、电动汽车、混合动力汽车等新型能源汽车整车及关键零部件制造，强化先进发动机总成、底盘总成、电子控制和信息系统等研究与开发，建设太原、晋中、晋城电动汽车产业基地，晋中、长治甲醇汽车产业基地，太原、运城、大同燃气汽车产业基地。立足山西煤电能源优势，大力发展电动客车、电动专用车、电动乘用车生产制造等产业，着力构建"煤—电—车"产业链，实现零部件行业与整车生产企业的同步研制和模块化供货。

　　表4-3归纳了山西省主要装备制造园区。

表4-3　山西省主要装备制造园区

| 开发区 | 主要产业类别 |
|---|---|
| 太原经济技术开发区 | 煤机装备、轨道交通装备、新能源汽车 |
| 太原民营经济开发区 | 节能环保装备 |
| 太原不锈钢产业园区 | 不锈钢装置设备 |
| 大同经济技术开发区（装备制造产业园） | 发动机齿轮、汽车变速箱、重型汽车整车生产 |
| 朔州经济开发区 | 煤机装备 |
| 榆次工业园区 | 液压机械、纺织机械 |

续表

| 开发区 | 主要产业类别 |
| --- | --- |
| 晋城经济技术开发区 | 煤机装备 |
| 运城空港经济开发区 | 汽车整车制造 |
| 绛县经济开发区 | 发动机缸体制造 |
| 原平经济技术开发区 | 煤机装备 |
| 平鲁经济技术开发区 | 煤机装备 |
| 繁峙经济技术开发区 | 机械设备制造 |
| 吕梁经济技术开发区 | 军民两用无人机、通用航空设备 |
| 岚县经济技术开发区 | 汽车零部件制造、减速器制造 |
| 平遥经济技术开发区 | 减速器制造 |
| 太谷经济技术开发区 | 输变电工程铁塔装备制造 |
| 长治经济技术开发区 | 汽车整车制造 |
| 泽州经济技术开发区 | 汽车零配件制造 |
| 阳城经济技术开发区 | 电机设备制造、专用设备制造 |
| 沁水经济技术开发区 | 煤层气装备制造 |
| 霍州经济技术开发区 | 矿用设备仪器制造 |
| 永济经济技术开发区 | 高端电机制造 |

资料来源：山西省商务厅. 山西省开发区总体发展规划（暨山西省开发区"十三五"发展规划）[Z]. 2016.

# 第五节 轻工业

在能源原材料工业快速发展的同时，山西轻工业充分发挥资源、传统产业基础优势，不断适应国内外市场需求，产业规模不断壮大，企业实力显著提升，尤其在食品行业拥有一批骨干企业。在居民消费结构升级和全省全力实施转型跨越发展战略这一背景下，轻工业在全省经济和社会发展过程中将发挥更加重要的作用。

## 一、特色食品

改革开放以来，山西在做好酿酒、食醋、乳品三大传统食品产业的同时，不断做精做细以浓郁地域品牌为支撑的特色食品产业,如小杂粮加工、肉类加工、特色食用油加工、干鲜果蔬加工、功能食品等,培育壮大以规模化深加工为特征的饮料、淀粉、方便食品等现代食品产业。布局上形成了以汾阳、太原为中心的白酒生产基地,以清徐、榆次为中心的食醋制造基地,以雁门关生态畜牧区为中心的乳制品加工基地,以东西两山小杂粮资源为依托的小杂粮加工基地,以平遥、长治、永济、文水及清徐为中心的肉类加工基地,以晋北和东西两山特色油料资源为依托的特色食用油加工基地,以吕梁、运城、太原为中心的干鲜果蔬加工基地,以运城和东西两山果蔬资源为依托的饮料制造基地以及以忻州、长治为中心的淀粉制品及深加工基地。

山西食品产业发展要进一步提升粮食等资源的就地转化率,优化产业组织结构,大幅提升食品工业技术进步贡献率,完善食品安全体系。在做强做大酿酒、食醋、乳品三大传统食品产业的同时,进一步做精做细小杂粮、肉类、特色食用油、干鲜果蔬和功能食品五大特色食品产业,积极培育壮大饮料制造、淀粉制品及方便食品三大现代食品产业。加大龙头企业培育力度,建设具有国际竞争力的大型食品企业集团,实现上下游企业之间、生产企业与研发机构之间的强强联合,提高食品产业集中度和整体竞争力。加快重点食品企业与省内外科研院所搭建科技创新平台,建立国家级、省级技术研发中心、重点实验室和产业化试验基地,在食品生物技术、农产品加工、食品安全等领域开展合作研究,集中力量攻克一批共性关键技术,提高自主创新能力。山西省食品工业分布如图4-5所示。

---

**专栏4-1 山西汾酒和老陈醋**

山西汾酒是中国清香型白酒的典型代表,其工艺精湛,源远流长,素以入口绵、落口甜、饮后余香、回味悠长等特色而著称,在国内外消费者中享有很高的知名度。汾酒有着4000年左右的悠久历史,历史上曾经有过三次辉煌:1500年前的南北朝时期,汾酒作为宫廷御酒受到北齐武成帝的极力推崇,被载入二十四史,使汾酒一举成名;晚唐时期,大诗人杜牧的千古绝唱"借问酒家何处有?牧童遥指杏花村",使汾酒再次成名;1915年,汾酒在巴拿马万国博览会上荣获甲等全质大奖章,成为中国酿酒行业的佼佼者。

老陈醋是山西的传统名产,属于中国四大名醋之一,它的生产至今已有3000余年历史,素有"天下第一醋"的盛誉。山西老陈醋以色、香、醇、浓、

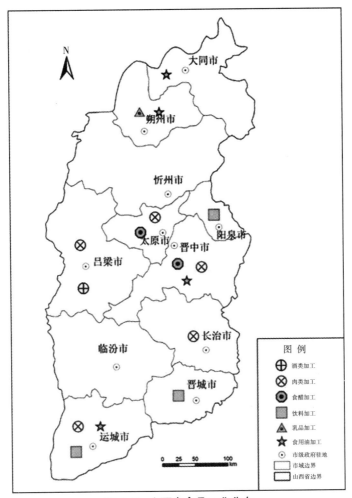

图 4-5　山西省食品工业分布

资料来源：作者绘制。

酸五大特征著称于世，以高粱、麸皮、谷糠和水为主要原料，以大麦、豌豆所
制大曲为糖化发酵剂，经酒精发酵后，再经固态醋酸发酵、熏醅、陈酿等工序
酿制而成。

资料来源：根据汾酒集团官方网站和相关资料整理得到。

## 二、纺织服装

1978 年以来，山西棉纺织业大体经历了三个阶段：第一个阶段是从改革开
放初期到 21 世纪初期，这一时期布和纱的产量稳中有升；第二个阶段是从 21 世

纪初期到 2008 年，这一时期由于能源资源产业处于上升周期，对其他产业的发展形成挤出效应，布和纱的产量不断下降；第三个阶段从 2008 年开始至今，这一时期山西棉纺织行业呈现良好发展势头，产业规模逐步扩大（见图 4-6）。目前已初步形成了服装、家纺新产品研发、设计、制造、销售和以品牌化、专业化等相关服务为支撑的现代服装业体系，自主品牌建设和培育方面亦取得了一定成效。

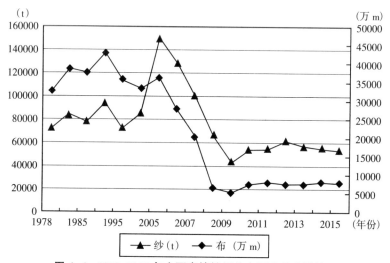

**图 4-6　1978~2015 年山西省棉纺织业主要产品产量情况**
资料来源：《山西统计年鉴》（2016）。

虽然纺织行业朝着向好的趋势不断发展，但缺乏规模效应，产品竞争力不强，纺织企业比较分散且产品同质化严重，上下游生产链尚未形成，在市场上缺乏足够的竞争力。纺织企业创新能力较差，没有真正意义上的研发中心，自主品牌建设工作进程较为缓慢。

山西纺织工业要主动承接产业转移，加快培育龙头企业和知名品牌，做强棉纺、印染、服装等传统产品，做精丝麻等特色产品，积极发展产业用纺织品和高新技术产品。以工业园区为载体，加快推进运城际华三五三四服装、临猗纺织、晋城丝麻、晋中高性能纤维、晋北岩棉制品等纺织集聚区建设，不断提升集聚区承载能力，加快公共服务体系建设，促进产业集聚发展，逐步构建龙头企业带动、中小企业配套发展的一体化产业格局。

# 第六节　战略性新兴产业

在中国经济新常态下，山西经济发展的内外部环境发生了很大变化，传统工业在供给和需求两端都缺乏竞争力，必须摆脱对煤炭资源的过度依赖，在传统产业新型化的基础上，进一步结合自身发展基础和现实需求，加快发展新能源、节能环保、生物、新材料和新一代信息技术等战略性新兴产业。[①]

## 一、新能源产业

山西是煤炭资源大省，蕴藏着丰富的煤层气资源，在全国占据优势地位。截至 2012 年底，山西陆地深埋 2000m 以浅煤层气地质资源量 10.4 万亿 $m^3$，占全国总储量的 1/3；煤层气开采资源量 1.9 万亿 $m^3$，占全国的 18.1%。全省六大煤田中除大同煤田属贫甲烷区外，沁水、河东、西山、霍西、宁武等煤田均有煤层气赋存。其中，沁水、河东两大煤田最为富集，是全省煤层气资源的主要赋存区，合计占全省煤层气资源总量的 84%。近年来，山西通过设立煤层气综合利用示范园区，重点建设河曲—保德、临县—兴县、永和—大宁—吉县、沁南、沁北、三交—柳林六大煤层气勘探开发基地，有效带动了煤层气周边产业发展。未来，应加快河曲—保德、临县—兴县、永和—大宁—吉县、沁南、沁北、三交—柳林煤层气勘探开发步伐，选择典型矿井进行采动区煤层气地面开发与井下抽放相结合的煤层气综合开发试验；加快地面开采燃气热电联产项目和瓦斯气综合利用发电项目建设，重点支持煤炭企业低浓度瓦斯就近发电。打通煤层气输送通道，依托国家主干管网和煤层气产业基地，完善"三纵十一横"管网布局，建设大太原外环管网、长治—临汾和保德—原平两横管线、11 个设区市环城输（储）气管网，形成覆盖全省的大燃气网，提升煤层气利用的便利性。

山西光伏产业和风电发展也较为迅速，初步形成了以太原、长治为主的新能源研发与装备制造、光伏材料基地，以大同、朔州、忻州为中心的规模较大的光

---

[①] 本节的战略性新兴产业发展方向来自《山西省"十三五"战略性新兴产业发展规划》。

伏和风电基地，以晋中、临汾、晋城为主的生物质能推广基地。未来，应加快建设分布式发电应用示范区，建设大同、长治和运城新能源示范城市。在确保风电有效消纳的基础上，大力推广先进、高效、大功率的风能发电，鼓励资源和开发条件较好的地区加快开发；根据山西风能集中区域，积极建设晋西北、吕梁、中条山风电场，以及晋北千万 kW 级风力发电基地。实施晋中、运城、长治、忻州等地区利用秸秆资源建设生物质能发电项目，创新生物质能利用方式。

## 二、节能环保产业

近年来，在煤炭市场遇冷与国家强化节能环保规制的双重背景下，山西节能环保产业发展较快，涌现出了一批骨干企业和研究中心，初步形成了以太原为核心的节能环保装备和服务产业基地，以大同、朔州为核心的资源循环利用产业基地，以长治、晋城为核心的 LED 节能产品产业基地。其产品与服务主要包括高效粉煤锅炉、污水处理设备、利用尾矿砂制砖、节能电机、节能炉具、固硫消烟脱硝剂、废水一体化处理设备、水处理剂等，其中尤以粉煤灰和煤矸石综合利用发展最为迅速，产品有较高的市场占有率。

未来，应重点发展高效节能产业、先进环保产业、资源循环利用产业，重点培育运城—太原高效节能机电、太原—忻州高效节能环保锅炉、太原—晋中—运城甲醇及燃气汽车、太原—晋城电动汽车、长治发电设备制造、太原—忻州—运城风电装备制造、太原—晋城煤层气装备制造、长治—晋城—临汾光电产业、长治—太原—吕梁光伏产业、朔州工业固废综合利用十大节能环保产业基地。

## 三、生物产业

山西生物产业发展尚处于起步阶段，主要分布在生物制药、生物育种和生物医用材料领域。医药行业有国家级企业技术中心 1 个、省级企业技术中心 9 个、生物育种领域全省注册资本 500 万元以上种子企业 74 家、生物医用材料领域企业 8 家。

生物医药领域采用基因工程、细胞工程、酶工程、生化工程、生物医药等高新技术和现代合成技术，加快推进具有自主知识产权的新技术、新产品的产业化，发展了一批有地区特色的医药产业集群。现代中药领域培育建设了连翘、黄芪、党参、远志和黄芩等道地中药材示范基地，进一步优化了太行山、太岳山、恒山和晋南边山丘陵区四大中药材种植区域布局，提高了中药材产地的初级加工水平，并运用现代科学技术和制药手段，开发现代中药新药及天然药物。生物育种领域加强小麦与杂粮新品种选育技术研发和产业化、优质果蔬集约化高效栽培技术创新和产业化、特色杂粮生产与加工综合技术研发和产业化，重点发展优质、高产、高效、多抗的农业、林业、畜牧、牧草新品种。

## 四、新材料产业

"十二五"以来，新材料产业发展较快，初步形成了较为完整的新材料产业体系，布局建设了富士康太原科技工业园、太原不锈钢园区、运城河津、交城夏家营等一批重点新材料产业园区。截至 2013 年，全省拥有新材料企业 700 余家，实现销售收入 1710 亿元，呈现良好的发展势头。

新型金属材料重点布局太原特殊钢产业基地、太原和运城两大镁合金材料产业基地、运城铝合金材料产业基地、晋南铜合金材料产业基地、太原和运城两大钕铁硼永磁材料产业基地；新型化工材料重点布局晋北、晋东和晋中（南）化工新材料产业基地；新型无机非金属材料重点布局阳泉和吕梁两大新型耐火材料产业基地、忻州煤系高岭土材料产业基地、吕梁特种玻璃产业基地；前沿新材料重点布局太原和大同两大新型纤维材料产业基地、晋城纳米材料产业基地。

## 五、新一代信息技术产业

山西新一代信息技术产业主要包括云计算、物联网和数字音频等，已初步形成了太原—晋中、吕梁、阳泉三大云计算产业基地，以及以太原为中心的物联网产业基地和微电子装备研发制造基地。山西是国内物联网应用较早的省份之一，物联网在多个领域得到广泛应用，环保物联网、矿山物联网、物流物联网、城市物联网、节能物联网等相继建成，应用模式日趋成熟，尤其是建成了全国最大的环境质量监测和污染源自动监控系统，初步构建了监测、监视、监控和监管四位一体的环保物联网应用体系。在数字音视频产业领域，山西集聚了山西中天信科技股份有限公司、山西寰烁电子科技股份有限公司、中国电子科技集团公司第二研究所、太原风华信息装备股份有限公司等一大批企业。

山西应充分发挥省内技术、人才优势，集中力量重点突破，着力抓好工业化与信息化"两化融合"，进一步提升信息基础设施水平，鼓励和支持以物联网、云计算、大数据、移动互联网等为代表的新一代信息技术产业发展，推动相关产品产业化和示范应用，在做大产业规模的同时，加快促进产业向高端、融合应用方向发展。以项目、试点城市带动产业快速发展，建设临汾、运城信息惠民国家试点城市和太原、阳泉、长治、晋城等国家智慧城市试点。

# 第七节　工业布局与园区发展

改革开放以来，山西的工业布局逐步从单一原料指向转为以市场指向为主、兼顾原料指向，形成了比较明显的中、东、西三个经济带，并依主要城市与各类开发区等节点，沿铁路、公路等重要交通轴线集中布局，初步形成了"一核三圈五区"的格局。在工业布局调整过程中，开发区的发展发挥了关键引领作用，也对全省工业经济的转型升级起到了积极作用，伴随着新兴产业的崛起和产业转移的空间布局调整，开发区也加快了转型升级和创新发展的步伐，以应对内外挑战。

## 一、工业布局

山西以煤为主的工业布局在计划经济时期呈现出典型的原料指向性特征，改革开放以后，由于资源的配置机制发生了根本性变化，工业布局逐步突破传统模式的束缚，形成了以市场指向为主、兼顾原料指向的布局特征，生产要素的自由流动拓宽了工业布局空间，提高了资源配置的效率和效益。从生产力水平看，明显地形成了中、东、西三个经济带，即中部盆地区、东部山地区和西部高原丘陵区。其中，中部经济带是山西经济最发达的地区；东部经济带经济水平低于中部高于西部，是发展型地带；西部经济带是山西也是全国最贫困的地区之一，属待开发地区。以省会太原为核心，以大同、阳泉、长治、晋城、临汾、侯马、运城等为中心，各具特色、辐射城乡的区域经济体系初具规模。

山西工业布局建立在国家能源需求、地区资源优势和自身传统产业的基础之上，符合地区间比较经济优势和全国生产力总体布局的要求，从宏观效益看，其布局的经济效益十分显著，大大缓解了全国能源原材料紧张的状况。尽管山西工业布局取得了巨大成就，但依然存在不少问题：一是没有处理好全国生产力布局与全省经济布局的关系，以能源发展战略取代区域经济发展战略，造成支柱产业单一化、产业结构低级化、技术结构粗放化，整体经济效益较差。二是省内地区间经济发展水平差距拉大，尤其是中部盆地与东西山区之间，以及有资源（主要指有煤县）县与无资源县之间的发展差距拉大。三是国家重点骨干企业与地方协作配套企业之间不协调，能源重化工基地建设与城市建设不协调。四是地区经济结构趋同，分工不明确，只关注新工业布局，而忽视对原有布局基础的改造。山西工业布局必须按照点、线、面的格局展开，以太原核心区为中心，通过"三圈"扩散，在全省形成五个各具特色、相互补充、具有明显集聚效应的块状经济区。

**（一）一核**

"一核"即指太原核心区，包括太原市区、晋中市榆次区及娄烦、古交、阳曲、清徐。太原核心区主要发挥省会城市的龙头带动作用，建设山西产业布局核心圈层，成为经济转型发展的强大引擎、综合配套改革的先行区、中部崛起新的增长极和在全国具有重要影响地位的重点发展区。

**（二）三圈**

"三圈"是指山西产业发展与承接产业转移扩散落点时遵循三个梯度序列。第一圈层是太原核心区，重点发展高端装备制造、高新技术、文化、会展、商务、金融等新型产业及生产性服务业。充分发挥太原核心区对全省产业的辐射和带动作用，把传统劳动密集型和资源密集型产业或生产环节转移到其他地区。通过引进更高级的产业形态，加大对高附加值产业和产业链高端环节的支持力度，逐步实现产业结构高级化。

第二圈层是太原边缘层，呈现"指状"生长的空间结构，以核心区为节点，通过多条发展轴线沿交通干线向外伸展，伸展的方向包括吕梁、晋中、阳泉、忻州等地，该圈层距离太原核心区的通勤距离在2小时以内，主要承接对区位及交通运输条件要求比较高，且对太原核心区的主导产业具有黏合效应的配套产业。

第三圈层是延伸拓展层，是围绕太原核心区2~4小时交通圈，处于第二圈层外围的区域，包括大同、朔州、临汾、运城、长治、晋城等地。该圈层主要结合各地自身工业基础与优势、产业发展方向与区域发展定位、主体功能区规划及本地工业规划进行有效衔接。

**（三）五区**

"五区"是指通过全省工业生产力规划布局和承接产业转移，形成五个主要的经济块状地区。

### 1. 太原核心区

太原核心区是国家大气污染防治规划的重点控制区,产业布局要逐步转移重污染环节,减轻对太原市的环境影响,其发展方向是全国先进制造业和现代服务业基地,重点布局不锈钢深加工、煤机成套装备、铁路装备、载重汽车及零部件、新能源、磁性材料、医药、纺织机械、液压元器件、新能源汽车及零部件等行业。

### 2. 中部地区

中部地区包括吕梁、阳泉、忻州等区域,利用邻近太原的区位优势和交通优势,融入太原核心区,发展配套工业。吕梁重点布局焦化、钢铁、新型材料、铝加工、白酒、装备制造、铸造、玻璃器皿等产业;阳泉重点布局铝加工、耐火材料、电力、煤化工、煤机装备制造等产业;忻州重点布局铝加工、镁加工、锻造、煤机制造、特色食品加工等产业。

### 3. 晋东南地区

晋东南地区包括长治、晋城两市,重点搞好钢铁企业整合重组,建设外向型经济,成为出口加工区。长治重点布局焦化、钢铁、镁加工、食品加工等产业;晋城重点布局电力、丝麻纺织、铸造、煤化工、塑料和生物医药等产业。

### 4. 晋南地区

晋南地区包括临汾、运城两市,重点建设生态经济走廊,建设新型精细化工基地,跨区域合作建设晋陕豫黄河金三角承接产业转移示范区。临汾重点布局钢铁、焦化、电力、装备制造、现代煤化工、医药等产业;运城重点布局铝加工、镁加工、装备制造、磁性材料、农副产品深加工、生物医药等产业。

### 5. 晋北地区

晋北地区包括大同、朔州,应加快发展特色优势产业,实现绿色转型。大同重点布局日用陶瓷、电力、装备制造、煤化工、生物医药等产业;朔州重点布局乳制品加工、电力、工业固废综合利用、特色食品加工等。

## 二、园区发展

### (一)园区概况

山西的工业开发区主要包括经济技术开发区、高新技术产业开发区以及各类专门的工业园区。自1992年11月设立首批开发区以来,经过20多年的发展,目前全省共有28个省级以上开发区,其中国家级开发区6个、省级开发区22个

（见图 4-7）。

**图 4-7 山西省国家级和省级开发区分布**

资料来源：作者绘制。

截至 2015 年底，全省纳入统计的 25 个开发区批准规划面积 241.6km²，已开发面积 191.3km²，入园企业 20495 家，其中规模以上工业企业 518 家，占全省规模以上工业企业总数的 13.9%。2015 年全省开发区实现地区生产总值 1706.1 亿元，企业主营业务收入 6234.8 亿元，吸纳就业人员 57.3 万人，实际到位外资金额 9.4 亿美元，进出口总额 82.4 亿美元。

**（二）存在问题**

山西在开发区建设方面取得巨大成就的同时，还存在着一些不适应综合改革试验区建设的突出问题：一是体量小，2015 年开发区地区生产总值占全省地区生产总值的比重只有 13.3%，对全省经济发展的贡献还很有限。二是开发区在初期发展过程中"捡到篮子都是菜"，造成主导产业不明确，开发区低水平同质化发展严重。三是产业集聚度不高，即使发展比较好的太原经济技术开发区、晋城经济技术开发区等也存在"一企独大"、"一品独大"等现象，产业集聚效应不明显。四是科技成果转化能力不足，关键技术自给率较低，高层次科技创新型人才和高技能人才严重匮乏，导致传统产业低端运行，优势产业没有做大做强，新兴产业发育较慢，高新技术产业化和规模化程度不够。五是部分开发区基础设施建设和公共服务平台建设不够，产业配套和承接能力不足。六是开发区管理体制机制不顺畅，对区域经济发展的辐射带动作用不明显。

### （三）发展方向

近年来，山西开发区发展方式由注重规模向更加注重发展质量转变，资源配置由粗放式发展向集约化发展转变，产业结构由以能源资源开发为主向精深加工转变，环境建设由相对注重硬环境向更加注重软环境转变。但总体来看，与发达国家和地区相比还有较大的差距，尤其在产业孵化、技术创新、世界级产品创制等方面差距更大。当前，全球新一轮科技及产业变革日益深化，随着新兴产业的崛起及技术溢出，开发区突破自身存在的问题，向更高目标转型升级是发展的必然趋势（见表4-4）。

表4-4　山西省不同类型开发区发展方向

| 类　型 | 园区所处位置 | 特　征 | 发展方向 |
|---|---|---|---|
| 产城融合园区 | 多为城市建成区内的高新技术产业开发区和经济技术开发区 | 建设用地日益稀缺，产业发展空间受限 | 向综合城区转型，进行品牌输出，形成"一区多园"格局 |
| 先进制造园区 | 多位于城市郊县 | 交通和基础设施条件较好，有一定的制造业基础 | 对区域内其他园区进行整合，形成聚集效应，建设产业新城 |
| 生态工业园区 | 多靠近能源资源富集地 | 传统产业基础较好，但需要进行生态化改造 | 发展循环经济，建设生态园区 |

当前，山西稳投资、稳增长、稳预期的任务很重，开发区作为扩大投资的主要载体和平台，理应发挥更大的作用。要加快构建板块经济，统筹规划布局全省开发区建设，提升存量、培育增量、放大总量，逐步实现开发区从数量上达到一个合理的规模，从质量上实现提质增效、转型升级，形成各类开发区网格结构、梯次布局、以点带面、区域平衡的对外开放平台和产城融合的开发区发展新格局。

表4-5为山西省主要工业园区产业发展重点。

表4-5　山西省主要工业园区产业发展重点

| 序号 | 地市 | 园区名称 | 地理位置 | 产业基础 | 发展方向 |
|---|---|---|---|---|---|
| 1 | 太原 | 太原高新技术产业开发区 | 晋源区 | 形成新材料、电子信息、光电、新能源、物联网、环保节能等产业基础 | — |
| 2 | | 太原经济技术开发区 | 小店区 | 初步形成装备制造、新材料、电子信息、食品及农产品加工和生物制药等行业的产业基础 | 重点发展以煤机装备、高铁装备、新能源重型汽车为主的装备制造产业，以铝镁合金为主的新材料产业，以生物制药为主的现代医药产业，加快发展生产性服务业 |
| 3 | | 太原民营经济开发区 | 基础区在太原东山，扩展区在阳曲县南部 | 已经形成以物流为主的业态 | 基础区重点发展现代物流产业，总部经济和现代服务业；扩展区重点布局装备制造、新材料、节能环保等产业基地 |
| 4 | | 太原不锈钢产业园区 | 尖草坪区 | 已拥有大钢年产300万t的不锈钢产业基地和不锈钢深加工基地 | 重点发展不锈钢产业基地，建设不锈钢研发、生产、流通、营销的完整产业链 |
| 5 | | 清徐经济开发区 | 清徐县 | 已初步形成以焦化工、精密铸造、食品加工、新型建材为主的产业格局 | 以现代煤化工、食品产业、暖气片铸造产业为主导产业 |
| 6 | | 太原西山生态产业区 | 跨尖草坪、万柏林、晋源区 | — | 以太阳能、生物质能、地热能为主的新能源产业 |
| 7 | | 阳曲经济技术开发区 | 阳曲县北部 | 已形成新能源、新型材料、镁铝深加工、农副产品加工的产业基础 | 重点发展新型建材、耐火材料、高科技材料、精密锻造、农副产品加工（食品加工） |
| 8 | | 古交经济技术开发区 | 古交市 | 已形成以新能源、新材料、电子信息、循环经济六大产业为主的产业格局 | 以煤焦化生产、煤矸石和粉煤灰综合利用为主导产业 |
| 9 | 大同 | 大同经济技术开发区 | 大同市东部 | 形成了以生物医药为主导产业的产业集聚 | 重点发展生物医药、装备制造、现代物流三大主导产业 |
| 10 | | 左云经济技术开发区 | 左云县三屯乡 | 已形成采煤的清洁利用和高效转化、新能源和新材料生产为主的产业基础 | 以现代煤化工为主导产业，形成完整的煤化工循环产业链 |
| 11 | | 大同塔山经济技术开发区 | 大同市南郊区 | 已形成采煤、洗选加工、煤化工、电力、建材、镁合金、固废利用等多条煤基循环基础产业链 | 进一步做大煤基循环产业链规模 |

续表

| 序号 | 地市 | 园区名称 | 地理位置 | 产业基础 | 发展方向 |
|---|---|---|---|---|---|
| 12 | 大同 | 大同御东经济技术开发区 | 大同市大同县 | 由大同经济技术开发区与大同县政府合作共建，已由大同经济技术开发区布局若干生物医药企业 | 重点发展生物医药、新能源产业和IT产业 |
| 13 | | 新荣经济技术开发区 | 大同市新荣区 | 已形成正在建设新材料工业、装备制造产业、特色食品产业、医药产业、建材行业、现代煤化工产业等 | 以特种石墨等新材料为主导产业 |
| 14 | | 阳高经济技术开发区 | 阳高县 | 已经形成矿用安全用品和化工新材料生产基地 | 围绕已形成的产业基础发展主导产业 |
| 15 | | 灵丘经济技术开发区 | 灵丘县武灵镇 | 已形成冶金加工、尾矿综合利用和食品保健食品加工的产业基础 | 围绕已形成的产业基础发展主导产业 |
| 16 | | 浑源经济技术开发区 | 浑源县永安镇 | 已集聚了高岭土煅烧、石材加工、建材类企业 | 以高岭土煅烧、陶瓷、高档石材加工等为主导产业 |
| 17 | 阳泉 | 阳泉经济技术开发区 | 阳泉市东部 | 已形成电子信息技术、现代化工、矿机装备制造等产业基础 | 围绕已形成的产业基础发展主导产业 |
| 18 | | 平定经济技术开发区 | 平定县冠山镇 | 已经形成电解铝生产、陶粒砂、陶瓷、建筑新材料等产业基础 | 加快形成电解铝、铝加工、高档日用陶瓷和建筑陶瓷产业链条，发展新材料产业，加快形成成煤机成套设备及配套产品的生产规模 |
| 19 | | 盂县经济技术开发区 | 盂县秀水镇 | 已聚集了众多耐火材料生产企业 | 重点发展以耐火材料等为主导产业 |
| 20 | 长治 | 长治高新技术产业开发区 | 长治市郊区 | 形成生物医药、光电、装备制造、食品、现代服务业等产业 | — |
| 21 | | 壶关经济开发区 | 壶关县 | 以钢铁、焦化生产为主要产业 | 围绕已形成的产业基础发展主导产业，加快培育引进新兴产业 |
| 22 | | 长治经济技术开发区 | 长治市城区界内 | 已形成LED光电产品、铝型材、汽车整车生产、新型建材等产业基础、特种车辆、液压件、钻夹具产品、新能源等产业基础 | 着力发展装备制造、LED光电、新能源、新型材料等主导产业 |

续表

| 序号 | 地市 | 园区名称 | 地理位置 | 产业基础 | 发展方向 |
|---|---|---|---|---|---|
| 23 | 长治 | 襄垣经济技术开发区 | 襄垣县古韩镇 | 已形成煤化工循环产业链和精细化工产业链 | 重点发展煤化工循环产业链和精细化工产业链,加快产业链配套和产品链条延伸 |
| 24 | | 潞城经济技术开发区 | 潞城市境内 | 已形成焦煤精选—焦炭冶炼—煤炭化工产品深加工等循环产业链 | 建设全国一流的煤化工循环经济集聚区 |
| 25 | | 黎城经济技术开发区 | 黎城县黎侯镇 | 已形成新材料、新型建材产业基础 | 以新材料、新型建材、新能源为主导产业 |
| 26 | | 屯留经济技术开发区 | 屯留县李高乡 | 已形成医药、食品加工、机械制造等产业基础 | 以生物医药、机械制造、新材料为主导产业 |
| 27 | | 长子经济技术开发区 | 长子县大堡头镇 | 已形成生物医药、装备制造、食品及农产品加工、煤化工等产业基础 | 重点发展生物医药、食品及农产品加工、机械化工等产业 |
| 28 | 晋城 | 晋城经济技术开发区 | 晋城市东部 | 已形成以精密光电制造、装备制造、新能源、新材料、商贸服务等为重点的产业发展格局 | 重点发展精密元器件、装备制造、现代煤化工三大主导产业 |
| 29 | | 泽州经济技术开发区 | 泽州县巴公镇 | 已经形成以煤化工、装备制造为主的产业基础 | 主要发展装备制造、精密铸造和煤化工产业 |
| 30 | | 高平经济技术开发区 | 高平市区和马村镇 | 已经形成了"煤—焦—电、煤—肥—醇、煤矸石(粉煤灰)—新型墙体材料—余热利用"等循环产业链 | 以现代煤化工、轻工食品工业为主导产业 |
| 31 | | 阳城经济技术开发区 | 阳城县演礼乡和固隆乡 | 初步形成了以装备制造业和陶瓷工业为主的产业集聚 | 以特色陶瓷、新材料、装备制造为主导产业 |
| 32 | | 陵川经济技术开发区 | 陵川县礼义镇 | 已形成铸管业集聚和装备制造业集聚 | 加快形成晋东南铸造业基地 |
| 33 | 朔州 | 沁水经济技术开发区 | 沁水县东部 | 已集聚了众多煤层气采应用生产企业 | 以煤层气装备制造为主导产业 |
| 34 | | 朔州经济开发区 | 朔州市城区东北部 | 已初步形成装备制造、新材料等产业基础 | 着力发展煤机装备制造、新材料、环保等产业 |
| 35 | | 右玉经济技术开发区 | 右玉县城西 | 已初步形成了特色食品农产品加工和煤—电—建材产业链 | 以特色食品农产品加工和煤炭清洁生产综合利用为主导产业 |

续表

| 序号 | 地市 | 园区名称 | 地理位置 | 产业基础 | 发展方向 |
|---|---|---|---|---|---|
| 36 | 朔州 | 山阴经济技术开发区 | 山阴县北周庄镇 | 已初步形成以煤炭采选、矸石发电、粉煤灰综合利用为主的煤—电—建材和热电联供循环产业链条 | 以煤炭清洁生产综合利用为主导产业。 |
| 37 | 朔州 | 应县经济技术开发区 | 应县金城镇 | 已形成新能源、新型高档陶瓷、酿酒和农副产品加工、新型化工建材、装备制造等产业基础 | 围绕已形成的产业基础发展主导产业。 |
| 38 | 朔州 | 平鲁经济技术开发区 | 平鲁区井坪镇 | 已初步形成高岭土深加工、煤机装备制造、化学工业等产业基础 | 以煤炭综采设备、橡胶等化学工业、新材料为主导产业。 |
| 39 | 朔州 | 怀仁经济技术开发区 | 怀仁县金沙滩镇和新家园乡之间 | 已经初步形成陶瓷建材、医药和煤炭洗选物流等产业板块 | 围绕已形成的产业基础发展主导产业。 |
| 40 | 忻州 | 忻州经济技术开发区 | 忻州市城北 | 已经形成医药、食品加工、新材料等产业基础 | 着力发展食品加工、医药、建材、新材料等主导产业。 |
| 41 | 忻州 | 原平经济技术开发区 | 原平县崞阳镇 | 已初步形成现代煤化工循环产业、煤机装备制造等产业基础 | 以现代煤化工、煤机装备制造为主导产业。 |
| 42 | 忻州 | 忻府经济技术开发区 | 忻府区 | 已形成煤化工、冶炼制造、水泥建材、新材料产业、节能环保和特色食品药品等产业集聚 | 围绕已形成的产业基础发展主导产业。 |
| 43 | 忻州 | 阳方口经济技术开发区 | 宁武县阳方口镇 | 以山西煤炭运销集团煤化电热一体化项目为主导 | 以低值煤炭综合开发利用为主导、辐射衍生建材、生物等循环经济项目 |
| 44 | 忻州 | 定襄经济技术开发区 | 定襄县城西南方向 | 主要发展了以服务定襄锻造件产品的保税仓库交易大厅等为主的生产性服务业 | 重点发展装备制造、机械加工、电子及精密仪器、现代物流服务业 |
| 45 | 忻州 | 繁峙经济技术开发区 | 繁峙县砂河镇 | 已经形成以高速线材、低温榨油机、叉车平衡重、机床卡盘铸件等为主要产品的冶金制造和特色装备制造产业基础 | 以装备制造、通用航空、旅游服务等为主导产业。 |
| 46 | 吕梁 | 孝义经济开发区 | 孝义市东南部 | 已成为山西重要的焦化工业基地 | 以焦化工业、煤化工产业链加工、新材料、电解铝深加工产业为主导产业。 |
| 47 | 吕梁 | 文水经济开发区 | 文水县城南 | 已形成煤电焦化、机械加工等产业基础 | 以化学工业、机械装备、固废综合利用、太阳能电池及组件生产为主导产业。 |

续表

| 序号 | 地市 | 园区名称 | 地理位置 | 产业基础 | 发展方向 |
|---|---|---|---|---|---|
| 48 | 吕梁 | 交城经济开发区 | 吕梁和太原结合部 | 已经形成化工、装备制造、生物工程、医药化工、新材料、新能源等产业基础 | 围绕已形成的产业基础发展主导产业 |
| 49 | | 杏花村经济技术开发区 | 汾阳市东北部 | 已经形成以汾酒、竹叶青酒为主的汾酒系列酒业生产基础 | 以汾酒产业为主导、延伸发展制酒、包装、印刷、饲料加工、养殖等产业链条 |
| 50 | | 岚县经济技术开发区 | 岚县普明镇、东村镇 | 已经形成冶金、铸造产业基地 | 主要发展汽车零部件、减速器、电机系列壳体、柴油机曲轴、矿山机械制造和矿山耐磨球、村板等耐磨合金精密铸造产业 |
| 51 | | 兴县经济技术开发区 | 兴县境内 | 已经形成煤电铝产业链条 | 以电解铝、铝材深加工为主导产业 |
| 52 | | 吕梁经济技术开发区 | 离石区和方山县大武镇之间 | — | 重点发展以军民两用的无人飞机、通用航空设备等为主的装备制造业 |
| 53 | | 交口经济技术开发区 | 康城、回龙、双池、桃红坡、温泉五个乡镇河谷地带 | 已经形成煤电铝材一体化产业链条 | — |
| 54 | 晋中 | 晋中经济技术开发区 | 晋中市榆次区 | 已经形成医药食品、电子信息、装备制造和现代物流的产业基础 | 围绕已形成的产业基础发展主导产业 |
| 55 | | 榆次工业园区 | 榆次区西郊张庆乡 | 已经成为重要的液压机械、纺织机械、建材等产业基地 | 围绕已形成的产业基础发展主导产业 |
| 56 | | 祁县经济开发区 | 祁县东观镇 | 已经形成食品加工、玻璃器皿、酒类饮品、机械制造、材料加工等产业基础 | 围绕已形成的产业基础发展主导产业 |
| 57 | | 大谷经济技术开发区 | 大谷县胡村镇 | 已经形成输变电工程铁塔装备制造、新材料等产业基础 | 形成铸造、锻造装备制造基地 |
| 58 | | 平遥县工业新区 | 平遥县南政乡 | 已经形成新型装备制造、牛肉加工、生物科技等产业基础 | 主要发展新型装备制造业、食品工业和新材料产业 |

续表

| 序号 | 地市 | 园区名称 | 地理位置 | 产业基础 | 发展方向 |
|---|---|---|---|---|---|
| 59 | 晋中 | 介休经济技术开发区 | 介休市义安镇 | 已形成以焦化、钢铁、精煤、化工、电力、碳素、有机硅、新型材料为主的产业基础 | 加快发展精细化工、钢铁深加工、小型商用飞机和机械设备制造等主导产业 |
| 60 | | 大寨经济技术开发区 | 昔阳县大寨镇 | 已形成以煤化工、铁氧体、双孢菇种植及加工等为主的产业集聚区 | 围绕已形成的产业基础发展主导产业 |
| 61 | 运城 | 运城空港经济开发区 | 运城市区东端 | 已初步形成汽车装备制造、轻工纺织、现代物流三大产业基地 | 以汽车装备制造、高端化纤、轻工纺织、新材料等为主导产业 |
| 62 | | 运城经济开发区 | 运城市区东北部 | 已初步形成商贸物流、新型装备材料、汽车零配件加工制造等产业基础 | 以商贸物流、新型装饰材料、汽车零配件加工制造为主导产业 |
| 63 | | 盐湖工业园区 | 运城市区北部 | 已初步形成医药、新材料、装备制造、印刷包装、食品加工等产业基础 | 加快发展新材料、生物医药、医药食品、装备制造等主导产业 |
| 64 | | 风陵渡经济开发区 | 芮城县风陵渡镇 | 初步形成了电力、精细化工、医药食品、新型材料加工等产业集聚 | 加快发展精细化工、医药食品、新型材料加工等主导产业 |
| 65 | | 绛县经济开发区 | 绛县一垣半 | 已形成铸造加工产业和一些中药材、轻工食品等的产业集聚 | 重点发展以铸造加工为主的装备制造业 |
| 66 | | 运城南山生态产业区 | 盐湖区南部 | 已吸引一批文化旅游、健康养生类企业参与建设 | 重点发展应用物联网、云计算等新一代信息技术，太阳能、生物质能和地热能等各类新能源综合利用，以及文化旅游、健康养生等主导产业 |
| 67 | | 新绛经济技术开发区 | 新绛县三泉镇 | 已形成集煤、焦、肥、电、冶炼、建材干一体的循环经济产业链条 | 重点发展现代煤化工、建材、医药和农药中间体等主导产业 |
| 68 | | 河津经济技术开发区 | 河津市境内 | 初步形成了"氧化铝—(煤电)电解铝—铝加工"产业链条 | 以多品种氧化铝、电解铝、铝材深加工为主导产业 |
| 69 | | 临猗经济技术开发区 | 临猗县猗氏镇 | 已初步形成精细化工、医药农药、纺织服装、农副产品加工、高新技术产业五大园区 | 围绕已形成的产业基础发展高端机电制造、铝材深加工等 |
| 70 | | 永济经济技术开发区 | 永济市东部 | 已形成铝的深加工、机电制造、化工产业等 | 重点发展高端机电制造、铝材深加工、化工产业等 |

续表

| 序号 | 地市 | 园区名称 | 地理位置 | 产业基础 | 发展方向 |
|---|---|---|---|---|---|
| 71 | 运城 | 闻喜经济技术开发区 | 闻喜县城西端、东镇、礼元镇、桐城镇 | 已经形成了镁铝深加工、高档玻璃器皿加工制造等产业基础 | 围绕已形成的产业基础发展主导产业 |
| 72 | 临汾 | 临汾经济开发区 | 临汾市区北部 | 已拥有涵盖现代机械制造业、新型材料业、现代服务业三大领域的产业基础 | 重点发展机械制造、LED等新材料、新能源、现代物流等产业 |
| 73 | | 侯马经济开发区 | 侯马市区东部 | 已经形成装备制造、电子商务和现代物流等产业基础 | 围绕已形成的产业基础发展主导产业 |
| 74 | | 霍州经济技术开发区 | 霍州市大张镇 | 已初步形成矿用设备仪器制造、生物医药、新材料、轻工食品等产业链 | 以矿用设备仪器制造、环保节能产业为主导产业 |
| 75 | | 洪洞经济技术开发区 | 洪洞县赵城镇 | 已发展形成了传统煤焦化产业链、新型精细化工产业链 | 以煤焦化、精细化工、新型医药化工为主导产业 |
| 76 | | 襄汾经济技术开发区 | 襄汾县汾河以东 | 初步形成了煤焦、煤化工和制铁产业链条 | 围绕已形成的产业基础发展主导产业 |

资料来源：山西省商务厅. 山西省开发区总体发展规划（暨山西省开发区"十三五"发展规划）[Z]. 2016.

参考文献

[1] 王铭，张复明.试论山西省工业生产力的特征和地域组合发展方向 [J].生产力研究，1987（3）：45-50.

[2] 任力军.山西产业投资结构变迁：1950~2010 [D].山西大学博士学位论文，2015.

[3] 李巧明，苗长青.当代山西经济史纲 [M].太原：山西经济出版社，2007.

[4] 李乃华，胡积善.山西能源重化工基地建设研究 [J].云南地理环境研究，1992（2）：56-64.

[5] 周业震.工业布局原则及其在我国工业布局战略实践中的应用 [J].经济问题，1987（4）：31-33.

[6] 山西省经济和信息化委员会.山西省工业经济创新驱动发展行动方案（2014~2020 年）[Z].2014.

[7] 山西省人民政府.山西省"十三五"工业和信息化发展规划 [Z].2016.

[8] 王炤坤，陈忠华，王炤.我国煤炭业亟待告别粗放经济 [N].经济参考报，2005-10-18（005）.

[9]《山西煤炭工业志》编纂委员会.山西煤炭工业志（1978~2010）[M].北京：煤炭工业出版社，2015.

[10] 山西省社会科学院能源经济研究所.山西省"十三五"煤炭产业清洁、高效、低碳、绿色发展研究 [R].2015.

[11] 山西省经济和信息化委员会.山西省电力产业三年推进计划（2015~2017 年）[Z].2015.

[12] 山西省电力行业协会.山西省电力行业发展思路 [Z].2013.

[13] 山西省经济和信息化委员会.山西省焦化产业三年推进计划（2015~2017 年）[Z].2015.

[14] 山西省焦化行业协会.山西省焦化行业发展思路 [Z].2013.

[15] 吴斌.转型升级　节能减排　提质增效——"十三五"焦化企业生存发展的重中之重 [N].世界金属导报，2015-09-15（F01）.

[16] 山西省发展和改革委员会，山西省经济和信息化委员会.山西省"十三五"化学工业发展规划 [Z].2016.

[17] 山西省经济和信息化委员会.山西省煤化工产业 2015 年行动计划 [Z].2015.

[18] 山西省煤化工协会.山西省煤化工行业发展思路 [Z].2013.

[19] 山西省人民政府.山西省"十三五"循环经济发展规划 [Z].2016.

[20] 山西省钢铁行业协会.山西省钢铁工业发展思路 [Z].2013.

[21] 山西省发展和改革委员会，山西省经济和信息化委员会.山西省"十三五"冶金工业

发展规划 [Z]. 2016.

[22] 山西省经济和信息化委员会. 山西省工业生产力布局和承接产业转移指导目录（2013年版）[Z]. 2013.

[23] 山西省经济和信息化委员会. 山西省钢铁产业三年推进计划（2015~2017年）[Z]. 2015.

[24] 山西省经济和信息化委员会. 山西省有色产业三年推进计划（2015~2017年）[Z]. 2015.

[25] 山西省建材工业协会. 山西省建材工业发展思路 [Z]. 2013.

[26] 山西省汽车行业协会. 山西省汽车工业行业发展思路 [Z]. 2013.

[27] 山西省商务厅. 山西省开发区总体发展规划（暨山西省开发区"十三五"发展规划）[Z]. 2016.

[28] 山西省人民政府. 山西省食品工业发展"十二五"规划 [Z]. 2013.

[29] 山西省服装（家纺）协会. 山西省服装（家纺）行业发展思路 [Z]. 2013.

[30] 山西省投资咨询和发展规划院. 山西省"十三五"新兴产业布局研究 [R]. 2014.

[31] 山西省发展和改革委员会. 山西"十三五"战略性新兴产业发展路径、空间布局及推进策略研究 [R]. 2015.

[32] 山西省人民政府. 山西省"十三五"战略性新兴产业发展规划 [Z]. 2016.

[33] 时临云，杨述贤，李高潮. 山西省生产力布局及区域经济发展存在问题的分析 [J]. 山西师大学报（自然科学版），1996（3）：51–56.

[34] 山西省经济和信息化委员会. 山西省新型工业化产业园区发展报告（2014年版）[R]. 2015.

[35] 山西省人民政府. 山西省"十三五"工业和信息化发展规划 [Z]. 2016.

# 第五章　旅游和文化产业

旅游和文化两大产业逐渐成为世界主要国家和地区优先发展的绿色朝阳产业。山西特殊的地理环境造就了其独特的自然景观和人文景观，为旅游和文化产业的发展提供了有利条件。

# 第一节　旅游资源评价

山西拥有丰富的山地旅游资源；河流多达 1000 余条，多条河流形成强烈的落差，造就了许多壮观的瀑布和峡谷景观；境内有多处溶洞和名泉；山、水、林、洞四项综合指标居全国前列；历史文化厚重，文物古迹荟萃，人文旅游资源也非常丰富。

## 一、资源特征

### （一）以名山大川为主的自然风光丰富多样

山西境内的自然旅游资源被深深地烙上山河之印，其中不乏五台山、恒山、吕梁山、太行山、管涔山和中条山这样古老的名山山系，中小型名山更是星罗棋布。山西高原亦是众多河流的摇篮，著名的河流有汾河、漳河、桑干河、滹沱河、沁河、丹河等，以及从西部和南部流过的黄河。

### （二）历史悠久厚重，各时期文化景观遗存丰富

山西旅游资源历史文化发展脉络清晰，框架完整，历经石器时代、尧舜禹时代、夏商周时代、春秋战国时代、秦汉时代、魏晋南北朝时代、隋唐及宋辽金元

时代、明清时代，各时期历史遗存丰富。其中，史前文化遗存数量居全国第一，已发现的旧石器文化遗址有 260 处（赵命柱，2001），而且早、中、晚自成序列，在全国首屈一指，有芮城西侯渡和匼河、襄汾丁村、阳高许家窑、朔州峙峪、沁水下川等遗址。夏代以后的重要遗址有侯马晋国古都遗址、晋阳古城遗址、曲沃县的晋国诸侯墓群遗址、大同平成遗址、方山县左国城遗址、高平长平之战遗址、大同白登之战遗址、怀仁金沙滩古战场遗址等。20 世纪以来发生在这块古老土地上的重大历史事件很多，其中最突出的是抗日战争时期中国共产党领导的八路军挺进山西并在此建立晋绥、晋察冀和晋冀鲁豫三大抗日根据地，以及 20世纪 60 年代初的"农业学大寨"运动。

### （三）古建艺术、雕塑艺术和绘画艺术相得益彰

山西是中华民族和华夏文明的主要发祥地之一，有着久远而辉煌的历史。悠久的历史文化积淀留下了丰富的古建、雕塑和绘画艺术资源。据不完全统计，全省保存至今的古代建筑有 18118 处，是全国现存古代建筑最多的省份。在我国古建筑演变中，唐、宋、元、明、清等各个朝代均有不同的建筑特征和风格，而不同时期的建筑在山西均有典型的实物存在。古寺庙保存数量超过国内许多省份，尤其是随佛教传入而建造的以木结构为主的寺庙数量居全国之首。其中，有宋金以前的木构建筑 100 余处，占国内同期木构建筑的 70%以上。全国保存完整的 4座唐代木构建筑[1]均分布在山西境内（《山西地图集》编撰委员会，2006）。除古寺庙外，全省不乏古阁楼、古塔、古戏台、古桥梁、古民居、古长城关隘等建筑艺术。雕塑和绘画艺术主要由彩塑与壁画呈现，全省随古建筑保存下来的古代彩塑从唐至清共 13000 余尊，从北到南遍布全省各地，这些彩塑形态各异，比例适当，造型精妙，色彩艳丽，代表了中国古代艺术的最高水平。古代壁画是古建筑的主要附属物和装饰艺术，是建筑景观的重要组成部分，山西壁画资源极其丰富，现存古代壁画 23000 多 $m^2$，在全国位居榜首（张慧霞，2003）。

### （四）佛教文化、道教文化和儒家文化和谐统一

在山西历史上，儒家思想和佛教、道教文化源远流长、完美统一，留下了数量可观的寺庙、宫观、祠等。山西是中国佛教文化的中心，五台山是中国佛教著

---

① 4 座唐代木构建筑分别为五台县佛光寺东大殿、五台县南禅寺大殿、平顺县天台庵大殿、芮城县广仁庙正殿。

名的活动场所，早在东汉明帝永平年间（公元58~75年）就已出现了包括五台山大孚灵鹫寺在内的第一批佛教寺院，与中国佛教史上兴建的第一座佛寺洛阳白马寺属同一时期，五台山现已成为佛教信徒的净土世界。山西的佛教宗派有天台宗、华严宗、禅宗、密宗、律宗和净土宗。道教漫长的发展历史也遍布全省，北岳恒山是著名的道教圣地，至今仍保留着众多道家圣迹古建。儒家思想在中国源远流长，孔子的"仁、义、礼、智、信"等思想在山西妇孺皆知、根深蒂固。闻喜县裴柏村历史上曾出过59位宰相，唐代杰出的政治家裴度、裴矩，史学家裴松之等均出生于此，现存有裴氏祠堂、裴氏碑廊等遗迹。

### （五）"黄土"和"黄河"特色民俗文化风情绚丽多彩

数千年来，黄河水、黄土地养育了这里的一代代人，并在这片黄土上积淀了丰富而深厚的具有黄河、黄土文化特色的山西民俗风情文化。全省现有三处民俗博物馆，即定襄县河边民俗博物馆、祁县乔家堡民俗博物馆、襄汾县丁村博物馆，分别陈列着晋北、晋中、晋南地区的传统岁时风俗、婚丧嫁娶和生老病死的礼仪风尚，以及民间工艺、文化娱乐、农业生产、加工制造活动等典型的黄土民俗风情实物。山西民间艺术丰富多彩，素有"民歌的海洋"、"民间舞蹈之乡"、"戏曲的摇篮"、"剪纸的故乡"之称。现在已搜集起来的山西民歌有2万多首，保存至今的民间舞蹈有200余支，地方戏曲剧种有54个，占全国的1/6（刘江，1999），民间剪纸在全省极为普及，尤以广灵剪纸享誉全国。省内各地特有的民间节日"寒食节"、"添仓节"、"油糕节"，临汾地区民间的"锣鼓节"、"祭祖节"，忻州的民间体育活动"挠羊赛"、"五台山骡马大会"，太原晋祠和运城解州的古庙会等传统活动源远流长。民间泥塑、彩绣、面塑、石雕、根雕、布扎、布贴、纸贴、绢人、皮影、木版年画和琉璃工艺在全国颇负盛名。各地特有的名特产品、风味小吃等也具有悠久的历史，闻名海内外。这些传统民俗文化很多已被列入非物质文化遗产，是山西旅游资源的重要组成部分。

## 二、开发条件

### （一）旅游资源品位高

截至2013年，全省共有国家级风景名胜区6处、省级风景名胜区30余处、国家级地质公园8处（李茂盛，2014）。拥有国家级森林公园18处、省级37处、县级56处；国家自然保护区6处、省级40处（苏建军，2014）。山西历史悠久，文化积淀深厚，素有"中国古代艺术博物馆"、"中国古代建筑艺术的宝库"、"华夏文明的主题公园"等众多美誉，其雕塑、壁画和建筑均代表了中国古代艺术的最高水平。2016 年，全省有世界自然和文化遗产 3 处、国家文物保护单位 452 处、省级文物保护单位 308 处、历史文化名城 6 个、历史文化名镇 8 个、历史文化名村 32 个、国家级非物质文化遗产 143 项。

**（二）旅游资源数量差异较大**

忻州、大同和长治自然旅游资源较为丰富，其次是运城、晋城、吕梁、晋中和临汾，太原、阳泉和朔州的自然旅游资源较为短缺（见表 5-1）。在名山旅游资源中，大同、运城、长治、吕梁和晋城均超过 10 个，晋中和临汾为 9 个，朔州仅为 4 个。忻州、晋城、长治和阳泉的洞穴类旅游资源相对丰富，均在 5 个及以上，其次为临汾。晋城、长治和忻州的峡谷陉道类旅游资源较多。晋中、忻州、长治、吕梁、大同和运城的河湖水库类旅游资源均在 10 个及以上。忻州的泉瀑资源较为丰富，有 5 个之多，其次为太原和临汾。

**表 5-1　山西省各市自然旅游资源统计**

单位：个

| 城市 | 名山 | 洞穴 | 峡谷陉道 | 火山 | 河湖水库 | 泉瀑 | 草原草甸 | 狩猎场 | 合计 |
|------|------|------|----------|------|----------|------|----------|--------|------|
| 大同 | 14 | 3 | 4 | 1 | 12 | 3 | 1 | 3 | 41 |
| 忻州 | 7 | 7 | 5 | 0 | 14 | 5 | 3 | 1 | 42 |
| 朔州 | 4 | 0 | 0 | 1 | 7 | 1 | 0 | 0 | 13 |
| 阳泉 | 5 | 5 | 1 | 0 | 2 | 3 | 0 | 0 | 16 |
| 太原 | 5 | 1 | 0 | 0 | 7 | 4 | 0 | 0 | 17 |
| 晋中 | 9 | 1 | 1 | 1 | 14 | 1 | 0 | 2 | 29 |
| 吕梁 | 12 | 3 | 1 | 0 | 13 | 1 | 0 | 1 | 31 |
| 长治 | 13 | 5 | 5 | 0 | 13 | 2 | 1 | 0 | 39 |
| 晋城 | 10 | 5 | 7 | 0 | 7 | 2 | 0 | 0 | 31 |
| 临汾 | 9 | 4 | 1 | 0 | 7 | 4 | 0 | 3 | 28 |
| 运城 | 13 | 3 | 2 | 0 | 10 | 3 | 0 | 1 | 32 |
| 合计 | 101 | 37 | 27 | 3 | 105 | 29 | 5 | 12 | 319 |

资料来源：根据《山西省旅游地图集》整理。

运城、忻州、临汾的人文旅游资源最为丰富，均在 200 个以上，其中以忻州最多，达 230 个；晋中、长治和晋城三市次之，均在 190 个以上；太原、大同和吕梁三市也在 100 个之上，其中太原达 152 个；阳泉和朔州较少（见表 5-2）。临汾、运城、忻州和长治的遗址遗迹类旅游资源较多，均在 35 个以上；临汾和运城古遗迹较多；临汾、晋中、运城和忻州石窟摩崖造像较多；长治和忻州近现代重要史迹较多；运城和忻州古都古城较多；忻州、晋城、长治和晋中的建筑与民居类资源较多，均在 130 个以上；忻州、大同长城关隘类资源较多；临汾古桥梁最多；晋城古阁楼最多；运城古塔类资源最多；忻州古寺庙最多；长治、晋中、晋城和运城古戏台较多；晋城和晋中古民居较多；晋城历史文化名镇和名村资源较多；另外，运城和临汾两市的非物质文化遗产较多。

表 5-2　山西省各市人文旅游资源统计

单位：个

| 城市 | 大同 | 忻州 | 朔州 | 阳泉 | 太原 | 晋中 | 吕梁 | 长治 | 晋城 | 临汾 | 运城 | 合计 |
|---|---|---|---|---|---|---|---|---|---|---|---|---|
| 古遗址 | 6 | 0 | 3 | 2 | 6 | 1 | 4 | 0 | 2 | 18 | 16 | 58 |
| 古墓葬 | 7 | 7 | 9 | 1 | 10 | 9 | 2 | 4 | 5 | 9 | 19 | 82 |
| 长城 | 12 | 14 | 6 | 4 | 3 | 3 | 0 | 3 | 1 | 0 | 0 | 46 |
| 古桥梁 | 6 | 3 | 6 | 0 | 3 | 5 | 1 | 3 | 4 | 19 | 7 | 57 |
| 古阁楼 | 6 | 2 | 6 | 1 | 11 | 11 | 6 | 14 | 24 | 12 | 11 | 104 |
| 古塔 | 10 | 20 | 4 | 4 | 13 | 19 | 11 | 14 | 7 | 23 | 30 | 155 |
| 古寺庙 | 33 | 124 | 8 | 29 | 54 | 61 | 44 | 84 | 69 | 47 | 59 | 612 |
| 石窟摩崖造像 | 16 | 21 | 0 | 10 | 12 | 24 | 3 | 14 | 14 | 26 | 23 | 163 |
| 古戏台 | 3 | 3 | 1 | 2 | 4 | 13 | 4 | 15 | 12 | 8 | 11 | 76 |
| 古民居 | 0 | 1 | 1 | 2 | 1 | 9 | 3 | 3 | 6 | 5 | 3 | 37 |
| 古都古城 | 1 | 6 | 5 | 4 | 3 | 1 | 4 | 4 | 5 | 3 | 7 | 43 |
| 历史文化名城 | 1 | 1 | 0 | 0 | 1 | 0 | 2 | 0 | 0 | 0 | 1 | 6 |
| 历史文化名镇 | 1 | 0 | 0 | 1 | 0 | 1 | 1 | 0 | 3 | 1 | 0 | 8 |
| 历史文化名村 | 0 | 1 | 0 | 2 | 1 | 6 | 2 | 1 | 15 | 2 | 2 | 32 |
| 特色博物馆 | 2 | 1 | 1 | 0 | 5 | 9 | 3 | 2 | 1 | 6 | 6 | 36 |
| 近现代重要史迹 | 5 | 10 | 1 | 2 | 6 | 4 | 8 | 18 | 2 | 4 | 3 | 63 |
| 工农业示范点 | 3 | 1 | 1 | 0 | 4 | 1 | 2 | 1 | 0 | 0 | 0 | 15 |
| 非物质文化遗产 | 8 | 15 | 5 | 3 | 15 | 18 | 14 | 14 | 18 | 21 | 23 | 154 |
| 合计 | 120 | 230 | 57 | 67 | 152 | 197 | 112 | 194 | 193 | 204 | 221 | 1747 |

资料来源：根据《山西省旅游地图集》、国家文物局网站数据、山西省文物局网站数据整理。

### （三）旅游资源区域特色显著

晋北地区主要以塞北风光为基调。从秦汉到宋金，历代都城均建在山西以南、以东的一些地方，山西北部地区遂成为北人南下以及中原政权防御外敌进军的必经之地。大同、忻州和朔州集中了大量的古战场、古关隘和古长城遗址。此外，三地还汇集了大量的佛教文化资源，如大同的云冈石窟、华严寺、善化寺等，朔州的应县木塔、崇福寺等，忻州的五台山等。山西中部的太原、晋中、吕梁、阳泉四个地市的差异较大。其中，太原是全省的政治、经济、文化中心，主要以城市风光为主；晋中以晋商文化为主体；吕梁以黄河风情文化为主体；阳泉旅游形象不明显，是一座新型工业化城市。南部地区以华夏文明发祥地的传统文化景观为基调。其中，临汾和运城以尧、舜、禹文化为主。有尧庙、尧陵与尧的故里，舜庙、舜陵和舜所耕之历山，以及禹都安邑与大禹治水时代传说至今的遗迹类名胜大禹渡、禹门口、禹王庙，以及历史传说中的嫘祖养蚕缫丝故地、后稷教民稼穑故地、傅说发明版筑故地、仓颉造字故地、伯益凿井故地、巫咸造鼓之地、董父豢龙之地等。长治以上古、远古时期的神话为主，有炎帝陵、精卫填海传说中的发鸠山和后羿射日地等。受地形地貌的影响，晋南的临汾、运城二市自然风光以黄河风情为主，晋东南的晋城、长治以太行山风情为主。

### （四）空间分布集中，均衡度、连接度和通达性较差

就全省范围来看，旅游资源空间分布集聚，这有利于山西旅游资源的空间整合和网络连接。就区域范围来看，各区域内部均衡度存在差异，其中晋北地区的大同、忻州和朔州均衡度较低，朔州的旅游资源与其他两市相比存在较大差距；中部地区的太原、晋中、吕梁、阳泉均衡度不高，其中阳泉的旅游资源最为匮乏，与其他三市相比存在较大差距；晋南的临汾、运城和晋东南的长治、晋城分布均衡度均较高。就11个地级市来看，北部大同、中部晋中、晋南临汾和运城、晋东南长治和晋城旅游资源丰富，组团明显，有较强的对外竞争力（周成，2010）。但是，目前山西旅游交通网络的连接度还比较差，各景区景点间的交通路线密度不大，各景区的通达性和景区间的连接度均有待提高（苏建军，2014），严重制约了旅游资源的开发和旅游业的发展。

# 第二节　旅游业发展现状与特征

中华人民共和国成立之后，随着国民经济的迅速恢复和经济建设的发展，1954 年以后陆续有许多访华外宾来山西参观访问，山西的旅游活动随之逐渐发展起来。经过 60 余年的发展，目前已经形成了一定的产业规模和较为健全的产业体系。

## 一、旅游业发展历程

20 世纪 50 年代末到改革开放之前，山西的旅游业发展主要是政治交往和经济建设的需要，以国际旅游接待为主。20 世纪 70 年代之前，中国与各社会主义国家之间往来较多，山西主要接待来自苏联、越南、罗马尼亚、阿尔及利亚等社会主义国家，以及日本、英国等国家的宾客。20 世纪 70 年代初期开始，到山西旅游参观的外国游客和港澳同胞逐年增加，有力地促进了旅游业的恢复和发展。随着 1978 年改革开放政策的实施和全社会对发展旅游业认识的不断提高，旅游业开始步入经济发展轨道；1979 年山西省旅行游览事业管理局成立，标志着全省旅游业步入产业孕育阶段；1984 年以后国内旅行社开始逐步建立，国内旅游开始得到进一步发展。1985~2016 年，全省旅游总收入从 0.48 亿元增长到 4247.1 亿元，增加了 8847 倍多，年均增长率高达 34.1%。总体来看，全省旅游总收入呈现波动上升的特点，可以分为四个阶段（见图 5-1）。

### （一）萌芽时期（1985~1995 年）

1986 年初，山西省旅游局成立，批准实施《全省旅游业发展"七五"规划》，旅游业开始被纳入国民经济和社会发展计划。同时，设立旅游事业费和旅游基本建设专项资金，加大投入。1988 年成立了山西省旅游事业委员会，10 多个旅游资源丰富的市（地区）、县（市、区）相继成立旅游管理机构，加强了对当地旅游工作的领导。旅游景区的开发力度进一步加大，先后有近百个旅游景区（点）对外开放。各地国际国内旅行社、旅游（涉外）饭店、旅游汽车公司、旅游服务商贸公司等一批旅游企业逐年增加和扩大。1985~1995 年，全省旅游总收入从

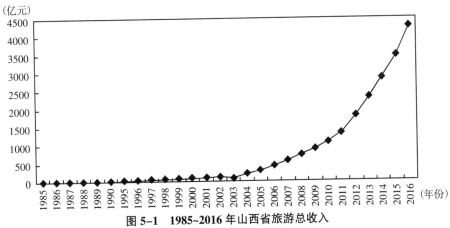

**图 5-1　1985~2016 年山西省旅游总收入**

资料来源:《山西统计年鉴》(2016)、《中国统计摘要》(2017)。

0.48 亿元增加到 16.71 亿元,年均增长率为 42.6%。

**(二) 起步时期 (1996~2002 年)**

1996 年《山西省国民经济和社会发展"九五"计划和 2010 年远景目标纲要》明确提出大力发展旅游业,并把它列为后续支柱产业,要求加大投入力度,促进旅游业快速发展。此后,全省各旅游重点市(地)、县(市、区)先后制定实施了扶持旅游业发展的政策措施,大批社会资金和外资被吸引到兴办旅游企业上来,加快了全省旅游开发建设速度。1997 年 7 月,《山西省旅游管理条例》颁布实施,作为山西第一部地方性综合型旅游法规,其成为山西旅游产业发展的重要标志之一。并先后出台了一批政策和地方旅游法规,为全省旅游业健康发展打下了良好的基础。这一时期,全省基础设施建设进一步加快,旅游投资不断增大,对外开放环境不断改善,为旅游业的发展提供了较好的条件。加之 1995 年以来,随着人民生活水平不断提高,尤其是"双休日"和"黄金周"的全面实施,全省国内旅游呈现强劲的增长势头。1996~2002 年,全省旅游总收入从 27.55 亿元增加至 126.51 亿元,年均增长率为 28.9%。

**(三) 平稳发展时期 (2003~2010 年)**

2003 年以来,山西大力实施产业结构调整战略,把旅游业确定为全省"十一五"时期新兴支柱产业之一,各市抓旅游产业发展的劲头空前高涨。全省上下把旅游业作为产业结构调整的突破口,大力实施旅游兴省战略。旅游业态发展逐步多元化,产业规模迅速扩张,产业体系得到进一步完善。先后完成了山西"十一五"旅游产业规划、沿黄旅游规划以及各市、各重点旅游县、重点旅游景区规划的编制工作,推出了六条精品线路①,形成了以省会太原为中心的 3 小时旅游圈。基础设施条件的明显改善,使山西旅游的可进入性大大增强。2003 年受"非典"公共安全危机事件的影响,全省旅游总收入较低。2004~2010 年,全省旅游总收入以每年超过 100 亿元的速度增长,2010 年达到 1083.5 亿元,年均增长率为 40.3%。

### (四)快速发展时期(2011 年至今)

2011 年以来,山西以建设旅游强省为目标,以旅游目的地建设和提升完善精品旅游线路为重点,完善旅游服务体系,加强旅游产业集聚区建设,引进培育大型品牌旅行社,提升山西旅游产业的核心竞争力。2011~2016 年,全省旅游总收入由 1342.6 亿元增加到 4247.1 亿元,年均增长率为 25.9%。

## 二、旅游业发展特点

### (一)支柱地位不断凸显

经过多年的发展,山西旅游产业地位日益提升,支柱产业作用不断增强,经济贡献度也日趋突出。1985~2016 年全省旅游综合收入占 GDP 的比重由 0.2%增加到 32.9%,2015 年山西旅游业区位商高达 4.56(见表 5-3)。

表 5-3　1985~2016 年山西省旅游发展对经济的贡献度

| 年份 | 山西 | | | 全国 | | | 山西旅游业区位商 |
|---|---|---|---|---|---|---|---|
| | 旅游综合收入(亿元) | GDP(亿元) | 旅游综合收入/GDP(%) | 旅游综合收入(亿元) | GDP(亿元) | 旅游综合收入/GDP(%) | |
| 1985 | 0.48 | 219.0 | 0.2 | | 9099 | | |
| 1990 | 2.80 | 429.3 | 0.7 | | 18873 | | |
| 1995 | 16.71 | 1076.0 | 1.6 | | 61340 | | |
| 2000 | 81.4 | 1868.1 | 4.4 | 4519 | 100280 | 4.5 | 0.97 |
| 2005 | 292.0 | 4299.8 | 6.8 | 7686 | 187319 | 4.1 | 1.65 |
| 2010 | 1083.5 | 9188.8 | 11.8 | 15700 | 413030 | 3.8 | 3.10 |
| 2015 | 3447.5 | 12802.6 | 26.9 | 40000 | 689052 | 5.9 | 4.56 |
| 2016 | 4247.1 | 12928.3 | 32.9 | | 744127 | | |

资料来源:《山西统计年鉴》(2016)、《中国统计年鉴》(2016)、《中国统计摘要》(2017)。

① 六条精品线路为佛教古建游、晋商文化游、黄河文明游、寻根祭祖游、太行山水游、红色经典游。

## （二）以国内旅游为主

从游客接待量来看，1985年以来山西国内游客接待量持续增加，从1985年的360万人次增加至2016年的44000万人次，年均增长率为16.8%，占全省总接待量的比例维持在99%以上，32年间的平均比例为99.3%。入境旅游市场易受国内国际危机事件的影响，其游客接待量除1989年受国内特殊事件影响、2003年受"非典"公共危机事件影响、2014~2015年受经济不景气影响外，其他年份均呈上升趋势，从1985年的3.43万人次增至2016年的63.0万人次，年均增长率为9.77%，低于国内游客增长率，其占总接待量的比例徘徊在1.0%左右，32年间的平均比例为0.7%。从旅游收入来看，1985~2016年国内旅游收入从0.36亿元增至4228.0亿元，年均增长率为35.3%，高于旅游总收入增长速度；占总收入的比重从75.0%增至99.6%，平均比例为93.51%。旅游外汇收入除1989年、2003年、2014年、2015年外，其他年份均呈上升趋势，从1985年的420万美元增至2013年的82268.21万美元，而2014年开始出现下降，2016年为32000万美元，年均增长率为15.0%，与国内旅游收入差距较大，32年间占总收入的平均比重为6.5%（见表5-4）。

表5-4　1985~2016年山西省国内和入境旅游情况

| 年份 | 国内游客接待量<br>（万人次） | 入境游客接待量<br>（万人次） | 国内旅游收入<br>（亿元） | 入境旅游收入<br>（万美元） |
|---|---|---|---|---|
| 1985 | 360 | 3.43 | 0.36 | 420 |
| 1990 | 465 | 4.68 | 2.22 | 2154 |
| 2000 | 2905 | 16.53 | 77.21 | 4991 |
| 2005 | 6545 | 42.15 | 281.91 | 11622 |
| 2010 | 12497 | 130.29 | 1052.26 | 46460 |
| 2015 | 36007 | 59.40 | 3428.90 | 29710 |
| 2016 | 44000 | 63.00 | 4228.0 | 32000 |

资料来源：《山西统计年鉴》（2016）、《中国统计摘要》（2017）。

## （三）区域发展差异较大

山西11个市旅游业发展可以分为三个组团。第一组团包括太原和晋中，旅游业发展较快；第二组团包括大同、忻州、临汾、运城、长治和晋城共6个市，旅游业发展水平居中；第三组团包括朔州、吕梁和阳泉共3个市，旅游业发展较慢。第一组团中，太原和晋中无论是国内、入境游客接待量还是旅游收入均排在前两位。这是由于太原作为省会城市，交通便利，是游客在山西进行旅游活动的重要中转站；晋中紧邻太原，与太原的经济联系较为紧密，交通条件相对较好。两地的旅游资源知名度高、集聚性强，旅游业发展水平较高。第二组团中，6个城市的国内、入境旅游接待量和旅游收入均排在第3~8位。这6个城市旅游资源较为丰富，为旅游业的发展提供了良好的条件。其中，大同、忻州、临汾三市的入境旅游发展较好，而运城、长治和晋城三市的国内旅游发展较好。这是由于大同、忻州和临汾三市的旅游资源品位度和知名度较高，如大同的云冈石窟、忻州的五台山、临汾的洪洞大槐树和壶口瀑布，能更好地吸引远距离的外国游客和港澳台游客。第三组团中，3个城市的国内、入境旅游接待量和旅游收入均排在后三位。这是由于三个城市的旅游资源无论是数量、品位还是知名度方面都不及其他城市，相对于其他城市来说，这三个城市的交通条件较差，制约了旅游业的发展。2015年山西省各市旅游发展情况如表5-5所示。

表5-5　2015年山西省各市旅游发展情况

| 城市 | 接待入境过夜游客人数（人次） | 旅游外汇收入（万美元） | 接待国内游客人数（万人次） | 国内旅游收入（亿元） |
|---|---|---|---|---|
| 太原 | 147047 | 8060 | 4891 | 583 |
| 大同 | 65745 | 3762 | 3195 | 279 |
| 阳泉 | 4329 | 95 | 2202 | 182 |
| 长治 | 24108 | 1491 | 3261 | 320 |
| 晋城 | 12143 | 672 | 3244 | 295 |
| 朔州 | 6133 | 210 | 1416 | 133 |
| 晋中 | 210824 | 11143 | 5018 | 507 |
| 运城 | 30239 | 855 | 4036 | 326 |
| 忻州 | 51766 | 1716 | 2891 | 283 |
| 临汾 | 36148 | 1503 | 3176 | 294 |
| 吕梁 | 5290 | 204 | 2678 | 227 |
| 全省 | 593772 | 29710 | 36007 | 3429 |

资料来源：《山西统计年鉴》（2016）。

### （四）旅游业各部门发展差异较大

山西旅游资源丰富，但是旅游业各部门发展情况却不容乐观。其中，旅游观赏娱乐业和餐饮住宿业在全国排名均较靠后，旅行社业发展相对较好，在全国处于中游水平。

1. 旅游观赏娱乐业

旅游观赏娱乐业是旅游业的核心成分，旅游景区是旅游观赏娱乐业的典型企业形式（谢彦君，2015）。旅游景区的建设主要依托旅游资源，山西旅游资源丰富，经过30余年的开发建设，目前全省拥有的旅游景区（景点）已达到600多处（张世满，2016）。截至2015年底，全省拥有A级旅游景区143家，排名居全国各省（自治区、直辖市）第24位，总量远低于全国平均水平，这与山西旅游资源丰富的状况存在极大反差。其中，5A级景区6家、4A级景区86家、3A级景区31家、2A级景区18家、1A级景区2家。A级景区从业人数13365人，排名居全国各省（自治区、直辖市）第25位。

2. 餐饮住宿业

1955年，山西省人民政府投资建设的迎泽宾馆（东楼）正式开业，是全省第一座专门接待国家元首、外国援华专家、外国旅游者和承办省内重要会议的宾馆（郅润明，2008）。此后，山西的对外接待主要靠太原的迎泽宾馆、晋祠宾馆以及各地的政府宾馆、招待所，没有一家标准的星级饭店。改革开放以后，全国星级饭店、涉外饭店迅速发展（李茂盛，2008）。截至2015年末，全省限额以上住宿和餐饮业法人企业共841家，营业额81.5亿元，从业人数82166人。其中，住宿业法人企业372家，营业额33.6亿元，从业人数35678人；餐饮业法人企业469家，营业额47.9亿元，从业人数46488人。2015年全省拥有星级饭店196家，居全国各省（自治区、直辖市）第25位，其中，五星级14家、四星级43家、三星级102家、二星级37家；星级饭店营业收入22.3亿元，居全国各省（自治区、直辖市）第26位；带动24521人就业，居全国各省（自治区、直辖市）第21位。

3. 旅行社业

1959年山西成立了中国国际旅行社太原分社，专门接待外国游客（郅润明，2008）。1974年为接待外籍华人、华侨、港澳同胞和台胞，成立山西省中国旅行社和山西省华侨旅行社，与中国国际旅行社三社合一，这种状态一直延续到20世纪80年代初。改革开放后，全省旅行社行业发展迅速。2015年全省共有旅行社783家，带动就业人数7641人，居全国各省（自治区、直辖市）第15位；营业收入 58.4 亿元，居全国各省（自治区、直辖市）第 16 位。

## 三、旅游业存在的问题

### （一）产业规模小、层次低、竞争力差

经过多年的发展，山西旅游企业小、散、弱的状况并未有根本性转变，旅游产业规模小、层次低、整体竞争力差。截至 2014 年底，全省仅有 2 家旅行社跻身全国百强旅行社行列，全省旅行社普遍规模小，产品雷同，以"价格战"为主，规模化、集团化程度低，没有形成跨地区、跨行业的旅行社网络集团。山西高星级饭店数量偏少，适合旅游团队的方便快捷型专业饭店和适合现代旅游方式的经济型饭店均较少，品牌建设滞后，饭店运营中市场网络化和国际化水平均较低（郄润明，2008）。专业汽车公司及旅游汽车数量少，旺季满足不了市场需求。在旅游商品及旅游购物方面，店铺规模小，没有大型购物场所，缺乏高档次和有地方特色的商品。

### （二）旅游营销薄弱

山西旅游资源丰富，然而由于宣传营销不到位，很多旅游资源不为人知。经过近 40 年的开发建设，全省共拥有 600 多处旅游景区（景点），但其中真正被国内外客源市场所熟知的还不到 100 处，绝大多数景区（景点）仍长期不能正常发挥其经济及社会效益（张世满，2016）。目前，山西省和各市都缺乏旅游形象的定位和策划，各景区也缺乏这种意识，打造不出有代表性、简明扼要又富有诱惑力的形象，使旅游对外宣传、促销的效果大打折扣，这是整个山西旅游知名度低的重要原因。此外，对市场需求认识不足，缺乏全省域的行业整体发展思路与顶层统一规划设计，对省内各区域的发展缺乏理论指导与宏观调控，很多项目缺乏科学论证盲目上马，不仅造成了资源重复开发利用，产品低层次、低水平的现象，而且对全省整体旅游形象的定位及主打品牌的形成都具有很大的不良影响。

### （三）交通、标识系统及相关配套服务设施不完善

高速公路与景区间的衔接仍存在很大问题，驶离高速公路后到达景区的道路以及服务设施地的道路往往坎坷不平。全省 600 多处景区（景点）中，60%存在这种旅游"断头路"问题。旅游标识系统还不完善，经常见不到准确的旅游交通标识。随着"自驾游"的日益兴起，这种"断头路"、无或少交通标识的现象将会直接影响旅游业的发展速度和发展品质。过去的 30 多年，虽然旅游景区的开

发建设一直大幅度超前于其他服务设施的配套建设，旅游设施从总量上有了长足的发展和进步，但是从协调配套和合理布局的角度来看，仍存在很大的问题和矛盾。现有的配套设施主要集中在 10 多个旅游重点城市及少数重点景区，绝大多数景区（景点），包括旅游小城镇和许多游客必经集散地的配套服务设施仍处于短缺状态，这些将降低游客的体验质量，制约旅游业的可持续发展。

**（四）产业发展的环境不佳，投资不足**

山西长期作为国家能源重化工基地，严重地污染了环境，限制了旅游业的发展。特别是一些地方既存在着极佳的旅游资源，又存在着丰富的矿产资源，煤矿与旅游的矛盾十分突出，生态环境的恶化给旅游者造成了很坏的印象。各级政府对旅游业的财政投资不足，全省各级政府投入旅游业的资金加起来还不如对一个中小型煤矿的投入多。尽管从 2009 年开始省级财政设立了旅游专项资金，但可供省旅游局直接支配的资金并不充裕（田云国，2014）。吸引投资的政策环境也较差，投融资渠道不畅通，不能有效地吸引民间资本、省外和境外投资。

**（五）旅游管理体制和经营机制陈旧**

山西一直未能形成统一、协调、高效的旅游业管理体制。旅游景区（景点）条块分割、政出多门、职能交叉、互相掣肘。旅游景区（景点）的开发、建设、规划、管理分别分散在建设、林业、园业、文物等部门，大多数旅游景点名义上是国家所有，但实际上是"谁占有、谁开发"，"谁开发、谁所有"，所有权分别被肢解至各市县、各部门、各单位。大多数旅游景区政企不分，全省 600 多个景区（景点）多数仍然是政府拨款的事业性质，体制不顺、机制不活，难以同市场对接，真正按照现代企业制度管理运行的大体不过 7%。

## 四、山西旅游区划

根据旅游资源地域组合状况、区域文化相似性及交通条件，将全省划分为晋北、晋中、晋南、晋东南四大旅游区（见图 5-2）。

**（一）晋北旅游区**

晋北旅游区包括大同市、朔州市和忻州市。自然旅游资源为黄土高原地区塞外山区的山水风光，特色资源有大同火山群及熔岩台地、宁武第四纪冰洞、忻州温泉等；人文旅游资源包括秦汉以来的历史遗迹与唐代以来的宗教古建筑群，以及民主革命时期的革命遗迹（张慧霞，2002），特色资源有大同云冈石窟、四大

**图 5-2　山西省旅游区划**

资料来源：作者绘制。

佛教圣地之一五台山、北岳恒山、应县木塔、长城关隘遗址遗迹等。本区是山西主要的杂粮产区，有谷子、黍子、糜子、燕麦、荞麦、莜麦、高粱、豌豆、黄豆、黑豆、绿豆、小豆、豇豆、小扁豆等。目前，各县市基本形成了各自的特色杂粮品牌，例如，神池县是"中国亚麻油籽之乡"、岢岚县是"中华芸豆之乡"、五寨县是"中国甜糯玉米之乡"、静乐县是"藜麦之乡"、平鲁区是"中国红山荞麦之乡"等，为发展农业旅游提供了良好的条件。本区还是全国重要的煤炭能源基地，具有开发工业旅游的良好条件。

本区以大同市为旅游中心城市，区内铁路、公路交通便利，以（大）同蒲（风陵渡）铁路为轴线，以（北）京包（头）线、大（同）秦（皇岛）线、（北）

京原（平）线北段、G55 高速公路等为网络，把区内各类旅游资源连为一体；有大同机场和五台山机场，使本区具有较强的可进入性。本区古建筑的历史价值、科学价值、美学价值和观赏价值在全国乃至全世界具有垄断性，五台山、云冈石窟、恒山的佛教和道教文化旅游及资源组合能力在全国乃至全世界也是亮点，本区的旅游形象定位于"古建宗教旅游"。

### （二）晋中旅游区

晋中旅游区包括太原市、阳泉市、晋中市、吕梁市，是山西最大的一个旅游区，各类资源组合最为丰富，地理位置最为优越。本区旅游资源种类丰富，为开发多样化的旅游产品提供了条件。自然旅游资源有名山、溶洞、森林、湖泊、河流、泉水及避暑型气候，特色资源有介休绵山、盂县藏山、平定娘子关瀑布等；人文旅游资源有文化名城、寺庙祠观、古代遗迹、文化纪念地、民居大院及民俗风情博物馆、现代建设工程及重大成就、名特产市场及城市公园等人造景观（张慧霞，2002），特色资源有太原城市风光、平遥古城、晋中大院等；农业旅游资源有清徐葡萄农业观光园、大寨；工业旅游资源有清徐老陈醋游览区、杏花村名酒游览区等。

本区地理位置居中，经济实力雄厚，交通便捷，为旅游经济的发展奠定了坚实的物质基础。太原市不仅是山西的政治、经济、文化中心，也是旅游业发展的中心，本区旅游形象定位为"古城、大院文化旅游"。

### （三）晋南旅游区

晋南旅游区位于山西西南部，包括临汾市、运城市。自然旅游资源丰富多彩，有名山大川、瀑泉湖泊、森林溶洞、珍稀动植物等，特色资源有吉县壶口瀑布、河津市龙门三激浪、永济市五老峰、运城盐湖等。人文旅游资源是由始祖文化、根祖文化、忠义文化所组成的河东根基文化，包括新旧石器时期古人类文化遗址，襄汾丁村遗址与陶寺遗址、垣曲南海峪岩洞遗址、芮城县西侯度遗址与匼河遗址等；古代神话传说有黄帝战蚩尤、嫘祖养蚕、舜耕历山、禹凿龙门而治水、后稷稼穑等；尧舜禹文化群有尧舜禹建都之地、尧庙、尧陵、舜庙、舜宅、禹故里、禹王城、洪洞大槐树、关帝庙等。民俗风情旅游资源也非常丰富，有临汾的威风锣鼓、平阳的木版年画、河东的民间礼馍等。此外，运城市是山西农业生产基础最好的区域，区内稷山板枣、万荣苹果、平陆百合、夏县核桃和板栗种植范围广、时间长，为发展农业旅游提供了条件。

本区以临汾市、运城市为旅游中心城市，（大）同蒲（风陵渡）铁路、大（同）西（安）客运专线、G5和运（城）风（陵渡）高速公路纵贯全区，其他省级干线及支线公路网四通八达，把区内的各市、县、乡与中心城市紧密联系在一起，旅游交通十分便利，有与河南、陕西两省发展跨省旅游合作的区位优势。本区河东文化旅游资源独具特色，"河东华夏祖基文化"是本区的旅游形象。

**（四）晋东南旅游区**

晋东南旅游区位于山西东南部，包括长治市、晋城市，是旅游资源开发起步较晚的区域。自然旅游资源有名山峡谷、生物景观、河流、水库、泉水等，著名的有老顶山国家森林公园、蟒河自然保护区、历山自然保护区、黄崖洞风景区、灵空山风景区、太行大峡谷风景区等；人文旅游资源有革命遗址、古寺、古庵、古战场、民俗风情等，其中以革命遗址较为著名，有八路军太行纪念馆、八路军总司令部砖壁和王家峪旧址、黄崖洞八路军兵工厂遗址、中共北方局和八路军总部、晋冀豫党校旧址等。本区以长治市和晋城市为旅游中心城市，旅游形象为"高山、峡谷、红色之旅"。

# 第三节　旅游产业发展的方向与对策

在经济新常态下，"旅进煤退"成为山西经济转型发展的必然选择，旅游业既面临着新形势，也承担着新使命。

## 一、发展方向与重点

遵循旅游发展的客观规律，坚持规划引领、保护优先、以人为本，大力转变旅游发展方式，推进旅游体制机制和产品创新，以游客需求为导向，丰富旅游产品，改善市场环境，推动旅游服务向观光、休闲、度假并重转变，提升旅游的内涵和附加值。引导健康的旅游消费方式，创新旅游新产品、新业态，积极发展休闲度假旅游、研学旅游、工业旅游，推动体育运动、健身休闲、养生度假、文化创意、商务会展与旅游活动的融合发展，重点培育建设一批文化旅游特色产品和智慧文化旅游示范工程，规划建设一批具备休闲、度假、运动、养生、娱乐、生态等功能的旅游综合体。对标国际一流景区，加强资源整合力度，提高运营管理水平，集中力量建设云冈石窟、五台山、平遥古城三大世界遗产旅游目的地。加强太原、大同、运城、长治、晋城等旅游中心城市建设，树立旅游城市品牌（山西省人民政府，2016）。

### （一）发展全域旅游

全域旅游，从横向来看包括城市和乡村，从纵向来看包括旅游活动的各要素。在"吃住行游购娱"六要素中，山西应该从"行"入手，提升立体化交通枢纽功能，围绕全省旅游景区布局，完善交通运输网络和各类交通方式之间的有效衔接，重点解决好干线公路到景区的连接问题及公路景观带建设问题，配套建设加油充气充电站、标识标牌、服务区、救援点等设施，合理规划房车、自驾车营地。完善网络化旅游集散体系，以太原市为旅游集散母港城市，以大同、长治、运城三市为区域性二级旅游集散中心。加快旅游厕所建设，加强旅游厕所管理。重视"购"、"娱"旅游要素的建设，让游客能够留得住、游客的钱能够花得出。通过发展全域旅游，实现"吃不只为了饱，住不只为了睡，行不仅为了到，游不仅为了看，购不光为了带，娱不光为了乐"，使旅游活动的各要素都能吸引游客前来。

### （二）加强旅游品牌建设和旅游营销

加强旅游资源和设施的整合，实现旅游景区和旅游企业集群式发展，建设有核心竞争力和重大影响力的龙头企业与旅游品牌。通过国际化标准的旅游设施建设和旅游服务提供，形成一系列优质的旅游线路、旅游城市、旅游目的地、旅游企业品牌。继续全力建设和推广营销"晋善晋美"的旅游形象，重点提升五台圣境、云冈石窟、平遥古城、晋商大院、太行山水、红色武乡、皇城相府、根祖圣地、黄河风情、壶口飞瀑、关帝故里、东方死海（盐湖）等知名旅游品牌。

### （三）加强旅游区域合作

借助国家"一带一路"倡议、京津冀协同发展战略等契机，全国各个区域的旅游一体化不断发展，为山西旅游业通过合作共赢而实现发展创造了巨大的空间。作为承接环渤海湾旅游需求外溢、旅游产业转移、旅游投资的重要区域，山西要努力成为引领中部旅游崛起的重要增长极，依托与有关省（自治区、直辖市）联合成立的"美丽中国·古老长城"、"美丽中国·天下黄河"、"美丽中国·陆上丝绸之路"等旅游联盟，开展国内区域旅游合作，建设高铁旅游走廊，推动区域旅游一体化。

### (四) 发展休闲旅游

在人均收入提升、带薪休假制度强制实施等现实条件下，旅游形式将由观光旅游向休闲旅游和度假旅游转变。面对旅游发展的新趋势，山西应以创建国家级和省级旅游度假区为工作抓手，构建形成以国家和省级旅游度假区为主体、多种休闲度假产品为补充的全省旅游度假体系。可选择忻州、晋中，出台相应标准条件，在土地、财政、金融等方面给予政策优惠，支持建设国家休闲旅游区。此外，加快发展历山、芦芽山、庞泉沟三大休闲度假旅游目的地。重点提升完善定襄凤凰山神汤都温泉乐园和盂县大寨温泉旅游度假区等温泉度假旅游区，引导忻州顿村、奇村、大营温泉旅游度假区设施改造、产品升级。

### (五) 发展智慧旅游

完善智慧旅游服务体系，建设山西智慧旅游公共服务平台，完善统一受理、分级处理的旅游投诉处置机制，完善旅游公共产品和设施、旅游投诉和旅游救援等公共信息网络查询服务。搭建智慧旅游政务平台，进一步完善旅游政务网建设，建立、完善电子政务服务系统，完善网上办事流程。建设智慧旅游景区，实现省内景区门票网上预订、网上支付，全面实现旅游景区电子门票、门禁及景区流量实时统计、上报、发布工作。建设智慧旅游营销系统，强化网络营销，充分发挥网络在旅游营销中的突出作用，大力发展旅游电子商务，加强网络化的旅游形象宣传和旅游线路推广。通过发展智慧旅游，实现旅游业的智慧管理、智慧服务和智慧营销。

---

**专栏 5-1　五台山发展提升工程**

立足五台山丰富的物质文化遗产和发展成果，充分发挥自身在宗教文化、自然风光、清凉气候、地质科考等方面的优势，加强五台山文化、景观等的宣传、推介，完善旅游服务设施，围绕文化旅游产业发展新趋势、新特点，建设新业态，形成新优势。推广景区在体制机制、基础设施建设、旅游经济优化升级、遗产和资源保护、文化传承、管理服务方面取得的成效，为全省景区及文化旅游产业提供可复制、可推广的示范和模式。把五台山建设成全省文化旅游业的样板和典型。

资料来源：山西省人民政府. 山西省"十三五"服务业发展规划 [Z]. 2016.

---

## 二、旅游业发展的对策

### （一）创新旅游管理体制机制

改革旅游景区管理体制与运营机制，全省国有及国有控股旅游景区要主动创新、大胆改革，创新管理模式，采用整体租赁、特许经营、企业托管等手段提升景区的经营管理水平，提高景区的运营效率；要全部依法实行管理权、经营权分离，重点景区可以成立综合性管理机构，具体负责景区的保护、利用和统一管理工作。在全省景区推广实行现代企业制度，以市场化、公司化、专业化的方式开发、建设和经营，实行职业经理人制度，走专业化经营道路。积极鼓励资源型企业投资发展旅游，支持国内外有实力的企业以多种方式参与山西旅游企业改制、改组和改造。

### （二）加大对旅游业的财政投入

加大省级旅游专项投入，省级财政设立旅游发展专项资金，主要支持旅游目的地基础设施建设、旅游宣传推介、旅游公共服务体系建设和重点项目贷款贴息。整合相关资金加大投入，利用国家加大基础设施投入等政策机遇，拓展相关资金渠道，用以加强基础设施与公共服务建设。优化旅游投融资政策环境，充分发挥市场配置资源的决定性作用，以旅游为平台，吸纳非公有制经济，鼓励、带动、促进各种所有制经济共同发展。引导更多的社会资本和民营资本投入旅游客运业、休闲住宿业、特色餐饮业、景区游乐业、文化娱乐业和旅游购物业。支持旅游企业通过上市、发债等方式直接融资，通过收费权、经营权抵（质）押等方式融资筹资，鼓励社会资本通过 PPP 模式投资、建设、运营旅游大项目。

### （三）创新市场营销渠道

树立全方位宣传、全媒体营销的理念，创新旅游营销方式。把旅游形象纳入全省对外整体形象之中，把旅游推广纳入政府对外宣传、交流、合作的整体方案之中，在融入大局中扩大旅游宣传，放大旅游效应。利用传统媒体与新媒体相结合的方式进行旅游营销，其中新媒体包括 PC 端与移动端的各种旅游网络平台，如旅游网站、旅游 OTA、旅游 SNS、旅游 APP 和 IM（包括微信、QQ）等。策划节庆活动，支持各地和重点旅游景区举办具有本地特色的旅游节庆活动，增强当地的旅游文化魅力和市场吸引力。关注与利用我国经济社会发展和对外交流活动中的重大事件，捕捉山西现代化建设和改革开放重大活动中蕴含的旅游推广机遇，策划组织不同类型、不同层次的事件营销活动，增强旅游宣传的生动性和轰动性。加强对外开放与营销合作，在海外主要客源市场设立旅游办事处，以定点宣传为基础，积极拓展旅游客源市场。

### （四）培养高素质的旅游业人才

发展旅游业需要一支高素质的专业人才队伍，不仅需要大量的旅游服务人员，更需要有一批研究、管理和经营人才。对于旅游行政管理人才队伍，要围绕"作风正、业务精、素质高"的总体要求，着力建设廉洁、勤政、务实、高效的人才队伍。对于旅游经营管理人才队伍，应建立校、企、地三位一体的旅游企业经营管理人才培训体系。对于旅游专业技术人才队伍，可以在学科建设上积极培养旅游学科学术带头人，形成在全国有一定影响的旅游研究队伍；在旅游实践上以提高专业水平和创新能力为核心，培养和造就一支旅游实践队伍。对于旅游服务技能人才队伍，要加强其在岗培训和职业道德培养，采取多种激励手段，提高其服务意识和服务技能，形成一支熟练掌握服务技能、具有良好文化修养，文明礼貌、朝气蓬勃、敬业爱岗的旅游服务技能人才队伍。对于旅游导游解说人才队伍，要建立健全规范化的导游人才资源管理体制及开发机制，优化结构，全面提升中高级导游人才、领队人才、景区讲解人才等的综合素质，着力建设具有良好职业道德和综合业务能力的高素质导游人才队伍。

# 第四节　文化产业

随着煤炭资源的枯竭和人们对环境质量要求的提高，山西靠发展煤炭资源已不能带动经济发展，亟须寻找新型产业顺利度过产业结构战略性调整时期，促进经济的蓬勃发展。丰富的文化资源为发展文化产业奠定了基础。

## 一、发展概况

近年来，山西大力实施文化强省战略，文化产业得到较快发展。截至 2015 年底，全省共有公共图书馆 125 个、群众艺术馆（文化馆）131 个、乡镇综合文化站 1196 个、农家书屋 28000 余个，全省注册登记各级各类博物馆 124 个、城市数字影院 96 家、银幕 448 块、村级文化活动场所 28200 个。2015 年全省文化及相关产业实现增加值达到 268.65 亿元，文化产业法人单位数量达到 16000 家，全省共有国家级文化产业示范基地 9 家、省级文化产业示范基地 41 家（山西省人民政府，2016）。

### （一）新闻出版业

近年来，山西新闻出版业深入实施精品战略，不断推出优秀出版物。2000年以来，全省报纸种类年均 68 种。2000~2015 年，期刊种类从 165 种增加至 200种；出版图书从 1532 种增加至 3832 种，年均增长率为 6.3%（见表 5-6）。近年来，山西组建了山西新华印业集团、山西新华书店集团。

**表 5-6　2000~2015 年山西省新闻出版业发展情况**

| 年份 | 报纸 | | 期刊 | | 图书 | |
|---|---|---|---|---|---|---|
| | 种数（种） | 总印数（万份） | 种数（种） | 总印数（万份） | 种数（种） | 总印数（万册） |
| 2000 | 62 | 58825 | 165 | 2657 | 1532 | 10105 |
| 2005 | 60 | 329713 | 200 | 5914 | 1683 | 10081 |
| 2010 | 77 | 206698 | 200 | 4000 | 3032 | 13183 |
| 2015 | 60 | 203549 | 200 | 2573 | 3832 | 12439 |

资料来源：《山西统计年鉴》（2016）。

### （二）广播影视业

近年来，山西大力实施"村村通"工程、数字电视工程、对外宣传"走出去"工程，广播影视业成效明显。2000~2015 年，全省广播电台人口覆盖率从90.0%增至 98.5%，电视台人口覆盖率从 95.2%增加到 99.3%（见表 5-7）；全省累计完成广播剧 325 部、10633 集；电视剧 113 部、2469 集；电影故事片 165部，代表年份情况如表 5-8 所示。

**表 5-7　2000~2015 年山西省广播电台和电视台发展情况**

| 年份 | 广播电台人口覆盖率（%） | 电视台人口覆盖率（%） |
|---|---|---|
| 2000 | 90.0 | 95.2 |
| 2005 | 91.8 | 95.8 |
| 2010 | 93.3 | 97.5 |
| 2015 | 98.5 | 99.3 |

资料来源：《山西统计年鉴》（2016）。

表 5-8    2000~2015 年山西省广播剧、电视剧、电影故事片制作情况

| 年份 | 广播剧 | | 电视剧 | | 电影故事片（部） |
|---|---|---|---|---|---|
| | 部 | 集数 | 部 | 集数 | |
| 2000 | 5 | 8 | 3 | 42 | — |
| 2005 | 7 | 353 | 19 | 371 | 18 |
| 2010 | 25 | 1133 | 2 | 32 | 6 |
| 2015 | — | — | 7 | 221 | 15 |

资料来源：《山西统计年鉴》（2016）。

### （三）文化艺术业

20 世纪 80 年代，以《远方归人》、《黄河儿女情》、《黄河一方土》为代表的山西黄河歌舞曾经红遍大江南北。2000 年以来，山西艺术表演团体稳定在 155 个以上。2015 年国有艺术表演团体总收入为 5.9 亿元，其中演出收入 1.3 亿元；国内演出场次总计 2.7 万场，到农村演出场次为 2.3 万场。2000 年以来，全省文化馆和公共图书馆数量变化不大，博物馆数量从 76 个增加到 131 个（见表 5-9）。

表 5-9    2000~2015 年山西省文化艺术业发展情况

| 年份 | 艺术表演团体（个） | 文化馆（个） | 公共图书馆（个） | 博物馆（个） |
|---|---|---|---|---|
| 2000 | 159 | 118 | 121 | 76 |
| 2005 | 156 | 119 | 122 | 86 |
| 2010 | 167 | 119 | 126 | 89 |
| 2015 | 157 | 119 | 126 | 131 |

资料来源：《山西统计年鉴》（2016）。

## 二、存在的问题

### （一）产业要素水平不高

资本、科技和人才是影响文化产业发展的重要因素。山西文化产业主要依靠财政投入和经营者自我投资发展，文化产业的投融资体系尚未形成，在如何吸引外资和民间资本的问题上缺乏相应的思考与政策性投入。全省文化产业的科技投入、产品的科技含量还很低，缩小了文化产业自身的发展空间，削弱了文化产品的市场竞争力。缺少既懂文化艺术专业知识又懂经营管理的复合型人才，在目前缺乏竞争机制的情况下，难以培养与集聚高素质的文化产业经营人才。

### （二）结构单一

从行业发展来看，山西新闻出版、文化艺术等核心层比重较大，而文化网络服务、文化用品设备等外围层和相关层的比重相对较小。会展业、广告业、体育竞技业以及与之相结合的艺术品业等行业目前仍未见起色，网络游戏业、动漫业等与高新技术结合紧密的行业尚未发展起来。从产品结构来看，对传统文化产业的开发比较重视，对现代文化产业的内涵认识不足，致使传统产品比例大，新产品开发不足，产品内部品种单一，不能适应市场需求。

### （三）未产业链体系形成

山西文化产业经过近几年的发展，培育了一批市场主体，发展壮大了一批文化企业。但从整体来看，数量偏少，规模较小，对整个文化产业的带动力有限。各文化企业空间距离较远，仍然处于散兵游勇、单打独斗的状态，依托有限的资源自我发展，难以深化专业分工、提高生产率、形成庞大的产业群体。文化产业从创意、生产、制作、销售到消费的完善的产业链体系还未形成。

### （四）管理体制滞后

从所有制结构来看，山西文化产业中属于政府主管部门主办的国营单位较多，而合营、合资、外资、独资主办的企业比例偏少（王丽华，2009）。从产权结构来看，首先，文化产业产权不清晰，所有权与经营权的分离缺少灵活性；其次，文化产业管理相互之间职责不清，事业、产业、公共服务等概念模糊，职责划分不明确；最后，"剥离转制"后的企业经营自主权不明，企业发展受限（王莎莉，2013）。由于长期受计划经济体制的影响和原先文化管理体制的僵化，忽视了市场经济自身价值规律对文化产业的调节，使文化产业体制落后，改革困难。

## 三、文化产业发展重点

### （一）完善文化产业空间布局

发挥山西省文化保税区、山西省文化产业园、山西省文化云平台等重大项目的辐射、带动、示范作用。围绕重点产业项目优化产业发展要素配置，做好项目储备、策划、包装、推介等工作，引导文化企业和项目向园区集聚。加快发展重点文化产业园区和特色文化产业群。培育若干文化产业示范园区、文化产业示范基地和一大批特色文化产业乡镇（山西省人民政府，2016）。

### （二）建设强势文化品牌

文化产业是建设文化品牌的基础，文化品牌是文化产业的旗帜。在市场经济条件下积极培育文化品牌，并相应地形成各自的品牌效应，是做大做强文化产业的必备条件（王丽华，2009）。要继续维护发展好已形成的文化品牌，并在此基础上深入挖掘具有地方特色的传统民俗民间文化，将优秀的传统文化融入文化产业中，建设文化精品，树立文化品牌，以品牌战略树立山西新形象。

### （三）培育文化产业新型业态

山西作为文化资源大省，将文化产业作为国民经济的支柱性产业，对于实现文化资源大省向文化强省的转型跨越、加强新型业态的培育具有重要的现实意义。应积极挖掘特色文化资源，加强文化创意产品研发。推动出版发行、影视制作、工艺美术等传统产业转型升级。对网络视听、数字出版、数字文化创意、动漫游戏、移动多媒体、网络文化等新兴文化业态重点扶持。推动优秀文化资源与新型城镇化紧密结合，更多融入公共空间，丰富城乡文化内涵。

### （四）实现文化产业与其他产业融合发展

互联网的普及使消费者对产品的类型、营销方式等的需求发生了很大的变化。因此，当前形势下山西的文化产品要想符合时代特征和市场需求，就需要将文化产业与高科技、信息产业进行融合。通过与高科技、信息产业的融合，提升产品层次、拓宽营销渠道，使文化产品能够被更多的消费者接触到，从而提升文化产品的综合实力。将文化产业与旅游产业进行融合，旅游产业通过文化因素的注入，提升产品层次，更好地满足游客的需求；文化产业以旅游产业为载体，延伸产业链条，将文化产品更好地推向市场。

### （五）发挥重大项目带动作用

大型文化产业项目的成功运作能够带来巨大的经济效益和社会效益。结合山西文化资源特色，在发展文化产业的过程中应重点考虑晋商文化项目、佛教文化项目、根祖文化项目、忠义文化项目、红色旅游项目和大寨文化项目。在项目发展过程中，应结合当地特色，建设地方特色文化品牌；围绕重点项目展开，并视具体情况拉动相关产业的发展。

## 四、文化产业发展对策

### （一）创新文化产业观念

树立全新的文化产业观念，是实现文化产业跨越式发展、提升文化企业在国内外竞争实力的前提和基础。应充分认识到文化产业的发展对于增强山西整体实力和提升竞争力的意义。树立企业自主经营的意识，要转制成企业的文化单位应树立自主经营、自负盈亏的经营管理理念，摒弃过去完全依靠政府和避免竞争的思想。

### （二）加快体制改革

加快文化体制改革，建立有利于文化繁荣发展的文化管理体制和富有活力的文化产业生产管理机制，创新文化"走出去"模式，为文化产业发展提供强大动力。要做好深化国有文化单位改革、健全现代文化市场体系、完善政策保障机制等方面的工作。国有文化单位的改革要先从事业单位向企业进行改制开始，培植一批有市场竞争力的国有文化企业。健全现代文化市场体系，要坚持文化企业按市场规律运作，实现优胜劣汰。完善政策保障机制，要加快山西文化产业相关法律、法规的制定，为文化产业的发展和繁荣创造条件。

### （三）提升产业要素水平

在资金方面，政府要加大对文化产业的投资，完善文化产业发展专项基金，发挥财政资金的引导和带动作用。建设企业融资平台，创优文化企业投融资环境。加大对文化产业融资的宏观调控力度，在政策上给予优惠和倾斜，引导社会资本特别是有实力的民营资本投资文化产业。在科技方面，政府要建立科技与文化的对应沟通机制。文化企业要积极制定、实施技术创新战略，完善技术创新激励机制；要设立自己的研发中心，增加技术投入。在人才方面，政府要营造有利于吸纳和积累人才的氛围，完善激励机制，拓宽人才选拔途径；要优化人才结构，重视人才成长，营造良好的人才发展环境；要大力培养本省的文化人才，有计划、有目的地引进海外优秀人才，特别是经营管理人才和科技创新人才等高级复合型人才。

**参考文献**

［1］山西省地图集编撰委员会.山西省旅游地图集 ［M］.济南：山东省地图出版社，2006.

［2］杨晓国.论山西旅游资源的六大总体特征［J］.晋阳学刊，1999（3）：21–24.

［3］赵命柱.山西旅游资源的五个完美统一［J］.山西政报，2001（2）：19–22.

［4］张慧霞.山西旅游资源开发战略研究［J］.经济地理，2003，23（6）：849–853.

［5］刘江.中国地区发展回顾与展望（山西省卷）［M］.北京：中国物价出版社，1999.

［6］李茂盛，李劲民.山西省情报告（2014）［M］.北京：社会科学文献出版社，2014.

［7］苏建军.山西旅游经济运行与可持续发展研究［M］.北京：社会科学文献出版社，2014.

［8］周成，李悦铮，江海旭.山西省旅游资源空间结构分析［J］.河南科学，2012，30（11）：1676–1679.

［9］郇润明.山西旅游业发展研究［M］.太原：山西人民出版社，2008.

［10］谢彦君.基础旅游学［M］.北京：商务印书馆，2015.

［11］张世满.2015~2016年山西旅游发展分析与展望［M］.太原：山西经济出版社，2016.

［12］《山西改革发展30年》丛书编委会.山西改革发展30年·综合卷［M］.北京：中共党史出版社，2008.

［13］田云国.山西旅游业发展存在的主要问题及对策［J］.兰州教育学院学报，2014，30（6）：55–56，66.

［14］乔美华，李洪建，张伟锋.关于山西旅游业发展的初步思考［J］.科技情报开发与经济，2006，16（20）：72–73.

［15］梁笑.山西旅游业发展简析［N］.山西经济日报，2015-07-06（007）.

［16］张慧霞，余可文.山西旅游资源与开发研究［M］.北京：中国财政经济出版社，2002.

［17］山西省人民政府.山西省"十三五"服务业发展规划［Z］.2016.

［18］山西省人民政府.山西省"十三五"文化强省规划［Z］.2016.

［19］王丽华.山西文化产业发展问题研究［D］.山西财经大学硕士学位论文，2009.

［20］王莎莉.山西文化产业发展问题及对策研究［D］.燕山大学硕士学位论文，2013.

# 第六章  服务业

随着经济的快速增长，为国民经济各部门服务的服务业也得到迅速发展，一方面在地区生产总值中所占的比例不断上升，另一方面用现代化科技、信息武装起来的服务业主体发生了明显变化。传统服务业以商贸、住宿、餐饮、仓储、交通运输等为主体，现代服务业以金融保险业、计算机软件业及信息传输、租赁和商务服务业、科研技术服务、居民社区服务业等为代表，其涉及领域广、相互渗透强，对产业间凝聚力的影响日益增大。本章重点分析山西的商贸、物流、金融、证券和保险业的发展情况。

## 第一节  商贸业

山西历来是中国商贸业发达的地区之一，得天独厚的地理位置使之成为中华文化的起源地之一。山西商人从盐业起步，后逐渐发展到棉、布、粮、油、茶、药材、皮毛、金融等各个行业，并把商贸活动由区域内扩展到全国各地，甚至跨出国门走向世界。中华人民共和国成立后，国内外贸易得到长足发展，尤其是改革开放后，国内外贸易稳定增长，贸易商品种类增多、贸易方式多样，形成了以太原和运城为中心的国内外贸易中心。

### 一、国内贸易

#### （一）发展阶段

1949 年山西社会消费品零售总额为 1.7 亿元，到 2016 年达到 6480.5 亿元，较 1949 年增加了 3800 多倍，可分为四个发展阶段（见图 6-1、图 6-2）。

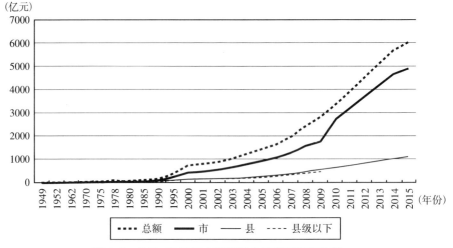

**图 6-1　1949~2015 年山西省社会消费品零售总额**

注：①1949 年的数据来源于《山西统计年鉴》(1985)，统计为城镇与乡村；②1952 年及以后的数据来源于《山西统计年鉴》(2016)；③2010 年以后划分为城镇和乡村。

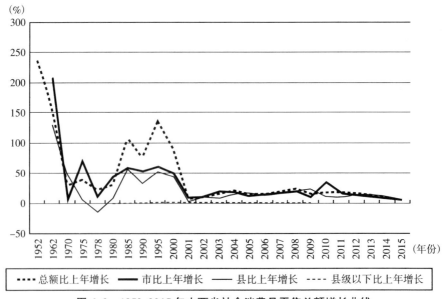

**图 6-2　1952~2015 年山西省社会消费品零售总额增长曲线**

注：①1949 年的数据来源于《山西统计年鉴》(1985)，统计为城镇与乡村；②1952 年及以后的数据来源于《山西统计年鉴》(2016)；③2010 年以后划分为城镇和乡村。

1. 缓慢增长期（1949~1970 年）

1949~1970 年，社会消费品零售总额总体上升，但上升幅度大幅度降低。这一阶段社会消费品零售总额由 1.7 亿元增加到 19.1 亿元，但增长幅度下降较大，由 1949~1952 年的 237.7% 下降到 1962~1970 年的 30.4%。

2. 稳定增长期（1971~1980 年）

1971~1980 年，全省社会消费品零售总额稳定增长，由 20.6 亿元增长到 42.7 亿元，增长幅度介于 6.4%~31.7% 之间，但年度间的增长幅度不太稳定。1970~1975 年略呈上升，1975~1978 年略呈下降，1978~1980 年略呈上升。

3. 波动增长期（1981~2001 年）

1981~2001 年，山西社会消费品零售总额由 48.8 亿元增加到 781.2 亿元，20 年间增长了 15 倍多。这段时期社会消费品零售总额的增长幅度变化剧烈，最高增幅为 137.9%，最低只有 8.1%。

4. 迅速增长期（2002 年至今）

2002 年以来，山西社会消费品零售总额增长比较快速、平稳，由 867.1 亿元增加到 2016 年的 6480.5 亿元；增幅相对稳定，最高的 2008 年为 24.0%，最低的 2015 年为 5.5%。

从社会消费品零售业零售种类角度分析，1949 年共分 8 大类，消费总额居前三位的依次是食品、衣着和日用品类；2015 年限额批发零售总额统计共分 25 类，消费总额居前三位的是汽车，石油及制品，服装、鞋帽、针纺织品类。

（二）发展现状与特点

1. 总量快速增长

1949 年之后社会消费品零售总额呈不断上升态势，增长幅度变化较大的为 1980~1985 年、1990~1995 年。此后，呈稳定增长态势。山西社会消费品零售总额占地区生产总值的比例较高，且在不断增长。1978~2016 年，社会消费品零售总额占地区生产总值的比重为 30% 以上，2013 年之后达到 40% 以上，2016 年更高达 50.1%（见图 6-3）。

营业店门数和营业面积不断增大。2002~2015 年，全省限额以上连锁批发零售业营业门店数由 555 家增长到 3727 家，年均增长率为 15.8%，营业面积由 38.3 万 m² 增长到 262.55 万 m²，年均增长率为 16.0%。在社会消费品零售业中以批发零售业为主，2016 年零售业占社会消费品零售总额的 90% 以上（见表 6-1）。

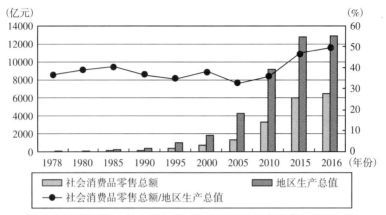

图 6-3　1978~2016 年山西省地区生产总值及社会消费品零售总额

资料来源：《山西统计年鉴》(2016)、《中国统计摘要》(2017)。

表 6-1　2016 年山西省社会消费品零售额结构

| 行业类型 | 零售总额（亿元） | 比例（%） |
| --- | --- | --- |
| 合计 | 6480.5 | 100.0 |
| 批发零售业 | 5904.5 | 91.1 |
| 住宿餐饮业 | 576.0 | 8.9 |

资料来源：《山西省 2016 年国民经济和社会发展统计公报》。

2. 社会消费品结构发生根本转变

1949 年至今，随着社会经济的发展，人民的生活发生了翻天覆地的变化，社会消费品亦随之发生了根本性改变，由以食品、衣着、日用品类为主的消费逐渐转变为以汽车、石油及制品和食品（或衣着）为主的消费（见表 6-2），但社会消费品中批发和零售存在一定的差异。

表 6-2　山西省限额社会消费品批发零售总额居前三位的行业

| 年份 | 消费居前三位的行业 |
| --- | --- |
| 1949 | 食品类、衣着类、日用品类 |
| 1960 | 食品类、衣着类、日用品类 |
| 1970 | 食品类、衣着类、农业生产资料 |
| 1980 | 食品类、衣着类、日用品类 |
| 1990 | 食品类、衣着类、日用品类 |
| 2000 | 食品、饮料、烟酒类，服装鞋帽针纺织品类，石油及制品类 |
| 2010 | 汽车类，石油及制品类，粮油、食品、饮料、烟酒类 |
| 2015 | 汽车类，石油及制品类，服装、鞋帽、针纺织品类 |

资料来源：相关年份《山西统计年鉴》。

3. 销售方式呈多样化趋势

改革开放以来，山西零售业发生了深刻的变化，不仅成为经济增长的热点行业，而且对整个流通业乃至经济运行方式都产生了积极影响。1984 年，全省零售业主要的销售方式为商业零售店、集贸市场和农村代购或代销店；2015 年，则可以细分为有店铺零售（食杂、便利、折扣、超市、大型超市、购物中心、厂家直销中心等）、无店铺零售（网上商店）。

4. 社会消费品零售业空间差异较大

首先，零售业空间差异表现为城乡差异。在 1985 年之前社会消费品消费群体主要为县和县以下的乡村人口，1985 年之后社会消费品消费群体开始由乡村转向城镇，2011~2015 年，城镇社会消费品消费占总社会消费品消费的 80%以上（见图 6-4），这与城镇化的快速发展有很大关系。

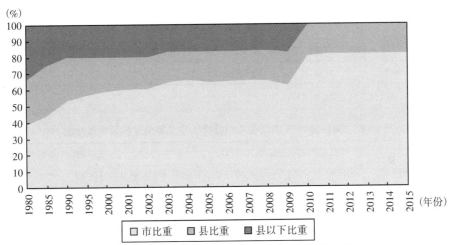

**图 6-4　1980~2015 年山西省城乡社会消费品零售总额变化**

资料来源：相关年份《山西统计年鉴》。

其次，零售业空间差异表现为地域差异。第一，零售业总额的地域差异。2015 年零售业总额位列前三名的是太原市、运城市和临汾市，最低的是朔州市。第二，零售业总额的城乡差异。城镇零售业总额最高的是太原市，最低的是朔州市；乡村零售业总额最高的是晋中市，最低的是阳泉市。第三，人均社会消费品零售总额的地域差异。人均社会消费品零售总额中超过全省人均社会消费品零售总额的分别是太原市、阳泉市和大同市（见表 6-3）。从 2011~2015 年全省社会消费品零售总额及增长情况看，太原市遥遥领先，且增长平稳（见表6-4）。

表6-3　2015年山西省各市社会消费品零售总额及其结构

| 城市 | 零售总额 | | 城镇零售 | | 乡村零售 | |
|---|---|---|---|---|---|---|
| | 总量（亿元） | 人均（万元/人） | 总量（亿元） | 人均（万元/人） | 总量（亿元） | 人均（万元/人） |
| 全省 | 6033.7 | 1.65 | 4917.2 | 2.44 | 1116.4 | 0.68 |
| 太原 | 1540.8 | 3.57 | 1433.6 | 3.93 | 107.2 | 1.59 |
| 大同 | 567.7 | 1.67 | 478.2 | 2.3 | 89.5 | 0.67 |
| 阳泉 | 288.3 | 2.06 | 260.2 | 2.83 | 28.1 | 0.59 |
| 长治 | 524.4 | 1.53 | 425.5 | 2.49 | 98.6 | 0.58 |
| 晋城 | 358.8 | 1.55 | 303.7 | 2.28 | 55.1 | 0.56 |
| 朔州 | 270.1 | 1.53 | 190.4 | 2.03 | 79.7 | 0.97 |
| 晋中 | 529.7 | 1.59 | 342.1 | 1.98 | 187.6 | 1.17 |
| 运城 | 661 | 1.25 | 520.8 | 2.14 | 140.2 | 0.49 |
| 忻州 | 314.9 | 1.0 | 221.7 | 1.52 | 93.2 | 0.55 |
| 临汾 | 572.0 | 1.29 | 455.6 | 2.11 | 116.4 | 0.51 |
| 吕梁 | 406.0 | 1.06 | 308.8 | 1.74 | 97.2 | 0.47 |

资料来源：《山西统计年鉴》（2016）。

表6-4　2011~2015年山西省各市社会消费品零售总额及增长情况

| 城市 | 社会消费品零售总额（亿元） | | | | | 2011~2015年平均 | |
|---|---|---|---|---|---|---|---|
| | 2011年 | 2012年 | 2013年 | 2014年 | 2015年 | 绝对数（亿元） | 增长率（%） |
| 太原 | 834.6 | 972.1 | 1128.3 | 1260.6 | 1540.8 | 1147.28 | 16.6 |
| 大同 | 266.0 | 308.5 | 364.0 | 402.9 | 567.7 | 381.82 | 20.9 |
| 阳泉 | 127.5 | 147.4 | 176.0 | 187.4 | 288.3 | 185.32 | 22.6 |
| 长治 | 212.4 | 246.6 | 297.8 | 326.5 | 524.4 | 321.54 | 25.4 |
| 晋城 | 117.6 | 136.6 | 160.9 | 179.9 | 358.8 | 190.76 | 32.2 |
| 朔州 | 70.5 | 82.2 | 113.1 | 125.9 | 270.1 | 132.36 | 40.0 |
| 晋中 | 103.2 | 119.7 | 139.8 | 158.2 | 529.7 | 210.12 | 50.5 |
| 运城 | 133.8 | 157.0 | 183.5 | 201.6 | 661 | 267.38 | 49.1 |
| 忻州 | 53.8 | 62.4 | 105.2 | 116.0 | 314.9 | 130.46 | 55.5 |
| 临汾 | 141.1 | 163.9 | 191.9 | 216.0 | 572.0 | 256.98 | 41.9 |
| 吕梁 | 43.1 | 49.1 | 59.5 | 59.9 | 406.0 | 123.52 | 75.2 |

资料来源：相关年份《山西统计年鉴》。

## 二、对外贸易

山西对外贸易历史悠久，早在汉唐时期就有对外贸易的记载，本地所产丝绸、纸张和铜器等商品，通过"丝绸之路"运往西域及周边国家，如罗马帝国、蒙古、西伯利亚及欧洲腹地。之后的各朝代，山西对外贸易都有不同程度的扩展，如明清时对外贸易的国家或地区有蒙古、俄国、高丽、日本、阿拉伯及欧非各国。

### （一）发展阶段

山西对外贸易在大部分时间内基本呈稳定增长态势，但局部时段呈现较大变化，1990 年以来的对外贸易可以划分为三个阶段（见图 6-5）。

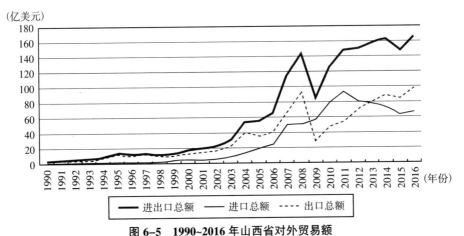

**图 6-5　1990~2016 年山西省对外贸易额**

资料来源：《山西统计年鉴》(2016)、《中国统计摘要》(2017)。

1. 缓慢增长阶段（1990~2003 年）

1990~2003 年，全省进出口总额基本呈缓慢上升发展的趋势，基本没有较大的波动。

2. 波动起伏阶段（2004~2009 年）

2004~2009 年，全省进出口总额总的趋势起伏较大，2008 年进出口总额达到这一时期的峰值 143.9 亿美元，2009 年大幅度下降为 85.5 亿美元。

3. 恢复提升阶段（2010 年至今）

2010 年之后山西对外贸易呈稳定增长态势，但增幅较小。最大增长率为 2011 年的 17.3%，最小值增长率为 2015 年的-9.3%。

### （二）基本特征

**1. 以出口为主的对外贸易**

1990 年以来，山西的对外贸易以出口为主，1990 年二者比重最高差额高达 75.8%。2009~2012 年以进口为主，二者比重最大差额为 35.4%，这与 2008 年全球性金融危机下中国出口产品受阻有很大关系。2013 年之后，出口产品比重又超过进口产品比重（见图 6-6）。

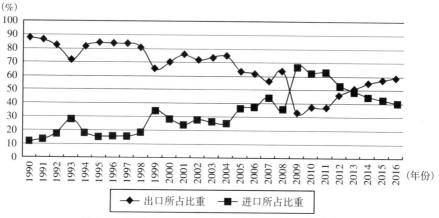

**图 6-6 1990~2016 年山西省对外贸易进出口所占比重**

资料来源：《山西统计年鉴》(2016)、《中国统计摘要》(2017)。

1993 年之前，山西最大的贸易对象是北美洲，1994 年之后亚洲跃居第一。目前，最大的贸易国依次为美国、日本、韩国、澳大利亚、俄罗斯、荷兰、德国、巴西、印度等。

**2. 贸易产品以矿产和机电产品为主**

2005 年之前，山西以出口矿产品、进口机电产品为主；2005 年之后，以出口机电产品、进口矿产品为主，且两者的比例呈现不同程度的增长趋势（见表 6-5）。特别需要指出的是，高技术产品的进出口贸易总额不断增加，且出口增长速度快，远远超过了进口增长速度。

**表 6-5 2015 年山西省进出口额前五位产品**

| 进口产品 | 进口额（亿美元） | 出口产品 | 出口额（亿美元） |
| --- | --- | --- | --- |
| 机电产品及零件 | 28.71 | 机电产品及零件 | 43.74 |
| 矿产品 | 17.46 | 贱金属及其制品 | 21.36 |
| 贱金属及其制品 | 11.83 | 化学工业及其产品 | 6.15 |

续表

| 进口产品 | 进口额（亿美元） | 出口产品 | 出口额（亿美元） |
|---|---|---|---|
| 植物产品 | 1.31 | 车辆、航空器、船舶及有关运输设备 | 5.55 |
| 光学、检测、医疗设备；钟表、乐器 | 1.16 | 矿产品 | 2.14 |

资料来源：《山西统计年鉴》（2016）。

### 3. 对外贸易区域差异明显

2015 年，山西各地级市对外贸易总额相差悬殊，位列前三位的分别是太原、运城和晋城。其中，对外贸易最大的太原市，其贸易总额为 106.8 亿美元，占全省的 72.6%；对外贸易额最小的是朔州市，进出口贸易总额仅为 0.5 亿美元，仅占全省的 0.3%（见表 6-6）。

表 6-6　2015 年山西省各地级市海关进出口总额

| 城市 | 进出口总额（亿美元） | 出口（亿美元） | 进口（亿美元） |
|---|---|---|---|
| 全省 | 147.2 | 84.2 | 62.9 |
| 太原 | 106.8 | 65.9 | 40.9 |
| 大同 | 4.2 | 2.9 | 1.3 |
| 阳泉 | 2.0 | 1.5 | 0.5 |
| 长治 | 1.6 | 0.3 | 1.2 |
| 晋城 | 9.0 | 2.9 | 6.1 |
| 朔州 | 0.5 | 0.3 | 0.3 |
| 晋中 | 2.1 | 1.9 | 0.1 |
| 运城 | 12.0 | 3.3 | 8.7 |
| 忻州 | 2.0 | 2.0 | 0.04 |
| 临汾 | 3.0 | 1.7 | 1.4 |
| 吕梁 | 4.1 | 1.6 | 2.5 |

资料来源：《山西统计年鉴》（2016）。

## 三、商贸业发展方向

### （一）拓展国内外贸易市场

山西前期国内外贸易以煤炭及其制品、矿产、机电等为主，今后要走多元化发展的道路。首先，扩大特色农产品贸易。作为农业大省，尽管商品粮在全国不占重要地位，但山西为杂粮产区，再加上多山区，绿色农林产品和特色产品较多，应大力发展农林加工业，扩大国内外农产品贸易。其次，实现外贸转型升级。要彻底扭转以煤炭及其制品、矿产为主的对外贸易格局，加强不锈钢、机械制造、通信设备等加工、技术产品的出口；扩大先进技术设备、关键零部件的进口。最后，加强高新产业境内外交流合作。山西高新产业已经起步，政府要牵线搭桥，利用科研院所的科研成果，助推高新产业发展，同时也可加强与境内外企业的科研技术合作，为山西产业升级创造条件。

**（二）构建现代批发零售服务体系**

发展商贸综合服务中心、农产品批发市场、集贸市场以及重要商品储备设施、大型物流（仓储）配送中心、农村邮政物流设施、快件集散中心、农产品冷链物流设施。依托太原、晋北、晋南、晋东南商业功能区，吸引国内大型商贸集团建设现代大型商品流通配送中心。完善各地商贸业集聚街区和大型批发市场物流服务功能，建设一批集展示交易、现代仓储、加工配送等功能于一体的商贸物流中心。加快城乡商贸流通网络和节点的规划建设，继续发展农超对接，实施"快递下乡"工程，加快建设以市级商业中心为主导、以社区超市和便利店为基础、以商业街和商品交易市场为特色，工业品下乡与农产品进城双向流通的城乡一体化商品流通网络（山西省人民政府，2016）。

**（三）大力发展新业态**

利用现代化网络技术，完善物联网、云计算、大数据、传感网等新一代信息技术在商贸中的综合应用。传统商贸流通企业要转变经营模式，利用互联网等先进信息技术进行升级改造，发挥实体店的服务、体验优势，与线上企业开展深度合作，提高仓储、采购、运输、订单等环节的科学管理水平。

# 第二节　物流业

山西物流业基本上是围绕煤炭及制成品展开。特别是改革开放以后，煤炭及制成品消费量和社会物资量的增加及经济全球化、贸易自由化、中部崛起和环渤海经济圈的快速发展，为现代物流业发展创造了内外环境条件，使山西成为全国物流业的重要地区之一。

## 一、发展条件

### (一) 丰富的物产

山西是全国著名的以煤炭为主的能源大省，煤炭大量外调出省，2015 年外调出省煤炭 6.24 亿 t，占到煤炭总产量的 64.5%。山西也是全国著名的杂粮产区，特色农产品极其丰富，农贸市场非常活跃，2010 年以前全省国内贸易一直以食品类贸易为主。近几年随着科技进步，农牧和矿物加工品、高技术产品不断增多。

### (二) 发达的交通网

物流业高度依赖交通业的发展。2016 年全省公路建设基本实现了城乡交通一体化，铁路南北贯通，高速公路通车里程达到 5263km，拥有太原航空港，形成了贯通东南西北，延伸周边省（直辖市、自治区），可以连接海外的现代化交通网络。

### (三) 日益完善的物流园区

物流园区是连接境内外物流的节点，是大型物流产品集散基地。"十五"期间，山西提出建设太原、大同、侯马三大物流园区，现已建成山西万昌国际物流园区、山西穗华物流产业园及山西兰花国际物流园区等。建设了太行山农产品物流园区、太原农产品国际物流园区等，为山西物流业走向国内外提供了广阔的平台。

### (四) 现代化的物流信息网络

物流信息及其基础设施的普遍使用，使物流业快速发展成为可能。2016 年年全省移动电话用户为 3365.7 万户，占总人口的 91.3%。现代化的物流信息网络，尤其是移动电话的大量使用和"互联网+"在各生产、消费领域的广泛应用，大幅度提高了人们的信息交流水平，进一步促进了物流业的发展。

## 二、发展阶段

山西物流业发展总体呈上升趋势，但在不同的时间段，增长速度有很大的差异，下面以交通运输、仓储和邮政业产值为依据将其划分为四个阶段。

1. 起步期 (1978~1985 年)

1978~1985 年，全省交通运输、仓储和邮政业产值年增长率由 27.7%迅速上升到 118.3%。

### 2. 迅速增长期（1985~2001 年）

1985~2001 年，全省交通运输、仓储和邮政业产值增长迅速，由 13.1 亿元上升到 157.2 亿元，增长了 11 倍。但在这期间增长幅度明显不稳定，如 1990~1995 年的增长率为 337.9%，而 2000~2001 年的增长率只有 7.7%。

### 3. 稳定期（2001~2013 年）

2001 年之后，全省交通运输、仓储和邮政业产值呈稳定增长态势，其波动性明显变小，其中最高时期（2003~2004 年）的增长率达到 55.8%，而最低时期（2012~2013 年）仅为 6.1%，整体呈稳定增长状态。

### 4. 极不稳定期（2014 年至今）

2014 年全省交通运输、仓储和邮政业产值增长率为 -11.3%，而 2015 年又上升到 12%。

## 三、发展现状与特征

近年来，随着山西经济的快速发展，对外贸易、境内贸易额不断增大，进一步推动了物流产业的发展。城市物流配送、城市物流快递、第三方物流、大型物流园区等迅速发展，物流已经成为全省经济发展的重要支柱（原建猛，2010），在服务业中的比重也较大。2015 年交通运输、仓储和邮政业增加值 892.8 亿元，占第三产业增加值的 13.2%。全省有物流企业 105 家，已建成一系列国际物流园区和省级农产品物流中心。

### （一）物流业基础设施相对薄弱

首先，邮路长度增长缓慢。随着经济快速发展，邮电业务总量不断增加，但邮路长度增长缓慢，尤其是 2012 年之后，邮路长度大幅度减少（见表 6-7）。

**表 6-7　1978~2015 年山西省邮政状况**

| 年份 | 邮政支局所（处） | 其中农村邮政支局所（处） | 邮路长度（km） | 邮电业务总量（亿元） |
|---|---|---|---|---|
| 1978 | 1675 | 1444 | 143907 | 1.1 |
| 1980 | 1629 | 1380 | 141596 | 1.3 |
| 1985 | 1890 | 1591 | 146024 | 1.7 |
| 1990 | 1813 | 1456 | 146251 | 2.6 |
| 1995 | 1888 | 1454 | 157202 | 13.8 |

续表

| 年份 | 邮政支局所（处） | 其中农村邮政支局所（处） | 邮路长度（km） | 邮电业务总量（亿元） |
|---|---|---|---|---|
| 2000 | 1730 | 1239 | 203725 | 75.9 |
| 2005 | 1603 | 1045 | 181703 | 280.6 |
| 2010 | 1306 | 759 | 184998 | 260.0 |
| 2015 | 1582 | 1158 | 86946 | 511.3 |

资料来源：《山西统计年鉴》（2016年）。

其次，在移动通信中入网用户占拥有移动通信用户的比例较低。2015年末，移动电话用户为3337.3万户，其中宽带接入用户为606.1万户，占18.2%。

### （二）快递业务快速发展

山西的第三方物流刚刚起步，在一些大型专业公司如天和旺物流有限公司、鼎兴物流公司、传喜货运有限公司等出现的同时，小件专业配送迅速发展。快递业务是近几年随着信息网络建设而迅速崛起的物流业务之一，尽管2005年以来快递业务呈现出不稳定状态，但总体来看增长迅速（见表6-8）。

表6-8　2005~2015年山西省快递业发展情况

| 项目 | 2005年 | 2006年 | 2007年 | 2008年 | 2009年 | 2010年 | 2011年 | 2012年 | 2013年 | 2014年 | 2015年 |
|---|---|---|---|---|---|---|---|---|---|---|---|
| 快递数（万件） | 299 | 331 | 421 | 527 | 594 | 1479 | 2098 | 2805 | 8869 | 9130 | 11477 |
| 比上年增长（%） | — | 10.7 | 27.2 | 25.2 | 12.7 | 149.0 | 41.9 | 33.7 | 216.2 | 2.9 | 25.7 |

资料来源：《山西统计年鉴》（2016）。

### （三）空间差异明显

2015年山西的11个地级市中，交通运输、仓储和邮政业产值占全省比例超过10%的有3个，依次为太原、大同和晋中，小于5%的为忻州和阳泉，其他城市介于5%~10%之间（见表6-9）。

表6-9　2015年山西省各市交通运输、仓储和邮政业产值

| 城市 | 产值（亿元） | 占全省比例（%） |
|---|---|---|
| 全省 | 892.8 | 100.0 |
| 太原 | 137.6 | 15.4 |

续表

| 城市 | 产值（亿元） | 占全省比例（%） |
|------|------------|----------------|
| 大同 | 122.5 | 13.7 |
| 阳泉 | 41.1 | 4.6 |
| 长治 | 73.1 | 8.2 |
| 晋城 | 70.0 | 7.8 |
| 朔州 | 82.1 | 9.2 |
| 晋中 | 98.0 | 11.0 |
| 运城 | 88.6 | 9.9 |
| 忻州 | 41.7 | 4.7 |
| 临汾 | 81.1 | 9.1 |
| 吕梁 | 57.2 | 6.4 |

资料来源：《山西统计年鉴》（2016）。

## 四、发展方向

### （一）加快物流中心建设

首先，强化现有物流中心。现有物流中心是全省人口集中区、经济中心区、交通信息便利区，应加大建设力度，完善基础设施，综合提升物流服务。其次，加强物流薄弱区域的建设。随着经济的进一步发展和乡村经济的发展，物流业将会不断增长，在现阶段物流业发展水平较低的城镇交通中心，可适当建设物流园区，以物流园区作为物流的区域增长点，带动次一级物流中心的形成和发展。最后，加强乡村物流设施建设。全省长期邮路长度超过公路、铁路营业里程，说明山西有相当一部分邮路走的是乡间道路。农村计算机台数、移动手机数量、互联网入网还较低。随着网络购物的发展，乡村邮递会不断增强，应加强乡村物流设施建设。

### （二）积极发展第三方物流

随着信息技术和经济区域化、全球化的发展，越来越多的产品在区域内或世界范围内生产、流通和销售，物流活动将会日益庞大和复杂，而第一、第二方物流的组织和经营方式已不能完全满足社会需要，同时企业为增强其核心竞争力，将会不断将产品的流通承包出去，因而第三方物流业的发展是世界商品流通的主要方式。一是依托省内主要产品发展专业化第三方物流。山西是农业特色省份和能源大省，其农副产品、能源、矿产品、机电产品和高新技术等与境内外流通较多，可鼓励发展相应的第三方专业物流队伍，以此促进相关产业的发展和提升。二是加强快递物流发展。随着经济发展和人民生活水平的日益提高，对生产活动及相关物品、生活物品的需求量将会不断增加，小物件流通将成为居民生产、生活购物的主流，应加强快递物流发展。

## 五、空间布局

依托铁路交通轴线、高速公路网及普通干线公路运输通道，大力发展多式联运，主动对接京津冀一体化、环渤海地区合作发展、欧亚贸易通道、中原经济区和丝绸之路经济带建设，重点建设三大现代物流业密集区（山西省人民政府，2016）。

### （一）中部现代物流业密集区

依托铁路太（原）中（卫）银（川）线、石（家庄）太（原）线、瓦（塘镇）日（照）线、太（原）兴（县）线、大（同）西（安）客运专线、石（家庄）太（原）客运专线和G5、G20、G55高速公路等交通轴线，结合太原市、晋中市、阳泉市和吕梁市的生产力布局以及战略定位，建设功能齐全、集聚辐射能力强的现代物流业密集区，使之成为山西建设中西部现代物流中心的核心载体。

### （二）北部现代物流业密集区

依托贯通东西的铁路大（同）秦（皇岛）线、（北）京包（头）线、大（同）张（家口）客运专线和G18、宣（化）大（同）高速、忻（州）阜（平）高速、忻（州）保（德）高速、灵（丘）河（曲）高速及连接南北的铁路（大）同蒲（风陵渡）线、大（同）西（安）客运专线和G55等交通轴线，充分发挥大同市、朔州市、忻州市资源优势和涉煤产业发展优势，建设煤炭集散中心、省外煤焦物流仓储配送中心，形成产运需有效衔接，省内外市场相互贯通，生产、运输、储备、配煤相互支持、整体推进的煤炭物流网络。

### （三）南部现代物流业密集区

依托铁路（大）同蒲（风陵渡）线、太（原）焦（作）线、侯（马）月（山）线、侯（马）西（安）线、大（同）西（安）客运专线和G5、G55、G22高速等交通轴线，充分发挥长治市、晋城市、临汾市、运城市的优势，强化区域合作，建设山西现代物流业对黄河中游地区开放与合作的桥头堡，成为连接我国东部沿海大通道的现代物流基地。

# 第三节　现代服务业

## 一、金融服务业

### （一）发展阶段

1. 金融活动活跃期（1978~2005 年）

这是山西存款、贷款最为活跃的时期。1978~2005 年，全省存款额由 25.6 亿元增加到 7088.7 亿元[①]；贷款额由 46.6 亿元增加到 4229.0 亿元。其中，1995 年之前金融服务活动以贷款为主；1995 年之后金融服务活动以存款为主（见图 6-7）。

2. 金融活动稳定增长期（2006 年至今）

2006~2015 年，全省存款、贷款比较稳定，增长速度多数介于 10%~20% 之间。

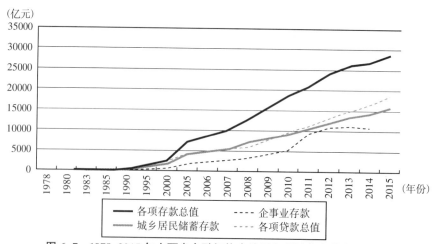

图 6-7　1978~2015 年山西省金融机构本外币各项储蓄存款余额变化

资料来源：相关年份《山西统计年鉴》。

---

① 城乡居民储蓄年末余额包括城镇居民储蓄和农民个人储蓄两部分的年末余额，不包括工矿企业、部队、机关团体等集体存款。

### (二) 发展现状

#### 1. 金融活动相对活跃

1978~2015 年，山西金融活动比较活跃，尤其是储存款绝大部分年份增长速度在 10% 以上，个别年份大于 60%。

#### 2. 金融活动的营业网点发展不稳定

2005~2015 年，全省银行业金融机构营业网点发展极不稳定。银行营业网点的数量年最大增速为 15.5%，最小为 -30.7%；银行营业网点的从业人员年最大增速为 13.9%，最小为 -11.2%（见表 6-10）。

表 6-10　2005~2015 年山西省银行业金融机构营业网点经营情况

| 年份 | 机构数（个） | 从业人数（人） | 资产总额（亿元） |
|---|---|---|---|
| 2005 | 6642 | 78349 | 8442 |
| 2006 | 6396 | 89265 | 9715 |
| 2007 | 4432 | 79225 | 10965 |
| 2008 | 5173 | 84375 | 15213 |
| 2009 | 5683 | 91316 | 18408 |
| 2010 | 5765 | 95293 | 22333 |
| 2011 | 6207 | 105529 | 25056 |
| 2012 | 6168 | 105852 | 28916 |
| 2013 | 6762 | 118981 | 31969 |
| 2014 | 5793 | 110456 | 33069 |
| 2015 | 6692 | 116887 | 36202 |

资料来源：相关年份《山西省金融运行报告》，中国发展门户网，2017-06-02。

#### 3. 金融活动的营业网点机构类别较多

山西省银行金融机构包括大型商业银行、国家开发银行和政策性银行、股份制商业银行、城市商业银行、小型农村金融机构等 10 多种类别。从机构数量看，2015 年最多的为小型农村金融机构，达 3058 个，占到机构总数的 45.7%（见表6-11）。

表 6-11　2015 年山西银行业金融机构类别统计

| 机构类别 | 机构数（个） | 比例（%） |
|---|---|---|
| 大型商业银行 | 1672 | 25.0 |
| 国家开发银行和政策性银行 | 80 | 1.2 |
| 股份制商业银行 | 303 | 4.5 |
| 城市商业银行 | 276 | 4.1 |
| 小型农村金融机构 | 3058 | 45.7 |
| 财务公司 | 7 | 0.1 |
| 信托公司 | 1 | 0.01 |
| 邮政储蓄 | 1220 | 18.2 |
| 外资银行 | 2 | 0.03 |
| 新型农村金融机构 | 72 | 1.1 |
| 其他 | 1 | 0.01 |
| 合计 | 6692 | 100.0 |

资料来源：同表 6-10。

### 4. 形成了地方性金融中心

2015 年山西各市区的金融活动业务有较大的区域差异。太原市在存贷款业务活动中占全省的比重分别为 37.8%、49.1%，成为全省金融活动的地方性中心。其余各地级市存贷款差异不大，其中大同市和晋中市占比相对较高（见表 6-12）。

表 6-12　2015 年山西省各市存贷款业务统计

| 城市 | 存款 | | 贷款 | |
|---|---|---|---|---|
| | 绝对量（亿元） | 比例（%） | 绝对量（亿元） | 比例（%） |
| 全省合计 | 28641.4 | 100.0 | 18574.8 | 100.0 |
| 太原 | 10830.1 | 37.8 | 9121.4 | 49.1 |
| 大同 | 2427.0 | 8.5 | 1181.6 | 6.4 |
| 阳泉 | 1352.7 | 4.7 | 721.3 | 3.9 |
| 长治 | 2044.2 | 7.1 | 1132.0 | 6.1 |
| 晋城 | 1800.1 | 6.3 | 1007.5 | 5.4 |
| 朔州 | 1191.7 | 4.2 | 558.6 | 3.0 |
| 晋中 | 2050.2 | 7.2 | 1203.5 | 6.5 |
| 运城 | 1720.9 | 6.0 | 962.3 | 5.2 |

续表

| 城市 | 存款 | | 贷款 | |
|---|---|---|---|---|
| | 绝对量（亿元） | 比例（%） | 绝对量（亿元） | 比例（%） |
| 忻州 | 1641.8 | 5.7 | 715.0 | 3.8 |
| 临汾 | 1966.5 | 6.9 | 1079.3 | 5.8 |
| 吕梁 | 1616.4 | 5.6 | 892.3 | 4.8 |

资料来源：《山西统计年鉴》（2016）。

### （三）发展方向

山西的金融服务业应改变以存款为主的传统发展道路，一方面应积极鼓励和引导城乡居民"创业"、"投资"；另一方面应加大服务业发展力度，将过剩资本吸引到服务行业，以此拉动地方经济发展和劳动就业。

## 二、保险服务业

保险是分摊灾害事故的经济方法，或是将风险转移的行为。随着人们对灾害、健康、财产风险等的认识提高，保险成为一种普遍被认可、使用的降低风险的工具。

### （一）发展阶段

1968 年山西保险业停办，到 1980 年恢复，基本处于上升阶段。但在发展过程中，呈现出四个不同的发展阶段。

#### 1. 恢复期（1980~1990 年）

1980 年，中国人民保险公司山西分公司正式成立，标志着山西保险业开始恢复。之后相继组建太原、大同、榆次三个市支公司，到 1986 年全省保险机构数量达到 135 个，县级以上机构覆盖面达 100%。1989 年交通银行太原分行又设立了太平洋保险公司太原代理处。

#### 2. 发展初期（1991~1995 年）

太平洋保险公司太原代理处设立后，一方面使全省保险业险种多样化，另一方面打破了中国人民保险公司独家经营的局面，之后民政部门、劳动部门、大型企业、各行业相继开展了各种形式的人身保险业务。1995 年随着《中华人民共和国保险法》的实施，保险业得到快速发展，1995 年保险保费收入较 1990 年翻了将近一番。

3. 快速发展期（1996~2010 年）

随着《中华人民共和国保险法》的实施，个人寿险营销业务、保险中介机构随之出现，并实现保险业监管的专业化，山西保险业得到快速发展。

4. 不稳定发展期（2011 年至今）

2011 年之后，山西保险业出现了负增长，之后又开始缓慢上升，到 2015 年保险业增长基本恢复正常。

**（二）保险业发展特点**

首先，原保险保费收入增长较快。1990~2015 年，全省原保险保费收入由 5.33 亿元增长到 586.7 亿元，年均增长 36.8%。其次，保险机构种类多，保险覆盖面广。除保险公司外，山西还有保险中介机构、公估机构、经纪分支机构、兼业代理机构等，2008 年之后山西城镇和农村都建立了保险业服务体系。2015 年全省有保险行业总公司 1 家、分支公司 47 家，特色农业保险覆盖 11 个地级市、32 个县，涉及 15.6 万农户；城乡居民大病保险覆盖 11 个地级市，涉及 2450.1 万城乡居民，占总人口的 2/3。再次，险种较集中。险种主要包括人身险和财产险，主要以经济补偿险种为主。最后，地域差异明显。2015 年各地级市投保所占比例有一定的差异，占全省比例超过 10% 的只有太原市和运城市，其中最高的为太原市，占全省投保总额的 27.4%，最低的朔州市为 2.9%（见表 6-13）。

表 6-13　2015 年山西省各市原保险保费收入及比重

| 城市 | 原保险保费收入（万元） | 比例（%） |
| --- | --- | --- |
| 省本级 | 326 | 0.01 |
| 太原 | 1606592 | 27.4 |
| 大同 | 496242 | 8.5 |
| 阳泉 | 264024 | 4.5 |
| 长治 | 449197 | 7.7 |
| 晋城 | 358839 | 6.1 |
| 朔州 | 172480 | 2.9 |
| 晋中 | 543417 | 9.3 |
| 运城 | 677434 | 11.5 |
| 忻州 | 338131 | 5.8 |
| 临汾 | 556347 | 9.5 |
| 吕梁 | 404225 | 6.9 |
| 全省合计 | 5867255 | 100.0 |

资料来源：同表 6-12。

## （三）发展方向

第一，实现保险业的多功能化。1980 年以来，保险业逐渐在人们的生产、生活各个领域发挥了重要的保障作用，但仍然以经济补偿为主。今后应引导社会、企业、个人等投保单位和个人向资金融通与社会管理职能等方向发展，使保险业不仅为人民的生命、财产安全进行保障，还可以为拉动社会经济发展、创建和谐社会发挥积极作用。第二，引导民众进行差异化投保。由于地域自然环境的差异、经济发展模式的差异、地方疾病的差异等，人民的生命、财产安全和经济发展、社会管理等有不同的保险需求，保险业应与当地的具体业务需求结合起来，实行差异化投保。

## 三、证券服务业

1988 年山西证券公司和晋冀内蒙古地盟市大同证券公司成立，山西证券服务业（国债的柜台交易）开始出现，之后得到不断发展和完善。

### （一）发展现状

#### 1. 业务以股票为主

2015 年全省证券服务业中以股票为主，占证券总成交额的比例高达 83.8%（见表 6-14）。

表 6-14　2015 年山西省证券成交额及比例

| 项目 | 上市公司（家） | 证券成交额（亿元） | 股票成交 | | 基金成交 | | 债券成交 | |
|---|---|---|---|---|---|---|---|---|
| | | | 绝对量（亿元） | 比例（%） | 绝对量（亿元） | 比例（%） | 绝对量（亿元） | 比例（%） |
| 数量 | 37 | 56097.6 | 47001.6 | 83.8 | 1754 | 3.1 | 7342 | 13.1 |

资料来源：同表 6-12。

#### 2. 证券业呈上升态势

2000 年以来，山西股票总发行股本、股票发行量、股票筹资额都呈上升趋势，尤其是股票筹资额由 2000 年的 109.28 万元增长到 2014 年的 1045.12 万元，增加了近 9 倍。但股票总发行股本、股票发行量、股票筹资额增长极不稳定，长期呈现波动状态。

#### 3. 证券上市公司数量及营业网点增长缓慢

2000~2015 年，全省证券上市公司数量从 17 家增长到 37 家（见表 6-15）。

营业网点数量偏少，截至 2014 年 10 月全省共有 2 家证券公司、19 家证券公司分公司、4 家期货公司，证券和期货营业部共有 143 家（山西财经大学，2014）。

表 6-15　2000 年以来山西省证券公司及股票发行情况

| 年份 | 境内上市公司<br>（家） | 股票总发行股本<br>（亿股） | 股票发行量<br>（亿股） | 股票筹资额<br>（万元） |
|---|---|---|---|---|
| 2000 | 17 | 66.38 | 20.65 | 109.28 |
| 2005 | 22 | 90.79 | 27.19 | 153.13 |
| 2010 | 31 | 431.40 | 111.99 | 841.16 |
| 2015 | 37 | 694.46 | 232.86 | 1317.15 |

资料来源：同表 6-12。

### （二）发展方向

发行股票的目标是筹集资本，政府部门和相关部门应加强对股票的管理和引导。一方面，应将新兴产业部门和风险产业部门作为股票发行的重点对象，以此拉动山西产业升级和降低风险；另一方面，管理部门可加强对上市企业的质监、法律等管理，使上市企业稳定、健康地发展，达到稳定股市、吸引股民、发展经济的目标。

# 第四节　服务业布局[①]

## 一、生产性服务业布局

以山西"一核一圈三群"城镇体系为依托，以大（同）秦（皇岛）线、石（家庄）太（原）线、大（同）西（安）客运专线、太（原）焦（作）线等重大交通轴线和东西相连、南北贯通的高速公路交通运输大通道为支撑，依据区域比较优势，遵循服务业发展规律和山西工业园区化、集群化布局趋势，重点布局一个现代生产性服务业核心区、三个区域性生产性服务业中心区。

---

① 参见《山西省"十三五"服务业发展规划》。

### （一）太原都市圈现代生产性服务业核心区

以太原—晋中同城化发展为契机，建设太原都市圈现代生产性服务业核心区，辐射忻州市、阳泉市、吕梁市。太原市要充分利用人才、技术、物流、信息、资金等相对集中的优势，依托科技城、大学城和高新技术开发区，重点发展现代物流、现代金融、研发设计、技术信息服务、电子商务、检验检测认证、节能环保、人力资源服务和品牌建设等行业，建设国家现代交通运输体系核心区，探索建立地方期货交易所，率先建成智慧城市，建设现代物流枢纽、金融高地、低碳技术中心和总部经济核心区。

### （二）三个区域性生产性服务业中心区

1. 晋北发展中心区

充分发挥大同市、朔州市的资源优势、区位优势、涉煤产业发展优势，以及雁门关生态畜牧经济区优势，结合晋北现代煤化工基地建设和资源型城市转型发展等要求，建设以煤炭现代物流、商务服务、电子商务、金融服务、节能环保服务为主的服务业发展中心区。

2. 晋南发展中心区

充分发挥临汾市（侯马）、运城市的优势，强化区域合作，积极融入关中天水经济区，加快晋陕豫黄河金三角区域协调发展综合试验区建设，建设以现代物流、金融服务、高技术服务、信息技术服务、节能环保服务、电子商务、农产品加工服务为主的服务业发展中心区。

3. 晋东南发展中心区

充分发挥长治市、晋城市的优势，积极融入中原经济区，建设以现代物流、金融服务、信息技术服务、节能环保服务、电子商务为主的服务业发展中心区。

## 二、生活性服务业布局

依据生活性服务业的产业特征，依托全省城镇体系布局，以满足物品与服务快速通达为目的，形成以太原为中心、其余10个地级市为节点、县城和县级市为支点的"三级"生活性服务业格局。

### （一）一级中心：全省生活性服务业辐射核心

把太原建设成具有内生动力，能够辐射引领、示范带动全省的生活性服务业核心区。要充分利用客流、物流、信息流、技术流、资金流中心的优势，以物联网、"互联网+"为技术手段，以城市综合体等为主要业态，以物品和服务快速集散为主要功能，着力壮大规模、加快速度、提升质量，建立引领全省新兴生活性服务业发展的新标杆，建设国际网购物品集散中心和快递转运集散交易中心。

### （二）二级中心：生活性服务业主要节点

把其余10个地级市建设成区域性服务业主要节点，培育市场服务主体，健全快速转运通道，发展新型业态，形成中继快递节点和区域性消费中心。

### （三）三级中心：生活性服务业消费网点

把100多个县（市）建设成全面服务百姓生活的服务业消费网点。以大县城和中心城镇为骨干，积极对接节点城市服务业延伸，对接消费群体需求，形成终端消费网点。

参考文献

[1] 山西省人民政府. 山西省"十三五"服务业发展规划 [Z]. 2016.

[2] 原建猛. 物流业，山西转型发展的新舞台 [N]. 发展导报，2010–11–19（005）.

[3] 山西省人民政府. 山西省现代物流业发展"十二五"规划 [Z]. 2012.

[4]《山西改革发展30年》丛书编委会. 山西改革发展30年·综合卷 [M]. 北京：中共党史出版社，2008：712–713.

[5] 山西财经大学. 山西省"十三五"金融市场建设与创新研究 [R]. 2014.

# 第七章　农业与农村发展

　　农业是国民经济的基础，农业、农村、农民问题关系党和国家事业发展全局。改革开放以来，山西着力解决"三农"问题，坚持改善农业生产条件，不断加大支农、惠农力度，充分发挥科技兴农作用，努力优化农业产业结构，使农业、农村面貌发生了翻天覆地的变化，农村经济蓬勃发展，取得了辉煌成就。

# 第一节　概　述

　　山西是我国农业文明的重要发祥地，有着悠久的农耕历史。其农业生产条件较差，农业发展水平不高，但特殊的地理条件也孕育了众多的特色农产品，使山西成为全国知名的"小杂粮王国"。近年来，农业发展方式正经历着深刻的变革，以现代农业、特色农业为主的农业发展方式为农业和农村的发展带来新的强劲动力。

## 一、农业发展条件

### （一）自然条件

　　山西地处我国黄河中游的黄土高原东部，境内地形复杂，高低悬殊，大陆性气候特征明显，是我国北方典型的半干旱区，地面水和地下水资源均很缺乏。但光能资源丰富，热量条件较好，雨热同季，昼夜温差较大，地形条件复杂，适宜种植多种温带作物和发展多种生产经营。

### 1. 地貌崎岖破碎

山西大部分地区海拔超过 1000m，山区、丘陵和平原的比例约为 4：4：2，山地和丘陵占土地总面积的 80.3%，东部太行山脉、西部吕梁山脉纵贯南北，导致山区、丘陵比例较高。坡地多，平地少，在土地数量及开发难度上都限制了农业发展。农业多布局于两条山脉中间的数个盆地当中，在土地利用地类中，未利用土地比例最大。

### 2. 热量条件较好

山西属中温带与暖温带大陆性气候，年太阳总辐射量为 4900~6000MJ/$m^2$，仅次于青藏高原和西北地区，是我国光能资源高值区，有利于农业生产。年日照时数在 2200~3000h 之间，年日照百分率为 50%~65%，有利于作物的生长发育和果实的成熟。年均气温介于 4~14℃之间，运城、临汾盆地活跃生长期为 200~210d，≥10℃积温 80%的保证值为 4000~4500℃；太原盆地和晋城、阳城、阳泉等的活跃生长期为 180~190d，≥10℃积温 80%的保证值为 3500~3900℃。这样的积温条件有利于作物生长，尤其有利于干物质和糖分的积累，这也是山西粮食能高产、水果着色好与含糖率高的有利因素，也为地方特色农林产品生产（如吉县的苹果、永和的红枣、隰县的梨、古县的核桃、安泽的连翘）提供了较为良好的热温条件。山西无霜期自北向南为 120~220d，晋西北高寒地区无霜期仅为 120d左右，总体上看霜冻灾害较为严重、频繁。

### 3. 水资源短缺

山西年降水量为 400~650mm，降水量存在明显的地域差异，局部地区降水偏少，水分不能满足农作物生长发育所需（唐光耀，2011）。2004 年山西省第二次水资源评价成果表明，1956~2000 年全省多年平均降水量为 508.8mm。水资源总量为 123.8 亿 $m^3$，其中河川径流量为 86.8 亿 $m^3$，地下水资源为 84 亿 $m^3$，二者重复量为 47 亿 $m^3$（范堆相，2005）。山西人均水资源占有量仅相当于全国平均水平的 1/5，每公顷耕地平均占有水量仅为全国平均水平的 1/9，属于严重缺水的省份。黄河流经山西西部和南部边界，但在黄河北干流段受吕梁山脉阻隔，引水困难。全省农业用水一方面面临资源短缺，另一方面用水效率低，水资源浪费严重。由此导致耕地中旱地多、水地少，旱地面积占到全省耕地面积的 76%以上（薛进杰，2006）。

4. 生物资源较为丰富

山西南北跨度大，地势高低悬殊，山地、丘陵等地貌类型多样，植物区系成分丰富，起源古老。山西既是亚热带常绿落叶阔叶林植被地带和暖温带落叶阔叶林植被地带的交错区，又是暖温带落叶阔叶林植被地带和温带草原植被地带的分布区，自然生态地理的区位特点和气候、土壤、植被的水平地带变化与垂直地带变化，为生态系统多样性和生物物种多样性创造了良好的生态条件，也为丰富的杂粮种植奠定了基础（马妮，2011）。

5. 土壤侵蚀严重

山西主要土壤类型包括栗钙土、栗褐土、褐土等，均以黄土母质为主。栗钙土是北部干草原地区的地带性土壤，以大同盆地为中心分布，风蚀严重，耕作粗放、广种薄收；栗褐土分布在吕梁、洪涛山以西，内长城以南地区，地力瘠薄；褐土主要分布在吕梁以东、内长城以南，集中在五大盆地，在省内面积最大，开发历史最久。大部分土壤继承了黄土母质中富含的矿物质养分，但由于严重的水土流失，原有的土壤肥力明显下降。山西分布广泛的坡耕地成为跑水、跑土、跑肥的"三跑田"，土地日益瘠薄，土壤理化性状恶化，透水性、持水力下降，加剧了干旱的发展（贺晓娟，2007）。

6. 农业气象灾害频发

在影响农业的气象灾害中，干旱是最主要的气象灾害。1983~2006 年，全省年均干旱受灾面积近 48 万 ha，占年均气象灾害受灾面积的 41%。暴雨洪涝是影响全省农作物产量的第二大农业气象灾害。冰雹对农作物产量的影响也很大，几乎每年的 5~8 月都会有冰雹灾害发生，冰雹灾害较重的年份里农作物受灾面积均超过 20 万 ha。另外，霜冻、病虫害、大风和连阴雨也都对农作物产量产生了不同程度的危害，农民对干旱、暴雨、风灾、寒潮等气候灾害的应对能力较低（马雅丽等，2010）。

### （二）社会经济条件

1. 农村劳动力转移规模不断增大

改革开放以来，山西城乡人口结构、劳动力就业结构都发生了巨大的变化，经济建设取得了举世瞩目的成就。这一时期，也是劳动力转移速度最快、规模最大、效果最为明显的时期，但农村劳动力的转移也带来农业劳动力资源不足的问题。1978~2016 年，全省常住人口小幅上涨，农业人口绝对规模和相对规模均呈现下降趋势。

2. 农业科技加速发展

中华人民共和国成立以来，山西农业科技加速发展，为农业带来了新的活力。1970 年前后，杂交种取代了常规种，使粮食产量成倍增长。随后，栽培技术的研究应用又使粮食产量不断提高。进入 21 世纪以来，全省粮食产量已突破 1000 万 t 大关（白锐峥、白凤峥和霍玥维，2014）。2014 年全省农业科技进步贡献率达到 54%，各地加大对农业农村人才的培养力度，努力构建人才培训教育体系，完善人才使用、服务、评价、考核制度，优化人才成长的客观环境，人才队伍不断发展和壮大，在农业科研、农业技术推广、农业结构调整、农村劳动力就业、农民增收致富、活跃农村市场、丰富农村文化生活等方面发挥了极其重要的作用，已成为农民脱贫致富的骨干力量。

3. 农业信息化不断加强

改革开放以来，山西在农业信息化方面取得了很大的进步。但是由于各种条件限制，在农业基本生产资料的改造、现代农业技术在农业上的推广应用，以及应对市场竞争的能力等方面，与我国其他农业先进省份相比都存在明显差距（付裕峰和刘永泰，2007）。农村信息基础设施初具规模，现代农业信息网络覆盖范围不断扩大，传统传媒网络日臻完善，为农业信息资源的开发与利用奠定了坚实的基础（赵毓峰和杨玛萍，2013）。目前已初步形成了"一个数据中心、三个应用平台"①的农业农村信息化服务体系（李鹏，2014）。

4. 农产品流通市场有待完善

山西的农产品流通市场建设起步较晚，规划建设与管理运作均比较滞后，农产品市场建设与发展的地区间差异较大。城市或销地批发市场建设较好，而农村市场相对滞后，尤其是产地批发市场建设严重落后于生产发展的要求，主要依靠集市贸易市场。同时市场本身交易也存在很大的不均衡性，产品交易主要集中在夏秋季，冬春季节规模较小，生产与市场对接还有一定的差距。农产品交易市场整体建设水平不高，市场配套设施不完善，交易功能低下。批发市场缺乏严格的准入制度，小规模，大群体，社会化组织程度低。批发市场布局不合理，缺乏统一的市场建设规划和明确的市场法规制度（李泽峰，2006）。

---

① 指山西省农业数据中心、山西农业电子政务平台、"三农"信息服务平台和农业视频应急指挥平台。

## 二、农业土地利用结构

2015 年山西土地主要由未利用地、耕地、林地组成，这三大类土地面积合计占到全省土地总面积的 86.0%，其余五大类占 14.0%（见图 7-1）。

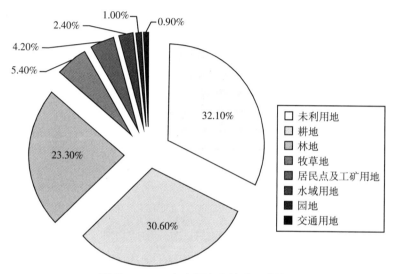

**图 7-1　2015 年山西省土地利用结构**

资料来源：《山西统计年鉴》(2016)。

2015 年全省农业用地面积为 946.03 万 ha，耕地面积比重最大，达到 50.8%，园地、林地、牧草地比重较小。耕地中旱地面积比重大，占全省总耕地面积的近80.0%，旱地中坡耕地面积占到全省旱地总面积的 43.7%。因此，切实保护耕地，合理调整农业内部结构，对于山西农村经济发展具有重大意义。林业用地中灌木林地比重大，面积达 107.35 万 ha，占到全省林地总面积的 29.4%。牧草地中以天然草地为主，面积达 84.44 万 ha，占到全省牧草地总面积的 97%。园地中果园面积占绝对优势。

## 三、农业发展水平

经过长期努力，全省农业经济取得了长足发展，但无论从省内看，还是从在全国的地位看，山西都只能算是农业小省。另外，特殊的地理条件孕育了众多的特色农产品，如谷子、杂豆、莜麦等产量在全国名列前茅，苹果、红枣、核桃等干鲜果产量也居全国前列。

### （一）农业生产水平

2015 年全省的农林牧渔业总产值为 1522.63 亿元，2005~2015 年年均增长 12.15%。其中，种植业总产值 969.52 亿元，年均增长 13.15%；林业总产值 97.42 亿元，年均增长 19.4%；畜牧业总产值 359.04 亿元，年均增长 9.1%；渔业总产值 9.94 亿元，年均增长 13.82%；农林牧渔服务业总产值 86.71 亿元，年均增长 9.7%（见表 7-1）。

表 7-1　2005~2015 年山西省农业产值构成

单位：亿元

| 年份 | 种植业 | 林业 | 畜牧业 | 渔业 | 农林牧渔服务业 | 农业总产值 |
|---|---|---|---|---|---|---|
| 2005 | 281.74 | 16.52 | 148.59 | 2.69 | 34.26 | 483.80 |
| 2015 | 969.52 | 97.42 | 359.04 | 9.94 | 86.71 | 1522.63 |

资料来源：相关年份《山西统计年鉴》。

山西主要农产品为粮食作物，主要包括谷物、豆类、薯类等。2015 年全省小麦播种面积为 67.50 万 ha，产量达到 271.43 万 t，单产达到 4021kg/ha；玉米播种面积为 167.68 万 ha，产量达到 862.74 万 t，单产达到 5145kg/ha；豆类以大豆为主要种植作物，总播种面积为 18.94 万 ha，产量为 20.17 万 t，单产为 1065kg/ha；薯类以马铃薯为主要种植作物，总播种面积为 16.71 万 ha，产量达到 29.83 万 t，单产为 1785kg/ha。与周边省（自治区）相比较，山西属于农业不发达区域，农产品单产水平均低于全国平均水平。从人均主要农产品占有量来看，山西人均粮食占有量 345kg/人，在周边省（自治区）中仅高于陕西省 324kg/人；棉花人均占有量 0.4kg/人，仅高于内蒙古 0.0kg/人；其他农产品人均占有量均为五省中最低水平，且均低于全国平均水平（见表 7-2、表 7-3、表 7-4）。

表 7-2　2015 年山西省与全国及周边省（自治区）主要农产品单产比较

| 地区 | 农产品单产（kg/ha） | | | | | | | | |
|---|---|---|---|---|---|---|---|---|---|
| | 谷物 | 棉花 | 花生 | 油菜籽 | 芝麻 | 黄红麻 | 甘蔗 | 甜菜 | 烤烟 |
| 山西 | 4290 | 1365 | 1819 | 1563 | 851 | — | — | 45467 | 3331 |
| 陕西 | 4386 | 1407 | 2992 | 2114 | 1612 | 850 | 35775 | 1840 | 2336 |
| 河南 | 6214 | 1053 | 4516 | 2473 | 1590 | 6343 | 68742 | — | 2486 |
| 河北 | 5415 | 1039 | 3716 | 1683 | 1381 | 2212 | — | 52015 | 1721 |
| 内蒙古 | 5596 | 1463 | 2315 | 1264 | 801 | — | — | 40508 | 3796 |
| 全国平均 | 5984 | 1476 | 3562 | 1982 | 1519 | 3964 | 73121 | 58680 | 2134 |

资料来源：《中国统计年鉴》（2016）。

表7-3 2015年山西省与全国及周边省（自治区）人均主要农产品占有量对比

| 地区 | 人均主要农产品占有量(kg/人) | | | | | |
|------|------|------|------|------|------|------|
| | 粮食 | 棉花 | 油料 | 猪牛羊肉 | 水产品 | 牛奶 |
| 山西 | 345 | 0.4 | 4.2 | 20.0 | 1.4 | 25.1 |
| 陕西 | 324 | 1.0 | 16.6 | 28.0 | 4.1 | 37.3 |
| 河南 | 641 | 1.3 | 63.4 | 60.9 | 10.9 | 36.2 |
| 河北 | 454 | 5.0 | 20.5 | 48.6 | 17.6 | 63.9 |
| 内蒙古 | 1127 | 0.0 | 77.2 | 86.2 | 6.1 | 320.3 |
| 全国平均 | 453 | 4.1 | 25.8 | 48.3 | 49.1 | 27.4 |

资料来源：同表7-2。

表7-4 2015年山西省与全国及周边省（自治区）牲畜饲养情况对比

| 地区 | 牲畜存栏、出栏数量（万头、万只） | | | | |
|------|------|------|------|------|------|
| | 大牲畜存栏 | 牛存栏 | 肉猪出栏 | 肉猪存栏 | 羊存栏 |
| 山西 | 122.0 | 101.1 | 783.7 | 485.9 | 1001.5 |
| 陕西 | 163.9 | 146.8 | 1205.6 | 846.0 | 701.9 |
| 河南 | 955.3 | 934.0 | 6171.2 | 4376.0 | 1926.0 |
| 河北 | 493.2 | 412.5 | 3551.1 | 1865.7 | 1450.1 |
| 内蒙古 | 884.6 | 671.0 | 898.5 | 645.3 | 5777.8 |
| 全国平均 | 393.4 | 348.9 | 2284.7 | 1455.2 | 1003.2 |

资料来源：同表7-2。

山西林产品种类较少，主要以木材为主，2015年木材产量为14.1万 m³，仅高于陕西，与河南、河北、内蒙古木材产量相差较大。畜牧业生产主要以猪、羊养殖为主。但与周边省（自治区）相比，山西属于畜牧业不发达省份。2015年肉类总产量为85.6万 t，其中，猪肉产量占绝大多数，达到60.3万 t，占70.4%（见表7-5）。水产品产量不高，2015年全省淡水产品产量为5.2万 t，在周边省（自治区）中属于最低水平。

表7-5 2015年山西省与全国及周边省（自治区）畜产品产量对比

| 地区 | 畜产品产量 | | | |
|------|------|------|------|------|
| | 肉类（万 t） | 奶类（万 t） | 绵羊毛（t） | 禽蛋（万 t） |
| 山西 | 85.6 | 92.7 | 9195.4 | 87.2 |
| 陕西 | 116.2 | 189.9 | 5934.5 | 58.1 |

续表

| 地区 | 畜产品产量 | | | |
|------|------|------|------|------|
| | 肉类（万 t） | 奶类（万 t） | 绵羊毛（t） | 禽蛋（万 t） |
| 河南 | 711.1 | 325.3 | 6892.3 | 410.0 |
| 河北 | 462.5 | 480.9 | 36308.0 | 373.6 |
| 内蒙古 | 245.7 | 812.2 | 127186.5 | 56.4 |
| 全国平均 | 278.2 | 124.8 | 13789.2 | 96.7 |

资料来源：同表 7-2。

### （二）农业现代化水平

农业现代化程度标志着现阶段的生产力水平（李宝瑜等，2000），2015 年山西农村用电量达到 96.83 亿万 kW·h，每公顷耕地农机总动力为 23.33kW，机械耕种面积占总耕种面积的 72.6%，机械播种面积占总播种面积的 70.2%，机电灌溉面积占总灌溉面积的 26.4%，每公顷化肥施用量为 0.314t，化肥总施用量为 118.5 万 t。和全国及相邻省（自治区）相比，山西农业现代化水平低于全国平均水平，仅农业机械总动力和耕地灌溉面积略高于陕西省（见表 7-6）。

表 7-6　2015 年山西省与全国及周边省（自治区）农业现代化水平对比

| 地区 | 农业机械总动力（万 kW） | 耕地灌溉面积（千 ha） | 化肥施用量（万 t） |
|------|------|------|------|
| 山西 | 3351.7 | 1460.3 | 118.5 |
| 陕西 | 2667.3 | 1236.8 | 231.9 |
| 河南 | 11710.1 | 5210.6 | 716.1 |
| 河北 | 11102.8 | 4448.0 | 335.5 |
| 内蒙古 | 3805.1 | 3086.9 | 229.4 |
| 全国平均 | 3491.5 | 2124.9 | 194.3 |

资料来源：同表 7-2。

## 四、农业经济结构

### （一）农业经济结构调整的历程

中华人民共和国成立到 1978 年，由于片面强调"以粮为纲"，导致种植业以外的其他农业发展较为缓慢。1978 年种植业在农业总产值中的比重高达 78.3%，林、牧产值比重分别为 7.0% 和 14.6%。改革开放以后，山西农业经济结构调整大致分为三个阶段，基本实现了由以粮食种植业为主体的传统农业产业结构向以小杂粮为特色，农林牧渔全面发展、综合经营的现代化产业结构的转变，如图 7-2 所示（靳光华和孙文生，2000）。

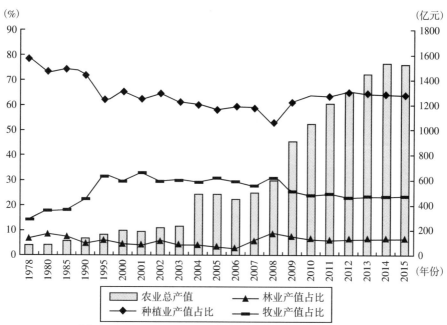

**图 7-2 1978~2015 年山西省农业总产值及内部结构变化**

资料来源：《新中国 60 年统计资料汇编》、《山西统计年鉴》(2016)。

**1. 初步调整阶段（1978~1990 年）**

山西的农业经济结构有了明显的发展与进步。随着家庭承包责任制的推行，国家一方面鼓励农民优化种植结构，另一方面倡导农民发展多种经营，但长期受短缺经济影响的农民仍然优先生产粮食，种植业在农林牧渔业生产中仍然占主导地位。

**2. 农林牧渔全面发展阶段（1991~2000 年）**

随着农民"吃饭"问题的解决，出于丰富生活的需要，农民开始注重多种经营。2000 年在农林牧渔总产值中，农、林、牧、渔产值分别占 65.3%、4.5%、29.7% 和 0.6%，与 1978 年相比，种植业下降 13.0 个百分点，林业下降 2.5 个百分点，牧业提高 15.1 个百分点。种植业内部结构进一步优化，表现为优质杂粮和蔬菜发展迅速，粮食、糖料、棉花面积减少。

3. 现代化农业起步阶段（2000 年至今）

在市场需求的带动下，园艺种植、畜牧业规模养殖快速发展，尤其是农林牧渔服务业的兴起，使农业内部结构进一步优化。2015 年全省农林牧渔服务业总产值达到 1522.63 亿元，比 1978 年增长 50 多倍。在农林牧渔各业均得到发展的同时，种植业比重下降，林牧渔服务业比重上升。此外，调整了农业内部的种植业结构，经济作物迅速发展。在努力提高单产、保证总产的原则指导下，适度缩减了粮食种植面积，同时采取粮菜间作、果树上山等措施，全省水果和蔬菜等多种经济作物迅速发展。

**（二）农业经济结构调整的方向**

1. 优化产业结构，提升特色农产品市场竞争力

坚持消费导向，充分考虑市场需求，加强农产品供给侧结构性改革，由"全面保障"向"重点突出"转变，促进现代农业产业协调发展。围绕满足居民对生活、健康养生、休闲等产品的多样性消费需求，加强农产品基地规模化建设和示范推广，保障米袋子、菜篮子等大宗农产品供应；突出特色产业发展，大力发展特色杂粮、干鲜果和道地中药材等健康养生农产品，增强特色农产品的市场竞争力，实现"山西农产品"向"山西品牌农产品"转变；挖掘农耕文化、农业生态景观价值，培育休闲农业产品，促进第一、第二、第三产业融合发展。

2. 转变发展方式，加快农业现代化步伐

优化农业组织形式和生产方式，加快科技创新和劳动者素质培养，促进农业生产由数量增长向数量、质量、效益并重转型升级，实现现代农业创新发展。培育新型经营主体，加强农业科技创新，加快现代种业创新，推进"互联网+"农业，强化特色产业扶贫，发展乡村旅游经济。

3. 强化基础建设，提高农业综合生产能力

改善农业基础设施和生产条件，提高农业抵御自然灾害能力。继续开展退耕还林工程，切实加强对耕地、草地和水资源的保护，严格控制污染。做好科技服务工作，为农民提供适用的种植、养殖技术以及农副产品贮藏、保鲜加工技术，以全面提高农畜产品质量（孙建文，2006）。加快耕地质量建设，全面提升农业机械化水平，强化植物病虫害防控能力，实施富民强村示范工程，加强现代农业示范区建设，重视农业人才队伍建设，培育新型职业农民，实施新一轮雁门关生态畜牧经济区建设。

4. 保护生态环境，促进农业可持续发展

大力加强农业可持续发展，有效防控面源污染，建设良好的生态系统，实现人与自然的和谐发展、农业生产的绿色发展。大力发展旱作节水农业，因地制宜，宜粮则粮、宜经则经、宜草则草、宜牧则牧，逐步减少高耗水农作物种植面积。加大天然草地保护力度，实施生态草地恢复、天然草地保护工程，恢复土石山区、水源涵养区、重点水系区、生态脆弱区和"三化"严重区的草地植被。优化调整种养业结构，促进种养循环、农牧结合、农林结合，扶持一批循环农业示范区。坚持化肥减量提效、农药减量控害，实施化肥和农药零增长。强化农业废弃物资源化利用，治理耕地重金属污染。

## 五、农业发展方式

伴随着我国经济的发展，农业发展方式也正经历着深刻的变革，以现代农业、特色农业为主的农业发展方式，正在为全省农业和农村的发展带来新的强劲动力。

### （一）现代特色农业优势区域逐渐形成

"十二五"期间，山西农业初步建设了大同盆地、忻定盆地、晋中盆地、上党盆地、晋南盆地和太行山、吕梁山七大现代特色农业板块。生态畜牧雁门关经济区，玉米、杂粮忻定盆地经济区，蔬菜、水果、花卉等设施农业晋中盆地经济区，玉米、畜牧业上党盆地经济区，粮食、水果和蔬菜晋南盆地经济区，杂粮、林果业太行山、吕梁山经济区已取得一定进展，逐步形成跨区域、大规模发展的格局。大同、晋中和运城三大现代农业示范区，朔州、临汾、忻州、长治、阳泉、太原、吕梁、晋城 8 市 10 个县现代农业示范县（区）及现代农垦示范场建设成效明显，并因地制宜建设了一批示范园和综合示范园。

### （二）农业产业化不断发展，现代特色农业形成一定规模

山西以"一村一品"、"一县一业"为主攻方向，大力实施粮食高产创建、杂粮产业振兴、畜牧产业翻番、设施农业建设、果业提质增效、中药材产业崛起、酿酒业提升等产业振兴翻番工程。大规模发展优质杂粮、林果业、畜牧业、制种业、蔬菜业等特色农业的产品生产，特色农产品生产已成为全省农民收入的重要来源和支柱产业。

通过实施龙头企业培育计划，实行"内引外转"上项目等一系列措施，农业产业化龙头企业呈现出快速发展的势头，企业数量大幅增加，加工规模不断扩大，

经营效益稳步提升，对农户的带动能力不断增强。正大、新希望、中粮、雨润、新西兰恒天然、天津宝迪、广东温氏等一批国内外知名企业投资山西，全省特色现代农业呈现出强劲的发展势头。截至 2015 年，已扶持发展"一村一品"专业村4000 个，"一县一业"基地县 60 个，累计建设了各类现代农业产业园区 1193 个。

大力引导企业加大科技投入，开发特色产品，并积极帮助宣传推介，提高市场知名度。一大批农业产业化龙头企业有了自己的商标和品牌，全省著名商标达到了 300 多个，其中老陈醋、汾酒、六味斋、双合成、老香村、平遥牛肉、沁州黄小米、闻喜煮饼等产品的品牌效应和经济效益日益明显。

### (三) 农业科技支撑能力稳步增长，科技服务体系逐步完善

山西把农业科技创新作为"三农"工作的重点，启动了省、县、村三级科技创新服务平台建设工程，逐步建立和完善了省级产业技术研发中心、县级综合试验站、村级服务点三级科技创新服务平台。实施了现代种业推进工程，建设了一批"一村一品"种子专业村和标准化种子生产基地，全面提升了种子生产规模化、标准化、集约化和机械化水平。通过全省"一乡一站、一村一点"全覆盖工程，建设了一批村级科技服务点。充分发挥基层农技推广机构的主力军作用，调动高等院校和科研院所参与公益性农技推广的积极性，大力支持农资生产企业、农产品加工企业、农民专业合作社等新型社会化服务组织从事农技推广工作，构建以公益性推广机构为主导、其他服务组织广泛参与的"一主多元"农技推广体系。科技服务体系逐步完善，科技成为农业丰收的一个重要因素。

### (四) 农资市场监管加强，农产品质量监测服务平台逐渐完善

山西农产品市场体系从改善市场条件、培育市场主体、完善市场规则着手，初步形成了以批发市场为中心，以集贸市场、连锁超市为基础，以专业协会、流通组织和经纪人队伍为纽带，国有企业、合作经济组织、个体企业等共同参与的体系框架。随着省级农畜产品两个质检中心及部分市县质检中心（站）的建设，初步形成农产品质量安全体系，农畜产品质量安全监管得到了加强。全省建立了规范统一的农产品产地认定、产品认证体系，实施了"无公害食品行动计划"，积极创建了具有地方特色和区位优势的无公害农产品、绿色食品和有机食品生产基地。

### (五) 观光农业快速发展

观光农业作为一项新产业始于 20 世纪 90 年代，目前全省观光农业点已发展

到 260 多家，其中国家级示范点 23 个、省级最佳观光农业示范点 23 个。随着旅游产业结构的不断调整深化和旅游市场需求的多样化，农业观光旅游逐步成为市场热点，取得了较好的经济效益。在昔阳县大寨、平顺县西沟、泽州县东四义和汾阳县贾家庄等老典型进一步发展的同时，阳城县皇城相府村、晋中市榆次区后沟古村、阳泉市和谐生态园、陵川县锡崖沟、清徐县葡峰山庄等一批新典型也脱颖而出，特别是太原市区周边的清徐、晋源、尖草坪以及榆次、太谷、乡宁等地有多个房地产、煤焦和其他民营企业开始参股与新建观光农业点，建设标准越来越高，越来越规范，已成为现代都市农业的新亮点（张萍，2011）。

# 第二节　种植业

山西种植业历史悠久，在农业中一直占有很重要的地位。种植业主要以粮食作物为主，基本保持在 80%左右。

## 一、种植业结构及其变化

在种植业内部，粮食作物和经济作物播种面积占农作物总播种面积的比重呈此消彼长的关系（见图 7-3）。1978~2003 年，粮食作物播种面积所占比重虽然有波动，但呈缓慢下降的趋势，主要原因是粮食生产的超常规发展导致"卖粮难"，农民种粮热情不高（胡艳君，2003）。2004~2015 年，粮食作物播种面积呈现缓慢上升的趋势，一直维持在 80%左右，主要原因是国家开始采取粮食补贴政策，大大刺激了农民种植粮食作物的积极性，而经济作物比重下降。

## 二、种植业发展的主要问题

### （一）人地矛盾突出

改革开放近 40 年来，山西粮食生产得到了空前的发展，总体上比较成功地解决了全省城乡居民的"吃饭"问题，但在整个发展过程中承受着社会消费特别是人口增长的压力。在粮食消费总量中，生活用粮一直占据着主体地位，预示着粮食增量的相当一部分被人口增量所消费，同时也使粮食增产所带来的人均效益

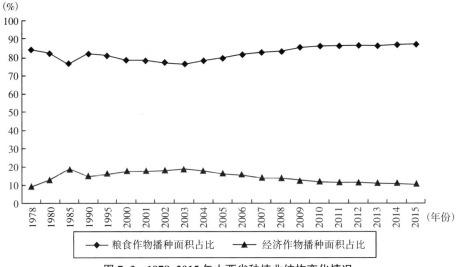

**图7-3 1978~2015年山西省种植业结构变化情况**

资料来源:《新中国60年统计资料汇编》、《山西统计年鉴》(2016)。

增额十分有限。

尽管山西耕地锐减势头得到了有效控制,但是可开发的后备资源偏少,特别是能源基地建设的加快、城市建设和乡镇企业的发展以及经济开发区和工业园区的崛起,拉动了非农占地的扩张,使耕地持续缩减(见图7-4)。在这种背景下,种植业结构的调整无非是此消彼长,同时受利益机制的诱导,在农业内部与粮食生产争地的现象也十分普遍,特别是近年来果业热的"升温",挤占了大量耕地。

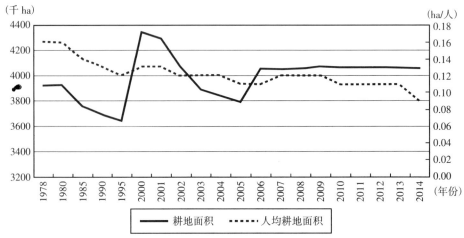

**图7-4 1978~2014年山西省耕地面积和人均占有量变化情况**

资料来源:《新中国60年统计资料汇编》、《山西统计年鉴》(2016)。

耕地质量下降、基础地力差的问题也比较突出。由能源基地建设和乡镇企业发展造成的农田塌陷、裂缝也日益严重。土地是根本，耕地资源数量上减少、质量上下降，对粮食增长和结构优化所造成的负面影响不容忽视。

### （二）增长方式转变缓慢

在农业增长方式由粗放型向集约型转变的进程中，科技在农业增长中的贡献率越来越大。但是相对于新形势下农业发展的要求，现阶段山西科技水平仍然不高，主要表现在以下几个方面：第一，农业科技进步机制和推广方式不适应。目前，全省农业科技推广体系不健全，基层科技人员少、素质低。农业科技推广方式以政府层层落实为主，市场化的推广机制不完善，推广效率不高。第二，科技成果转化率低。在科研、推广、应用之间，农业、科技、教育之间的"断层"仍然普遍存在，大多数推广组织未能走向市场，一些科技成果未能尽快转化为现实的生产力。第三，技术组装配套不力。农业科技往往是单项推广、分散实施，集优互补的整体功能难以有效发挥。第四，科技实施主体素质不高，消化接受能力差（喻茜，2011）。

## 三、种植业发展的重点[①]

### （一）调整种植业结构

根据山西省情、生产发展实际和现代农业发展的需要，努力建立粮食作物、经济作物、饲料作物协同发展的"三元结构"。适应居民消费结构升级的变化，调整品种结构，满足市场多样化的消费需求。充分挖掘区域资源优势，扬长避短，开发新品种，壮大新产业，培育新业态，大力发展具有地方特色的现代种植业。综合考虑农业资源的承载能力、环境容量、生态类型和发展基础等因素，确定不同区域的发展方向和重点，分类施策、梯次推进，构建科学合理的专业化生产格局。根据不同区域的资源条件和生态特点，建立合理的种植制度和轮作体系，促进农业可持续发展（山西省农业厅，2016）。

### （二）加快杂粮产品开发

以规模化种植、标准化生产、产业化开发为途径，以提高质量效益为中心，重点发展谷子、燕麦、荞麦、红芸豆、绿豆、专用高粱、马铃薯等优势杂粮，创

---

① 这里参考了《山西省"十三五"农业农村经济发展规划》。

新杂粮营销方式，把山西建设成为全国优势杂粮开发示范中心和优质杂粮产销中心，塑造"杂粮王国"新形象。稳定马铃薯种植面积，促进马铃薯主粮化发展，优化马铃薯种薯、加工专用薯和鲜食薯区域布局与种植结构，扩大种薯和商品薯生产能力，增强加工转化能力，提高市场开拓能力和储藏保鲜能力，将山西建设成为我国重要的马铃薯优质种薯、加工专用薯、鲜食薯生产基地和加工基地。

### （三）提升特色健康农产品竞争力

以优质杂粮和特色鲜干果为主，研究开发和加工具有山西特色的保健、养生、方便系列杂粮和干鲜果品牌产品。以山西道地中药材，特别是恒山黄芪、潞党参、安泽连翘、新绛远志、万荣柴胡、长治苦参等十大晋产道地中药材为主，开发加工特色鲜明、性能优越的晋药产品，满足人们的健康生活需求。

### （四）加快高标准基本农田建设

整合新增建设用地土地有偿使用费、农业综合开发资金、现代农业生产发展资金、农田水利设施建设补助资金、大型灌区续建配套与节水改造投资、新增千亿斤粮食生产能力规划投资等，统筹使用资金，集中力量开展土地平整、农田水利、土壤改良、机耕道路、配套电网林网等建设。在中南部盆地节水灌溉培肥改良区、东部太行山山地丘陵集水保墒培肥区、南部低山丘陵蓄水保墒培肥区、西部吕梁山黄土高原水土保持培肥区、北部边山丘陵合理耕作培肥区建设高标准农田。

## 四、种植业发展的对策

### （一）加强政府服务体系建设

政府服务体系建设是促进种植业可持续发展尤其是结构优化的重要保障。首先，加大农田水利建设力度，积极推广节水灌溉技术，如滴灌、喷灌等的应用，改变以往大水漫灌的方式以发展节水农业。其次，统筹安排"改地"与"造田"，大力整治改造中低产田，提高土地生产力，加大土地规划力度，在条件允许的地方适当采取规模经营，发挥规模经营优势，争取最优化的投入产出比和经济效益，促进种植业结构的合理调整。最后，通过政府引导，逐步开展覆盖面宽、时效性强的农村信息化建设。通过创办农业信息网、电视台及报刊等信息载体，开展农业信息咨询业务，设立农业信息社会服务机构等，为农民提供种植业结构调整的相关信息。

### (二) 加强农业生态环境建设

加强生态环境建设是实施种植业可持续发展的关键。在实施种植业结构调整的过程中，要始终坚持生态效益与经济效益并重的原则，加强生态环境保护和修复，处理好长远与当前、全局与局部的关系。首先，要努力改变对资源、环境掠夺式的开发方式，大力开展植树种草绿化工程，加快退耕还林的步伐，并严格按照"谁破坏、谁补偿"的生态补偿原则，保护种植业生产的大环境。其次，加强农业生产的安全控制。严格限制有害农药、化肥的使用，在安全指标范围内实施农用化学物品，尽量降低农产品中的农药残留量，减少化肥污染。最后，政府要加强环境和资源保护政策与立法，广泛宣传保护生态环境的相关法律法规，不断提高农民保护环境的意识。

### (三) 加强市场体系建设

在种植业结构调整过程中，应坚持以市场为导向，即通过市场需求逐步引导农户调整种植业结构，驱使农户向有利于提高经济效益的种植业结构转变，从而提高农民的收入。首先，要建立农产品市场信息系统。及时、准确的市场信息是引导农户种植业结构调整的重要因素，应通过创办农业信息网、电视台及报刊等信息载体，改变农户获取农产品市场信息难的现状。其次，依据消费者对当地特色农产品的需求，积极发展小杂粮等特色农产品，逐步扩大优质、名牌产品的批量生产，延伸农产品加工链，提高农产品的附加值，引导种植业结构的良性调整。最后，要规范农产品市场交易行为，全面建设农产品市场相关法律法规，维护农产品的有效贸易秩序，确保农产品价值的实现，进而确保农民利益的实现。

### (四) 加强农民的培训和教育

农民的科技文化素质对农民增收起着关键作用。要提高农民素质，培养一批既懂生产又懂技术的新型农民。继续加大农村教育投入力度，政府要优先安排农村教育支出，不断提高教育支出占财政支出的比重。注重调整农村教育结构，建立一种以提高农民的科技素质和职业技能为重点的教学模式，培养农村实用人才。积极建立多种渠道、多种形式的农民技术教育培训体系，提高农民的知识水平（刘小英、柴志敏和李富忠，2009）。

# 第三节 林 业

山西地处我国华北西部的黄土高原地带，森林资源保护与林业发展在山西、黄河中游及环京津地区生态安全建设中具有重要地位。

## 一、发展历程

3000 年前山西分布着茂盛的森林资源，吕梁山、太行山、五大盆地都分布有原始森林。由于历史上的人为破坏，特别是明清以后，森林受到严重破坏。1949~1978 年，全省造林工作取得了重要成就，营造人工林的步伐加快。但改革开放后，受经济利益的驱使，为数不多的天然林又遭乱砍滥伐，森林因屡次破坏而所剩无几，仅在管涔山、五台山、太岳山、关帝山、黑茶山、中条山等有少量的由云杉、华北落叶松、油松、白桦、山杨、辽东栎等树种构成的天然次生林。1998 年全省开始实施封山禁牧，不断加大造林绿化力度，太行山、吕梁山、农田林网、山西境内的黄河支流及海河支流等都营造了大范围的人工林，森林面积累计 221.11 万 ha。进入 21 世纪后，随着我国天然林保护工程的有效实施，全省林业取得了长足发展，据 2010 年第八次森林资源清查数据统计，全省森林覆盖率达到 18.03%，林地面积 765.55 万 ha，活立木总蓄积量 11039.38 万 m³，分别较 1984 年提高了 11.69%、102.56 万 ha、6556.77 万 m³（王云变，2010）（见表7-7）。2015 年全省全年完成造林 280.9 千 ha，全省森林覆盖率达到 20.5%，但仍低于全国平均水平 2.3 个百分点。

表7-7 1978~2010 年山西省森林资源变化情况

| 年份 | 林地面积<br>（万 ha） | 活立木总蓄积量<br>（万 m³） | 有林地面积<br>（万 ha） | 森林蓄积量<br>（万 m³） | 森林覆盖率<br>（%） |
|---|---|---|---|---|---|
| 1978 | 576.93 | 5338.2 | 81.00 | 3333.99 | 5.2 |
| 1984 | 662.99 | 4482.61 | 99.34 | 3791.10 | 6.34 |
| 1990 | 654.39 | 7226.87 | 127.00 | 4481.88 | 8.11 |
| 1995 | 676.47 | 8009.04 | 183.58 | 5643.97 | 11.72 |

续表

| 年份 | 林地面积<br>（万 ha） | 活立木总蓄积量<br>（万 m³） | 有林地面积<br>（万 ha） | 森林蓄积量<br>（万 m³） | 森林覆盖率<br>（%） |
|---|---|---|---|---|---|
| 2000 | 690.94 | 7309.34 | 206.30 | 6199.93 | 13.29 |
| 2005 | 760.78 | 8846.96 | 213.04 | 7643.67 | 14.12 |
| 2010 | 765.55 | 11039.38 | 261.35 | 9739.12 | 18.03 |

资料来源：历年森林资源清查数据。

## 二、林业生产特点

### （一）森林资源稳步增加，覆盖率增幅较大

据 2010 年山西省第八次森林资源清查数据，全省林地面积 765.55 万 ha，占全省土地面积的 48.88%；有林地面积 261.35 万 ha，与 1984 年的清查数据比较，净增 162.01 万 ha，增长率为 163.09%；活立木总蓄积量净增 6556.77 万 m³，增长率为 146.3%。森林资源保持了高速度、持续发展的良好态势。

### （二）人工林面积快速增长，超过天然林

2010 年全省人工乔木林面积 80.91 万 ha，比 1984 年增加 23.70 万 ha；蓄积量 2665.79 万 m³，净增 826.84 万 m³；人工林面积首次超过天然林。2010 年有人工经济林 50.75 万 ha、竹林 0.15 万 ha；人工疏林地面积 9.29 万 ha，蓄积量 76.49 万 m³。

### （三）林种结构优化

2010 年全省特用林面积 22.58 万 ha，全部为乔木林，蓄积量 1300.89 万 m³，分别占森林面积、蓄积量的 8.0% 和 13.4%。其中，天然特用林面积、蓄积量分别占 75.6% 和 81.9%；自然保护林面积 20.86 万 ha，蓄积量 1204.46 万 m³，分别占特用林面积、蓄积量的 92.4% 和 92.6%。

### （四）活立木蓄积量与森林蓄积量持续增长

1978~2010 年，全省活立木总蓄积量及森林、散生木、四旁树蓄积量均呈增长趋势，疏林地蓄积量减少。其中，活立木总蓄积量由 5338.2 万 m³ 增加到 11039.38 万 m³，总蓄积量首次突破 1 亿 m³，较 1978 年净增加 5701.18 万 m³。

### （五）总消耗量与总生长量均呈上升趋势，长消差进一步扩大

根据 2010 年森林资源清查数据统计，全省林木蓄积量年均总生长量为 620.06 万 m³，总生长率为 5.98%；年均总消耗量为 245.96 万 m³，总消耗率为

2.37%。间隔期内年均总生长量较前期增加 156.10 万 m³, 年均总消耗量较前期增加 9.12 万 m³。年均长消差为 374.10 万 m³, 较 2005 年森林资源清查增长 146.98 万 m³, 增幅高达 64.71%（李双全, 2014）。

## 三、存在的主要问题

### (一）森林资源贫乏，分布不均

山西森林资源贫乏，疏林地面积较大，郁闭度较高的有林地面积少，森林覆盖率低于全国平均水平。2010 年全省人均林地为 0.06ha, 仅为全国水平的一半；人均蓄积量为 1.7m³, 不足全国的 1/6。森林资源分布不均，主要集中在深山区的八大林区。这些林区的面积不足全省的 1/5, 天然林数量却占 1/3 以上，蓄积量占了绝大部分。

### (二）造林任务依然艰巨

全省有 200 多万 ha 宜林荒山尚未绿化，吕梁山生态脆弱区、环京津冀生态协同圈建设任务艰巨，还需全力突破。

### (三）森林质量差，优劣悬殊

在全省林地中，郁闭度 0.4 以上的有林地不足 2/3, 有林地每公顷蓄积量只有 38.4m³, 不到全国平均水平的一半。很多森林是"三多、两低、一小"①的次生阔叶林，只有不到 10% 的森林质量很好。例如，管涔山的白扦林和关帝山的华北落叶松林，其郁闭度大，树干通直，单位蓄积量多。管涔山郁闭度 0.4 以上的白扦林蓄积量平均为 175m³/ha, 关帝山的南阳山林场郁闭度 0.4 以上的华北落叶松林蓄积量平均为 128.7m³/ha。

## 四、林业发展重点

以增绿色、增面积、增蓄积、增效益、增收入为目标，大力发展林业"六大"工程，分别为："两山"造林工程、"两林"富民工程、"两网"绿化工程、"两区"增绿工程、"双百"示范工程、"双保"管护工程，加强林业生态建设。重视特色经济林发展，加大干果经济林比重，狠抓干果经济林提质增效，培育林药、林畜、林菌、林果等林下经济立体式复合经营，探索发展森林旅游、森林康

---

① 即萌芽林多，疏林多，林中空地多；单位蓄积量低，出材率低；总的郁闭度小。

养、森林服务产业，设计精品森林游憩线路，塑造一批独具林业特色的生态品牌，着力扶持和培育一批市场前景好、带动范围广的龙头企业，实现林产品就地转化，延伸产业链，提高附加值，广泛吸收当地贫困人口就业。

### （一）全面提升造林工程建设质量

大规模增加造林面积，防止森林火灾，控制森林病虫害，确保林地资源扩容增量目标稳步实现。按照"山上治本、身边增绿、产业富民、林业增效"的思路，将造林工程集中向通道沿线荒山布局，尽快改善通道沿线两侧荒山裸露的现状。在树种选择上，将干鲜果经济林、特色经济林和木本药材等经济型树种作为"十三五"树种结构调整的重点，加大辽东栎、五角枫、黄菠萝等乡土阔叶树种，以及油用牡丹、文冠果、构树、翅果油等生态经济兼用树种在造林工程中的推广引用。重点加大乡土阔叶树种造林技术的创新，加强特色经济林、木本油料经济林、经济灌木林丰产管理研究，用科技提升阔叶树的应用率和经济林树种对富民增收的贡献率。充分发挥保障性苗圃提高苗质、平抑苗价、充实苗源的作用，启动实施良种提升工程，全面提升本地优良种源苗木的使用率和覆盖面。

### （二）调整林业产业结构

调整产业结构，开展多种经营，发展多种产业，逐步形成以林业为主的多元化产业结构，提高林业经济效益，增加林农经济收入，实现兴林富民。一是加快发展见效快、收益大的速生丰产林、干鲜水果、生物能源树种等，改变防护林比例偏大的现状，达到生态受保护、农民得实惠的"双赢"效果。二是发展森林旅游产业，重点建设太行山水森林旅游文化品牌、吕梁山自然风情生态旅游文化品牌、城郊森林休闲旅游文化品牌，带动全省森林旅游发展。三是发展林下经济，开展林下种植，主要抓好林下药材、食用菌种植；发展林下养殖，重点养育森林猪、森林鸡、鹿、蜂等特色品种。通过林下种养，促进林下资源形成产业链条，提高经济效益。

### （三）继续实施退耕还林

结合地理环境和生态现状，一是延长上一轮退耕还林补助年限，坚持把巩固上一轮退耕还林成果作为增加森林覆盖率的重要载体和保障贫困户稳定增收的有效途径；二是对25°以上陡坡耕地实施新一轮退耕还林工程，重点区域是吕梁山和太行山生态脆弱贫困区；三是切实增加退耕还林农户保障性收入，退耕还林任务全面向贫困地区集中，向建档立卡的贫困村、贫困人口倾斜，做到应退全退、愿退尽退。新一轮退耕还林工程布局在三个生态功能片区，即吕梁山片区，涉及太原、忻州、吕梁、临汾、运城5个市42个县；太行山片区，涉及太原、忻州、阳泉、晋中、长治、晋城、临汾、运城8个市50个县；晋北风沙源片区，涉及大同、朔州2个市15个县（山西省发展和改革委员会、山西省林业厅，2017）。

**（四）实施林业产业提质工程**

做大做强干果经济林、种苗花卉、林下经济、森林旅游等林系经济。充分发挥五级林业科研服务团队的作用，加强对抗旱造林、抗盐碱造林、科技防灾的科研攻关，重点解决红枣裂果、核桃丰产技术的集成转化，全面发挥林业科技对改善生态环境、促进富民增收的引领作用。

## 五、林业可持续发展的对策

### （一）加快工程建设，增加森林资源总量

1978年以来全省森林资源虽然有所增长，但仍属于少林省份。山西地处黄土高原，属水土流失的重点省份，森林的生态效益最为重要。因此，必须加强森林的管理，控制不合理的资源消耗，使森林资源得到合理利用，保持森林资源的稳定增长，从而使全省生态环境得到根本性改善。实施退耕还林、京津风沙源治理、"三北"防护林工程、太行山绿化、黄河中游防护林、碳汇造林以及其他造林绿化等国家级和省级林业重点建设工程，因地制宜，逐步建成乔、灌、草，带、片、网，防护、经济、绿化、美化的多层次、多功能的完整生态体系。围绕重点流域生态建设，在汾河、黄河流域以及吕梁山、风沙区等生态脆弱区优先实施重点工程，促进全省森林资源面积、蓄积双增长。

### （二）加强森林经营，提升森林资源质量

加大森林抚育与管护力度，全面实行造林、营林、护林一体化管理，提高森林质量。一是调整和控制合理的林龄结构，提高森林资源的接续能力。根据不同的经营目的，确定合理的轮伐期；转变传统的粗放经营模式，采取集约化经营，加大中幼林抚育力度，以改善林况；控制森林资源消耗，严格限额采伐和凭证采伐，改变取材方式，调整采伐结构，延长成熟林使用年限，提高林木生长量，缩短培育期。二是强化森林资源保护。以"天然林保护"工程为主导，加强天然林保护与培育、未成林造林地管护、中幼林抚育及低产低效林改造，提高林分质量，有效增加森林蓄积量，整体提高效益水平。三是加大灌木林地、疏林地改造

力度，将立地条件好的灌木林和疏林改造为综合效益高的乔木林。

### （三）完善森林防管体系，保护和巩固森林资源

贯彻以预防为主的方针，建立健全"三防"管理体系，完善防治措施。对于森林火灾，强化预防、扑救、保障三大体系，健全各级政府防火目标责任制，做到"预防为主，积极消灭"。对于森林病虫害，加强林业有害生物监测预警、检疫御灾、应急防治体系和公共服务保障能力建设，开展常发危险性和重点林业有害生物灾害治理，对突发林业有害生物灾害开展应急救灾。对非法占用林地、乱砍滥伐等违法行为，严明法纪，予以坚决制止和严厉打击。

# 第四节　畜牧业

山西畜牧业的发展有着悠久的历史，西部和北部在历史上曾是著名牧区，但是历史上畜牧业的发展却非常缓慢。2000 年以来，在国家大力加强农业基础地位和突出畜牧业与渔业在农村经济中的主体地位的形势下，山西积极进行农业结构的战略性调整，畜牧业在经济中的地位显著增强，已发展成为农村经济的重要支柱产业，成为现阶段促进农民增收和农村经济发展的重要增长点与支撑点。

## 一、发展概况

1949 年山西畜牧业生产水平很低，畜牧业产值仅占农业总产值的 7.2%，在农村经济领域是一个极其薄弱的生产部门。中华人民共和国成立近 70 年来，畜牧业生产的发展实现了历史性跨越，畜牧业成为农村经济中的支柱产业。尤其是 1997 年以来，随着生产规模的扩大，畜牧业从以数量增长为主逐步转向以提高质量、优化结构和增加效益为主的全面科学发展阶段。山西从优化畜牧业区域布局、加大畜牧业结构调整力度、加快健康养殖、促进畜牧业科技进步、发展规模化养殖和产业化经营等几方面全面推进畜牧业生产，加大对畜牧业生产的财税和金融支持力度，积极发展奶牛、生猪、肉鸡等优势产业，加强畜禽良种基地建设，加大良种推广力度，提高畜禽产品产出，使全省畜牧业不仅在总量上迅速增长，质量上也得到了极大提升。畜牧业生产的发展还带动了饲料业、农副产品加

工业等相关产业的发展，对农民收入的贡献也逐步增大（牧青，2009）。"十二五"时期，山西奋力实施畜牧业振兴计划和畜牧产业翻番工程，加快发展规模健康养殖，积极开展畜牧招商引资，大力实施一系列重大工程项目，全省畜牧业实现了跨越式的大发展。2015 年全省猪牛羊肉总产量 73 万 t，生猪存栏 485.91 万头，生猪出栏 783.67 万头；牛奶产量 91.87 万 t；禽蛋产量 87.38 万 t。

## 二、主要问题

### （一）生产经营分散，发展水平较低

山西畜牧业是典型的农区畜牧业，以猪为主，畜牧业生产最显著的特点是以农业为基础的小生产。作为家庭副业的养殖业，虽然近年来在生产经营的规模、饲养技术、生产基地建设方面均有所发展，但分散经营、小规模养殖的兼业户及广大农户的家庭养殖业仍然是畜牧业生产的主体，导致畜牧业整体发展水平不高。与世界发达国家比较，山西畜牧业仍处于相当落后的地位，与全国平均水平相比也有很大差距。

### （二）产业化经营程度较低

虽然畜牧业加工和销售两大产业化环节进展迅速，尤其是民营畜牧企业的涌现促进了畜牧产业化格局的形成，但是畜牧业产业化经营程度还很低。发达国家畜产品加工量占畜产品总量的比重都在 30% 以上，而山西每年经过深加工的禽畜产品不到禽畜产品总量的 20%，肉猪、肉羊、肉鸡的加工量仅占到出栏量的 10% 左右，企业规模小，市场开发落后，市场占有率不高。

### （三）草地综合生产能力低

草地建设是影响畜牧业发展的主要因素，山西现有的天然牧坡，绝大多数沙化、碱化、退化现象严重，草地的生产能力甚至落后于西北地区的陕西、甘肃。在草地建设上存在着管理、规划不合理，草畜不配套，草地权属不清，草地乱占滥用现象严重等问题。

### （四）动物疫病防治水平低

山西动物疫病防治水平低，许多国际上明令禁止的一类疫病仍有发生。畜产品不符合国际兽医卫生规定，直接影响到畜产品的出口，从而影响畜牧业的发展（刺美香和李玉萍，2008）。

### （五）保障能力滞后

目前山西仍以千家万户的小规模、分散饲养为主，基础设施建设滞后，生产效率不高，应对市场风险的能力较弱。全省禽畜良种繁育体系薄弱，牛羊人工授精点少，良种牛羊存栏不足，良种覆盖率低。以牛羊为主的种畜场建设滞后，管理不规范，种畜场规模小，供种能力不足。动物防疫体系不健全，乡镇畜牧兽医站基础设施薄弱。

## 三、发展重点

### （一）优化畜牧业布局

通过区域化布局、规模化养殖、标准化生产、产业化经营、安全化产出、生态化发展，实现雁门关生态畜牧经济区、中南部地区、晋东南区三大养殖板块跨越发展，稳定发展生猪、肉禽、蛋禽等产业，加快发展草食畜牧业和奶业。

### （二）调整畜牧业结构

稳定生猪生产，实施生猪遗传改良计划，加快种猪良种繁育体系建设，加大地方特色品种资源保护与开发利用，适度扩大养殖规模，提高饲养管理水平和生产效率。稳定家禽生产，推广无抗养殖等关键技术，提高生物安全水平，确保鸡肉质量安全。加快发展循环农业，根据资源承载力和农业废弃物消纳半径，合理布局规模化养殖场，配套建设有机肥生产设施，积极发展资源利用节约化、生产过程清洁化、废弃物利用资源化等生态循环种养农业模式（山西省人民政府，2016）。

### （三）提升畜牧业产业化水平

加快养殖大户、家庭牧场、专业合作社、产业化龙头企业等新型经营主体培育，狠抓畜牧生产重点县、优势基地县的发展建设，促进集约化规模养殖。大力开展清洁养殖，开展标准化畜禽养殖场创建活动，提高畜禽标准化生产能力。健全质量安全追溯体系，努力实现生产记录可存储、产品流向可追踪、储运信息可查询。创新畜产品销售渠道，加强畜产品冷链物流建设，支持国家重点龙头企业扩容提质。培育大型畜禽产品加工企业集团，以大象集团、平遥牛肉集团、古城乳业等龙头企业为依托，建设怀仁羔羊肉、和顺牛肉、古城牛奶等品牌产品，提升产业化经营水平。

### （四）提高饲草（料）保障水平

充分挖掘饲草料生产潜力，大力发展草牧业，形成粮草兼顾、农牧结合、循环发展的新型种养结构。积极推进饲用粮生产，进一步挖掘秸秆饲料化潜力，开展粮改饲和种养结合模式试点，促进粮食、经济作物、饲草料三元种植结构协调发展。拓展优质牧草发展空间，合理利用"四荒地"、退耕地种植优质牧草，加快建设人工草地（山西省人民政府，2016）。

## 四、发展的对策建议

### （一）优化畜牧业区域布局

大（同）运（城）高速公路、大（同）西（安）高速铁路的开通，缩短了畜产品交易的时空距离，使全省经济相互融合、共同发展成为可能。雁门关生态畜牧经济区的建设，为构建全省新的畜牧业生产格局提供了重要的思路和模式。依据山西自然地理的分布特征、农民养殖的习惯和畜禽养殖的规模，应重点发展肉、奶、蛋三大产业带，即大同、忻定、晋中、晋南、上党五大盆地为肉猪、奶牛、蛋鸡产业带，东山为肉牛产业带，晋北、晋西为肉羊、绒山羊产业带。

### （二）积极培育经纪人队伍

提高农村金融对家庭养殖户的支持力度，鼓励家庭养殖向规模化养殖发展。制定优惠政策鼓励中介组织、农民经纪人、运销大户等各种形式的民间组织进入流通领域。进一步规范市场秩序，健全市场法规，加强市场管理，创造和维护公平竞争的市场环境与秩序。适应畜牧业市场化的要求，加大信息基础设施建设力度，尽快建立和完善信息网络，建立健全畜牧业综合信息服务体系。

### （三）加强动物疫病防治工作

加快质量标准体系与认证体系的建立和完善，抓紧重要畜产品质量标准的制定和完善，特别要搞好无公害畜产品质量标准的审定发布和绿色食品认证工作，以解决传统畜牧生产的低质量问题，促进畜产品品质的提高。

### （四）提高畜牧业科技支撑能力

深化畜牧科技体制改革，实行开放式、社会化、市场化运作，促进科技、教育资源的有效整合，引导和鼓励国内外院校与科研单位，以多种形式参与科技创新与开发，大力推进畜牧业科技进步（王闰平和崔克勇，2005）。

# 第五节 农业区域差异与布局

山西农业自然条件和生产特点的地域差异显著，根据农业生产条件、特点、问题和发展方向的相似性与差异性的区划原则，可以划分出七个不同类型的农业区。应围绕《山西省主体功能区规划》的总体要求，突出稳农增收、特色产区、生态屏障功能，"田、山、城"一起抓，因地制宜调整优化生产力布局，促进区域协调发展，构建地方特色现代农业发展新格局。

## 一、农业区域差异与发展导向

张维邦曾把山西省的农业划分为七个区，分别是晋南盆地棉麦养畜区，晋中盆地冬麦杂粮果养畜农业区，晋东南山间盆地农林牧多种经营农业区，晋东山地林木农业区，晋北盆地春麦、杂粮、甜菜、林牧农业区，晋西北高寒林牧业农业区，晋西黄土丘陵林木水保农业区。《山西省农业农村发展"十三五"规划》按照统筹协调发展、产业布局合理、区域特色明显、资源环境匹配的原则，提出了汾河平原、雁门关、上党盆地、吕梁山、太行山和城郊农业六大发展区域。

（1）汾河平原区域，分布在汾河两岸，涉及运城、临汾、晋中、吕梁和太原的 27 个县（市、区）。区域南部（以运城、临汾为主）重点布局优质高效粮食、水果和家禽产业；区域北部（以晋中、吕梁和太原为主）重点布局高效设施农业和农产品加工业。

（2）雁门关区域，分布在桑干河河谷盆地、滹沱河河谷盆地，涉及大同、朔州、忻州的 24 个县（市、区），重点布局草牧业和优质杂粮产业。

（3）上党盆地区域，分布在漳河河谷盆地、沁河河谷盆地，涉及长治、晋城、阳泉的 11 个县（市、区），重点布局优质杂粮、中药材和生猪产业。

（4）吕梁山区域，分布在吕梁山低山丘陵地区，涉及吕梁、晋中、临汾的 16 个县（市、区），重点布局优质鲜干果和杂粮产业。

（5）太行山区域，分布在太行山低山丘陵地区和寿（阳）—昔（阳）—平（定）地区，涉及晋中、长治、晋城、阳泉、忻州、运城的 13 个县（市、区），重点布局杂粮和道地中药材产业。

（6）城郊农业区域，包括太原都市圈、晋北城镇群、晋南城镇群和晋东南城镇群，涉及 26 个县（市、区），布局以农业多种功能开发和促进第一、第二、第三产业融合发展为重点的城郊农业。

山西省六大农业区域示意图如图 7-5 所示。

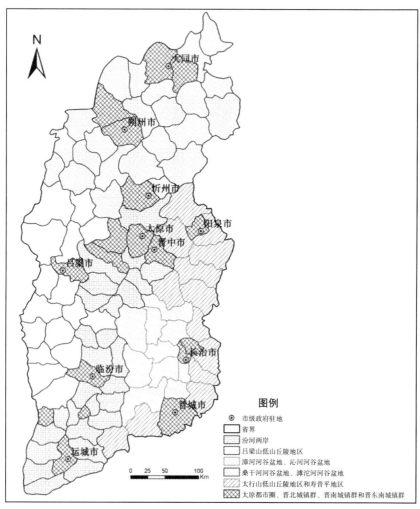

**图 7-5　山西省六大农业区域示意图**

资料来源：作者根据相关资料绘制。

## 二、农业布局

### （一）粮食产业布局

（1）小麦：以发展优质专用小麦为重点，建设南部运城、临汾、晋城中熟冬麦区，努力恢复中部晚熟冬麦区长治、晋中、吕梁的小麦生产，鼓励北部有条件的地区种植春小麦。

（2）玉米：玉米生产优势区域布局为"一带四区"，即建设太行山玉米带，大同盆地、忻定盆地、晋中盆地和晋南盆地玉米优势生产区。其中，太行山玉米带及晋中、忻定、晋南盆地重点发展加工专用、粮饲兼用和特种玉米，大同盆地重点发展粮饲兼用、青贮玉米及特用玉米。

（3）马铃薯：重点建设雁门关、太行山、吕梁山三大马铃薯优势产业带，建设北部加工专用型马铃薯、中南部早熟菜用型马铃薯两大优势生产区域及马铃薯脱毒种薯繁育基地。

（4）杂粮：重点开发谷子、荞麦、莜麦三个优势种。谷子主要布局在太行山优势谷子生产带、吕梁山优势谷子生产带和太岳山优势谷子生产带。荞麦布局在晋北荞麦优势生产区、晋中荞麦优势生产区。莜麦布局在晋北大同、朔州、忻州优势生产区。

### （二）水果产业布局

以晋中盆地、晋南边山丘陵区、吕梁山南麓丘陵区三大水果产业带为重点，扩大果园面积，增加果品产量，提高水果产业的整体素质和效益，实现水果产业上档升级。坚持新果园发展与老果园更新改造并重。通过完善果园水利设施、配套新型装备等措施，建成一批现代化、标准化水果示范园区；通过完善水利设施、增施有机肥、果园间伐、高光效树形改造、推广新品种和新技术等措施，加快老果园更新改造。根据资源和生态优势，建设晋南丘陵区、晋西边山丘陵区、晋中丘陵区三大优质苹果生产板块，建设运城、临汾、运城、晋中、晋城、长治等地的优质苹果生产区，提高科技示范、优质苗木供应、生产技术服务和产后处理能力。建设忻定、晋中、晋东南和晋南四个优质梨生产区，加快科技示范、优质苗木供给、生产技术服务和市场建设。

### （三）蔬菜产业布局

重点在晋南、晋中、忻定、上党和大同五大盆地内具有优势的县发展蔬菜产业。以晋南、上党、晋中、忻定和大同五大盆地为重点，加快以日光节能温室为主的设施蔬菜发展。突出抓好寿阳县、新绛县、曲沃县、清徐县、晋中市榆次区、夏县、应县、阳高县、运城市盐湖区九个国家级蔬菜产业基地县（区）建设。重点建设以临汾、运城、上党盆地为主的南部冬春蔬菜生产区，以晋中盆地为主的中部夏秋蔬菜生产区，以忻定、大同盆地为主的北部春秋蔬菜生产区，以运城的永济、芮城、万荣和河津四个基地县为主的芦笋生产区。

### （四）中药材产业布局

以黄芪、党参等十大道地品种为重点，建立太行山、太岳山、恒山、晋南边山丘陵区四大区域。重点建设浑源、应县、繁峙、五寨等县（区）的黄芪优势区域；陵川、平顺、壶关、武乡等县（区）的党参优势区域；平顺、屯留、陵川、万荣、闻喜、垣曲等县（区）的柴胡优势区域；尧都、襄汾、曲沃、侯马等县（区）的生地优势区域；新绛、闻喜等县（区）的远志优势区域；安泽、陵川、榆社等县（区）的连翘优势区域；陵川、平顺、榆社、和顺等县（区）的黄芩优势区域。

### （五）特色农产品区域布局

重点建设向日葵、胡麻、大豆、油菜四个品种的两大优势油料产业区，包括东南部复播向日葵、大豆和冬油菜生产区和中北部春播向日葵、胡麻、大豆生产区；建设晋东南蚕桑优势区域；建设晋中汾河中游区、西部沿黄区和晋南盆地丘陵区红枣优势区域；重点建设太行山、太岳山、中条山的低山丘陵区三个核桃优生区；重点建设运城中熟优质棉区、临汾中早熟中短绒棉区。

### （六）畜牧产业布局

着力建设雁门关生态畜牧经济区和"一县一业"畜牧重点县，精心培育肉禽、生猪、牛、羊四大优势产业，积极发展一大批标准化规模养殖产业项目，实现传统畜牧业向现代畜牧业转型升级。建设南部发展区、中部发展区、北部发展区三个优势生猪发展区；依据改良肉牛和地方良种分布的特点，重点发展雁门关、东山、晋南三个优势区；重点发展晋北肉羊区；重点发展以中南部为主的蛋鸡优势县；重点发展晋西包括岢岚、神池、静乐、偏关、河曲等在内的绒山羊年存栏规模在6万只以上的基地县。

### 三、现代农业示范区

包括运城优质果麦产业化示范区、太原都市农业多功能示范区、上党特色生态农业示范区、朔州草牧业种养加发展示范区四大示范区。[①]

#### （一）运城优质果麦产业化示范区

发挥黄河金三角与国家"一带一路"倡议对接的优势，大力实施农业"走出去"战略，建设优质果麦生产区、农业产业化发展引领区和农业信息物流集散区。实施小麦粮食主产区建设工程，加大新品种、新技术推广力度，率先建设农业物联网，加快农业地理数据库建设，稳步提高粮食生产的现代化水平。建设黄河金三角果业生态城、国际果蔬物流港，扩大山西果品、蔬菜国内外高端市场份额。立足果菜基地发展，支持果菜加工、储运设施条件和田头市场建设，建成覆盖主要果菜乡村的电子商务平台。

#### （二）太原都市农业多功能示范区

立足都市人口优势，开发太原城郊多种农业功能，以美丽乡村建设为核心，建设全省现代农业先行区、新农村建设示范区和新型职业农民培育区。依托农科院所和山西农业大学的科技优势，建立现代农业新技术试验示范园和省级示范家庭农场，带动中远郊平原农业发展区率先实现农业现代化。在太原东、西两山建设沟域旅游农业园，建设汾河流域生态农业观光带；在南、北近郊发展以体验农业、观光农业、采摘农业、科普农业、教育农业、健康农业为主导的休闲农业新业态，建设以精品农业为主导的农业文化园。完善太原种子交易市场的仓储物流设备设施，构建完备的电子交易平台，建设省级种子科技成果交易服务平台。

#### （三）上党特色生态农业示范区

以特色、低碳、生态、循环为核心，建设绿色无公害农产品主产区、生态循环农业示范区和道地中药材集中连片发展区。依托国家级标准化示范基地，实现农业标准化生产，建立健全投入品登记使用管理制度和生产操作规程，完善农产品质量全程控制和可追溯制度，支持龙头企业开展质量管理体系和无公害农产品、绿色食品、有机农产品认证，提高农产品质量安全水平。发展循环农业，推广"猪—沼—菜（果）"、"鸡—粪肥—菜（果）"等生态循环养殖模式。建设家庭

---

[①] 这部分参考了《山西省农业农村发展"十三五"规划》。

小规模、区域大群体、生产标准化、经营产业化的优质中药材产业带。

### (四) 朔州草牧业种养加发展示范区

发挥对接长城金三角与京津冀协同发展的战略优势，建立集"示范推广、辐射带动"于一体的草牧业发展示范区。建立种养加、粮经饲三元现代农业结构，大力实施粮改草工程，发展带穗青贮玉米、燕麦草、紫花苜蓿和甜高粱种植基地。积极实施盐碱地种草工程和天然草场改良工程，发展生态健康养殖，新建和完善牛、羊、奶牛标准化养殖园区，实施好大型沼气、生物有机肥厂、大型养殖场粪污治理三大畜牧环保工程。实施牛羊良种体系建设工程、高产奶牛核心群建设工程。支持龙头企业建设工程，加大畜牧产业链建设。

山西省现代农业四大示范区范围如表7-8所示。

**表7-8　山西省现代农业四大示范区范围**

| 名称 | 示范区范围 | |
|---|---|---|
| | 核心示范区 | 辐射带动区 |
| 运城优质果麦产业化示范区 | 万荣县、临猗县、盐湖区、夏县、闻喜县、永济市、芮城县、平陆县 | 稷山县、绛县、新绛县、洪洞县、曲沃县、翼城县、襄汾县、尧都区、霍州、吉县、隰县、浮山县、大宁县、乡宁县、临县、汾阳市、介休市、平遥县、祁县 |
| 太原都市农业多功能示范区 | 小店区、晋源区、阳曲县、古交市、清徐县、榆次区、祁县、太谷县、平遥县、昔阳县、寿阳县 | 忻府区、离石区、交城县、阳泉市矿区（郊区、开发区）、大同市南郊区、朔城区、平鲁区、盐湖区、河津市、尧都区、侯马市、长治市城区（郊区）、潞城市、晋城市城区 |
| 上党特色生态农业示范区 | 长治县、长子县、壶关县、平顺县、高平市、陵川县、泽州县、阳城县 | 武乡县、沁县、沁源县、襄垣县、屯留县、安泽县、和顺县、榆社县、左权县、黎城县、沁水县、垣曲县 |
| 朔州草牧业种养加发展示范区 | 朔城区、平鲁区、山阴县、应县、怀仁县、右玉县 | 天镇县、阳高县、广灵县、灵丘县、浑源县、左云县、新荣区、大同县、代县、繁峙县、静乐县、定襄县、神池县、五寨县、岢岚县、偏关县、河曲县、保德县、宁武县、原平市、五台县、文水县、方山县、岚县、石楼县、孝义市、中阳县、兴县、交口县、柳林县 |

资料来源：山西省人民政府.山西省"十三五"现代农业发展规划 [Z]. 2016.

# 第六节　农村发展

改革开放以来，山西农业综合生产能力明显提高，农村经济整体实力显著增强，农民收入大幅增加，生活质量显著改善，农村社会事业蓬勃发展，农村面貌焕然一新。

## 一、农村发展概况

### （一）农村产业结构不断调整优化

改革开放初期，山西的农村经济以农业生产为主，1985年第一、第二、第三产业占社会总产值的比重分别为19.3%、54.8%和25.9%。乡镇企业的异军突起，使农村经济产业结构发生了明显的变化，第二产业占主导地位。

1978年农村劳动力主要以从事农业生产为主，占农村劳动力的比重高达87.4%，从事第二、第三产业的劳动力分别只占5.8%和6.8%。随着"离土不离乡、进厂不进城"政策的实施，农村劳动力逐步由第一产业向第二、第三产业流动。1985年从事第一、第二、第三产业劳动力占农村劳动力的比重分别为72.1%、11.3%和16.6%，与1978年相比，第一产业下降了15.3个百分点，第二、第三产业分别提高了5.5个百分点和9.8个百分点。随着乡镇企业的兴起，农村劳动力在农村内部加速流动。2000年农村劳动力就业于第一、第二、第三产业的比重分别为58.3%、23.6%和18.1%。伴随资本密集程度的增高、乡镇企业吸纳能力的下降，农村剩余劳动力开始向城市流动。2015年农村劳动力就业从事第一、第二、第三产业的比重分别为54.4%、18.1%和27.5%（见图7-6）。

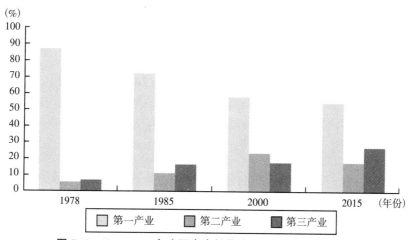

**图7-6 1978~2015年山西省农村劳动力从事三次产业比重**

资料来源：《新中国60年统计资料汇编》、《山西统计年鉴》（2016）。

### （二）农民生活显著改善

1. 农民收入大幅度增长

1949~1978 年，全省农民人均纯收入由 52.5 元增加到 101.6 元，年均增加 1.69 元，这一阶段是广大农民群众为实现温饱生活而奋斗的时期。中共十一届三中全会以来，经济体制的变革不仅带来了农村经济的长足发展和农民收入的显著增加，而且扭转了长期以来农民生活水平提高缓慢的状况。2016 年全省农村居民人均纯收入达到 10082.5 元，按当年价格计算是 1978 年的 99.2 倍。

2. 农民生活消费支出全面增长，消费结构趋向合理

1978 年以前，由于农民收入增长不快，农民生活消费水平和消费结构虽有一些变化，但变化不大。1978 年以来，农民生活消费支出迅猛增长，2015 年全省农民人均生活消费支出已达 7421 元，比 1978 年增长 81 倍。与农民消费水平提高相适应，农民的消费结构日趋合理，传统的消费行为和消费习惯受到冲击，消费结构由生存资料为主开始向享受资料和发展资料转变。

## 二、城乡差别

### （一）城乡居民收入和支出差距明显

1978 年以来，随着经济的高速增长，城乡居民收入有了大幅度的提高。1978~2016 年，全省城镇居民人均可支配收入由 301.4 元提高到 27352.3 元，提高了 89.8 倍；农村居民人均纯收入由 101.6 元增长到 10082.5 元，城乡居民收入比由 2.97∶1 缩小到 2.71∶1（见图 7-7）。在收入差距缩小的同时，城乡居民的生活消费差距也呈缩小之势。全省城镇居民人均消费性支出由 1978 年的 275.4 元提高到 2016 年的 16993.0 元，提高了 60.7 倍；2016 年全省农民人均生活消费支出达 8029.0 元，比 1978 年提高了 86.6 倍。农村居民消费增长速度明显快于城镇居民，城乡居民生活消费支出比由 1978 年的 3.04∶1 缩小到 2016 年的 2.12∶1。

"十二五"以前，山西城乡居民收入差距基本低于全国平均水平，"十二五"之后，随着城乡收入差距的扩大，大量农村劳动力涌向城市，不仅造成了农村市场持续低迷，更使城乡居民收入和支出差距明显高于全国平均水平，山西有巨大潜力的农村市场没有被激活。

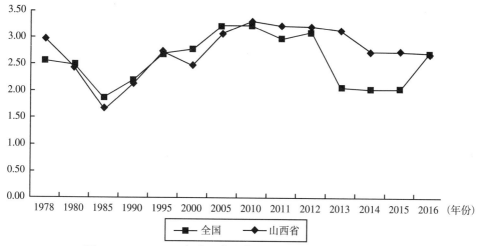

图 7-7  1978~2016 年山西省和全国城乡居民收入比（农村=1）

资料来源:《新中国 60 年统计资料汇编》、《山西统计年鉴》(2016)、《中国统计年鉴》(2016)、《中国统计摘要》(2017)。

### （二）工农业发展不协调，城乡经济联动不足

山西是能源大省，全省的经济发展过度依赖第二产业，忽略了第一产业和第三产业的发展，造成了工农产业发展的严重不平衡。在农业科技项目上的投资甚少，现有的农业技术都很落后，农民受教育水平低，极大地限制了农业科技的进步。超重型的产业结构使农村的生产要素无法与来自城市的资金、技术、管理等生产要素充分结合，不能形成强有力的现实生产力，进而不能实现产业结构的优化升级。城乡产业不合理，产业产品同构现象严重，由此造成资源浪费和市场的过度竞争，城乡经济效益下降。城乡统筹发展缺乏财力支持，难以做到以工补农、以城带乡（王翠芳，2014）。

### （三）城乡基本公共服务均等化差距较大

首先，农村医疗和教育资源缺乏，在贫困边远地区，医疗设施落后，卫生员水平低，城市尽管有先进的医疗设施，但是由于城乡收入差距的扩大化，农民看病难、看病贵的问题依然很明显。全省贫困县有将近 50% 的教师流失，导致农村教师老龄化和教育水平下降，加之"留守儿童"和农村办学条件差，城乡教育体现出巨大的差距。其次，城乡医疗资源配置失衡，城乡居民医疗卫生服务水平差距大，与城市相比，全省农村的基本卫生医疗条件、卫生人员水平及服务可及性存在明显差距。卫生资源供给总量不足，城乡医疗资源配置不合理，城乡基本公

共医疗卫生服务资源分布不均，主要集中在大中城市。最后，城乡社会保障体系不健全，城乡居民社保水平差距大。城乡居民保障模式不同，制度之间衔接不畅，城乡待遇差别较大，农民社会保障水平偏低（王翠芳，2014）。

## 三、扶贫开发

山西是我国内陆欠发达地区和贫困人口较多的省份之一，全省现有 57 个贫困县，其中 35 个为国家扶贫开发重点县，22 个为省定贫困县（内含 5 个插花县），占全省 119 个县（区、市）的 47.9%、总人口的 32.9%、总面积的 60.5%。贫困县集中分布于中西两山，其中西部吕梁山有 27 个贫困县；东部恒山、五台山、太行山、太岳山区分布有 22 个贫困县；北部阴山山脉南支有 2 个县；南部中条山区有 6 个县。山西省扶贫开发片区如图 7-8 所示。

### （一）扶贫开发的历史过程

围绕国家出台的扶贫开发政策，全省扶贫开发大致可分为五个阶段（李军鹏和闫娜，2009）。

1. 体制改革推动反贫困阶段（1979~1984 年）

中共十一届三中全会以后，山西彻底摒弃了过去在指导生产上那一套极"左"的东西，全省经济迅速发展。按照集中力量解决连片贫困地区的要求，山西省划定了贫困县，制定了《关于帮助贫困地区尽快改变面貌的实施方案》。

2. 大规模开发式反贫困阶段（1985~1993 年）

山西的开发式反贫困最初是以贫困地区为主要对象的区域开发援助，除了中央政府提供的发展援助以外，地方各级政府（特别是省级政府）也提供了大量的财政支持，帮助当地贫困地区发展。随着反贫困的推进，特别是 20 世纪 90 年代中期以后，这种区域开发援助政策得到调整，贫困群体作为援助对象不断突出，逐渐形成了贫困区域和贫困群体双重援助目标的反贫困模式，并取得了巨大成功。

3. 扶贫攻坚阶段（1994~2000 年）

1994 年国务院制定了《国家"八七"扶贫攻坚计划》，根据要求山西决定在 1994~2000 年集中人力、物力、财力，动员社会各界力量，力争用 7 年左右的时间，基本解决全省 50 个贫困县 381 万贫困人口的温饱问题。山西省划定了攻坚区，明确了攻坚对象，通过反贫困攻坚，贫困地区生产生活条件明显改善，人民收入显著增加，贫困人口大幅度减少。到 2000 年底，50 个贫困县中的 381 万贫

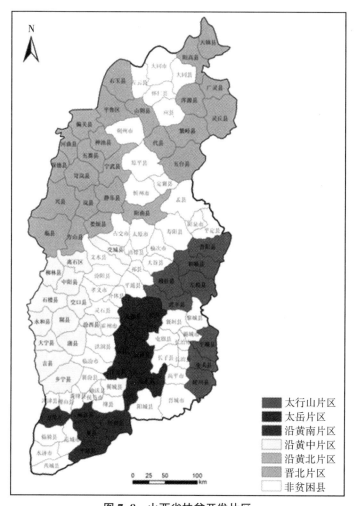

**图 7-8　山西省扶贫开发片区**

资料来源：作者根据相关资料绘制。

困人口已有 320 万人初步解决了温饱问题。

4. 向全面消除贫困迈进阶段（2001~2010 年）

2001~2010 年，山西反贫困向全面消除贫困迈进，取得了较为明显的成效。

5. 全面脱贫摘帽阶段（2011 年至今）

我国将扶贫开发的重心转到连片特殊贫困地区，连片贫困区成为扶贫攻坚工作的主战场。山西属于燕山—太行山集中连片特殊贫困地区和吕梁山集中连片特殊贫困地区，政府加大了对重点区域的扶贫力度，争取实现 2020 年全部摘帽的总目标。

## （二）集中连片贫困地区及其发展方向

燕山—太行山、吕梁山两大连片特困地区是山西新一轮扶贫攻坚的主战场。燕山—太行山片区涉及山西 2 个地级市 7 个县，包括大同市的阳高县、天镇县、广灵县、灵丘县、浑源县，以及忻州市的五台县和繁峙县，2015 年末总人口数为 185.08 万人。吕梁山片区涉及山西 3 个地级市 13 个县，包括忻州市静乐县、神池县、五寨县、岢岚县，临汾市吉县、大宁县、隰县、永和县、汾西县，以及吕梁市兴县、临县、石楼县和岚县，2015 年末总人口数为 214.03 万人。从根本上改变两大区域的落后面貌，必须按照"区域发展带动扶贫开发、扶贫开发促进区域发展"的基本思路，动员各级各部门力量，采取综合治理、配套推进的办法，统筹抓好产业开发、基础设施、公共服务和生态建设各个方面，形成扶贫攻坚整体效益。

燕山—太行山片区地处内蒙古高原和黄土高原向华北平原过渡的地带，环绕京津地区，是国家新一轮扶贫攻坚的主战场之一，区位优势突出，生态与文化等旅游资源丰富，综合交通运输体系框架初步形成，区域经济发展潜力巨大。但是融入京津地区发展能力弱，人力资源开发不足，生态建设与环境保护任务重。要加强水利等基础设施建设和改善农村基本生产生活条件，培育壮大特色产业和构建具有区域优势的产业体系，开发人力资源和促进农村劳动力转移就业，发展社会事业和提升公共服务水平，加强生态建设和环境保护，将燕山—太行山片区建设成为京津地区重要的生态安全屏障和水源保护区、文化旅游胜地与京津地区休闲度假目的地、国家战略运输通道与重要物流基地、绿色农副产品生产加工基地和京津地区产业转移重要承接地（国务院扶贫办、国家发展改革委，2012）。

吕梁山片区地处黄土高原中东部，跨黄河两岸，水土流失严重，属于革命老区，也是国家新一轮扶贫攻坚的主战场之一。该区沟壑纵横，生态脆弱，水土流失严重；产业结构单一，城镇化进程滞后，以城带乡能力弱；区域相对闭塞，农村生产生活条件差，贫困发生率高。应加强基础设施建设和改善农村基本生产生活条件，构建具有区域优势的产业体系，开发人力资源，发展社会事业和提升基本公共服务水平，加强生态建设和环境保护，将吕梁山片区建设成为革命老区发展振兴区、旱作农业与特色农产品基地、优势资源开发与扶贫攻坚相结合的创新区、黄河中游水土保持重点区（国务院扶贫办、国家发展改革委，2013）。

## 四、农村人居环境建设

改善农村人居环境，是全面建成小康社会的基本要求，是统筹城乡发展的有效途径，是广大农民群众的迫切愿望。近年来，全省围绕新农村建设实施了一系列工程，使农民的生产生活条件明显改善，农村基础设施公共服务水平明显提升，农村整体面貌发生了较大变化。但是，由于自然和历史的原因，农村人居环境总体水平与农民群众的现实需求、与建设美丽山西的目标要求还有较大差距。由于山区面积大，生态环境脆弱，农村基础设施薄弱，农民生产生活条件还没有得到根本改善。加之山庄窝铺多，居住分散，采煤沉陷区较大，地质灾害严重，农民安居环境较差，易地搬迁任务重。村容不整洁，垃圾乱倒、污水乱排、粪污乱流、废弃物乱堆乱放的现象还普遍存在。改善农村人居环境已经成为当前和今后一个时期新农村建设的迫切任务。

改善农村人居环境，要加大县乡公路改造力度，实施连片贫困地区公路连通工程，加强农村客运、物流网络建设，提高村通水泥（油）路的质量；把沉陷区治理与当地改革发展、农民增收致富、农民整体生活水平提升、农村社会治理相结合，尽快完成采煤沉陷区治理搬迁改造任务；加强技术攻关，探索适合农村实际的污水治理模式，完善农村生活垃圾处置设施，强化垃圾处理减量化和资源化利用，创新农村生活垃圾治理体制机制，搞好农村污水防治；结合农村地区不同的自然条件、气候条件、传统用能需求及生活习惯等因素，因地制宜，在美丽宜居示范村、县城周边、城郊结合部开展"煤改电"采暖新方式的探索和推广。

**参考文献**

[1] 白锐峥，白凤峥，霍玥维. 山西省农业可持续发展的社会资源条件分析 [A] //中国农业资源与区划学会. 2015 年中国农业资源与区划学会学术年会论文集 [C]. 2015.

[2] 刺美香，李玉萍. 关于山西省畜牧业发展的思考 [J]. 山西农业大学学报，2008，7（5）：488-491.

[3] 付裕峰，刘永泰. 山西省农业和农村的信息化现状 [J]. 科技情报开发与经济，2007，17（23）：106-107.

[4] 贺晓娟，韩锦涛. 山西省水土流失空间分布和现状 [J]. 江西农业学报，2007，19（3）：97-98，105.

[5] 胡艳君. 山西省种植业结构调整和地区布局研究 [D]. 中国农业大学硕士学位论文，

2003.

[6] 雷锦霞，张霞. 山西新型农村社区建设模式探析 [J]. 科技情报开发与经济，2013，23 (19)：150-153.

[7] 李宝瑜，乔云霞，张亚涛. 山西农业与全国农业综合对比 [J]. 山西财经大学学报，2000，22 (3)：102-105.

[8] 李军鹏，闫娜. 浅析我党反贫困工作领导经验——以山西省反贫困发展历程为反贫困立法微观分析对象 [A] //提高领导科学发展能力暨纪念新中国成立60周年理论研讨会论文集 [C]. 2009：330-337.

[9] 李鹏. 山西省农业信息化建设研究初探 [D]. 山西农业大学硕士学位论文，2014.

[10] 李双全. 山西省第八次森林资源连续清查数据特点及分析 [J]. 林业经济，2014 (9)：111-114，128.

[11] 李泽峰. 山西农业产业结构调整与市场发展研究 [J]. 山西农业科学，2006，34 (2)：3-6.

[12] 刘小英，柴志敏，李富忠. 山西省种植业结构调整问题研究 [J]. 山西农业科学，2009，37 (10)：3-6，9.

[13] 马妮. 山西省生物多样性评价与保护对策研究 [D]. 山西大学硕士学位论文，2011.

[14] 马雅丽，栾青，王志伟等. 山西省主要农业气象灾害变化特征及其对农作物产量的影响 [J]. 中国农业气象，2010，31 (S1)：150-154，158.

[15] 牧青. 建国60年来山西畜牧业发展成就斐然 [J]. 农业技术与装备，2009 (19)：6-9.

[16] 邱扬，张金屯，毕全喜. 山西省森林资源的现状、评价及发展对策 [J]. 山西大学学报 (自然科学版)，1999，22 (1)：93-98.

[17] 孙建文. 山西省农业产业结构实证研究 [J]. 山西农业大学学报 (社会科学版)，2006，19 (1)：3-5，23.

[18] 唐光耀. 山西省农业资源特征及利用对策研究 [D]. 西北农林科技大学硕士学位论文，2011.

[19] 王翠芳. 山西城乡一体化建设面临的深层次矛盾及问题 [J]. 中共山西省直机关党校学报，2014 (19)：49-51.

[20] 王闰平，崔克勇. 山西畜牧业现状及发展对策研究[J]. 中国农学通报，2005，21(6)：35-38，149.

[21] 王润拴. 山西省调整优化种植业结构的战略对策研究 [J]. 中共太原市委党校学报，2000 (6)：23-25.

[22] 王云变. 山西林业气候特征及人类对其分布影响分析 [J]. 中国农业资源与区划，2010，31 (5)：23-28.

[23] 薛进杰. 山西水资源开发利用现状与农业节水对策探讨 [J]. 山西水利科技，2006，（1）：50-51，20.

[24] 喻茜. 山西现代农业发展问题研究 [D]. 山西财经大学硕士学位论文，2011.

[25] 张萍. 山西观光农业发展现状及对策 [J]. 山西农经，2011（3）：53-55.

[26] 赵毓峰，杨玛萍. 山西省农业信息化现状与存在问题分析 [J]. 科技情报开发与经济，2013，23（2）：111-113.

[27] 范堆相. 山西省水资源评价 [M]. 北京：中国水利水电出版社，2005.

[28] 靳光华，孙文生. 中国农村经济增长研究 [M]. 北京：中国农业科学技术出版社，2002.

[29] 山西省农业厅. 关于进一步调整优化种植业结构的指导意见 [Z]. 2016.

[30] 山西省人民政府. 山西省"十三五"农业农村经济发展规划 [Z]. 2016.

[31] 山西省发展和改革委员会，山西省林业厅. 山西省"十三五"林业发展规划 [Z]. 2017.

[32] 张维邦. 山西省经济地理 [M]. 北京：新华出版社，1987.

[33] 国务院扶贫办，国家发展改革委. 燕山—太行山片区区域发展与扶贫攻坚规划（2011~2020 年）[Z]. 2012.

[34] 国务院扶贫办，国家发展改革委. 吕梁山片区区域发展与扶贫攻坚规划（2011~2020 年）[Z]. 2013.

# 第八章 区域空间格局与合作

山西经济社会发展中，不仅需要加快经济结构转型升级，而且应形成合理的经济区划和空间结构来科学配置经济资源，优化全省各区域产业布局，实现区域协同发展。应加快实施主体功能区战略，优化省域内部空间结构，积极拓展省域外部联系，实现省域的东融西进、南联北合，强化与周边区域的融合发展，着力拓展区域发展新空间。

## 第一节 经济区划

经济区划是经济地理研究工作开展、产业发展布局、产业政策制定及实施的重要基础。结合区域发展历程，山西经济区划形成了"三大地带"、"四大经济区"、"六大经济区"划分等方案，对全省经济社会发展产生了重要影响。对山西经济区划的研究，尤其是对经济区划方案的完善需要尽可能考虑实践中的可操作性，力图体现服务于产业发展布局、产业政策制定及其顺利实施的现实要求，并在区域发展实践的检验和继续修订中完善。

### 一、"三大地带"划分

考虑到自然地理环境、资源禀赋、经济发展和生态环境保护与建设的相似性，兼顾自然地理单元的完整性等因素，并受改革开放初全国划分为东中西三大地带的影响，学术界曾将山西划分为中、东、西三大地带，即"三大地带"的划分（见图8-1）。

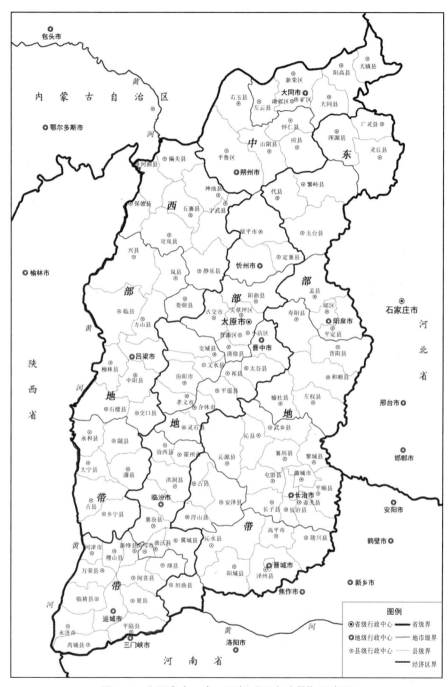

**图 8-1　山西省中、东、西部"三大地带"示意图**

资料来源：郭文炯.山西省三大地带人口与经济集中化特征分析［J］.太原师范学院学报（自然科学版），2003（1）.

（一）中部地带

中部地带主要由大同盆地、忻定盆地、太原盆地、临汾盆地、运城盆地五大盆地和丘陵区组成（郭文炯，2003），包括太原、大同、朔州、忻州、晋中、临汾、运城、吕梁的56个县（市、区），面积6.11万km²，占全省面积的38.9%。2015年人口为2236.73万人，地区生产总值为8157.55亿元，分别占全省的61.0%、65.1%，城镇化率为59.3%。该地带资源禀赋、交通等区位条件、经济发展基础良好，人口分布密集、产业布局集中、城镇格局紧凑，是山西经济社会发展的中心地带。

改革开放初期，中部地带资源禀赋优势发挥不足，并未转化为经济优势，经济社会发展相对滞缓。北部的大同、朔州城市经济总量小，辐射带动功能不强；中部的太原极化效应强于扩散效应，周边大量经济要素流向太原，其对周边县市的辐射带动作用也十分有限；南部的临汾、运城、侯马3座城市为"孰为中心"相争几十年，辐射带动功能低于潜在水平（闫二旺，2002）。随着改革开放的深入，中部地带交通区位条件逐步改善，资源禀赋优势得到极大发挥，城市规模快速扩张，中心城市迅速成长，区域经济增长提速。然而，20世纪90年代以来，伴随资源环境约束趋紧和经济结构调整的影响，中部地带经济增速相对放缓，低于全省平均水平，甚至低于东部、西部地带。

（二）东部地带

东部地带主要由恒山、五台山、系舟山、太行山、太岳山以及山间盆地等组成，包括大同、晋中、阳泉、临汾、运城、长治、晋城的39个县（市、区），面积5.66万km²，占全省面积的36.1%。2015年人口为1015.59万人，地区生产总值为3489.00亿元，分别占全省的27.7%、27.8%，城镇化率为50.5%。

改革开放初期，东部地带能源资源丰富，但开发利用相对滞后，除长治盆地外，太行山支脉等山地丘陵区经济社会长期处于欠发达状态，属于贫困人口和地区集中连片分布区域。改革开放以来，东部地带依托全省向东、东南方向对外联系便捷的交通区位优势，晋煤外运和对外经济联系日益密切，经济增长势头良好，经济增速逐步超出全省平均水平，阳泉、长治、晋城逐步成长为区域性中心城市，较好地带动了东部地带的发展。

（三）西部地带

西部地带主要由吕梁山和晋西黄土丘陵区组成，包括太原、忻州、临汾、吕梁的 24 个县（市、区），面积 3.93 万 km²，占全省面积的 25.0%。2015 年人口为 411.80 万人，地区生产总值为 892.85 亿元，分别占全省的 11.3%、7.1%，城镇化率为 43.1%。

改革开放初期，在全省经济增长总体相对较慢的背景下，西部地带的区位劣势尚不明显，经济增速相对较高。随着改革开放的深入，全省市场化进程加速，经济社会发展提速，但 20 世纪 90 年代西部地带依然发展滞后，经济增速不仅低于全省平均水平，而且低于全省中部地带和东部地带。2000 年以来，随着太（原）中（卫）银（川）铁路、G20 高速公路的规划建设和通车运营，打通了全省东西向联系，西部地带的区位条件发生很大变化，资源开发利用加速，扭转了全省经济增速最低的局面，经济增长保持较好势头。

山西省中、东、西部"三大地带"地区生产总值增长率如表 8-1 所示。

表 8-1 山西省中、东、西部"三大地带"地区生产总值增长率

单位：%

| 地 区 | 1980~1990 年 | 1991~2000 年 | 2001~2015 年 |
| --- | --- | --- | --- |
| 全省平均 | 14.7 | 14.4 | 14.3 |
| 中部地带 | 14.4 | 13.9 | 14.1 |
| 东部地带 | 12.8 | 15.6 | 14.6 |
| 西部地带 | 14.9 | 12.9 | 18.8 |

资料来源：根据《山西统计年鉴》（1981~2016）相关数据计算得到。

山西中、东、西部"三大地带"的经济区划具有较好的理论意义和实践价值，对经济社会发展产生了良好的指导作用。一是强调区域的同质性特征，较好地照顾了区域自然地理特征和自然地理单元的相对完整性，并兼顾资源禀赋、经济社会发展水平以及生态环境的相似性，有利于区域国土资源合理开发和生态环境整治，有效协调了人口、资源、环境与经济社会发展的矛盾；二是较好地发挥了三大地带内部资源禀赋优势，将资源优势转化为经济优势，加速了经济增长进程，区域经济实力有所增强；三是打破了地市级行政区划界限，仅顾及县域行政单元的完整性，力图突破行政区经济的影响，是对全国省域经济区划的良好探索；四是强调生产力纵向布局，资金、政策扶持向中部地区倾斜明显，中部地带经济社会快速发展，成为辐射和带动全省经济社会发展的中心区域，对全省区域经济发展产生了积极影响。

全省中、东、西部"三大地带"在实施中也暴露出种种弊端。一是一定程度上割裂了经济带间的横向联系，限制了要素的横向流动和区际联系，影响资源配置空间效率和经济效益；二是忽略了自然地理环境、交通区位条件、产业发展基础对经济社会发展的影响，全省较长一段时期向西方向联系不畅，西部地带行政区边缘经济现象明显（安树伟，2004），致使三大地带间发展水平差距愈加悬殊；三是一定程度上低估了区域性中心城市的辐射带动作用，对各地带区域性中心城市数量布局考虑不足，尤其是西部地带中心城市偏少，中部、东部、西部的区域差异迅速扩大。

## 二、"四大经济区"划分

20世纪80年代，根据全省生产力布局需要，综合考虑区位条件、产业基础、经济联系、区域协调发展以及行政区划的完整性等因素，将山西划分为4个一级经济区、11个二级经济区（见图8-2）（陈敦义，1983；张维邦和陈敦义，1987）。

### （一）晋中经济区

晋中经济区包括太原、大同、忻州、晋中、阳泉、吕梁的46个县（市、区），面积6.31万km²，占全省面积的40.2%。2015年人口为1508.13万人，地区生产总值为5726.79亿元，分别占全省的41.2%、45.7%，城镇化率为60.2%，资源丰富，开发较早。晋中经济区进一步划分为太原、榆次、忻州、离石4个二级经济区。改革开放以来，根据国家经济建设的要求，依托资源禀赋和发展基础优势，该区工业经济和综合经济实力持续提升，初步形成以太原为中心的经济网络。农业领域主要有城郊农业，工业领域有钢铁、机械、化学、煤炭及炼焦、电力和轻纺等。

### （二）晋北经济区

晋北经济区包括大同、朔州、忻州的24个县（市、区），面积3.61万km²，占全省面积的23.0%。2015年人口为611.36万人，地区生产总值为2241.91亿元，分别占全省的16.7%、17.9%，城镇化率为56.5%，矿产资源禀赋优势明显。晋北经济区进一步划分为大同、五寨2个二级经济区。改革开放以来，根据国家重点发展能源工业的要求，该区资源禀赋优势得到较好发挥。经济专业化部门农业领域有胡麻、甜菜生产和畜牧业，工业领域有煤炭、电力、水利等，并积极培

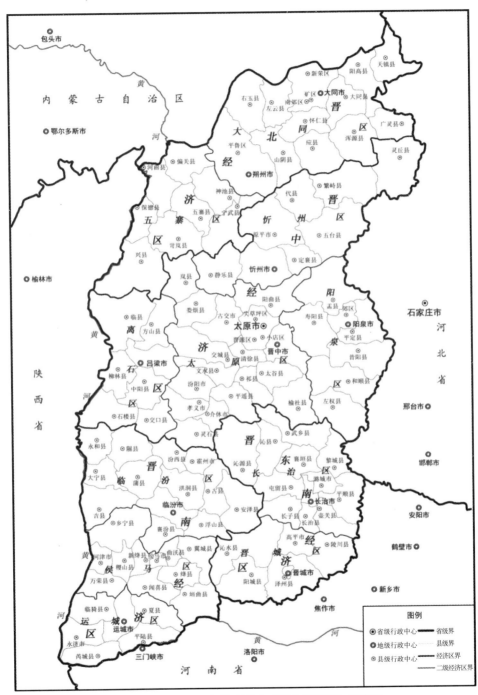

**图 8-2　20 世纪 80 年代山西省"四大经济区"示意图**

资料来源：张维邦.山西省经济地理［M］.北京：新华出版社，1987：378-438.

育炼铝、铁合金和煤化工业。

## （三）晋南经济区

晋南经济区包括临汾、运城的 30 个县（市、区），面积 3.45 万 km²，占全省面积的 22.0%。2015 年人口为 971.09 万人，地区生产总值为 2335.12 亿元，分别占全省的 26.5%、18.6%，城镇化率为 47.3%，矿产资源丰富，能源矿产和池盐储量丰富。晋南经济区进一步划分为临汾、侯马、运城 3 个二级经济区。改革开放以来，依托资源和发展基础优势，该区经济发展水平总体位居全省中等水平。经济专业化部门农业领域有棉花和小麦，工业领域主要有冶金、煤电、化工，机械、纺织也有一定基础。侯马是晋南经济区的交通枢纽。

## （四）晋东南经济区

晋东南经济区包括长治、晋城的 19 个县（市、区），面积 2.33 万 km²，占全省面积的 14.8%。2015 年人口为 573.54 万人，地区生产总值为 2235.58 亿元，分别占全省的 15.7%、17.8%，城镇化率为 53.0%，晋东南经济区是一个相对封闭的自然地理单元。晋东南经济区进一步划分为长治、晋城两个 2 级经济区。改革开放以来，随着交通条件的改善，该区域经济发展的外向性日益加强，煤炭资源优势得到较好发挥，煤炭、机械、冶金等成长为主导工业部门，而电力和纺织工业发展滞后。该区域煤炭资源的开发和外调对于华东等地区的能源平衡发挥了重要作用。该区域的经济专业化部门农业领域主要有商品粮种植，工业领域主要有煤炭、电力和化学等。

"四大经济区"划分对全省各经济区发挥资源禀赋优势、培育区域经济中心、参与地区产业分工、密切经济联系以及协调发展等方面发挥了积极指导功能。一是较好地服务了国家能源重化工基地建设，在国家大力支持下全省煤炭工业得到前所未有的发展，为缓解全国能源供应紧张的局面做出重大贡献，逐步强化了国家能源重化工基地功能；二是强调区域专业化生产，按照经济规律和劳动地域分工布局生产力，较为充分地考虑了煤炭资源的地区分布特征和地域组合，逐步培育了各具特色的生产地域综合体，对全省动力煤工业区、炼焦煤工业区、无烟煤工业区的形成产生了重要影响；三是随着全省能源工业发展战略的深入推进，煤炭工业的快速发展有力地带动了建筑业、交通运输业及相关产业的发展，为全省以煤为主的工业体系的形成奠定了坚实基础；四是强调经济中心建设，培育壮大了一批区域性中心城市，强化了中心城市职能，为全省城镇体系建设、行政区划调整及行政区体制改革提供了科学依据;五是强调区域的异质性特征,考虑了先进地区和后进地区的协调发展,将经济发展水平低的偏远地区或山区与经济较为发达的地区划分为一个经济区,为全省实施区域协调发展战略做出良好铺垫。

然而,"四大经济区"在实施中也存在一定问题。一是重视发挥资源优势,导致全省产业结构的能源重化工特征突出,"一煤独大"的局面逐步演化为困扰全省经济结构调整的顽疾;二是受行政体制改革影响,计划经济的色彩比较浓厚,对中心城市选取和培育表现出一定的局限性,影响了经济区中心城市和城镇体系建设进程,例如,晋北经济区中的二级经济区五寨区,缺乏明确的区域性中心城市,五寨县难以辐射带动经济区加快发展;三是部分经济区空间范围较大,经济区名称和所包括的范围偏差较大,空间距离偏远,例如,灵丘县隶属晋中经济区的二级经济区忻州区,而考虑地理位置,灵丘县地处晋北地区,割裂了其与晋北地区的传统联系。

## 三、"六大经济区"划分

1996 年《山西省国民经济和社会发展"九五"计划和 2010 年远景目标纲要》提出,调整生产力布局,促进区域协调发展,逐步形成各具特色的六大经济区,即太原经济区、大同经济区、阳泉经济区、晋南经济区、晋东南经济区、吕梁经济区(见图 8-3)(刘江,1999)。

### (一)太原经济区

太原经济区包括太原、忻州、晋中的 35 个县(市、区),面积 4.85 万 km²,占全省面积的 30.9%。2015 年人口为 1079.60 万人,地区生产总值为 4462.70 亿元,分别占全省的 29.5%、35.6%,城镇化率为 63.2%。该区突出了太原作为省会城市的地位,强化了基础设施建设,增强了综合经济实力和辐射带动功能,重点发展机电、冶金、化工、轻纺工业,并加快科技教育、金融、旅游、流通、房地产等第三产业发展。该区建设以太原为中心的重化工为主体的综合工业区,以忻州、原平、定襄为中心的煤炭、化工、冶金工业区,以榆次、介休为中心的纺织、炼焦工业区。

### (二)大同经济区

大同经济区包括大同、朔州的 17 个县(区),面积 2.49 万 km²,占全省面积的 15.9%。2015 年人口为 516.86 万人,地区生产总值为 1954.50 亿元,分别占全

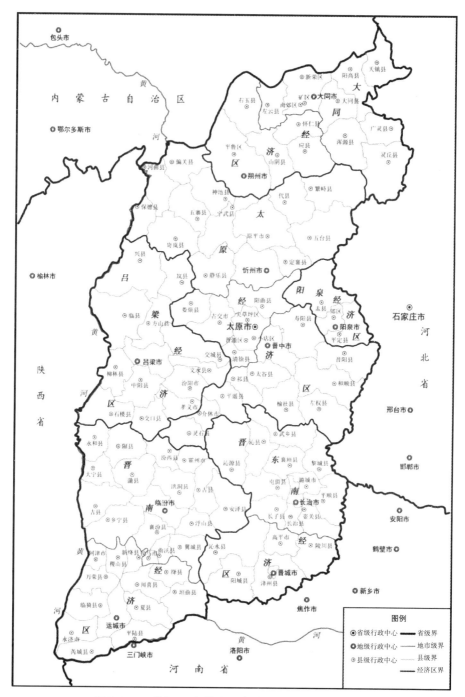

**图8-3　20世纪90年代山西省"六大经济区"示意图**
资料来源：刘江.中国地区发展回顾与展望（山西省卷）[M].北京：中国物价出版社，1999：43-49.

省的 14.1%、15.6%，城镇化率为 58.3%。该区重点发展煤炭开采及煤化工、电力、建材等产业，促进旅游、商贸等产业加快发展，建设以大同、朔州为中心的动力煤、火电、建材、铁合金、煤化工工业区。

### （三）阳泉经济区

阳泉经济区包括阳泉的 5 个县（区），面积 0.46 万 km²，占全省面积的 2.9%。2015 年人口为 139.83 万人，地区生产总值为 595.70 亿元，分别占全省的 3.8%、4.8%，城镇化率为 65.9%。该区重点发展煤化工、铝工业的综合开发以及磁性材料、高档耐火材料等产业，建设以阳泉、平定为中心的无烟煤、电力、冶金、铁合金、硫铁矿工业区。

### （四）晋南经济区

晋南经济区包括临汾、运城的 30 个县（市、区），面积 3.45 万 km²，占全省面积的 22.0%。2015 年人口为 971.09 万人，地区生产总值为 2335.12 亿元，分别占全省的 26.5%、18.6%，城镇化率为 47.3%。该区重点发展铝工业、焦化工业、盐化工、轻纺等产业，促进粮食生产、农副产品加工、旅游业加快发展，建设以汾西、临汾、霍州、洪洞为中心的煤焦、火电、冶金、煤化工业区，以侯马、垣曲、河津为中心的有色冶金、机械工业区，以运城、永济为中心的盐化工、轻纺工业区。

### （五）晋东南经济区

晋东南经济区包括长治、晋城的 19 个县（市、区），面积 2.33 万 km²，占全省面积 14.8%。2015 年人口为 573.54 万人，地区生产总值为 2235.58 亿元，分别占全省的 15.7%、17.8%，城镇化率为 53.0%。该区重点发展电力、冶金、机械、轻工食品等产业，建设以晋城、长治为中心的无烟煤、电力、冶金、化工、机械、轻纺工业区。

### （六）吕梁经济区

吕梁经济区包括吕梁的 13 个县（市、区），面积 2.12 万 km²，占全省面积的 13.5%。2015 年人口为 383.22 万人，地区生产总值为 955.80 亿元，分别占全省的 10.5%、7.5%，城镇化率为 46.2%。该区重点发展煤电产业，促进林果业、农副产品加工等产业加快发展。

"六大经济区"划分对于全省生产力布局优化、工业区形成、产业结构调整等方面发挥了积极作用。一是显著扭转了全省生产力布局主要集中于全省中部地带的局面，阳泉经济区、吕梁经济区综合经济实力得到较大提升，晋东、晋西区域的生产力布局得到加强，全省生产力布局不均衡和不合理的状态得到明显改善。二是充分考虑了各经济区资源禀赋和发展基础，产业地域分工逐步明朗，形成了一批特色鲜明、功能互补的工业区。例如，以大同、朔州为中心的动力煤、火电、建材、煤化工工业区；以太原为中心、以重化工为主体的综合工业区；以临汾为中心的炼焦、火电、冶金、煤化工业区；以长治、晋城为中心的无烟煤、冶金、化工工业区等。三是太原—汾阳—离石等高速公路的建成运营，加速了沿线中心城市成长，打通了全省东西向联系，拓展了生产力布局空间。四是依托大（同）运（城）高速公路，进一步增强了全省的南北经济联系，为全省落实国家中部崛起战略、实现山西崛起奠定坚实基础。

然而，"六大经济区"在实施中也有一定的问题。一是较多地考虑了各区特色和优势互补因素，忽略了各区域人口规模、经济总量等因素的差距，如阳泉经济区、吕梁经济区的经济实力相对偏弱，平衡区域自身发展并促进经济区间经济联系的能力不强，不宜单独划分为一级经济区；二是由于期望加快全省生产力布局均衡发展，全省发展较快的区域受到一定程度的抑制，而欠发达区域则欲速不达，实施效果并不理想。

## 四、"四大经济区"划分调整

经济社会发展阶段不同，经济区划分和经济区功能也应有所调整（高丽娜等，2014）。2000年以来，全省行政区划发生较大调整，交通等基础设施建设取得重要突破，经济要素流动持续加速，区际联系日益密切，经济社会发展环境发生较大变化。[①]《山西省城镇体系规划（2006~2020 年)》综合考虑中心城市（镇）的辐射带动功能，交通网络体系的纽带功能，城市（镇）间经济联系的方向、强度及特征，将全省划分为晋中、晋北、晋南、晋东南 4 个一级经济区，并细分为13 个二级城市经济区（见图 8-4）。

---

① 例如，国家干线高速公路、铁路相继开通运营，尤其是太原—汾阳—离石高速公路、太（原）中（卫）银（川）铁路打开了全省联通大西北的通道，极大地改善了吕梁市的区位条件，沿线的孝义市、柳林县的煤炭、铝等能矿资源开发利用加速，吕梁市经济社会发展水平显著提高，吕梁市经济总量、发展基础、发展方向和重点已发生较大变化。

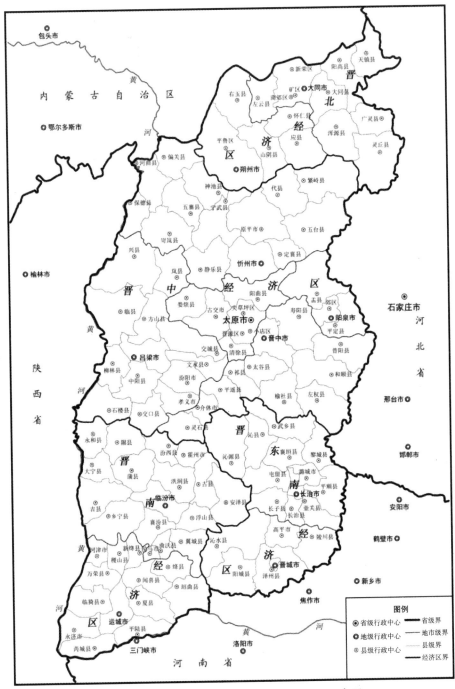

**图 8-4 2000 年以来山西省"四大经济区"示意图**

资料来源：根据《山西省城镇体系规划（2006~2020 年）》相关内容绘制。

### （一）晋中经济区

晋中经济区中心城市为太原市，包括太原、阳泉、介（休）孝（义）汾（阳）、忻（州）原（平）、离（石）柳（林）中（阳）、宁武6个二级经济区，面积7.43万km²，占全省面积的47.3%。2015年人口为1602.62万人，地区生产总值为6014.20亿元，分别占全省的43.7%、48.0%，城镇化率为59.4%。

晋中经济区发展方向是加快资源型产业转型发展，重点发展装备制造业、高新技术产业和第三产业，构建完备的现代产业体系。其中，太原经济区发展重点是加快经济、空间、社会三大结构的战略性调整，建设全国重要的优质冶金与重型机械产业开发和技术创新基地以及中部崛起的重要战略支点；阳泉经济区发展重点是发展高载能新型材料产业，建设清洁能源与新型材料工业基地；介（休）孝（义）汾（阳）经济区发展重点是建设省级铝土矿开采、焦化、煤炭、酿造、食品工业基地；忻（州）原（平）经济区发展重点是建设省级化学、锻造、食品和铝工业基地；离（石）柳（林）中（阳）经济区发展重点是建设省级新兴煤电能源基地；宁武经济区发展重点是建设省级新兴煤—电—铝综合性工业基地。

### （二）晋北经济区

晋北经济区中心城市为大同市，包括大同、朔州2个二级经济区，面积2.49万km²，占全省面积的15.9%。2015年人口为516.86万人，地区生产总值为1954.50亿元，分别占全省的14.1%、15.6%，城镇化率为58.3%。

晋北经济区的发展方向是加快资源型产业转型发展，着力培育接续产业，改造提升煤电能源产业，重点促进清洁能源产业和第三产业发展。其中，大同经济区应充分发挥历史文化名城、区位、产业发展基础等优势，建设全国重要的清洁能源生产基地，省级新兴环保产业、食品工业开发基地，北魏文化特色旅游区；朔州经济区重点是促进工矿企业、城镇新区、旧城等协调发展，建设全国重要的煤电能源基地，省级乳制品、陶瓷、建材生产基地。

### （三）晋南经济区

晋南经济区中心城市为临汾市，包括临汾经济区、侯马经济区、运城经济区3个二级经济区，面积3.45万km²，占全省面积的22.0%。2015年人口为971.09万人，地区生产总值为2335.12亿元，分别占全省的26.5%、18.6%，城镇化率为47.3%。

晋南经济区的发展方向是改造提升煤炭、焦化、钢铁等产业，重点发展有色冶金、盐化工产业，加快商贸旅游等第三产业发展。其中，临汾经济区发展重点是建设省级重要的煤炭、焦化、冶金、轻纺工业基地，以及以根祖文化为特色的旅游经济区；侯马经济区发展重点是建设全国重要的有色冶金基地，省级重要焦化、机电、纺织、食品综合性工业基地；运城经济区发展重点是建设全国重要的盐化工业基地、省级轻纺工业基地。

### （四）晋东南经济区

晋东南经济区中心城市为长治市，包括长治经济区、晋城经济区2个二级经济区，面积2.33万km²，占全省面积的14.8%。2015年人口为573.54万人，地区生产总值为2235.58亿元，分别占全省的15.7%、17.8%，城镇化率为53.0%。

晋东南经济区的发展方向是"煤、电、气、化"综合能源产业和现代制造业。其中，长治经济区重点建设能源原材料基地，省级轻工、机电工业基地和高新技术产业开发基地，优质农产品生产基地，以及重要红色旅游经济区；晋城经济区重点建设国家重要清洁能源、煤化工基地，以及省级重要农副产品加工基地。

新"四大经济区"划分是对20世纪80年代"四大经济区"划分的调整和完善。一是较好地兼顾了区域的"同质性"和"异质性"特征，各个经济区既有区域共性特征，又有区域差异存在，有利于优势互补、错位发展，建设各具特色的区域经济板块，实现区域协同发展；二是各个经济区综合实力虽有梯度但相对平衡，有利于实施好主体功能区战略，引导国土空间有序开发，构建科学合理的城镇化格局、农业发展格局、生态安全格局；三是各个经济区中心城市突出，辐射带动能力较强，能够较好地组织和统领区域各项经济活动，有利于加速城镇化体系建设和新型城镇化发展；四是以晋中经济区为中心，不仅可以辐射带动全省区域经济加速崛起，而且可以向晋北经济区、晋南经济区、晋东南经济区等方向促进开放型经济发展，对接"一带一路"倡议及京津冀协同发展、环渤海地区建设等国家战略，有利于培育合作共赢的新优势。

综上所述，山西经济区划发展演变呈现一定的规律性。一是经济区划较多地兼顾地理环境的同质性和异质性。全省"三大地带"划分、"四大经济区"划分、"六大经济区"划分、"四大经济区"的调整等经济区划均兼顾地理环境的同质性和异质性特征，各经济区既有区内共性特征，又有区际差异，有利于区域优势互补发展和建设各具特色的区域经济板块，促进区域协同发展。二是经济区划受城市发展布局影响较大，而城市发展布局的资源指向性和交通指向性特征明显。经济区划既要依托主要城市，又要服务指导生产力布局，区域资源开发利用、交通干线建设与全省经济区划演变相互联系、相互影响，互动关系明显。三是经济区划服从国家经济建设需求，受国家宏观调控政策的影响较大。国家宏观调控政策对山西经济区划演变有着深远影响。改革开放以来，根据国家经济建设需要，全省 20 世纪 80 年代的"四大经济区"、90 年代的"六大经济区"较好地服务了全省国家能源重化工基地建设，指导了全省生产力空间布局。《山西能源重化工基地建设综合规划》的实施，确定了大同、平朔等动力煤基地，阳泉、晋城等无烟煤基地，西山、汾西、霍州等炼焦煤基地的发展战略（山西省煤炭工业局，2008）。20 世纪八九十年代，山西国家能源重化工基地建设在破解全国能源供给紧张困局、支援国家经济建设中做出了突出贡献。2000 年以来，"四大经济区"划分调整则主要服务于山西省国家资源型经济转型综合配套改革试验区建设，促进全省融入国家区域发展新格局。

# 第二节　区域经济差异

依据区域经济发展的不平衡程度，可以将区域差异分为绝对差异、相对差异和综合差异三种（魏后凯，1990）。区域经济综合差异度量一般以绝对差异和相对差异为基础，利用数量统计方法，并根据不同的需要设计一些综合差异指标，如加权平均离差、加权变异系数、基尼系数和 Theil 指数等（魏后凯，2006）。其中，Theil 指数于 1967 年由 Theil 和 Henri 提出，用来研究国家之间的收入差距，包括 T 指数和 L 指数两种算法，可分解为组内和组间差异两部分（A. F. Shorrocks，1980，1984），故可用来分析区域经济差异总体变动过程、区际经济差异和区内经济差异变动，以及区际经济差异和区内经济差异变动对区域经济总体差异变动的影响（覃成林，2008）。

## 一、区域经济差异测度方法及数据来源

本节采用 Theil 指数中的 T 指数对山西区域经济差异进行综合测度，T 值越大，表明区域经济发展水平差异越大；反之，则越小。计算公式为：

$$T = \sum_{i=1}^{n} (Y_i/Y) \times \log\left[(Y_i/Y)/(P_i/P)\right] \tag{8-1}$$

式（8-1）中，T 为 Theil 指数，测度全省区域经济总体差异；n 为全省划分的区域个数；$Y_i$ 为第 i 个区域的 GDP 值；Y 为全省的 GDP 总额；$P_i$ 为第 i 个区域的人口数；P 为全省的人口总数。

对 Theil 指数进行一阶分解，可将山西区域经济总体差异分解为晋中地区、晋北地区、晋南地区、晋东南地区四大区域间的差异和四大区域内部各地级市间的差异，分解公式为：

$$T = T_{br} + T_{ir} = \sum_{i=1}^{n} Y_i \times \log(Y_i/P_i) + \sum_{i=1}^{n} Y_i \times T_{ir(i)} \tag{8-2}$$

其中：

$$T_{ir(i)} = \sum_{j=1}^{m} (y_{ij}/Y_i) \times \log\left[(y_{ij}/Y_i)/(p_{ij}/P_i)\right] \tag{8-3}$$

$$Y_i = \sum_{j=1}^{m} y_{ij}, \quad (i=1, 2, \cdots, n; j=1, 2, \cdots, m) \tag{8-4}$$

$$P_i = \sum_{j=1}^{m} p_{ij}, \quad (i=1, 2, \cdots, n; j=1, 2, \cdots, m) \tag{8-5}$$

式（8-4）、式（8-5）中，n 为山西划分的区域个数；m 为各区域中地级市的个数；$T_{br}$ 为山西四大区域的区际经济差异；$T_{ir}$ 为四大区域区内经济差异，是各区域内部经济差异 $T_{ir(i)}$ 的加权求和；$Y_i$ 为第 i 个区域 GDP 占全省的份额；$P_i$ 为第 i 个区域人口数占全省的份额；$y_{ij}$ 为第 i 个区域中第 j 个地级市 GDP 占全省的份额；$p_{ij}$ 为第 i 个区域中第 j 个地级市人口数占全省的份额。

山西和各地级市 GDP 数值及人口数值均来自《辉煌山西 60 年（1949~2008)》；其中，2008~2015 年的相关数据来自《山西统计年鉴（2009~2016)》；部分数据来自 Wind 资讯。在本节 Theil 指数计算中，相关数值的对数运算均取 e 为底。

## 二、11 个地级市区域经济差异变动

利用式（8-1）计算得到 1978~2015 年山西 11 个地级市区域经济差异变动 Theil 指数（见表 8-2）。改革开放以来，11 个地级市区域经济差异变化呈现非线性特征，扩大与缩小交替出现，总体上表现为震荡中差异扩大、小幅波动中差异缩小的过程。1978~2015 年，山西 11 个地级市区域经济差异变动可大致划分为

两个阶段：第一阶段（1978~1994 年），Theil 指数在震荡中快速增大，1994 年 Theil 指数达到峰值 0.209，较 1978 年增加 0.064，增幅 44.5%，区域经济差异逐步拉大；第二阶段（1995~2015 年），Theil 指数在波动中快速下降，由 0.209 下降至 0.049，降幅达 76.3%，区域经济差异显著缩小，全省 11 个地级市经济差异总体呈现缩小态势（见图 8-5）。

表 8-2　1978~2015 年山西省 11 个地级市区域经济差异变动 Theil 指数

| 年份 | T 值 | 年份 | T 值 | 年份 | T 值 | 年份 | T 值 |
|------|------|------|------|------|------|------|------|
| 1978 | 0.145 | 1988 | 0.159 | 1998 | 0.107 | 2008 | 0.056 |
| 1979 | 0.067 | 1989 | 0.154 | 1999 | 0.101 | 2009 | 0.105 |
| 1980 | 0.164 | 1990 | 0.151 | 2000 | 0.057 | 2010 | 0.033 |
| 1981 | 0.103 | 1991 | 0.187 | 2001 | 0.075 | 2011 | 0.044 |
| 1982 | 0.108 | 1992 | 0.197 | 2002 | 0.068 | 2012 | 0.077 |
| 1983 | 0.160 | 1993 | 0.202 | 2003 | 0.060 | 2013 | 0.062 |
| 1984 | 0.074 | 1994 | 0.209 | 2004 | 0.065 | 2014 | 0.058 |
| 1985 | 0.101 | 1995 | 0.132 | 2005 | 0.074 | 2015 | 0.049 |
| 1986 | 0.133 | 1996 | 0.129 | 2006 | 0.100 | | |
| 1987 | 0.178 | 1997 | 0.111 | 2007 | 0.094 | | |

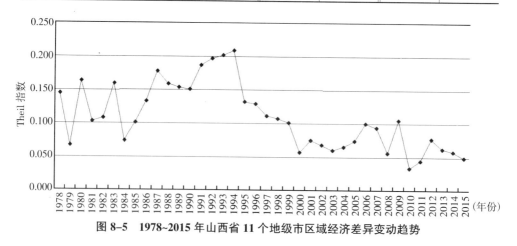

图 8-5　1978~2015 年山西省 11 个地级市区域经济差异变动趋势

## 三、全省四大区域经济差异变动

### （一）区域经济总体差异变动

1. 区域经济总体差异在大幅波动中逐步缩小

利用式（8-2）和式（8-3）计算得到 1978~2015 年山西四大区域经济差异变

动 Theil 指数（见表 8-3）。改革开放以来，山西区域经济总体差异变动经历了扩大与缩小交替进行的过程，非线性变动特征明显，在大幅波动中经济差异快速拉大，在小幅波动中经济差异较快缩小。山西省四大区域经济总体差异变动大致经历了两个阶段：第一阶段（1978~1994 年），Theil 指数在大幅波动中快速增大，由 0.145 增加至 0.209，年均增幅高达 2.8%，全省四大区域经济总体差异快速扩大；第二阶段（1995~2015 年），Theil 指数由 0.209 较快下降至 0.049，年均降幅高达 3.6%，区域经济总体差异大幅度缩小。总体而言，全省区域经济总体差异呈现缩小态势（见图 8-6）。从一定意义上讲，山西区域经济差异总体变动趋势可以在威廉姆森的倒"U"型理论中得到解释（J. G. Williamson，1965），即其区域经济发展阶段已处于倒"U"型曲线拐点右侧，区域经济差异呈现逐步缩小态势。

表 8-3　1978~2015 年山西省四大区域经济差异变动 Theil 指数

| 年份 | T | $T_{br}$ | $T_{ir}$ | $T_{br}/T$ | $T_{ir}/T$ |
|---|---|---|---|---|---|
| 1978 | 0.145 | 0.053 | 0.092 | 0.367 | 0.633 |
| 1979 | 0.067 | −0.016 | 0.083 | −0.241 | 1.241 |
| 1980 | 0.164 | 0.070 | 0.094 | 0.426 | 0.574 |
| 1981 | 0.103 | 0.014 | 0.090 | 0.131 | 0.869 |
| 1982 | 0.108 | 0.021 | 0.088 | 0.193 | 0.807 |
| 1983 | 0.160 | 0.063 | 0.096 | 0.396 | 0.604 |
| 1984 | 0.074 | −0.009 | 0.084 | −0.126 | 1.126 |
| 1985 | 0.101 | 0.016 | 0.085 | 0.161 | 0.839 |
| 1986 | 0.133 | 0.043 | 0.090 | 0.321 | 0.679 |
| 1987 | 0.178 | 0.088 | 0.090 | 0.495 | 0.505 |
| 1988 | 0.159 | 0.067 | 0.092 | 0.420 | 0.580 |
| 1989 | 0.154 | 0.061 | 0.093 | 0.394 | 0.606 |
| 1990 | 0.151 | 0.061 | 0.090 | 0.405 | 0.595 |
| 1991 | 0.187 | 0.088 | 0.099 | 0.470 | 0.530 |
| 1992 | 0.197 | 0.093 | 0.104 | 0.471 | 0.529 |
| 1993 | 0.202 | 0.113 | 0.088 | 0.562 | 0.438 |
| 1994 | 0.209 | 0.127 | 0.083 | 0.605 | 0.395 |
| 1995 | 0.132 | 0.055 | 0.077 | 0.418 | 0.582 |

续表

| 年份 | T | $T_{br}$ | $T_{ir}$ | $T_{br}/T$ | $T_{ir}/T$ |
|---|---|---|---|---|---|
| 1996 | 0.129 | 0.053 | 0.076 | 0.412 | 0.588 |
| 1997 | 0.111 | 0.027 | 0.083 | 0.247 | 0.753 |
| 1998 | 0.107 | 0.023 | 0.084 | 0.215 | 0.785 |
| 1999 | 0.101 | 0.012 | 0.089 | 0.117 | 0.883 |
| 2000 | 0.057 | −0.019 | 0.076 | −0.337 | 1.337 |
| 2001 | 0.075 | −0.010 | 0.085 | −0.139 | 1.139 |
| 2002 | 0.068 | −0.011 | 0.079 | −0.161 | 1.161 |
| 2003 | 0.060 | −0.018 | 0.078 | −0.305 | 1.305 |
| 2004 | 0.065 | −0.011 | 0.076 | −0.167 | 1.167 |
| 2005 | 0.074 | 0.000 | 0.074 | 0.005 | 0.995 |
| 2006 | 0.100 | 0.031 | 0.069 | 0.312 | 0.688 |
| 2007 | 0.094 | 0.026 | 0.068 | 0.275 | 0.725 |
| 2008 | 0.056 | −0.008 | 0.064 | −0.146 | 1.146 |
| 2009 | 0.105 | 0.037 | 0.068 | 0.356 | 0.644 |
| 2010 | 0.033 | −0.008 | 0.041 | −0.237 | 1.237 |
| 2011 | 0.044 | 0.007 | 0.037 | 0.163 | 0.837 |
| 2012 | 0.077 | 0.036 | 0.041 | 0.468 | 0.532 |
| 2013 | 0.062 | 0.022 | 0.040 | 0.353 | 0.647 |
| 2014 | 0.058 | 0.016 | 0.042 | 0.280 | 0.720 |
| 2015 | 0.049 | −0.001 | 0.050 | −0.014 | 1.014 |

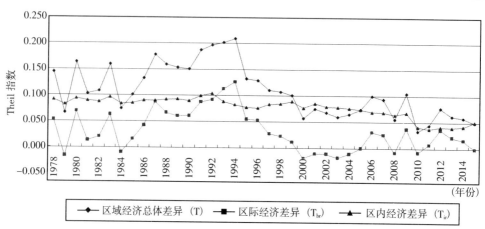

图 8-6　1978~2015 年山西省四大区域经济差异变动趋势

2. 区际经济差异变动是经济总体差异缩小的主要原因，区内经济差异的影响持续增大

区际经济差异、区内经济差异的共同影响是区域经济总体差异变动的直接原因。1978 年以来，区际经济差异变动是全省经济总体差异缩小的主要原因，曲线 $T_{br}$ 和曲线 $T$ 有较好的拟合度便是上述解释的有力佐证。全省区域经济总体差异主要取决于区内经济差异，其对区域经济总体差异变动的贡献度大致维持在 60% 以上，区际经济差异与区内经济差异对区域经济总体差异的贡献度之差最大超过 167.5 个百分点。从变动趋势看，绝大部分年份区内经济差异对区域经济总体差异的贡献度在波动中呈现上升趋势，仅有 1993~1994 年等个别年份，区际经济差异贡献度曲线（$T_{br}/T$）穿越区内经济差异贡献度曲线（$T_{ir}/T$），这表明区际经济差异对区域经济总体差异的贡献度超过区内经济差异对区域经济总体差异的贡献度。具体而言，第一阶段（1978~1992 年），区内经济差异在区域经济总体差异中的贡献度较高，即 $T_{ir}/T$ 数值上大于 $T_{br}/T$，在经济总体差异中处于主导地位。第二阶段（1993~1994 年），区际经济差异在区域经济总体差异中的贡献度较高，即 $T_{br}/T$ 数值上大于 $T_{ir}/T$，曲线 $T_{br}/T$ 首次穿越曲线 $T_{ir}/T$，区际经济差异 $T_{br}$ 达到峰值，区际经济差异在区域经济总体差异中变为主导地位。第三阶段（1995~2015 年），曲线 $T_{br}/T$ 和曲线 $T_{ir}/T$ 再次交叉，区际经济差异在波动中大幅下滑，区内经济差异则在小幅波动中下降并在区域经济总体差异中再次跃居主导地位。总体来看，区际经济差异对区域经济总体差异的贡献度呈现波动中下降的态势，而区内经济差异对区域经济总体差异的贡献度则表现出波动中上升的态势（见图 8-7）。

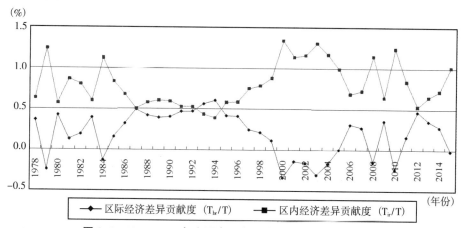

图 8-7 1978~2015 年山西省四大区域经济总体差异分解

## （二）区内经济差异变动

改革开放以来，山西区内经济差异呈现先小幅拉大后缩小的态势，大致分为两个阶段，但总体表现出较为稳定的下降趋势。第一阶段（1978~1992年），区内经济差异小幅上扬，$T_{ir}$由1978年的0.092上升至1992年的0.104，年均增幅仅为1.0%，区内经济差异呈现缓慢拉大趋势。第二阶段（1993~2015年），1992年为区内经济差异变动拐点，$T_{ir}$达到峰值，1993~2015年$T_{ir}$出现大幅下滑，$T_{ir}$由0.088下降至0.050，区内经济差异出现较为稳定的缩小态势（见表8-3、图8-6）。进一步讲，山西晋中、晋北、晋南、晋东南四大区域内部差异变动有明显不同。晋中地区内部经济差异变动最为显著，且其变动趋势与山西区内经济差异变动曲线$T_{ir}$有较好的拟合度（见图8-8）。1978~2009年，晋中地区内部经济差异逐步缩小，其在全省区内经济差异中的贡献度持续下降。特别地，"十一五"时期以来，晋中地区内部经济差异和晋北地区内部经济差异共同影响着全省四大区域的区内经济差异。上述情况表明，在全省四大区域中，晋中地区、晋北地区内部经济差异相对突出，而着力缩小晋中地区、晋北地区内部经济差异将有利于拉低全省区内经济差异水平，进而缩小四大区域经济发展差异。

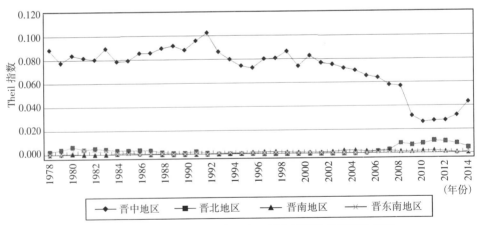

**图8-8　1978~2015年山西省四大区域内部经济差异变动趋势**

## （三）区际经济差异变动

改革开放以来，山西四大区域区际经济差异在波动中呈现稳定下降趋势，$T_{br}$曲线与区域经济总体差异曲线$T$有较好的拟合度。$T_{br}$曲线的变动大致分为两个阶段：1978~1994年，$T_{br}$数值由0.053增加至0.127，年均增幅高达8.7%，全省四大区域区际经济差异快速拉大。1995~2015 年，$T_{br}$ 数值由 0.055 下降至 -0.001（见表 8-3、图 8-6）。总体来看，山西四大区域间区域经济差异先快速扩大，之后又持续缩小，特别是"九五"时期以来，其大幅波动中缩小的趋势逐渐明朗。

综上所述，1978 年以来山西区域经济总体差异、四大区域区际经济差异、区内经济差异变动大幅波动、持续缩小。究其原因，20 世纪 90 年代后期以来，特别是"十五"时期以来，在全国范围内着力缩小区域经济差异、促进区域协调发展的背景下，山西以城镇化建设为突破口，区域协调发展取得积极成效。"十五"时期，山西提出实施城镇化工程，走大中小城市与小城镇协调发展的城镇化道路，积极培育区域优势经济、县域特色经济和小城镇辐射经济，形成合理的区域经济布局。"十一五"时期，提出加快太原都市圈发展，形成晋北、晋南、晋东南三大城市经济区，积极发展小城镇。"十二五"时期，全省晋中、晋北、晋南、晋东南四大区域经济板块已经明晰。"十二五"时期，提出构建"一核一圈三群"为主体的城镇化格局，促进城乡统筹和区域协调发展。

毋庸置疑，尽管全省区域经济差异逐步缩小的态势已较为明朗，四大区域经济发展的协调性有所增强，但全省区域协调发展水平仍有待进一步提高。具体而言，全省四大区域区际经济差异程度依旧较为明显，区内经济差异程度则更为显著，且区内经济差异的缩小速度一直慢于区际经济差异的缩小速度。四大区域应谋求重大领域突破，着力缩小区域发展差距。晋中应支持太原率先发展，强化其对太原都市圈乃至全省的辐射和带动功能，重点加快太原—晋中同城化、晋中108 廊带区域一体化示范区的发展进程。晋北、晋南、晋东南地区应着力整合区域资源，提升中心城市的综合服务功能，建设区域性增长极。

# 第三节 空间结构

空间结构是历史发展的函数，是区域发展的指示器（陆大道，1995）。山西城镇发展布局与资源分布有着天然联系，交通干线串联主要城市，并演化为经济发展轴线，构成全省空间结构的基本骨架。改革开放以来，全省空间结构演变大致经历了两个阶段：1978~2000 年为"K"字型空间结构，2001 年至今为"大"

字型空间结构。未来，山西应促进空间结构由"点—轴"结构向网络结构演进。

## 一、"K"字型结构

改革开放初期，伴随撤地设市等行政区划调整，山西形成了包括太原、大同等11个主要城市在内的城镇体系格局，且主要城市沿既有交通干线布局。围绕资源分布和城市布局，以主要交通干线为骨架，且资源开发利用和交通干线建设相互影响，逐步形成了"K"字型区域空间结构（见图8-9）。

"六五"时期，山西开展大规模能源重化工基地建设，平朔露天煤矿、古交矿区、大同二电厂、神头电厂、漳泽电厂等一大批重点工程相继投产建设，极大地缓解了全国能源供给紧张的局面。"七五"、"八五"、"九五"时期延续"六五"时期的战略方针，继续搞好能源重化工基地建设，资源禀赋优势得到进一步发挥。（大）同蒲（风陵渡）、石（家庄）太（原）、太（原）焦（作）等铁路干线技术改造加速，陆续实施电气化改造等技术升级工程，太（原）旧（关）高速公路等高等级公路建成通车，交通运输体系建设取得重大突破，主要交通干线客运、货运能力大幅提升，晋煤外调能力进一步强化，有力支撑和配合了能源重化工基地建设，促进了全省经济社会加快发展。

这一阶段，全省资源开发利用、产业发展布局、城镇体系建设主要围绕"K"字型空间结构展开（曹海霞和赵艺学，2006；王宏英、刘武华等，2014），即1个"核心"太原，3条"轴线"分别沿（大）同蒲（风陵渡）、石（家庄）太（原）、太（原）焦（作）铁路线等主要交通干线分布，共同构成"K"字型空间结构的骨架。沿（大）同蒲（风陵渡）铁路自北向南依次分布着大同、朔州、忻州、太原、临汾、运城6座主要城市；沿石（家庄）太（原）铁路线自西向东依次分布着太原、晋中、阳泉3座主要城市；沿太（原）焦（作）铁路线自北向南依次分布着长治、晋城2座主要城市。"K"字型空间结构成为全省经济要素流动和区域发展的主轴线，对经济社会发展产生了深远影响。

## 二、"大"字型结构

2000年以来，全省经济社会发展的内外部环境发生重大改变，经济发展战略方针发生调整，区域空间结构亦随之发生很大变化，区域不平衡的发展格局得到逐步扭转。国家西部大开发、中部崛起等区域发展战略的实施，为全省经济转

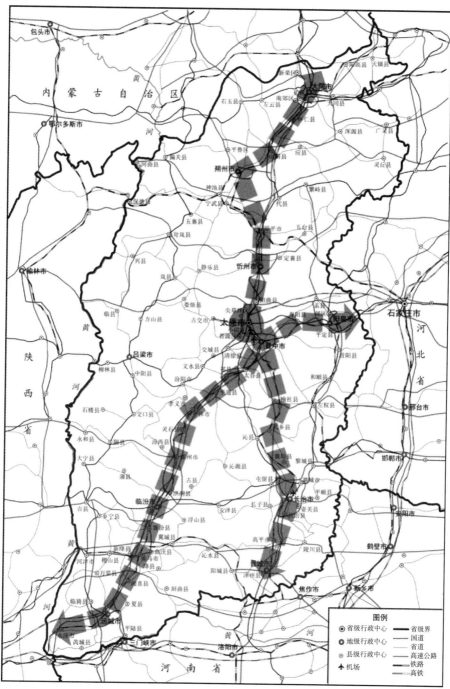

**图 8-9　山西省 "K" 字型空间结构示意图**

资料来源：曹海霞，赵艺学. 山西区域经济空间结构与动态研究 [J]. 山西大学学报（自然科学版），2006（1）.

型带来历史性机遇，山西着手建设国家新型能源和工业基地，加快经济结构战略性调整，提升经济增长质量和效益。2010年，山西省国家资源型经济转型综合配套改革试验区获批成立，力图从省域层面对促进产业结构调整和资源型经济转型发展做出实践探索。

全省交通等基础设施条件发生巨大变化。2003年10月大（同）运（城）高速公路建成通车，2014年7月大（同）西（安）客运专线太原—西安段建成通车，有效缓解了全省南北向运输压力，也加强了对外经济联系。太原—长治—晋城等高速公路建成通车和太（原）焦（作）铁路改造扩能，使晋东南地区的对外经济联系愈加便捷。2009年4月，石（家庄）太（原）客运专线建成通车，有效缓解了全省东西向运输压力，开启了全省向东对外联系的快速通道，极大地方便了山西与京津冀、山东等地的联系。特别地，夏（家营）汾（阳）、汾（阳）柳（林）等高速公路，太（原）中（卫）银（川）铁路等相继建成并全线通车，打通了山西中部以太原为中心向西对外联系的快速通道，扭转了全省区域发展不平衡的格局，标志着全省"K"字型空间结构的终结和"大"字型空间结构的开启，强化了全省"承东启西"的重要地位，对山西在国家区域经济格局调整中找准定位和融入区域发展新格局具有重要影响。

山西省的"大"字型空间结构，即1个"核心"太原都市区，3条"轴线"中的"一横"沿石（家庄）太（原）、太（原）中（卫）银（川）等铁路和太（原）旧（关）、夏（家营）汾（阳）、汾（阳）柳（林）高速公路等主要交通干线分布，"一撇"沿（大）同蒲（风陵渡）、大（同）西（安）客运专线等铁路和大（同）运（城）高速公路等主要交通干线分布，"一捺"沿太（原）焦（作）铁路线和太原—长治—晋城高速公路等主要交通干线分布（见图8-10）。

## 三、空间结构优化

### （一）加强区域性中心城市建设

中心城市是拉动区域经济快速发展的重要增长极，加强区域性中心城市建设是促进全省空间结构优化的关键环节。应加快太原、大同、长治等中心城市的产业结构调整，改造传统产业，培育壮大新兴产业，改变工矿型城市相对单一的城市职能，促进城市职能多元化发展，提升基本公共服务能力，加强中心城市综合服务能力。合理扩大临汾、忻州、吕梁等中心城市规模，加快城市经济增长，提

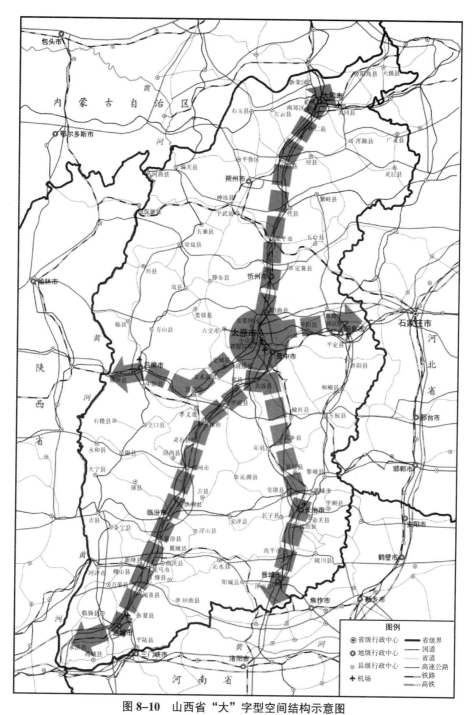

**图8-10　山西省"大"字型空间结构示意图**

资料来源：王宏英，刘武华等.综改区背景下山西区域开发空间结构调整研究［A］//李志强.山西资源型经济转型发展报告（2014）［M］.北京：社会科学文献出版社，2014：257-271.

升综合经济实力，增强区域性中心城市的辐射带动功能。加快太原—晋城、临汾—侯马等中心城市的行政区划调整，利用县改区、同城化发展等途径，拓展城市发展空间，促进特大城市、大城市做大做强，中小城市发展壮大。

### （二）强化区域发展轴线功能

区域发展轴线是城市间连接的纽带，是经济要素流动的通道。区域发展轴线功能增强是区域空间结构优化的重要内容。应重点加大铁路客运专线、高等级公路建设力度，完善全省综合交通运输网络体系，夯实"大"字型发展轴线的综合交通网络基础。具体而言，进一步强化以太原都市区为核心沿主要交通干线东西方向、南北方向、东南方向的轴线功能，特别是加强太原都市区向西经济联系。按照"一核一圈三群"空间布局，构建完善的城镇体系，加强中心城市与周边区域的经济联系，促进生产要素加速流动，增强发展轴线对区域发展的辐射带动作用。借助不断完善的城镇体系，实现全省空间结构由"点—轴"结构向网络结构演化。促进区域产业分工和协作发展，全省各区域应立足产业发展基础，加快新型工业化进程，构建现代产业体系，引导晋中、晋北、晋南、晋东南四大区域形成优势突出、特色鲜明、协作互补的产业分工格局，以产业分工格局调整来增强区域发展轴线对产业发展的支撑功能，实现区域空间结构持续优化。

### （三）提升对外开放开发的通道功能

依托太原都市圈，借助石（家庄）太（原）铁路、太（原）旧（关）高速公路等主要交通干线，向东加强与京津冀的区际联系，积极融入环渤海地区；借助太（原）中（卫）银（川）铁路和太（原）旧（关）、夏（家营）汾（阳）、汾（阳）柳（林）高速公路等主要交通干线，向西突出全省"承东启西"的战略地位，对接"一带一路"经济带建设。

借助（大）同蒲（风陵渡）、大（同）西（安）客运专线等铁路和大（同）运（城）高速公路等主要交通干线，构筑大（同）西（安）高铁经济带，促进晋陕豫黄河金三角产业转移示范区加快发展，在农业、能源、交通、旅游、生态等领域加强合作，合理有序承接国际国内产业转移，增强与关中经济区的区际联系；向北对接乌（兰察布）大（同）张（家口）长城金三角区域，利用区域毗邻优势，在基础设施互联互通、产业互补发展、生态环境联防联控等方面加强交流与合作。

借助太（原）焦（作）铁路线和太原—长治—晋城高速公路等主要交通干

线，向东南主动融入中原城市群，提升全省向华东地区的开放水平。

**（四）实现网络空间结构发展**

网络是节点与轴线的结合体（杨万钟，1999），网络结构是区域空间结构演化的高级阶段。尽管全省空间结构尚处于"点—轴"结构阶段，但是向网络结构演化的趋势已初见端倪。实践表明，基础设施发展布局是区域空间结构形成的基础，影响着区域空间结构的演化。应围绕"大"字型空间结构，加快建成全省铁路、公路、机场等综合交通网络，加快太原都市圈、三大城镇群城际、市内、城乡公共交通、通信、供电、各种管道等重要基础设施网络化建设进程，引导城镇沿着交通基础设施网络线路合理发展布局，高效配置要素资源，形成结构合理的城镇体系和分工合理的产业布局体系，实现区域空间结构向网络结构发展演化。

# 第四节　省际经济合作

"十二五"时期以来，京津冀协同发展战略、国家"一带一路"倡议、长江经济带发展战略相继实施，为山西国家资源型经济转型综合配套改革试验区建设提供了历史性机遇，山西应全面对接国际国内两个市场，抓住京津冀协同发展契机，主动对接京津冀，深化与环渤海地区的合作，加强与晋陕豫黄河金三角区域的合作[1]，积极融入中原城市群，加快构建沿黄区域经济协作区。

## 一、主动对接京津冀协同发展

京津冀包括北京市、天津市、河北省，面积 21.60 万 km²，2016 年人口11205 万人，地区生产总值 74582.6 亿元。京津冀协同发展是中共十八大以来国家重大区域发展战略之一。《京津冀协同发展规划纲要》提出，将京津冀建设成以首都为核心的世界级城市群、区域整体协同发展改革引领区、全国创新驱动经济增长新引擎、生态修复环境改善示范区。京津冀协同发展的核心是疏解北京市的非首都功能。

---

① 关于山西参与晋陕豫黄河金三角区域合作，第十二章将专门阐述，这里不再赘述。

山西与京津冀毗邻，应抓住京津冀协同发展带来的机遇，直面现实挑战，理顺与周边省区的竞争和合作关系，通过 G5、G20、G22、阜平—忻州等高速公路，石（家庄）太（原）铁路和石（家庄）太（原）客运专线等交通干线连接京津冀。一是加大在装备制造业领域的合作。发挥太原都市圈装备制造产业集群国际国内领先优势，错位发展，重点在煤炭机械装备、铁路机械装备、重型机械装备、新能源设备和汽车零部件等领域搞好技术合作，有序承接京津冀产业转移，建设全国乃至世界级先进制造业基地。二是发挥太原都市圈铁矿资源、煤炭资源禀赋优势，以及采掘冶炼等领域的比较优势，对接京津冀协同发展。三是促进煤化工产业领域合作。依托良好的发展基础和技术研发优势，坚持循环经济发展理念，借助高新技术产业优势，促进煤化工产业转型发展，加快煤炭产业链向高端延伸，将太原都市圈建设成为全国规模最大、技术研发实力最强、世界知名的煤化工技术应用研发中心之一。四是促进文化旅游产业跨区域发展。山西、京津冀文化旅游资源丰富，文化旅游业各具特色，比较优势鲜明。全省应将资源优势转化为产业优势和经济优势，以文化旅游产业领域的协同发展为契机，促进文化旅游、交通等基础设施、商贸、物流等领域的共建共享，探索跨区域文化旅游业运营管理模式。五是利用山西连接东西的通道优势，降低京津冀连接西北地区的运输成本，促进综合物流枢纽和大型现代物流园区建设。六是实现跨区域环境保护和建设的共建共享。以生态建设和环境保护为突破口，全面实施《京津冀协同发展生态环境保护规划》，太原都市圈应重点建设太行山、吕梁山绿色生态屏障工程，建立健全跨区域生态治理模式和生态补偿机制，促进绿色可持续发展。

## 二、深化与环渤海地区的合作

环渤海地区包括北京、天津、河北、辽宁、山东、山西、内蒙古 7 个省（自治区、直辖市），面积 186.00 万 km²，2016 年人口 31732 万人，地区生产总值 195119.6 亿元。环渤海地区连接海陆，地处东北亚经济圈中心地带，具有内引外联的独特地缘优势，承担着全国经济由东向西扩散、由南向北推移的枢纽功能，经济社会发展优势突出。该区域自然资源禀赋优异，互补性强，山西、内蒙古能矿资源富集，为区域资源开发和产业发展奠定了良好基础；区域产业基础雄厚，是我国重要的农业、重化工、机械制造、现代服务业基地，产业梯度明显，具有产业协同发展的内在需求；区域人力资源密集，合作优势突出，科技创新领先，汇聚沿海、沿边、内陆开放等诸多有利因素。《环渤海地区合作发展纲要》中提出，着力加快环渤海地区协同发展，将环渤海地区建设为国家经济增长和转型升级新引擎、区域协同发展体制创新和生态文明建设示范区、面向亚太地区的全方位开放合作门户（国家发展和改革委员会，2015）。

山西是环渤海地区的重要组成部分，是保障环渤海地区持续发展的重要战略空间，应以《环渤海地区合作发展纲要》为指南，全面提升与环渤海地区合作的广度和深度。一是重点建设太原都市圈，加快城市空间优化和功能提升，进一步促进太原—榆次同城化，密切与阳泉、晋中、忻州、吕梁等城市的联动发展。加快提升传统产业，建设原材料、能源化工、装备制造、清洁能源生产基地和国家资源型经济转型综合配套改革试验区，提升对外开放水平，突出地方文化特色，引领带动环渤海西南部地区转型升级。二是增强青（岛）济（南）石（家庄）太（原）发展轴线功能。依托石（家庄）太（原）、太（原）中（卫）银（川）铁路等交通干线，围绕太原等中心城市，在交通基础设施建设领域谋求重点突破，拓展基础设施发展空间，提升全省与沿海、延边港口、口岸的通关便利合作水平，加强全省与沿海开放地区、西北内陆地区的经济联系，向东方向主动融入辽中南地区、山东半岛地区等沿海开放地带，拓展区域发展新空间。三是主动承接京津产业转移，拓宽产业合作领域。加快煤炭、冶金、焦化、电力、建材等传统产业转型发展，大力发展先进制造业，建设太原煤炭装备制造业基地。借力京津地区特殊的创新优势，引导战略性新兴产业加快发展。积极探索创新产业跨区域转移合作模式和利益共享机制，利用委托管理、投资合作等方式共建产业园区，实现多赢共赢。四是深化能源供应保障领域的合作。加强全省与环渤海地区在煤炭、电力、风电等领域的产销合作，搭建煤炭生产企业和用煤企业的长期战略合作平台。进一步突出山西清洁能源输出基地的定位，适度发展煤制油、煤制气、煤制烯烃等现代煤化工。五是加强环境保护和建设的合作。加快实施"三北"防护林、京津风沙治理、太行山绿化等重点生态工程，优化建设燕山—太行山、吕梁山生态涵养区，构建生态屏障。共同实施黄土高原、太行山水土流失防治区的生态修复和治理工程。贯彻落实《大气污染行动防治计划》，提升区域大气污染治理联防联控水平。主动对接环渤海地区环境网络建设，完善环境统计与监测机制，加强环境监管和应急联动能力。创新生态保护和环境污染治理制度，参与探索建立环渤海地区省际间横向生态补偿制度，积极争取流域生态补偿试点建设，并积极探索建立省际间环境污染治理区际利益补偿制度。

## 三、积极融入中原城市群

中原城市群以河南的郑州、开封、洛阳、平顶山、新乡、焦作、许昌、漯河、济源、鹤壁、商丘、周口和山西的晋城，安徽的亳州为核心发展区，联动辐射河南的安阳、濮阳、三门峡、南阳、信阳、驻马店，河北的邯郸、邢台，山西的长治、运城，安徽的宿州、阜阳、淮北、蚌埠，山东的聊城、菏泽等中原经济区的其他城市，面积 28.71 万 km²，2015 年人口 1.61 亿人，地区生产总值 5.58 万亿元。中原城市群地处全国"两横三纵"城镇化战略格局陆桥通道与京广通道交会区域，属于沿海开发地区与中西部地区的结合部，是我国经济由东向西梯次推进发展的中间地带。《中原城市群发展规划（2016~2020 年）》提出，将该区域建设成为带动中部地区崛起的新增长极、国家先进制造业和现代服务业基地、中西部地区创新创业先行区、内陆地区双向开放新高地、绿色生态发展示范区，使其逐步成长为具有较强竞争力和影响力的国家级城市群（国家发展和改革委员会，2016）。

中原城市群着力构建"米"字形发展轴带，运城市属于沿陇海发展轴区域，长治市、晋城市属于沿太（原）郑（州）合（肥）发展轴区域，均属于中原城市群的主要城市。全省应以晋南地区和晋东南地区为重点，加快跨省战略大通道建设，突出晋城市在中原城市群核心发展区的地位，将运城市、长治市建设成面向中原城市群，连接华东、华南地区的重要节点，发展壮大为区域中心城市。一是完善交通网络体系。突破行政区划，统筹公路、铁路、航空等协调发展，强化高速公路和铁路的规划建设，加快运城—晋城快速铁路建设，加快与河南省洛阳市、焦作市等城市客运专线的对接和规划建设，着力完善交通网络体系，形成跨区域、多路径、高品质的现代交通网络。二是强化能源领域的开发合作。发挥能矿资源禀赋优势，坚持循环经济发展理念，在严格按照国家规划控制煤电建设规模的前提下，重点发展煤电、煤化工、煤层气等优势产业，强化能源领域的开发合作，鼓励跨区域能源领域的产销合作，加快煤炭基地转型升级，促进晋城市等资源型城市加快培育接续产业。三是培育战略性新兴产业基地。联合中原城市群主要城市，发挥运城市、长治市等城市的创新优势和国家高技术产业基地的引领带动作用，瞄准技术前沿和产业变革方向，突破产业链关键技术，形成生物医药、新材料、新能源等战略性新兴产业基地。四是规划建设旅游精品线路。借助山西旅游联盟，强化与中原城市群的交流合作，规划建设旅游精品线路，加快形成资源共享、市场共建、信息互通、客源互送的发展格局。五是鼓励跨区域的生态环境保护建设和污染治理。全省应配合实施好太行山生态屏障等生态建设工程，探索建立横向生态补偿机制。

## 四、构建沿黄区域经济协作区

山西沿黄区域（又称"黄河几字湾"山西段）自北向南依次与内蒙古、陕西、河南相邻，涉及朔州、忻州、吕梁、临汾、运城 5 个地级市，是"黄河几字湾"的重要组成部分。在"一带一路"倡议背景下，应强化与沿黄区域省区开展深入合作，共谋"黄河几字湾"战略腹地经济区建设。沿黄区域经济协作区要加快三大区域协同发展：一是大（同）朔（州）呼（和浩特）包（头）鄂（尔多斯）区域；二是吕（梁）榆（林）延（安）区域；三是晋陕豫黄河金三角区域。下文着重分析该区域的前两大区域。

1. 大（同）朔（州）呼（和浩特）包（头）鄂（尔多斯）区域

该区域包括山西的大同、朔州，内蒙古的呼和浩特、包头和鄂尔多斯，面积 15.66 万 km²。2015 年人口 0.13 亿人，地区生产总值 1.30 万亿元，城镇化率 68.0%。

该区域煤炭资源富集，大同、朔州、鄂尔多斯 3 座城市是典型的资源型城市。应立足资源禀赋，培育比较优势，坚持错位发展。发挥区位优势，依托蒙牛、伊利、古城等大型乳制品加工企业，通过资源整合、企业兼并重组等形式，建设具有一定国际竞争力的跨区域大型乳制品企业集团，建设国家级乳制品加工基地；优化调整煤炭、石油、天然气等传统能源产业发展布局，大力发展太阳能、风能等新能源产业，建设国家中西部地区新型煤化工和新能源产业基地；整合区域内制造业资源，强化区域合作，提升科研创新能力，建设我国北方重要的汽车、矿用机械、新能源机械等装备制造业基地。

2. 吕（梁）榆（林）延（安）区域

该区域包括山西的吕梁，陕西的榆林、延安，面积 10.19 万 km²。2015 年人口 0.09 亿人，地区生产总值 0.46 万亿元，城镇化率 52.0%。该区域煤炭、石油等能矿资源较为丰富，依托产业发展基础，应深化区域合作分工。实现煤炭资源整合和企业兼并重组，提升产业集中度，利用高新技术改造煤炭、焦炭、电力等传统产业，延长产业链条，建设国家级战略性能源化工基地。该区域农业生产条件相近，小杂粮、畜牧、果蔬以及中药材等产业区域特色鲜明，应加强现代农业和特色农业领域合作，提升现代农业和特色农业发展水平，建设国家级特色杂粮种植基地。该区域山水相连，文化习俗相似，自然和人文旅游资源较为丰富，应整合黄河黄土风情、绿色生态、革命圣地、宗教文化等旅游资源，强化文化旅游合作，建设国家级特色旅游基地。

**参考文献**

［1］A.F. Shorrocks. The Class of Additively Decomposable Inequality Measures［J］. Econometrica，1980，48（3）：613–625.

［2］A.F. Shorrocks. Inequality Decomposition by Population Subgroups［J］. Econometrica，1984，52（6）：1369–1385.

［3］J.G. Williamson. Regional Inequality and the Processes of National Development：A Description of the Patterns［J］. Economic Development and Cultural Change，1965，13（4）：1–84.

［4］曹海霞，赵艺学.山西区域经济空间结构与动态研究［J］.山西大学学报（自然科学版），2006，29（1）：107–112.

［5］陈敦义.关于综合经济区划研究［J］.经济问题，1983（10）：37–39，36.

［6］高丽娜，朱舜，颜美慧.基于城市群协同发展的中国经济区划［J］.经济问题探索，2014（5）：31–36.

［7］郭文炯.山西省三大地带人口与经济集中化特征分析［J］.太原师范学院学报（自然科学版），2003，2（1）：69–73.

［8］山西省煤炭工业局.山西煤炭工业的发展［A］//《山西改革发展30年》丛书编委会.山西改革发展30年·综合卷［M］.北京：中共党史出版社，2008：577–588.

［9］王宏英，刘武华等.综改区背景下山西区域开发空间结构调整研究［A］//李志强.山西资源型经济转型发展报告（2014）［M］.北京：社会科学文献出版社，2014：257–271.

［10］魏后凯.论我国经济发展中的区域收入差异［J］.经济科学，1990（2）：10–16.

［11］闫二旺.省内城市经济区划分研究：以山西省为例［J］.生产力研究，2002（1）：70–72，90.

［12］刘江.中国地区发展回顾与展望（山西省卷）［M］.北京：中国物价出版社，1999：43–49，162–164.

［13］陆大道.区域发展及其空间结构［M］.北京：科学出版社，1995：97–104.

［14］覃成林.中国区域经济增长分异与趋同［M］.北京：科学出版社，2008：3-4.

［15］魏后凯.现代区域经济学［M］.北京：经济管理出版社，2006：422-423.

［16］杨万钟.经济地理学导论［M］.上海：华东师范大学出版社，1999：16-18.

［17］张维邦.山西省经济地理［M］.北京：新华出版社，1987：378-438.

［18］国家发展和改革委员会.环渤海地区合作发展纲要［Z］.2015.

［19］国家发展和改革委员会.中原城市群发展规划［Z］.2016.

［20］安树伟.行政区边缘经济论——中国省区交界地带经济活动分析［M］.北京：中国经济出版社，2004.

# 第九章　新型城镇化

山西是典型的资源型省区，中华人民共和国成立以后，伴随着资源开发和资源型经济的发展，在工业化的推动下城镇数量逐步增多，城镇人口不断增加，走出了一条以资源型产业推动为主的速生型城镇化发展道路，逐步建立起具有资源型特征的城镇体系。进入 21 世纪，在资源型经济转型发展的背景下，全省城镇化进入快速发展阶段，2012 年全省城镇人口首次超过农村人口，城乡结构发生了历史性转折。与全国相比，山西城镇化在发展进程上既有共性又表现出自身的特殊性，在城镇体系结构上，表现出较为明显的区域特点。

## 第一节　概　述

山西是我国最早出现城市的地区之一。但是，在中华人民共和国成立之前的漫长历史时期，城镇化步伐十分缓慢，城镇在整个社会经济发展中的地位和作用很低，1949 年全省仅形成太原、大同两座城市，阳泉、长治两个工矿区和 92 个县城，城镇人口 102.6 万人，城镇化水平仅为 8.0%。中华人民共和国成立以后，山西才开始步入现代城市和城镇化的发展时期，经过近 70 年的发展，2015 年全省共有 22 个城市（其中，地级市 11 个、县级市 11 个）、84 个县城①，县城以外的建制镇 480 个，城镇人口达到 2016.0 万人，城镇化水平达到 55.0%。承东启西的区位特征，表里河山、形胜完备的地理特征和资源型经济为主导的区域经济特

---

① 2015 年全省有 85 个县，但泽州县有县无城，县城在晋城市区。

征，对山西城镇化和城镇发展有着重要的影响。

## 一、发展历程

中华人民共和国成立以来，山西作为我国重要的能源和重工业基地，从"一五"开始，以大中型工业投资项目为重点，进行了大规模的经济建设，有力地促进了城市、工矿区的发展和城镇人口的快速增长。1949~2015 年，全省城市数量由 2 个发展到 22 个，建制镇数量由 63 个发展到 564 个，逐步建立起具有明显的资源型特征的城镇体系（见表 9-1）。

表 9-1 山西省城市设置一览

| 时间 | 城市增加/减少数量（个） | 城市名称及设立年份 | |
|---|---|---|---|
| 1949 年以前 | 2 | 地级市 | 太原市（1927）、大同市（1949） |
| 1950~1957 年 | 3 | 地级市 | 阳泉市（1951）、长治市（1951） |
| | | 县级市 | 榆次市（1954） |
| 1958~1965 年 | -1 | 县级市 | 侯马市（1958）；1963 年撤销榆次、侯马 2 市 |
| 1966~1982 年 | 3 | 县级市 | 临汾市（1971）；1971 年恢复榆次、侯马 2 市建制 |
| 1983~1999 年 | 15 | 地级市 | 晋城市（1983），1985 年设为地级市；朔州市（1988）；晋中市（1999 年撤地设市，原榆次市改为榆次区） |
| | | 县级市 | 运城市（1983）、忻州市（1983）、古交市（1988）、霍州市（1989）、孝义市（1992）、介休市（1992）、高平市（1993）、原平市（1993）、永济市（1994）、河津市（1994）、潞城市（1994）、汾阳市（1996）、离石市（1999） |
| 2000~2015 年 | 0 | 地级市 | 2000 年忻州、运城、临汾撤地改市，原县级忻州市改为忻府区、县级运城市改为盐湖区、县级临汾市改为尧都区；2003 年吕梁市撤地设市，原离石市改为离石区 |

资料来源：《山西省城镇体系发展研究》编委会. 山西省城镇体系发展研究 [M]. 北京：中国科学技术出版社，2005：4.

1949~2016 年，山西城镇化水平呈现波动式上升，城镇化基本轨迹与全国的情况大致相似。1949 年全省城镇人口 102.6 万人，城镇化率为 8.0%；1980 年城镇人口 502.72 万人，城镇化率为 20.3%；1995 年城镇人口 926.57 万人，城镇化率达到 30.1%，进入城镇化加速发展阶段；2012 年城镇人口 1851.08 万人，城镇化率达到 51.3%，城镇人口首次超过农村人口；2016 年城镇人口 2069.7 万人，城镇化率为 56.2%。

为了对山西城镇化发展阶段进行较为精确的划分，借鉴已有的研究成果，采用异速生长理论与城乡人口比的标度律划分城镇化阶段。

根据异速生长理论，用 U(t) 表示区域中城市人口的数量，R(t) 表示区域中乡村人口的数量，X(t) 表示城乡人口的替代率，则：

$$X(t) = U(t)/R(t) \tag{9-1}$$

对方程两边同时求自然对数可以得到：

$$\ln(R) = k \ln(U) - \ln(X) \tag{9-2}$$

式（9-2）中，k 为异速生长系数，通过其阶段性变化来分析城镇化的阶段特征：k>1，表明乡村人口增长快于城镇人口增长，该阶段为"逆城市化"发展阶段；k=1，表明乡村人口增长与城镇人口增长相当；0<k<1，表明乡村人口增长速度慢于城镇人口增长速度，此时处于城镇化发展阶段；k=0，说明随着城镇人口增长，乡村人口增长趋于稳定；k<0，说明随着城镇人口增长，乡村人口规模下降，或者是伴随着乡村人口的增长，城镇人口的规模有所下降，呈现出负增长的态势。根据山西 1949~2015 年城乡人口异速生长情况，可以将城镇化划分为五个发展阶段（见表 9-2）。

**表 9-2  1949~2015 年山西省乡村人口与城镇人口的自然对数线性关系**

| 发展阶段 | 时间 | 城镇化水平 | 方程 | 异速生长系数 |
|---|---|---|---|---|
| 起步阶段 | 1949~1957 年 | 8%~16% | Y = 0.1243x + 6.5207 | 0.1243 |
| 波动阶段 | 1958~1963 年 | 15%~20% | Y = −0.4456x + 9.7924 | −0.4456 |
| 停滞阶段 | 1964~1978 年 | 16%~19% | Y = 0.4626x + 4.7364 | 0.4626 |
| 缓慢阶段 | 1979~1995 年 | 20%~30% | Y = 0.1141x + 6.8766 | 0.1141 |
| 快速阶段 | 1996~2015 年 | 30%~55% | Y = −0.3456x + 10.076 | −0.3456 |

**（一）起步阶段（1949~1957 年）**

1949~1957 年，全省城镇化水平由 8.0% 上升到 15.9%，年均提高约 1 个百分点。乡村人口与城镇人口的异速生长系数为 0.1243，表明城镇人口增长速度快于乡村人口增长速度，处在城镇化的起步发展阶段。这一时期是国民经济恢复发展时期和"一五"计划时期，在国家优先发展重工业的政策指导下，山西作为国家 156 项重点工程布局的地区之一，大型工矿项目与重化工业项目建设有力地促进了城镇、工矿区的发展，城镇人口快速增长，城镇化水平获得较快提高。大、中、小各类城镇组成的城镇体系规模结构基本成形，城镇经济职能，特别是工业职能得到明显强化，初步形成以晋中太原、雁北大同、晋东阳泉、晋东南长治、晋南侯马为中心的城市空间分布格局。

### （二）波动阶段（1958~1963 年）

1958~1963 年，全省城镇化水平在 15%~20%波动，呈现出极不稳定的特征。异速生长系数为-0.4456，表明城镇人口与乡村人口的增长呈现出反向关系。这一时期，由于国家政策导向的偏差，城镇建制与人口数量变化剧烈。1958~1960 年为"大跃进"阶段，建制镇数量急剧增加，农转非人口大幅度增长，城镇化水平飙升至 19.6%。1960 年初期，进入经济困难时期，被迫采取提高城镇建制标准、动员城镇人口回乡务农的政策，撤消了榆次市、侯马市和 68 个建制镇，城镇数量和城镇人口大幅度减少，出现了少见的"反向"城镇化现象。

### （三）停滞阶段（1964~1978 年）

1964~1978 年，全省城镇化水平由 16.0%上升到 19.2%，平均每年仅提高 0.23 个百分点，城镇化发展基本处在停滞阶段。异速生长系数为 0.4626，城镇人口增长速度略快于乡村人口增长速度。"文化大革命"期间，全省国民经济遭到很大的破坏，工业化与城镇化停滞不前，人均国内生产总值仅增长了 11 元，第二、第三产业比重由 71.4%下降到 70.5%；全省仅新设立临汾市，恢复了侯马、榆次的城市建制，城镇化水平提高了 2.7 个百分点。1976 年建制镇数量仅有 48 个，城镇化水平为 18.8%。1977~1978 年，城镇人口逐步增加，但增幅不大，市镇建制未发生变化。这一时期，城镇人口的增加主要来源于城镇建制的变更，并不是由于工业化推进而导致的农村人口向城镇地域的迁移或集聚。

### （四）缓慢阶段（1979~1995 年）

1979~1995 年，全省城镇化水平由 19.8%上升到 30.1%，年均增长 0.64 个百分点。异速生长系数为 0.1141，城镇人口增长速度略快于乡村人口增长速度。随着改革开放的深入，经济的迅速发展为城镇化发展注入强大动力。一方面，按照国家把山西建设成能源重化工基地的总体部署，以重点工矿项目建设为契机，矿产资源得到强力开发，资源型经济体系得到扩展和强化，朔州、晋城、古交、潞城、河津、高平等一批工矿城市迅速崛起。另一方面，农村经济不断发展，大量农村剩余劳动力转向非农产业，乡镇企业快速增长，推动了小城市和小城镇的迅速发展。同时，国家调整城镇发展政策，撤县设市步伐明显加快。1979~1995

年，全省新设城市 13 个，城市数量增加了 2.86 倍，建制镇数量增加了 11.33 倍，城镇综合实力、城镇体系结构、城市基础设施等方面发生了明显的变化，形成了以规模集中度低、职能成分较为单一、空间布局大集中与小分散为特征的城镇体系格局。概括起来，这一时期山西城镇化以数量型扩张为主，小城市、小城镇数量扩张是城镇人口较快增加的重要原因。

### （五）快速阶段（1996 年至今）

根据诺瑟姆的城市"S"型增长曲线理论，当一个国家和地区城镇化率超过 30%，城镇化就进入加速发展阶段。1995 年全省城镇化率达到 30.1%，进入城镇化快速发展阶段。1996~2016 年，全省城镇化水平由 30.4% 上升到 56.2%，提高了 25.8 个百分点，年均增长 1.29 个百分点，约为上一阶段城镇化增长速度的两倍。该阶段的异速生长系数为 -0.3456，表明随着城镇人口规模的增加，乡村人口规模开始显著下降。从"九五"开始，随着市场经济体制改革的深化和山西以资源型经济为主导的经济快速发展，城镇化发展速度逐步加快，特别是进入 21 世纪以来，受国内宏观经济形势利好和国际国内能源、原材料市场需求旺盛的影响，山西国民经济发展呈现出强劲的势头。同时，全省坚持不懈地调整经济结构，农业产业化水平显著提高，工业内部结构有较大优化，新兴服务业得到快速发展。经济的强劲发展和产业结构的不断调整形成城镇化快速发展的强大动力。各级政府开始对城镇化发展予以关注，城镇化发展的体制环境有了明显改善。《山西省国民经济和社会发展第十个五年计划纲要》把"改善城乡结构，重点实施城镇化工程"作为"十五"时期的八大战略工程之一，编制并实施了《山西省城镇体系规划（2006~2020 年）》，制约城镇化发展的体制和政策障碍正逐步为积极的城镇化政策所取代，为城镇化发展提供了有利的环境。

从全省城镇化发展历程和阶段性特征总体分析可以看出：①城镇化进程、城镇化率的变化趋势与全国的平均水平基本一致。②城镇化的推动力量主要来自矿产资源开发与工业布局。改革开放前，国家和地方有计划进行的矿产资源开发与工业布局，尤其是大中型企业的布局是城市兴起与拓展的初始动因。改革开放以后，由于农村工业的快速发展，工业发展对城镇化的推动由"自上而下"的单向推动发展成"自上而下、自下而上"并行的双向推动，以资源型工业为主导的工业化扩张促进了城镇数量和城镇人口快速增长。③从城镇化方式看，1995 年以前以据点式外延扩张为主，小城市、小城镇数量扩张是城镇人口较快增加的重要原因；1995 年以来，特别是进入 21 世纪，设市、设镇数量变动较小，城镇人口增长主要来自各城镇的人口规模扩张，特别是中小城市、县城的快速发展在人口城镇化进程中发挥了重要作用。

## 二、基本特征

### （一）城镇化水平与速度居全国中等水平

2016 年城镇化率低于全国平均水平 1.14 个百分点，位居全国各省（直辖市、自治区）第 16 位，中部六省第 2 位，在全国各省（直辖市、自治区）中处于中等发展水平。2010~2016 年，全省城镇化率年均增长 1.36 个百分点，年均增长速度比全国平均水平高 0.13 个百分点，呈现持续提高的态势。近年来，中部省份的城镇化发展增速普遍较高，全省城镇化率年均增长速度居中部六省末位（见表9-3）。

表 9-3　2005~2016 年山西省城镇化率变动情况及比较

| 地区 | 城镇化率（%） | | | | 2010~2016 年年均增长百分点 |
| --- | --- | --- | --- | --- | --- |
| | 2005 年 | 2010 年 | 2015 年 | 2016 年 | |
| 全国 | 42.99 | 49.95 | 56.10 | 57.35 | 1.23 |
| 山西 | 42.11 | 48.05 | 55.03 | 56.21 | 1.36 |
| 湖南 | 37.00 | 43.30 | 50.50 | 52.75 | 1.58 |
| 江西 | 37.1 | 44.06 | 51.62 | 53.10 | 1.51 |
| 河南 | 30.65 | 38.50 | 46.85 | 48.50 | 1.60 |
| 安徽 | 35.50 | 43.01 | 50.50 | 51.99 | 1.50 |
| 湖北 | 43.20 | 49.70 | 56.85 | 58.10 | 1.40 |

资料来源：相关年份《中国统计年鉴》、《中国统计摘要》(2017)。

从历次人口普查资料分析，1990 年之前全省人口城镇化增长速度与全国平均水平比较，相对较快。1952~1982 年，城镇化水平年增幅 0.39 个百分点，高于全国同期 0.29 个百分点；1982~1990 年，城乡人口增长率相差达到 0.059，位列全国各省（自治区、直辖市）第 3 位，在全国仅次于山东省和湖北省；1990~2000 年，全省城镇化水平年均增幅 0.77 个百分点，低于全国同期 1.07 个百分点，增长幅度在全国各省（直辖市、自治区）中列第 22 位；2000~2010 年，城镇化水平年均提高 1.31 个百分点，基本与全国平均增长速度持平，城镇化增幅在全国各省（直辖市、自治区）中列第 12 位；2010 年以来，城镇化水平年均提高 1.36 个百分点，发展速度快于全国平均水平，呈现出快速发展势头。根据国际经验，城镇化率达到 70% 才能逐步稳定下来，山西城镇化还有较大的提升空间。

### （二）城镇化与工业化不断趋于协调

城镇化与工业化是区域社会经济发展的两个主旋律，二者相互作用、相互促进。对工业化与城镇化关系的客观认识，是区域协调发展的前提。

从工业化率与城镇化率分析来看，2015 年山西第二、第三产业构成的非农产业增加值占地区生产总值的比重已达到 93.84%，工业化率已达到 30.97%，城镇化率与工业化率的比值为 1.78，达到城镇化率与工业化率的合理比例范围。从动态变化看，2000~2004 年，城镇化率与工业化率的比值一直呈现下降趋势，工业化单兵突进，城镇化与工业化的偏差不断扩大；2005~2008 年、2009~2011 年，城镇化率与工业化率的比值均有突然增大后又逐渐下降的趋势，但其比值均小于 2000 年的比值；2012 年以来，城镇化率与工业化率的比值呈现出上升趋势，城镇化与工业化的偏差逐步缩小，特别是 2015 年，随着经济转型的发展和对城镇化的日益重视，城镇化与工业化之间的协调程度有了较大的提高，城镇化率与工业化率的比值已达到合理区间。

城镇化发展呈现相对滞后性，是山西特殊的工业化模式的客观反映，但近年来城镇化与工业化、非农化趋于协调。一方面，经济发展进程基本上依赖于其自然资源特别是矿产资源对资本的吸引力，通过发展采掘、能源及相关的重化工业，生产和输出初级产品来推进工业化进程，而采掘、能源及相关的重化工业就业吸纳能力低，客观上对城镇化发展造成阻碍；另一方面，在工业化进程中，长期忽视社会经济集聚因素对社会经济发展的重要作用，对城镇化战略认识不足。在矿产资源富集地区，用矿产开发、工业开发代替城市发展，用工业职能、工业站场设施代替城市职能、市政基础设施，工业化单兵突进，城镇化受到抑制，城市的区域功能薄弱、载体功能不健全、城市建设质量低下，导致城镇化与工业化的严重脱节。改革开放以来，特别是进入 21 世纪，资源型经济转型取得了较大进展，工业结构多元化、第三产业的快速发展，加快了就业结构转换进程，积极的城镇化政策促进了各级城镇的快速发展和城乡结构的转化，城镇化与工业化之间呈现出逐步协调发展的趋势。

### （三）农民工市民化任务艰巨

2015 年全省户籍人口城镇化率仅为 37.7%，与常住人口城镇化率相差 17.3 个百分点，在城镇人口中约有 770 万农业户籍人口，占城镇人口的 39.2%。根据全国第六次人口普查资料，2010 年全省城镇人口中外来常住人口共 517.6 万人，比 2000 年增长 280.3 万人，外来常住人口规模发展迅速。从外来常住人口来源结构看，来自本县（市、区）的占 55%，来自本省其他县（市、区）的占 33%，来自省外的仅占 12%，来自于本县（市、区）的外来常住人口仍然是外来常住人口的主要来源。

另外，在快速的城镇化进程中，还出现大量的农业户籍人口，即"城中村人口"。根据全国第六次人口普查资料，2010 年全省 1703 万城镇人口中，具有农业户籍的人口，即"城中村人口"为 719 万人，占城镇总人口的 42.2%。在 11 个地级市中，"城中村人口"占城镇人口比重以运城市最高，达到 61.3%；晋城市占比 57.7%；太原市、大同市、阳泉市"城中村人口"比重较低，分别为 27.5%、24.1%、26.6%（见图 9-1）。

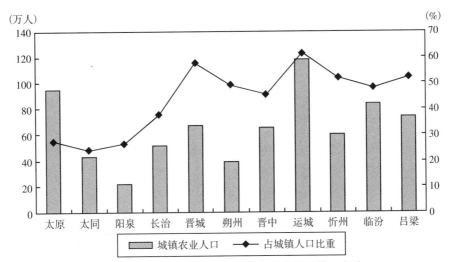

**图 9-1　2010 年山西省各市城镇农业人口规模及比重**

资料来源：相关年份《山西统计年鉴》、《山西省 2010 年人口普查资料》。

户籍不在本地的外来常住人口和居住在城市但仍属于农业户籍的"城中村"人口，并未真正融入城镇、享受城镇居民的公共服务，还不是真正意义上的城镇居民，属于"半城镇居民"，相当一部分人口实际上只是城乡之间的"两栖人"。

因此，加快农业转移人口市民化是山西城镇化新阶段的重要任务之一。

**（四）城镇发展质量与可持续发展能力明显提升**

城镇化质量是反映城镇化优劣程度的一个综合概念，包括在城镇化进程中各组成要素的发展质量、推进效率和协调程度，它是城镇化各构成要素和所涉及领域质量的集合。魏后凯等（2013）从城市发展质量、城镇化效率和城乡协调程度三个维度，构建了包含 34 个指标的城镇化质量综合评价指标体系，对全国 286 个城市的城镇化质量水平进行了测度，从中将全省 11 个地市的排名选取出来（见表 9-4），可以看出，11 个地市中城镇化质量水平差异较大，太原市城镇化质量水平最高，居全国第 80 位，晋城市次之，居全国第 137 位，而临汾市城镇化质量最低，居全国倒数第二位。

表 9-4　2010 年山西省 11 个地级市城镇化质量在全国 286 个城市中的排序

| 名称 | 太原 | 晋城 | 晋中 | 阳泉 | 临汾 | 吕梁 | 大同 | 长治 | 忻州 | 运城 | 临汾 |
|---|---|---|---|---|---|---|---|---|---|---|---|
| 排序 | 80 | 137 | 163 | 166 | 171 | 177 | 188 | 208 | 230 | 263 | 285 |

资料来源：魏后凯等. 中国城镇化质量综合评价报告 [J]. 经济研究参考，2013（31）：3-32.

新型城镇化是以"人"为核心的城镇化，居民生活质量是体现"人"的城镇化的重要方面。近年来，随着城镇道路建设、互联网建设、供热供水等民生工程加快实施，山西城镇居民生活质量明显提升。如表 9-5 所示，2015 年全省城市用水普及率 98.85%，燃气普及率 97.31%，集中供热普及率 92.48%，人均道路面积 13.52m²，生活污水处理率 88.34%，生活垃圾无害化处理率 97.17%，建成区绿化覆盖率 40.13%，城镇基础设施承载能力有较大提升，城市基础设施水平高于全国城市平均水平。相比而言，小城镇人均道路面积 12.45m²，生活垃圾无害化处理率 3.35%，分别为全国平均水平的 70% 和 30%，生活污水处理率、集中供热普及率和燃气普及率均居全国第 20 位之后，基础设施水平相对滞后。

表 9-5　2015 年山西省城市（镇）市政公用设施水平

| 城市（镇）类型 | 年份 | 用水普及率（%） | 燃气普及率（%） | 集中供热普及率（%） | 人均道路面积（m²） | 生活污水处理率（%） | 生活垃圾无害化处理率（%） | 建成区绿化覆盖率（%） |
|---|---|---|---|---|---|---|---|---|
| 市 | 2010 | 97.26 | 89.94 | 83.99 | 10.66 | 80.6 | 73.58 | 38.01 |
|  | 2015 | 98.85 | 97.31 | 92.48 | 13.52 | 88.34 | 97.17 | 40.13 |

续表

| 城市（镇）类型 | 年份 | 用水普及率（%） | 燃气普及率（%） | 集中供热普及率（%） | 人均道路面积（m²） | 生活污水处理率（%） | 生活垃圾无害化处理率（%） | 建成区绿化覆盖率（%） |
|---|---|---|---|---|---|---|---|---|
| 县城 | 2010 | 93.99 | 58.18 | 43.1 | 11.46 | 64.99 | 9.79 | 31.11 |
| | 2015 | 97.42 | 76.08 | 77.77 | 14.81 | 88.71 | 64.81 | 37.93 |
| 建制镇 | 2010 | 82.5 | 9.5 | — | 12.5 | — | — | 22.2 |
| | 2015 | 87.42 | 16.12 | — | 12.45 | 0.55 | 3.35 | 19.95 |

资料来源：《山西省城市建设统计年报》(2015)、《山西省村镇建设统计年报》(2015)。

山西地处黄土高原东部，生态环境承载力较低。近年来，各城市大力实施"蓝天碧水"工程，加大治理污染力度，城市环境质量明显好转。但是，与城镇人口增加的速度相比，城镇生态环境改善进展仍显滞后。山西资源环境承载力偏弱，水资源、土地资源对城镇规模和城镇拓展边界的约束性较强。因此，人口、产业、基础设施的布局要充分评估资源环境的支撑条件，尤其是煤炭资源开采规模较大的城镇，要协调好"地上建设"与"地下开发"的关系，工矿企业区位选择既要遵循资源型产业布局的客观规律，也要规避煤炭产业发展对城镇生态环境产生的负面影响。

### 三、城镇化地域差异

#### （一）东、中、西三大区域城镇化水平差异较大

受地形地貌条件影响，山西资源、人口、经济与生态环境存在着条带状纵列的中、东、西三大区域的差异。中部区域由大同、忻定、太原、临汾、运城五大盆地及其周边丘陵区组成，东部区域由恒山—五台山—系舟山—太行山—太岳山及山间盆地组成，西部区域由黄土丘陵区及吕梁山地组成（郭文炯、安祥生和王尚义，2004）。中部地区集中了全省65.0%以上的城镇人口，形成了城镇人口最为集中、城镇化水平最高的区域（见表9-6）。

#### （二）各地级市之间城镇化差异明显

2015年全省11个地级市城镇化率全部达到40%以上。其中，太原城镇化发展水平位居全省之首，城镇化水平高达84.40%；阳泉和大同城镇化率超过60%；晋城、朔州、晋中、长治城镇化率均超过50%；临汾、忻州、吕梁、运城城镇化率均达到40%以上。最低的运城与太原城镇化率相差约40个百分点（见表9-7）。

表 9-6 2015 年山西省东、中、西三大区域人口分布

| 地带 | 城市数量<br>（个） | 县城数量<br>（个） | 总人口<br>（万人） | 占全省比重<br>（%） | 城镇人口<br>（万人） | 城镇化率<br>（%） |
|---|---|---|---|---|---|---|
| 东部区域 | 5 | 31 | 1015.59 | 27.72 | 513.09 | 50.52 |
| 中部区域 | 16 | 31 | 2236.73 | 61.04 | 1325.76 | 59.27 |
| 西部区域 | 1 | 23 | 411.80 | 11.24 | 177.51 | 43.11 |
| 合计 | 22 | 85 | 3664.12 | 100.0 | 2016.36 | 55.03 |

资料来源：《山西统计年鉴》(2016)。

表 9-7 2015 年山西省 11 个地级市城镇化率

| 城市 | 总人口<br>（万人） | 城镇人口<br>（万人） | 城镇化率<br>（%） | 城市 | 总人口<br>（万人） | 城镇人口<br>（万人） | 城镇化率<br>（%） |
|---|---|---|---|---|---|---|---|
| 太原 | 431.87 | 364.51 | 84.40 | 长治 | 342.04 | 171.09 | 50.02 |
| 阳泉 | 139.83 | 92.09 | 65.86 | 临汾 | 443.57 | 215.66 | 48.62 |
| 大同 | 340.64 | 207.86 | 61.02 | 忻州 | 314.13 | 145.48 | 46.31 |
| 晋城 | 231.50 | 132.93 | 57.42 | 吕梁 | 383.22 | 177.21 | 46.24 |
| 朔州 | 176.22 | 93.67 | 53.16 | 运城 | 527.53 | 243.32 | 46.12 |
| 晋中 | 333.57 | 172.53 | 51.72 | 全省 | 3664.12 | 2016.36 | 55.03 |

资料来源：《山西统计年鉴》(2016)。

### （三）县域之间城镇化差异正在逐步缩小

根据山西各县域城镇化水平，将 11 个地级市辖区、11 县级市、84 个县共 106 个县级单元划分为四类城镇化区域，即高度城镇化区域，城镇化水平大于 80%；中高度城镇化区域，城镇化水平为 60%~80%；中度城镇化区域，城镇化水平为 30%~60%；低度城镇化区域，城镇化水平小于 30%（见表 9-8）。

山西各县（市）城镇化水平相差较大，2015 年城镇化水平最低的广灵县与太原市辖区相差 65.25 个百分点，与最高的县级市（古交市）、县（中阳县）亦分别相差 45.57 个百分点、33.24 个百分点。城镇化水平大于 60% 的区域总数占全省的比重为 14.2%，多为省市级行政中心城市、交通枢纽城市、工矿城市，空间分布呈现点状分布。其中，高度城镇化区域包括太原、阳泉、长治、大同、吕梁等的市辖区；中高度城镇化区域包括榆次区、古交市、晋城市城区、盐湖区、尧都区、孝义市、介休市、侯马市等；城镇化水平介于 30%~60% 的中度城镇化区域数量最多，达到 88 个，占全省的比重为 83.0%，此类区域在空间上呈现集

表 9-8　2015 年山西省各县（市）城镇化水平分类

| 类型 | 城镇化率（%） | 县（市）名称及数量 |
|---|---|---|
| 高度城镇化 | >80 | 太原市辖区、阳泉市辖区、长治市辖区、大同市辖区、离石区 |
| 中高度城镇化 | 60~80 | 榆次区、古交市、晋城市城区和泽州县、盐湖区、尧都区、孝义市、介休市、侯马市、霍州市、中阳县 |
| 中度城镇化 | 30~60 | 忻府区、朔州市朔城区和平鲁区、怀仁县、潞城市、河津市、绛县、高平市、右玉县、山阴县、灵石县、交城县、原平市、永济市、垣曲县、河曲县、宁武县、闻喜县、芮城县、岢岚县、左云县、襄垣县、偏关县、太谷县、阳城县、和顺县、五寨县、蒲县、汾阳市、大宁县、繁峙县、汾西县、左权县、平遥县、隰县、沁源县、代县、石楼县、新绛县、沁水县、黎城县、临猗县、洪洞县、永和县、保德县、平定县、交口县、古县、盂县、柳林县、娄烦县、安泽县、沁县、陵川县、襄汾县、阳高县、大同县、浑源县、天镇县、曲沃县、定襄县、祁县、兴县、屯留县、寿阳县、静乐县、神池县、榆社县、浮山县、稷山县、翼城县、长治县、应县、乡宁县、五台县、昔阳县、文水县、吉县、阳曲县、方山县、岚县、武乡县、清徐县、平陆县、夏县、长子县、临县、壶关县、平顺县 |
| 低度城镇化 | <30 | 灵丘县、万荣县、广灵县 |

注：晋城市城镇化水平计算区域为晋城市城区和泽州县。

资料来源：《山西统计年鉴》（2016）。

中连片布局态势；低度城镇化区域包括灵丘、万荣、广灵 3 县，这类区域多为传统农业大县和经济欠发达的山区县。

将 2000 年、2005 年、2010 年、2015 年全省各县（市）城镇化率空间分布进行对比分析（见图 9-2），可以看出，2000 年多数县（市）城镇化水平偏低，且区域差异明显。其中，城镇化率大于 70% 的县（市）主要有太原、阳泉；城镇化率介于 50%~70% 的县（市）主要有大同、长治、古交、侯马；城镇化率介于 30%~50% 的县（市）主要有晋中、临汾、吕梁、霍州、忻州、运城、孝义、垣曲，这三类区域在空间上均表现出零星点状分布特征。城镇化率介于 15%~30% 的县（市）共 37 个，小于 15% 的县（市）共 55 个，这两类低城镇化率的县域在空间上表现为明显的集中连片分布特征，数量占到全省县（市）数量的 87%。

与 2000 年相比，2005 年山西县域城镇化率空间分布变化明显。城镇化率大于 70% 的县（市）增加到 7 个，增加了长治、大同、吕梁、晋中、侯马；城镇化率介于 50%~70% 的县（市）增加到 8 个，增加了临汾、运城等地级市辖区，以及孝义、霍州、介休等经济发展水平较高的资源型城市。城镇化率介于 30%~50% 的县（市）增加到 31 个，城镇化率介于 15%~30% 的县（市）共 55 个，这

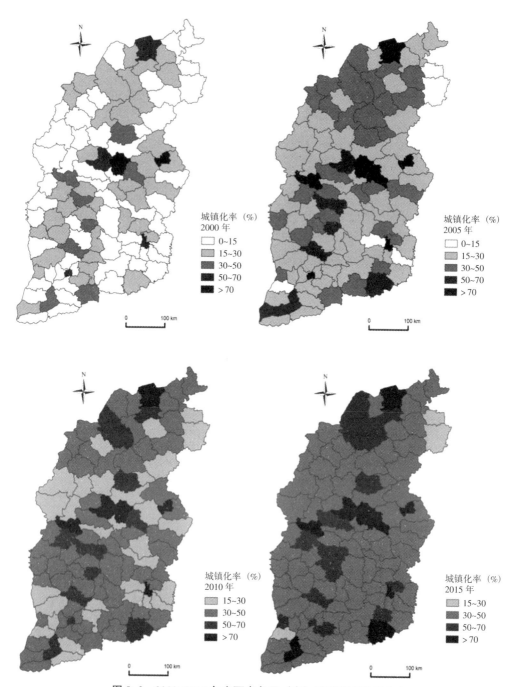

图 9-2    2000~2015 年山西省各县（市）城镇化率空间分布

资料来源：作者绘制。

两类区域总数占全省县（市）数量的 81%。小于 15% 的县（市）仅有 5 个，点状分布于晋北、晋东南与晋南地区。

2010 年，全省县域城镇化率大于 70% 的县（市）减少了一个；城镇化率介于 50%~70% 的县（市）增加到 12 个；城镇化率介于 30%~50% 的县（市）增加到 58 个，这类区域占到全省县（市）数量的 55%；城镇化率介于 15%~30% 的县（市）共 30 个；无城镇化率小于 15% 的县域。

2015 年，城镇化率大于 70% 的县（市）有 9 个；城镇化率介于 50%~70% 的县（市）有 17 个；城镇化率介于 30%~50% 的县（市）增加到 77 个，这类区域占到全省县（市）数量的 73%；城镇化率介于 15%~30% 的县（市）仅 3 个。

全省各县级单元之间表现出较为明显的城镇化时空变化特征：纵贯中部的大同—运城交通干线沿线是山西的高城镇化地带，且呈现逐渐形成和加强趋势；东西向二级轴带以及太（原）焦（作）铁路沿线，高城镇化区域以点状分布为主，城镇带发育不明显。省会城市太原、其余 10 个地级市和资源型城市城镇化速度快、水平高，而远离重要交通干线的非资源型县域，城镇化发展缺乏经济支撑，城镇化率普遍偏低。

# 第二节　城镇体系结构

山西能源重化工基地的建设，促进了其城镇化以及城镇体系的发展，建立起了具有鲜明资源型特征的区域城镇体系。在加快资源型经济转型的背景下，构建空间组织和布局模式合理，大、中、小城镇有序发展，城镇职能分工协调的城镇体系格局，是增强区域城镇化与工业化的协调发展能力、促进资源型经济转型和区域经济社会发展的重要途径。

## 一、规模结构

城镇人口规模分布反映了不同规模等级城镇的结构状况，其基本形式和分布特征与区域经济发展阶段和区域基础密切相关。按照 2014 年《国务院关于调整城市规模划分标准的通知》，以城区常住人口为统计口径，将我国城市规模划分标

准调整为五类七档。① 2015 年全省有大城市 2 个（其中，太原市 329 万人，属于
Ⅰ型大城市；大同市城镇人口 148 万人，属于Ⅱ型大城市）；中等城市 4 个，分
别为晋城、长治、临汾、阳泉；Ⅰ型小城市 14 个，分别为晋中、运城、朔州、
忻州、孝义、吕梁、洪洞、介休、高平、原平、临猗、平遥、永济、河津；其余
的县级市均属于Ⅱ型小城市。县城以外的一般建制镇人口规模均偏小，平均人口
不足 0.80 万人。山西城镇体系大、中、小城市规模等级相对齐全，规模层次相
对完善，城市数量呈金字塔型分布，城镇人口规模分布较为分散（见图 9-3、表
9-9）。

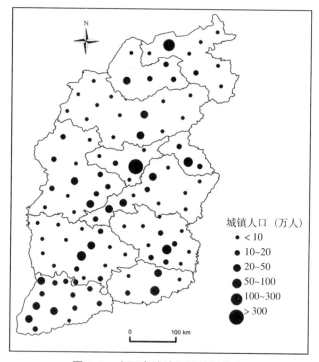

**图 9-3　山西省城镇规模等级分布**

资料来源：作者绘制。

---

① 城区常住人口 50 万人以下的城市为小城市，其中 20 万~50 万人为Ⅰ型小城市，20 万人以下为Ⅱ型
小城市；50 万~100 万人为中等城市；100 万~500 万人为大城市，其中 300 万~500 万人为Ⅰ型大城市，
100 万~300 万人为Ⅱ型大城市；500 万~1000 万人为特大城市；1000 万人以上为超大城市。

表 9-9    2015 年山西省城镇规模等级

| 规模等级 | 城镇个数 | 城镇名称 |
|---|---|---|
| Ⅰ型大城市 | 1 | 太原 |
| Ⅱ型大城市 | 1 | 大同 |
| 中等城市 | 4 | 晋城、长治、临汾、阳泉 |
| Ⅰ型小城市与县城 | 14 | 晋中、运城、朔州、忻州、孝义、吕梁、洪洞大槐树镇、介休、高平、原平、临猗猗氏镇、平遥古陶镇、永济、河津 |
| Ⅱ型小城市与县城 | 32 | 闻喜桐城镇、怀仁云中镇、临县临泉镇、霍州、汾阳、芮城古魏镇、阳城凤城镇、襄汾新城镇、侯马、绛县古绛镇、文水凤城镇、古交、新绛龙兴镇、浑源永安镇、太谷明星镇、平定冠山镇、潞城、襄垣古韩镇、柳林柳林镇、万荣解店镇、盂县秀水镇、灵石翠峰镇、山阴岱岳镇、应县金城镇、垣曲新城镇、交城天宁镇、翼城唐兴镇、稷山稷峰镇、兴县蔚汾镇、长治韩店镇、长子丹朱镇、夏县瑶峰镇 |
| 县城（5万~10万人） | 36 | 阳高龙泉镇、祁县昭余镇、屯留麒绛镇、壶关龙泉镇、中阳宁乡镇、清徐清源镇、曲沃乐昌镇、陵川崇文镇、乡宁昌宁镇、昔阳乐平镇、代县上馆镇、平陆圣人涧镇、天镇玉泉镇、寿阳朝阳镇、沁水龙港镇、繁峙繁城镇、河曲文笔镇、五台台城镇、宁武凤凰镇、沁县定昌镇、大同西坪镇、左云云兴镇、左权辽阳镇、黎城黎侯镇、保德东关镇、汾西永安镇、和顺义兴镇、灵丘武灵镇、沁源沁河镇、静乐鹅城镇、定襄晋昌镇、武乡丰州镇、右玉新城镇、岚县东村镇、偏关新关镇、广灵壶泉镇 |
| 县城（<5万人） | 18 | 蒲县蒲城镇、浮山天坛镇、石楼灵泉镇、榆社箕城镇、平顺青羊镇、隰县龙泉镇、神池龙泉镇、阳曲黄寨镇、五寨砚城镇、娄烦娄烦镇、岢岚岚漪镇、古县岳阳镇、方山圪洞镇、吉县吉昌镇、交口水头镇、安泽府城镇、大宁昕水镇、永和芝河镇 |
| 一般建制镇 | 480 | 略 |

注：城镇统计对象为 22 个设市城市、84 个县城（除泽州县）与 480 个建制镇。
资料来源：《山西统计年鉴》（2016）。

### （一）规模结构呈现位序规模分布特征

2015 年山西城镇体系首位度和四城市指数均较低，分别为 2.23、1.14。按照位序—规模的原理，正常的首位度指数应该是 2，正常的四城市指数应该是 1。山西两指标均接近于位序—规模分布的合理值。

齐夫（G.K.Zipf）在其《人类行为和费力最小的原则》一书中，从人类行为的角度探讨了城市等级规模分布的一般特征，并通过统计分析，推论出等级规模分布的理论模型（许学强、周一星和宁越敏，2009）：

$$\ln P_r = \ln P_1 - q \ln r \tag{9-3}$$

式（9-3）中，r 表示某城市在城市系统中的位序；$P_r$ 表示位序为 r 的城市的人口规模；$P_1$ 在理论上为首位城市人口；q 为齐夫指数，其大小用以衡量城市规模分布的均衡程度，表示城市体系的不同结构。q=1，表明体系内各级城市的规模为首位城市规模自然序列倒数的倍数，符合位序—规模分布特征；q>1，表示直线斜率较大，说明规模分布比较集中，大城市很突出，而中小城市发育不够，首位度较高，为首位型分布；q<1，说明城市人口比较分散，高位次城市规模不是很突出，中小城市比较发育，为次位型分布；q=0，表示体系内各城市规模相等，说明体系内只有一个城市存在。

根据山西 2000 年、2005 年、2010 年和 2015 年各城市、县城的城镇人口，按人口规模排序，绘制位序—规模的双对数坐标图，并用 OLS 线性方程对坐标图中的点列进行线性回归。结果显示，各年回归的相关系数都很高，规模分布符合位序—规模分布类型；高位序城镇人口不断增加，但增长速度在下降；斜率 q 在不断减小，人口分布呈现日益分散的趋势。2015 年，齐夫指数 q=0.8969<1，表明高位次城市规模不是很突出，中小城市比较发育，城市人口比较分散，更接近于次位型分布类型。相关系数 $R^2$=0.9697，表明山西城镇规模分布具有明显的分形特征，且城市规模分布属于单分形结构（见图 9-4）。

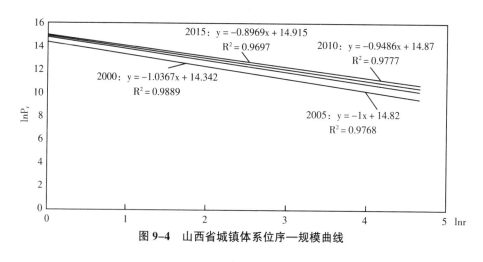

图 9-4　山西省城镇体系位序—规模曲线

这种结构特征的形成，一方面与山西"八分山、二分川"的地形地貌特征导致的"大分散、小集中"城镇布局特征有关，另一方面与 1980~2000 年城镇人口增长主要来自新的小城市与建制镇设置，而高等级的城镇人口增长相对缓慢有关。目前，山西城镇体系中的大、中等城市均承担着区域中心或副中心城市的职能，大、中等城市数量少、规模小，使其难以起到城市带动区域的作用，这是山西城镇体系中的薄弱环节。

### （二）规模结构演进呈现分散化特征

由于城市人口统计口径多变，根据现有资料，采取不同的可比城镇人口口径来分析人口规模结构的变动。2000 年以前，采用城市市区非农业人口作为主要指标分析设市城市人口规模演变，2000 年以后采用城镇驻地人口口径分析所有城镇（包括设市城市、县城、一般建制镇）规模结构的变动。以城市市区非农业人口为统计口径，统计 1949~1998 年各主要年份城市人口规模结构（见表 9-10）。

表 9-10  1949~1998 年山西省不同规模等级城市人口变化情况

| 年份 | 1949 | | | 1958 | | | 1982 | | | 1990 | | | 1998 | | |
|---|---|---|---|---|---|---|---|---|---|---|---|---|---|---|---|
| 项目 | 城市数（个） | 占城市总数（%） | 占城市人口（%） | 城市数（个） | 占城市总数（%） | 占城市人口（%） | 城市数（个） | 占城市总数（%） | 占城市人口（%） | 城市数（个） | 占城市总数（%） | 占城市人口（%） | 城市数（个） | 占城市总数（%） | 占城市人口（%） |
| >100 万人 | | | | | | | 1 | 14.2 | 46.6 | 1 | 7.7 | 38.4 | 1 | 4.5 | 31.2 |
| 50 万~100 万人 | | | | 1 | 20 | 57.2 | 1 | 14.2 | 22.1 | 1 | 7.7 | 19.2 | 1 | 4.5 | 16.3 |
| 20 万~50 万人 | | | | 1 | 20 | 21.1 | 2 | 28.4 | 18.9 | 2 | 15.4 | 16.3 | 5 | 22.7 | 27.1 |
| <20 万人 | 2 | 100 | 100 | 3 | 60 | 21.7 | 3 | 43.2 | 12.4 | 9 | 69.2 | 26.1 | 15 | 68.3 | 25.4 |
| 合计 | 2 | 100 | 100 | 5 | 100 | 100 | 7 | 100 | 100 | 13 | 100 | 100 | 22 | 100 | 100 |

资料来源：《山西省城镇体系规划研究》编委会.山西省城镇体系规划研究 [M].北京：中国科学技术出版社，2005：16.

1949 年至改革开放以前，山西城市数量仅增加 5 个，到 1982 年仅有城市 7 个。但城市规模结构发生了重大变化，特大、大、中、小完整的城市体系已基本形成，大中城市无论数量还是在城市人口中的比重均呈上升趋势，在城市体系中的地位明显加强。1982~1998 年，全省城市数量迅速增长，城市在整个社会经济中的地位迅速提高。但从不同规模等级城市变动分析，与 1982 年前有不同的演进特征。大于 100 万人和 50 万~100 万人的城市数量没有增加，在城市非农业总人口中所占比重分别由 22.1% 和 46.6% 下降到 16.3% 和 31.2%，下降幅度远大于全国同期同级城市的下降幅度；Ⅰ 型小城市增长缓慢，增长 3 个，在城市人口中所占比重有所上升；Ⅱ 型小城市无论数量还是在城市人口中所占的比重均有大幅度增长，地位不断提高。

2000 年以来，根据城镇驻地人口口径，统计各主要年份不同规模等级城市人口占城镇总人口的比重（见表 9-11）。到 2012 年形成了 2 个特大城市、2 个大城市、9 个中等城市。

表 9-11　2000~2015 年山西省不同规模等级城市人口占城镇总人口的比重

单位：%

| 城市规模 | 2000 年 | 2005 年 | 2010 年 | 2015 年 |
|---|---|---|---|---|
| ≥300 万人 | — | — | 18.38 | 16.31 |
| 100 万~300 万人 | 31.42 | 26.30 | 7.94 | 7.32 |
| 50 万~100 万人 | — | 8.50 | 14.60 | 13.56 |
| 20 万~50 万人 | 24.59 | 21.67 | 17.16 | 21.45 |
| ≤20 万人 | 43.99 | 43.53 | 41.92 | 41.36 |

资料来源：相关年份《山西统计年鉴》。

2000 年以来，山西城镇人口规模分级中人口规模大于 100 万人的大城市数量逐渐增加，但其所吸纳的城镇人口比重在下降；中等城市、小城市、小城镇所吸纳的城镇人口比重在上升，说明近年来中小城市（镇）取得了长足的发展，特别是县城对农村人口转移的吸引力逐步提升。小城市（含县城）与小城镇人口集聚能力进一步增强，成为吸纳新增城镇人口的主体。2010 年以来，96 个市、县新增城镇人口 232 万人，占全省新增城镇人口的 77.6%。人口规模大于 10 万人的县城达到 13 个，人口规模 5 万~10 万人的县城达到 36 个。

## 二、职能结构

山西作为资源型区域，工矿开发在城市形成和发展中扮演着十分重要的角色，城市经济活动的资源型色彩十分浓厚，城镇体系职能组合表现出鲜明的资源型经济特色。

### （一）城镇经济职能类型以工矿城市为主

我国共有资源型城市 118 个，约占全国城市数量的 18%，其中 60 个为典型资源型城市。山西资源型城市包括大同、阳泉、长治、晋城、朔州、古交、霍州、孝义、介休、高平、原平共 11 个，在各省（市）中的数量仅次于黑龙江省。其中，60 个典型资源型城市中山西最多，有 8 个，即大同、阳泉、晋城、朔州、古交、霍州、孝义、介休（王青云，2003）。

采用山西省第六次人口普查就业数据，根据各行业的就业比重和就业密度，通过主成分分析方法揭示各市辖区、县（县级市）的就业结构特征。在此基础上，对地理单元邻近的区域进行聚类分析，对全省城镇体系的经济职能结构进行类型划分，各城镇可分为六种经济职能类型：生产性服务业和制造业主导型、资源型制造业和一般性服务业主导型、采矿业和一般性服务业主导型、制造业主导型、采矿业主导型、农业主导型（见图9-5）。

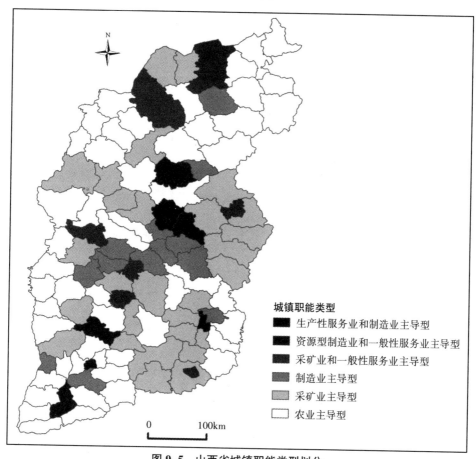

**图9-5 山西省城镇职能类型划分**

资料来源：作者绘制。

生产性服务业和制造业主导型的城镇仅有太原市。作为省域中心城市，太原在生产性服务业方面具有绝对优势，对省内区域经济的辐射带动作用较明显，但是其产业结构中资源依赖型制造业比重仍较高。

资源型制造业和一般性服务业主导型城市包括长治、晋中、运城、忻州、临汾、侯马；采矿业和一般性服务业主导型的城市包括大同、阳泉、晋城、朔州、怀仁、介休、霍州、吕梁等。这些区域多数具有丰富的煤炭资源，或者为老工业基地。在产业转型过程中，多数城市经济转型步伐较慢，资源的开采和加工处于低水平、粗放式发展状态，第三产业发展水平较低，城市服务功能较弱。

制造业主导型城市共有 13 个，在太原、晋中、吕梁等城市周围呈现集中连片分布；采矿业主导型城市共有 28 个，在晋中东部、晋东南地区呈现集中连片分布。

农业主导型的城市共有 61 个，占研究单元总数的 57%，其中在晋北、晋西以及晋南地区分布较集中。这类区域多数是资源稀缺的贫困县，属于黄土高原自然环境条件较差的区域，以发展特色农业为主导，整体经济发展水平落后，其县域中心县城，多以综合服务功能为主，属于中心地型城镇。

山西小城镇职能组合也表现出与城市相同的特征。在建制镇中除县城外，城镇人口规模较大，经济实力较强，吸引辐射能力较高的城镇大多为工矿城镇或工矿职能较强的城镇，其他类型城镇发展滞后。全省小城镇经济实力百强镇中，超过一半的小城镇主导产业为矿产资源或重工业。从对 2010 年各地市经济实力及发展潜力较大的 150 个建制镇的调查数据来看，工业总产值超过 10 亿元的 39 个建制镇中，71.8% 的镇主导产业为煤系产业，矿产资源开发仍然是小城镇发展的重要动力。[1] 因此，加快工矿城镇由单纯工矿型职能向城镇主导型职能的转型发展，促进城镇职能体系多样化和综合化，尽快形成各具特色、合理分工、有机联系、协调发展的城镇体系职能结构是山西城镇体系建设的重要任务。

### (二) 历史文化城镇价值高、数量多

山西历史悠久，是华夏文明的发祥地之一，在漫长的历史进程中，形成了大量反映农耕文化、军事文化、晋商文化的历史文化名城名镇。截至 2015 年，全省共有中国历史文化名城 6 个，分别为太原市、大同市、平遥县、新绛县、代县、祁县，占全国的 5.0%；中国历史文化名镇（村）8 个，分别为灵石县静升镇、临县碛口镇、襄汾县汾城镇、平定县娘子关镇、泽州县大阳镇、天镇县新平堡镇、阳城县润城镇、泽州县周村镇，占全国的 3.3%；中国历史文化名村 40

---

① 山西省住房与城乡建设厅《山西省小城镇发展规划》。

个，占全国总数的 12%；中国传统村落 129 处。全省有山西历史文化名镇名村 125 个、省级传统村落 286 处，名城、名镇、名村及传统村落数量位居全国前列（见图 9-6）。

**图 9-6　山西省历史文化名城、名镇、名村空间分布**

资料来源：作者绘制。

从空间分布上看，山西历史文化名城、名镇、名村大体上形成了五个明显的空间分布集聚区，分别是晋城沁河河谷地区、晋中盆地南部、临汾—运城盆地、阳泉桃河谷地以及吕梁西部沿黄地区；从分县（市）来看，主要分布在晋城的阳城、高平，晋中的平遥、介休、灵石，阳泉的平定、郊区等，尤以晋中市、晋城市最为集中。这些历史文化名城、名镇、名村作为山西历史文化遗产的重要组成部分，是悠久历史、灿烂文化和文明历程的具体体现，是不可再生的宝贵文化遗产，也是山西文化旅游产业发展的珍贵资源。高度重视历史文化城镇文化内涵的挖掘和历史人文资源的保护，凸显城市的个性，彰显文化底蕴，是展示和弘扬三晋优秀历史文化与丰富多彩的建筑艺术的重要窗口，是发展文化旅游产业的重要支撑，是新型城镇化文化传承的迫切要求。

## 三、空间结构

城镇体系结构是规模结构和职能结构在地域内空间组合的结果与表现形式，也是区域自然、社会、经济因素在城镇体系空间布局上的综合反映。2015 年全省城镇密度为 36 个/万 km²，城市密度为 1.41 个/万 km²，均高于全国平均水平。城镇空间分布与地貌条件有密切的关系，绝大部分城镇分布于盆地中，在 22 个城市中，位于太原盆地的有 6 个，位于临汾盆地的有 4 个。城镇空间分布状况与经济发展水平基本一致，在 22 个城市中，中部地带分布最为集中，有 16 个；东部次之，数量为 5 个；西部数量最少，仅有 1 个。城镇空间分布的交通指向和矿产资源指向特征十分突出，全省有 14 个城镇分布于同蒲铁路沿线及附近地带，形成最为重要的城镇与经济发展轴带；有 6 个分布于太焦铁路沿线地带，形成重要的城镇与经济发展的次级轴带（见图 9-7）。

### （一）"大分散、小集中"的城镇布局

山西的地貌特征决定了城镇布局"大分散、小集中"的特征。"大分散"表现为山地、丘陵地区城镇数量大，全省 22 个城市中有 3 个城市分布于丘陵山区，84 个县城中有 54 个为丘陵山区县城，466 个一般建制镇中分布于丘陵山区的占 46.4%，分布于丘陵山区的城镇合计占全省城镇数量的近一半（见表 9-12）。"小集中"表现为城镇及人口分布相对集中，城镇密度和城镇化水平地域差异显著，中部大同、忻定、太原、临汾和运城五大盆地和东南部上党、泽州等山间盆地占全省面积的不到 20%，但集中了全省超过 50% 的城镇，承载了约 82% 的城镇人口，尤其是太原、临汾、运城和上党盆地，已成为全省城镇与人口分布密集区。

### （二）依托主要交通干线的"大"字型轴向联系

城镇经济联系方向与强度是分析区域城镇空间结构特征的重要视角，交通运输网络是城镇经济联系的重要支撑和城镇布局的骨架。改革开放以来，山西的交通运输业有了很大的发展，形成了铁路、公路、航空等多种方式组成的交通网络。铁路、客运专线共同构成了省域"大"字型铁路网络主骨架，公路网络以高速公路为骨架，已经构建起"大"字型的对外公路骨架和纵横南北、横贯东西的"三纵十二横"的公路网体系，对省域城镇体系空间结构具有重要影响，通道式、网络化的发展格局逐步显现。

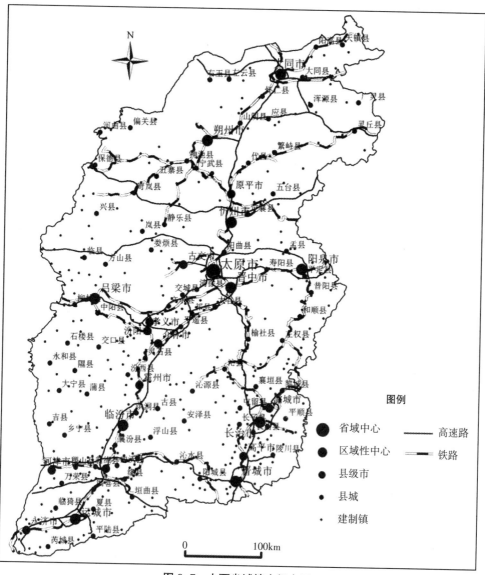

图 9-7 山西省城镇空间布局

资料来源：作者绘制。

表 9-12 山西不同地貌类型区城镇分布

| 盆地谷地区 | 城市数量（个） | 县城数量（个） | 一般建制镇（个） | 合计 | |
| --- | --- | --- | --- | --- | --- |
| | | | | 数量（个） | 占全省比重（%） |
| 太原盆地 | 5 | 7 | 59 | 71 | 12.41 |
| 忻定盆地 | 2 | 3 | 22 | 27 | 4.72 |
| 临汾盆地 | 4 | 6 | 49 | 59 | 10.31 |

续表

| 盆地谷地区 | 城市数量（个） | 县城数量（个） | 一般建制镇（个） | 合计 | |
|---|---|---|---|---|---|
| | | | | 数量（个） | 占全省比重（%） |
| 运城盆地 | 2 | 4 | 40 | 46 | 8.04 |
| 长治盆地 | 2 | 5 | 35 | 42 | 7.34 |
| 大同盆地 | 2 | 4 | 14 | 20 | 3.50 |
| 泽州盆地 | 2 | 1 | 31 | 34 | 5.94 |
| 丘陵山区 | 3 | 54 | 216 | 273 | 47.73 |
| 合　计 | 22 | 84 | 466 | 572 | 100.0 |

注：2015 年全省一般建制镇有 480 个，表中一般建制镇数量为处于镇区城市建成区以外在地域上独立的建制镇数量。

资料来源：作者根据相关资料整理。

借鉴有关城镇经济联系方向与强度的研究成果，利用空间相互作用模型来分析山西各城镇之间的联系特征。基本模型如下：

$$R_{ij} = \left( \sqrt{P_i G_i} \times \sqrt{P_j G_j} \right) / D_{ij}^2 \qquad (9-4)$$

式（9-4）中，$R_{ij}$ 为两个城市之间的经济联系强度；$P_i$、$P_j$ 分别为两个城市的就业总人口；$G_i$、$G_j$ 分别为两个城市的地区生产总值；$D_{ij}$ 为两个城市之间的公路里程。对指标进行标准化处理后，计算出各城市的经济联系强度。选取结果大于 1 的数值绘制成山西城镇经济联系空间格局示意图（见图 9-8）。

可以看出，山西城镇经济联系具有如下特征：第一，太原是全省城镇经济联系的核心，以太原为中心，形成"大"字型的空间联系总体格局。第二，省域内部形成晋中、晋北、晋东南、晋南的区域性经济联系网络。晋中区域以太原为中心，呈现辐射状同心圆式圈层结构，第一圈层包括太原与晋中两个城市，联系强度最大。第二圈层包括忻州、阳泉、古交、原平、孝义、汾阳等城市，联系强度也较大；同时，忻州与原平，阳泉与晋中，介休与孝义、汾阳等彼此邻近的城市也具有较强的经济联系。晋北大同与朔州之间、晋东南长治与晋城之间具有较强的经济联系，其内部联系强于与太原及其他城市之间的外部联系。晋南主要城市之间经济联系还比较弱，处于点—轴空间结构初步形成阶段。这种空间经济联系特征奠定了以省域"大"字形发展轴为依托，以太原都市区为核心，由太原都市圈和晋北、晋南、晋东南三大城镇群构成的"一核一圈三群"城镇空间布局体系的基础。

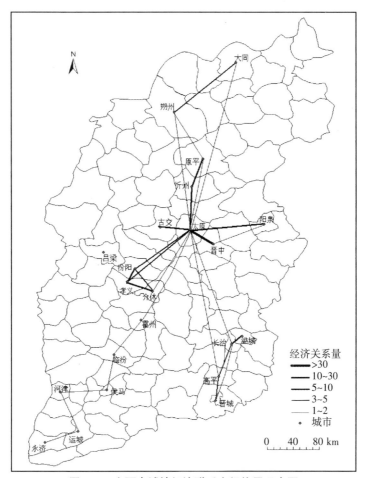

图 9-8 山西省城镇经济联系空间格局示意图

## （三）以"一圈三群"为主导的城镇群成为区域经济的核心地区

都市圈、城镇群加速成长是新时期城镇化的重要趋势，也是区域参与经济全球化和国际竞争、引领经济社会发展的重要支撑。2005 年《山西省城镇化发展纲要》中首次明确提出增强太原的城市集聚辐射功能，加快太原都市圈发展的战略任务。《山西省国民经济和社会发展第十二个五年规划纲要》提出，按照"一核一圈三群"的布局，加快构建具有山西特色的现代城镇体系。积极发展以太原都市区为核心，以太原盆地城镇密集区为主体，以阳泉、忻州、吕梁为腹地的太原都市圈，形成引领城镇化发展的龙头。加快发展三大城镇群，统筹区域城镇布局、基础设施建设、经济社会发展和资源环境保护，建设以大同、朔州为核心的晋北城镇群，以临汾、侯马、运城为核心的晋南城镇群，以长治、晋城为核心的晋东南城镇群，培育区域经济新的增长极（见图9-9）。

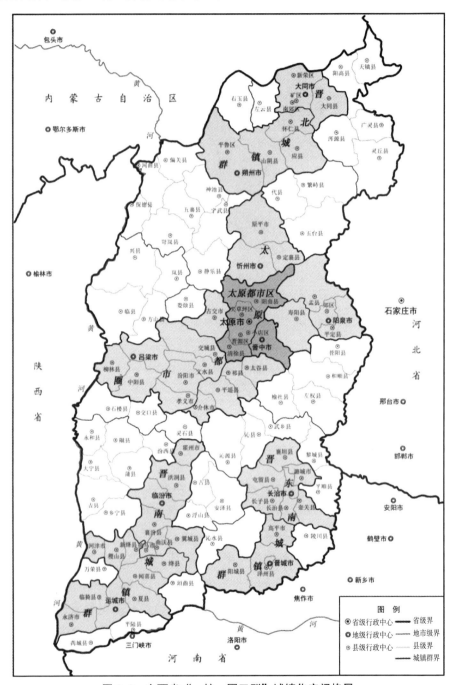

**图9-9 山西省"一核一圈三群"城镇化空间格局**
资料来源：根据相关资料绘制。

2012 年《国务院关于大力实施促进中部地区崛起战略的若干意见》中，太原城市群被列为中部六大重点发展区域之一，将形成带动中部地区崛起的核心地带和全国重要的经济增长极。"一核一圈三群"区域也成为国家与山西省主体功能区规划的重点开发区。"一圈三群"总面积 6.64 万 km²，占全省面积的 42.5%，集聚了全省 22 个城市、33 个县城和 256 个一般建制镇，城镇总数占全省城镇总数的 54.3%。2015 年，"一圈三群"总人口 2692.64 万人，占全省总人口的 73.5%，城镇人口 1636.07 万人，占全省城镇人口的 81.14%。2014 年，"一圈三群"地区生产总值 10051.9 亿元，占全省的 78.8%，作为全省经济核心地区的特征日益显现。

# 第三节　城镇化与城镇体系发展的动力机制

城镇化进程主要由"自上而下"的拉力、"自下而上"的推力以及由政策制度、区域环境改善等共同构成的调控力三个因素来决定，从而形成一个复杂的动力机制和实现机制。根据城镇化发展阶段，从动力机制与实现机制角度分析，改革开放前与改革开放后表现出不同的动力特征（山西省城镇体系发展研究编委会，2005）。

## 一、计划经济时期的动力机制

1949~1977 年，山西城镇化的推动力量主要来自"自上而下"的拉力，包括矿产资源开发与工业布局、围绕资源开发的交通设施建设和交通运输业的发展、行政因素导致的行政中心的增长三个方面。从动力途径看，主要以国家和地方有计划的投资建设为主体。

煤炭资源的大规模开发利用是区域经济增长、工业化演进的主要动力，同时也推动了城镇化演进。在工业化发展初期，工矿项目建设是山西城镇化发展的直接原因和基本动力，"因矿设市、随矿建镇"，矿产资源的开发不仅形成了新型的城镇，而且使原有不同规模的聚落因周围矿产资源的开发而成长起来。无论省域层面还是地级市层面，山西城镇化率与原煤产量、人均原煤产量之间的分析结果说明，煤炭资源开发是山西城镇化演进的动力（翟顺河、郭文炯和景普秋，

2010)。但是，由于其布局的特殊性（接近原料地），造成产业分散布局与人口分散居住，难以在空间上集中，因而对工业化、城镇化的演进具有弱推动力。

围绕矿产资源开发，1949 年以后山西交通运输设施和交通运输业得以快速发展。交通运输业的发展，一方面孕育了新的城市，如榆次、侯马等依靠居于铁路交通枢纽的优越区位而发展成交通枢纽和工业城市；另一方面促进了公路、铁路沿线原有城镇的壮大。

上述因素的综合作用与"一五"时期较为宽松的城乡人口迁移政策，导致了恢复时期和"一五"时期以中心城市和资源开发地区为主的第一次城镇化高潮。

但是，在计划经济体制下，从城镇化的实现机制看，实行的是城乡人口、经济、社会要素流动抑制型的城乡分隔机制。其结果是，一方面人为地抑制了农村要素对城镇化的推力；另一方面严格限制了城镇化发展的要素来源渠道和配置方式，阻滞了城镇化的进程，城镇化机制长期处于不健全的状态。

## 二、能源基地建设和结构调整时期的动力机制

1978~2009 年，中共十一届三中全会以后，山西作为全国能源重化工基地，一大批国家重点工程相继开工兴建并竣工投产，能源重化工基地建设步伐加快；同时，随着改革开放政策的全面实行和不断深化，历史性地释放出了广大农村长期以来所蕴藏的巨大发展潜力，在致富动机和比较利益的驱动下，农村经济结构发生了根本性的变化。在这一背景下，城镇化动力因素与前一时期相比，出现了一些新特点：

第一，工业化仍是城镇化的决定因素，工业布局与发展促进着城镇经济发展和人口向城镇的迁移。但是，由于农村非农产业的迅速壮大，工业发展对城镇化的推动由"自上而下"的单向拉动发展成"自下而上、自上而下"并行的推拉双向促动，构成城镇化快速发展的基础。

第二，第三产业在城镇化中的推动作用日益强化。随着我国经济体制的转型和城乡居民物质生活水平的提高，城乡商品经济日渐活跃。第三产业以其高就业容量和较强的发展潜力成为推动城镇化发展的新动力。一是促进了大中城市和县域中心城市的快速发展与城镇面貌的改善。20 世纪 90 年代以来，城市就业人口中第三产业就业人口增长最快，吸纳人口最多。二是促进了一些具有商贸、旅游职能的小城镇的兴起。三是农村集体和个体在城镇兴办第三产业，促进了城镇建

设。尽管如此，总体来看山西城镇第三产业仍相对落后，第三产业对城镇化的推动作用与沿海发达地区相比仍有较大的差距。

第三，外力推动作用开始显现。外资引进与外向型经济发展在我国东部沿海区域城镇化中起到了重要作用。改革开放以来，山西城镇设立各级开发区，引进外资及国内其他区域的资金发展地方经济，促进了城镇发展。虽然目前总体规模较小，但毕竟已迈出了可喜的一步。

第四，从实现机制看，随着城镇建制政策、户籍制度、城市建设投资体制的改革，人口、经济、社会要素城乡流动的制度初步建立，对城镇化进程起到一定的催化作用。但是，制度供给仍滞后于制度需求。制度供求的非均衡状态，使拉力与推力未能形成要素重组和集聚的合力，导致城镇化严重滞后于非农化进程。

基于资源开发而形成的城镇化快速推进机制，进入 20 世纪 90 年代末已日益显示出其局限性。一是 20 世纪 90 年代中期以来，山西能源、原材料工业的发展步入相对稳定时期，随着国内外市场需求的变化，资源型城市面临着严峻的经济结构转型问题。同时以国有大中型企业为主的城市经济组织结构也面临着经济体制调整的艰巨任务，城市工业部门吸纳劳动力的能力逐步下降，原有城镇化的拉力有弱化的趋势。二是改革开放以来以资源开发和初级加工工业为主迅速发展起来的农村乡镇企业，因自身及宏观环境条件的改变而逐渐陷入困境，产业结构、组织结构和布局结构调整成为突出问题，原有城镇化的推力也有弱化的趋势。三是大中城市在城市基础设施、生态环境设施、城市空间结构等方面的结构性缺陷，严重制约着城市的进一步发展和城市竞争能力的提升。

## 三、国家资源型经济转型综合配套改革试验区建设时期的动力机制

2010 年以来，随着山西省国家资源型经济转型综合配套改革试验区政策的实施，城乡统筹作为山西省国家资源型经济转型综合配套改革试验区的重要任务，得到各级政府的高度重视，城镇化发展的背景条件有了重大变化，城镇化的动力结构和实现机制发生重要改变。

第一，第三产业在吸纳劳动力就业方面的作用日趋显著。进入城镇化中后期，服务业成为经济发展的主动力，对城镇化的带动作用更加明显。"十二五"后期，我国宏观经济发展进入新常态，经济增速放缓，能源产业出现严重的衰退，但是城镇化却保持了较快的发展速度，其主要原因是产业结构调整加速，第三产

业在吸纳劳动力就业方面发挥了重要作用。2015 年山西省第三产业增加值占 GDP 的比重为 53.0%，比 2010 年提高了 18 个百分点，产业结构从工业主导向服务业主导转变，经济增长的就业弹性趋于提高，这意味着每增加一单位 GDP 会创造更多的就业机会，在一定程度上将冲减经济增速下滑对城镇就业的影响。2011~2015 年，全省累计转移农村劳动力 197.7 万人，城镇新增就业人数累计达到 255.9 万人。随着产业结构的进一步优化，服务业加速发展将会继续带动城镇就业增长，持续推动城镇化发展。

第二，城镇建设投资力度加大，促进了城镇承载力的提升。固定资产投资，尤其是基础设施投资、房地产投资等推动了城镇新区开发、产业园区建设以及道路交通网络的形成，城镇空间迅速扩张。投资驱动成为近年来山西多数地区城镇化发展的显著特点。"十二五"期间，在基础设施、产业转型、生态环保、社会民生等方面政府投资 2852 亿元，带动民间投资 28516 亿元，全社会固定资产投资累计达到 54241 亿元，年均增长 21.7%。其中，城市道路交通、管网等设施提升，城市安居、城中村改造、环境提质等城市人居环境明显改善，城市新区建设取得了较大进展，使城市、县城基础设施建设和公共产品供给能力持续增强，从而推动非农产业和人口向城镇集聚，增强城镇吸引国外和国内发达地区投资的能力，带来城镇的发展和规模的扩大。图 9-10 为 2010 年和 2014 年山西省各县（市）投资率。

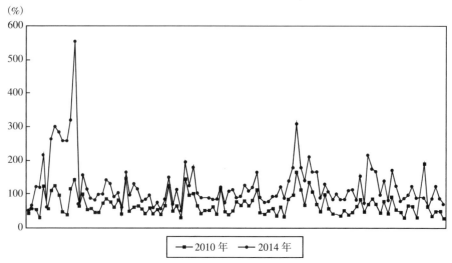

图 9-10　2010 年和 2014 年山西省各县（市）投资率

资料来源：相关年份《山西统计年鉴》。

城镇空间扩张及其配套基础设施建设是城镇化发展中期的重要特征。在经济转型阶段，以投资为驱动的发展模式，顺应了山西资源型城镇由生产功能向服务功能转变的发展需求。无疑，城镇化空间的不断扩张和承载能力的提升，为区域转型发展提供了必要的空间支撑。

第三，城乡统筹战略的实施使城镇化的"推力"不断强化。城乡统筹是山西国家资源型经济转型综合配套改革的重要任务之一。"十二五"以来，围绕农村产业发展、基础设施建设、易地扶贫搬迁等，加快了农村人居环境改善步伐。农业产业化发展与农村经济结构的转变，进一步强化了农村剩余劳动力转移的需求，山西乡村非农产业从业人员比重持续出现上升趋势。2015 年乡村非农产业人员比重达到 43.12%，对城镇教育、医疗等公共服务的需求增强，对农民返乡创业、就业等的推动力也在不断加强，成为近年来就近城镇化的重要动力机制。同时，山西加快了采煤沉陷区治理、易地扶贫搬迁等步伐，加快采煤沉陷区移民迁入城镇，完成了采煤沉陷区 21 万人的治理搬迁任务，成为新的人口城镇化推动力。

第四，城镇化的政策环境改善，使城镇化实现机制由滞后型向促进型转化。"十二五"时期，山西加快户籍制度改革，全面实施流动人口居住证制度，保障居住证持有人享有规定的合法权益和基本公共服务。出台了农村土地流转实施意见和农村产权流转交易市场建设实施意见，提出在完成土地承包经营权确权登记颁证工作的同时，同步完成县乡两级农村产权流转交易市场建设。拓宽城乡基础设施融资渠道，设立山西改善城市人居环境 PPP 投资引导基金。随着户籍制度、土地使用制度、城市财政体制、社会保障制度等方面改革的不断深化，在城镇化实现机制方面，抑制城镇化发展的体制与政策逐步被宽松激励的城镇化政策所取代。

总之，在这一阶段，山西城镇化发展的机制为"多元驱动、要素流动与集聚促进型的城镇化机制"，逐步形成新的拉力、推力和外力多元驱动的局面，城镇化的发动主体逐步形成了国家、集体、个人等多元化主体共同参与的格局。从实现机制看，抑制城镇化发展的体制与政策被宽松激励的城镇化政策所取代，有利于人口、经济和社会要素的城乡流动与集聚，从而有效地推进城镇化进程。

# 第四节 发展方向和重点

目前，山西正处于工业化发展的中期阶段，城镇化进程处于快速发展时期，城镇化将长期有效地支撑经济的良好发展。作为资源型省份和欠发达地区，长期以来超重型的产业结构亟待改变，优化工业内部结构和大力发展服务业是经济社会发展的战略重点，加快城镇化发展是产业结构调整升级的必然要求，是解决农业增长、农村稳定、农民增收的重大举措。同时，城镇化将有利于实现工业反哺农业、城市支持农村，逐步缩小城乡差距。

## 一、新型城镇化的基本方向

根据我国新型城镇化的要求，新时期山西新型城镇化发展的基本方向是以人为本，把促进有能力在城镇稳定就业和生活的常住人口有序实现市民化作为首要任务。创新体制机制，强化产业依托，促进农业转移人口进得来、落得住、转得出，加快农业转移人口市民化进程，稳步实现城镇基本公共服务常住人口全覆盖、尊重规律、量力而行，提速与提质并重，实现人口城镇化更稳、更好发展。

产城互动，把就业和生计作为新型城镇化的前提条件。整合矿城企关系，实现矿区与城镇融合发展、开发区与城镇融合发展，以产兴城、依城促产，通过产业集聚和经济转型繁荣城镇经济，拓展就业创业空间，通过完善城市功能吸引要素集聚，拓展产业发展平台，形成产业集聚、就业增加、人口转移、产城融合发展的新格局。

遵循城镇集群化发展趋势，把城镇群作为城镇化的主体形态。建立资源共享、设施共建的协调机制，提升太原城市群的经济竞争力和人口吸纳能力，推动地区性城镇组群发展，构筑以"一核一圈三群"为主体的城镇化空间格局，促进大中小城市和小城镇协调发展，促进人口分布、经济布局与资源环境相协调。

绿色转型，把绿色转型作为促进城镇化发展方式转变的主线。实现绿色低碳的生产、生活方式和城市建设运营模式，顺应自然规律，保护生态环境，节约集约利用土地、水、能源等资源，合理控制城市开发边界，促进经济效益、社会效益和生态效益相统一，增强城镇可持续发展能力。

文化复兴，把文化建设摆在城乡建设更加突出的位置。把晋商文化、太行精神、吕梁精神、右玉精神等融入山西城镇化发展大局，为城镇化提供动力与支撑。加强历史文化名城、名镇、名村保护，延续城镇历史文脉，强化文化传承创新，促进自然与人文、现代与传统交融，把城镇建设成为彰显三晋文明传承与创新的人文魅力空间。

城乡统筹，改善农村人居环境。促进城乡要素平等交换和公共资源均衡配置，形成以工促农、以城带乡、工农互惠、城乡一体的新型工农、城乡关系，着力构建城乡互动发展的新格局。

## 二、新型城镇化战略重点

### (一) 组群发展，优化城镇化格局

引导人口与经济活动向中部盆地会集，促进"一核一圈三群"发展，引导人口向中心城市和大县城、重点镇集中，形成集群型的城镇化空间格局，是符合山西地理基础和发展实际的道路。

城镇群崛起是提升山西区域核心竞争力的重要途径，应把太原城市群作为加快城镇化的主体区域，全面对接"一路一带"倡议、京津冀等国家战略和"两横三纵"国家城镇化空间战略，实施"中心集聚、外围联动、轴线对接、多元增长"的发展战略，实施"一核一圈三群"规划，建立协调发展机制，整合中心城市与周边城镇发展关系，加强交通、能源等支撑体系建设，引导人口与经济活动向中部盆地会集，加快太原都市圈转型发展和统筹发展，使之成为引领山西、辐射周边地区的城市群，成为全省转型发展的示范区、创业创新的先行区；引导晋北、晋南、晋东南城镇群积极参与蒙晋冀长城金三角、黄河金三角、中原城市群合作与协同发展，促进区域产业发展互补、基础设施共建、生态网络相连、资源信息同享，加快形成集约高效、开放协同的城镇体系，促进人口分布、经济布局与资源环境相协调。

加快太原都市圈建设。以功能一体化为核心，以太原晋中同城化、基础设施一体化为抓手，加快太原都市圈建设。太原市与晋中市要以山西科技创新城建设和重大基础设施与公共服务设施对接为突破口，创新行政管理体制，完善合作机制，构建"规划同筹、制度同构、市场同体、产业同链、科教同兴、交通同网、

设施同布、信息同享、生态同建、环境同治"的同城化发展新格局,全面提升太原都市区整体竞争力。加快孝汾平介灵、阳泉、忻定原、离柳中城镇组群一体化进程,积极建设晋中108廊带区域一体化发展示范区,促进太原都市圈形成有机融合的交通圈、物流圈、商贸圈、旅游圈和生态圈,全力构建辐射带动能力强大的省城都市化地区,提升其在全国的地位,使之成为中部崛起的重要战略支点。

积极培育三大城镇群。晋北、晋南、晋东南城镇群需要坚持开放发展理念,加强与周边城镇群在交通、产业、文化旅游、生态环境保护等方面的合作与协同发展,积极探索各具特色的转型发展道路,加快形成集约高效、开放协同的城镇体系。晋北城镇群以大运、同蒲通道为轴线,以大同、朔州两个中心城市为核心,以大同盆地为重点区域,建设城镇和工业密集区,主动融入京津冀一体化,积极参与蒙晋冀长城金三角合作与协同发展。晋南城镇群要以大运、同蒲综合通道为主轴,侯月—侯西通道为次轴,建设临汾百里汾河生态经济带,实现盐(湖)临(猗)夏(县)组群化发展,建设黄河金三角区域中心城市。晋东南城镇群以长治、晋城为核心,以太焦综合通道为轴线,实现长治上党城镇组群和晋城"一城两翼"城镇组群发展,积极融入中原经济区,建设面向中原经济区及东部沿海地区开放合作的枢纽型门户区域、国家重要的新型煤化工基地和中西部新兴现代制造业基地、彰显太行地域文化特色的生态宜居型城镇群。

强化基础设施支撑。加快航空、铁路客运专线、城际铁路、高速公路、快速通道建设,全力构建以太原都市区为国家级综合交通主枢纽,以大同、运城、临汾、长治、吕梁等为国家综合运输枢纽,以晋城、忻州、晋中、阳泉、朔州为省级综合运输枢纽的现代综合交通体系。加快城市群基础设施一体化建设,构建核心城市1小时通勤圈,完善城市群之间快速、高效、互联、互通的交通网络,建设以高速铁路、城际铁路、高速公路为骨干的城市群内部交通网络,统筹规划建设高速联通、服务便捷的信息网络,统筹重大能源基础设施和能源市场一体化建设,共同建设安全可靠的水利和供水系统,逐步实现毗邻城市金融、通信、物流等一体化,促进人才、科技等要素高效配置和合理流动,提升城市群整体发展效率。

加快生态共建。统筹生态环境治理修复与保护工程,建立健全区域生态保护修复和污染联防联治机制,提高城市群资源环境承载能力。

### （二）产城互动，不断提升城镇功能

加快城镇化，必须坚持把新增城镇就业岗位放在首位，调整产业布局，优化城镇产业分工，强化城镇产业支撑，不断增强城镇吸纳就业的能力，使农业转移人口进得来、留得住。

优化城镇群产业布局。以促进社会资源和生产要素的优化配置为重点，进一步科学确定各城市的功能定位，形成特色鲜明、分工协作、错位发展、相互协调的区域产业格局。太原都市圈要按照生态与经济协调发展的要求，突出特色、严格准入、优化布局，重点发展高新技术、现代物流、装备制造、新材料、都市型农业等特色产业，加快构建现代产业体系；晋北城镇群重点发展机电、食品、建材、装备制造、医药工业及文化旅游特色产业；晋南城镇群重点发展商贸物流、能源电力、运输设备、煤化工、铝镁深加工、特色农产品加工以及文化旅游特色产业；晋东南城镇群重点发展煤层气、轻工、冶金铸造、机电及生态旅游特色产业。中小城市和小城镇要利用土地、劳动力、资源等要素成本优势，因地制宜发展特色产业和就业容量大、带动增收能力强的劳动密集型产业，鼓励文化、旅游资源丰富的县城与中心镇大力发展休闲农业、文化旅游、乡村旅游和森林旅游，大力发展具有地方特色的文化产业和特色手工业，实现经济发展与就业增长的良性循环。

强化产业园区支撑。大力发展园区经济，整合、创新国家级和省级开发区，实现工业园区建设与城市新区建设相结合、人口板块与经济板块相协调。坚持企业集中布局、产业集群发展、资源集约利用，加速产业向园区聚集，实现产业园区化、园区特色化。突出龙头带动、链式发展，形成一批集中度高、关联性强、成长性好的产业集群。加强产业园区建设与城镇建设的有机衔接，发展特色鲜明、功能完善、宜业宜居的城镇新区，实现城镇新区产业高端化，促进产业集聚，带动人口集聚。

大力发展服务业和小微企业。充分发挥服务业最大就业容纳器的作用，加快城镇化与服务业融合发展，积极发展金融保险、休闲旅游、现代商贸、文化创意、物流配送等现代服务业，实现房地产业、商贸流通业等传统支柱服务业转型升级，培育发展健康服务、教育培训、商务服务、科技服务、养老及家庭服务等新兴服务业；统筹城镇服务业和农村服务业，积极推动城镇现代服务业向广大农村辐射，大力发展农村服务业，增强服务"三农"能力。加快小微企业成长，注

重发挥创业带动就业的倍增效应，以政策和服务为依托，完善落实创业扶持政策，着力突破创业中项目、培训、场地和融资等若干瓶颈，全面强化创业服务，激发全民创业活力，让中小企业成为吸纳农民就业的主力军。

### （三）创新驱动，提升中心城市竞争力

太原市、晋中市要充分发挥区位优势，把山西科技创新城建设作为太原、晋中提升城市功能的重要抓手，以实现创新驱动发展为导向，以营造创新友好环境为突破口，健全创新体系、聚集创新资源、突出效益效率、着眼产学研城融合，围绕重点产业创新链，整合与集聚技术、资本、人才，优化创新发展环境，加快核心技术创新与转化，培育有国际影响力的行业龙头企业，努力建设煤基产业和低碳产业研发基地、低碳生态居住区、优质教育资源集聚区，驱动太原、晋中建设成为全国一流的自主创新基地和创新型山西建设引领区。加快开放型经济建设，积极促进工业优化升级，建设综合性国家高新技术产业基地。

对资源衰退型、枯竭型城市的基础设施、生态环境改善、接续替代产业、社会保障事业等领域的融资项目给予积极支持，积极引导各种资本的投入，延伸城镇产业链，加快城镇产业结构多元化进程。按照"矿城融合、一体发展"的思路，实现工矿企业与城市整合协调、联动发展。加大对资源型城市棚户区改造的资金支持力度，探索建立财政补助、银行贷款、企业支持、群众自筹、市场开发等多元化的资金筹措机制。改变随矿建居模式，实施以矿建镇先行试点，建立完善以矿建镇机制，加快矿区城镇化。

其他设区市要依托区位条件、资源禀赋和发展基础，科学定位区域功能和作用，强化产业支撑，壮大经济实力，实现组团发展，拓展发展空间，完善城市功能，提高承载能力，进一步巩固提升区域中心城市的地位和辐射带动能力。

### （四）绿色转型，破解资源环境约束

把绿色转型作为促进山西城镇化发展方式转变的主线，加快建设新型城市，强化节能减排，集约利用水、土地资源，传承与利用城市文化资源，增强城镇可持续发展能力。

建设海绵城市。在城市新区、各类园区、成片开发区全面建设海绵城市。在老城区结合棚户区、危房改造和老旧小区有机更新，妥善解决城市防洪安全、雨水收集利用、黑臭水体治理等问题。加强海绵型建筑与小区、海绵型道路与广场、海绵型公园与绿地、绿色蓄排与净化利用设施等建设。加强自然水系保护与

生态修复，切实保护好水体。

建设绿色城市。加快既有建筑节能改造，积极推广应用绿色新型建材、装配式建筑和钢结构建筑。加强垃圾处理设施建设，建设循环型城市。划定城市开发边界，实施城市生态廊道建设和生态系统修复工程。推广节水新技术和新工艺，积极推广中水回用，全面建设节水型城市。促进各类开发区健康发展，加快符合条件的开发区向城市功能区转型，引导工业集聚区规范发展。

建设紧凑型城市。优化用地空间布局，鼓励利用城市地下空间，对城市闲置和不合理利用的土地进行再开发，提高建设用地利用率；通过合理开发、混合土地利用和优先发展公共交通等控制城市无序蔓延，加强对原有农村住房宅基地、原有小型工农业占地、历史遗留工矿地的生态恢复和重建。

开展低碳城市试点。继续开展晋城低碳城市试点工作，逐步向其他区域中心城市扩展，突出亮点，先试先行，以低碳经济为发展模式及方向，积极探索城镇化快速发展阶段应对气候变化、降低碳强度、促进绿色发展的做法和经验，提升城市可持续发展能力。

建设人文城市，全面强化对各级历史文化名城、名镇、名村和风景名胜资源的保护和开发利用。探索传统村落保护与文化资源开发互动的长效机制。以传统文化遗存为基础，努力建设有历史记忆的城镇。注重在旧区改造中保护历史文化遗产、民族文化风格和传统风貌，促进功能提升与文化文物相结合。注重在新区建设中融入特色文化内涵，做到城市更新和文化传承有机衔接。塑造城市文化品牌，做大做强文化产业，把文化资源优势转化为产业优势，努力提升城市形象，建设三晋城市文化名片。

### （五）城乡统筹，促进城乡一体化发展

突出县城综合服务功能全、落户成本低、进城农民归属感强等优势，把县城作为新型城镇化的重要着力点，坚持功能提升和产业发展并重，扩容提质和凸显特色并举，扩大规模、增强实力、完善功能、塑造景观特色，努力使县城成为县域经济发展的核心、吸纳农业人口转移的主阵地。

小城镇是统筹城乡发展的重要节点。坚持科学规划引领、特色产业支撑、服务功能提升、改革创新驱动的建设路径，加快培育特色鲜明、产业发展、绿色生态、美丽宜居的特色小城镇，使特色小城镇成为山西特色产业的新载体、创新要素集聚的新平台、展示地方传统文化的新景区、实现农民就近城镇化的新途径。

加大统筹城乡发展力度，大力实施以农村基础设施和公共服务为重点的提质工程，以采煤沉陷区治理、易地搬迁、危房改造为重点的农民安居工程，以垃圾污水治理为重点的环境整治工程，以美丽乡村建设为重点的宜居示范工程，以及保护历史文化名村工程，增强农村发展活力，提高农村居民生活水平，夯实城镇化的根基。

### （六）改革攻坚，完善城镇化发展机制

城镇化的核心是"人的城镇化"，重点是加快农业转移人口市民化，必须进一步大胆探索，破除体制尤其是城乡二元体制障碍。山西在加快城镇化政策方面已经做了不少工作，但是仍存在许多人口城镇化的政策障碍。需要进一步完善户籍制度改革，放宽中小城市落户条件，健全公共服务体系，着力解决好农民工特别是新生代农民工融入城镇的问题，逐步将城镇社会保障、医疗卫生、文化教育和保障性住房等覆盖到农民工，使在城镇有稳定职业和住所的农民工有序转为城镇居民，在城乡统筹改革上取得新进展。

**参考文献**

［1］陈彦光，周一星.基于 RS 数据的城市系统异速生长分析和城镇化水平预测模型：基本理论与应用方法［J］.北京大学学报（自然科学版），2001，37（6）：819-826.

［2］郭文炯，安祥生，王尚义.山西省人口分布与区域经济协调发展研究［J］.经济地理，2004，24（4）：454-458.

［3］魏后凯，王业强，苏红健.中国城镇化质量综合评价报告［J］.经济研究参考，2013（31）：3-32.

［4］翟顺河，郭文炯，景普秋.资源型区域城镇化动力、特征与战略取向——基于山西的实证［J］.城市规划，2010，34（9）：67-72.

［5］王青云.资源型城市经济转型研究［M］.北京：中国经济出版社，2003：13-20.

［6］《山西省城镇体系发展研究》编委会.山西省城镇体系发展研究［M］.北京：中国科学技术出版社，2006.

［7］《山西省城镇化发展研究》编委会.山西省城镇化发展研究［M］.太原：山西经济出版社，2005.

［8］许学强，周一星，宁越敏.城市地理学［M］.北京：高等教育出版社，2009.

［9］山西省住房与城乡建设厅.山西省小城镇发展规划（2013~2020 年)［Z］.2012.

# 第十章　基础设施

中华人民共和国成立初期，山西在基础设施建设方面已经有了初步的发展，20世纪90年代之后发展迅速，"十二五"期间已经形成比较稳定的网络。除水运外，其他交通设施均保持快速增长态势，线路长度和运量增长迅速；运输业呈现以公路运输和铁路运输为主的结构，有力地支撑着区域经济的发展；一系列运煤专线的投入使用也为资源型区域的发展注入新的活力。农田水利建设、重大水利工程建设等方面持续推进，现阶段主要围绕大水网项目，以破除水资源制约的瓶颈。电网及输变电建设方面已经接入大电网，现主要发展特高压输变电项目。

## 第一节　交通网络

山西的交通设施主要为公路、铁路和航空，水运、管道运输和其他运输方式为补充。山西的现代交通设施发端于20世纪初，但是数量少、水平低。中华人民共和国成立后，特别是20世纪80年代以来，交通设施发生了历史性的巨变，陆路交通形成错综复杂的网络结构，航空建设事业飞速发展，形成了陆空并举的立体交通网络，在国民经济中发挥着越来越重要的作用。到2015年底，全省综合交通运输网络里程达到15万km，初步形成"一轴两纵三辐射、四网五横六枢纽"的以铁路、公路、机场、轨道交通为主体的综合交通网络构架。

## 一、公路

### (一) 发展历程

山西的现代公路始建于 20 世纪早期。1949 年全省公路通车里程达 1288km。1976 年合理规划了省内路网，到 1990 年已基本建成。此后，省内干线公路以提高等级为主，并陆续进行改造。1985 年对大（同）运（城）路全线改造，1987年全省第一条一级公路——太原—晋祠一级公路建成通车，1996 年全省第一条高速公路——太（原）旧（关）高速公路建成通车。2005 年全省高速公路通车里程达到1893km，实现了省会到各地级市"3 小时高速通达"。2007 年全省村村通公路、通油（水泥）路初步实现，全省通油路的乡镇达到 100%，通水泥（油）路的建制村达到 84.6%，通公路的建制村达到 99.9%，通客运班车的建制村达到91%（《山西改革发展 30 年》丛书编委会，2008）。2016 年全省公路线路里程达到 14.2 万 km（见图 10-1）。

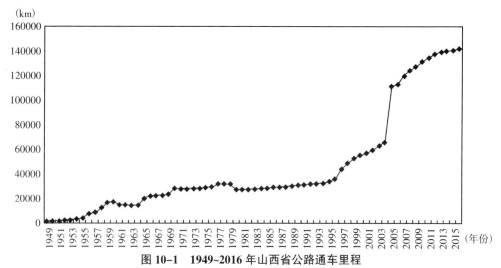

**图 10-1　1949~2016 年山西省公路通车里程**

资料来源：2009 年之前的数据根据《辉煌山西 60 年·资料篇》整理；2009 年及以后的数据根据相关年份《山西统计年鉴》和《中国统计摘要》（2017）整理。

### (二) 路网结构

中华人民共和国成立后，山西公路网主要以围绕中心城市，连接城乡、工矿区、煤炭集运站的干线公路网为骨架，以县、乡公路和专用公路为支线网络而建设。"七五"时期，形成了干线公路网雏形——"三纵七横一支"的布局；"八五"

时期，形成了"两纵六横大字形"的布局，国道和省道、干线公路和支线公路相互连接，从总体上形成贯通南北的结构。但是仍然呈现出中东部盆地多、西部及部分边远贫困地方少，南部平川密、北部丘陵疏的特点。高速公路、国道、省道组成的干线公路网，成为省内外客货运输的大通道。

从公路干线的分线情况来看，过境的国道公路主要有 G108、G109、G207、G208、G209、G307 和 G309 七条，共 3729km；省道有 81 条。

在高速公路方面，2003 年 8 月，大（同）运（城）高速公路全线贯通，作为纵贯南北的"大动脉"，全长 666km，途经大同、朔州、忻州、太原、晋中、吕梁、临汾、运城 8 个地级市，连接 31 个县（市、区），是山西"人"字主骨架高速公路网最重要的中轴主干线，也是全省迄今为止投资最多、路线最长的基础设施工程，穿越全省产业集中区、资源富集区、经济发达区和人口稠密区，有力地推动了全省的对内、对外开放和经济发展（王晓林，2003）。"十二五"期间，山西提出全面建成"三纵十一横十一环"高速公路网的目标，2013 年 7 月调整为"三纵十二横十二环"。规划到 2020 年，全省对外可以通过 33 个高速公路出省通道与周围的省份快速相通相连，省内 119 个县（市、区）实现县县通高速，并实现省会到相邻省会、省会到地级市、相邻地级市之间高速公路直接连通（李茂盛和李劲民，2014）。未来的公路建设主要围绕构建综合交通运输体系，加快高速公路建设，加强干线公路和农村公路的改造，加强公路运输枢纽及站场建设，提升交通运输基础设施服务能力。构建纵贯南北、承东启西、通达四邻的高速公路网，与一般干线公路网、农村公路网共同构成现代公路基础设施网络。

山西省高速公路现状如图 10-2 所示。

## 二、铁路

### （一）发展历程

从 1904 年山西修建第一条铁路——正（定）太（原）线（今石太线）开始，到 1937 年修成（大）同蒲（风陵渡）线为止，是全省铁路建设的起步阶段，早期的正（定）太（原）铁路和（大）同蒲（风陵渡）都采用窄轨。到 1949 年全省建成铁路干、支线总长 1549.9km，抗日战争和解放战争时期拆除了 351.6km。中华人民共和国成立时全省境内有铁路干线 3 条，即正（定）太（原）铁路、（北）京绥（远）铁路和（大）同蒲（风陵渡）铁路，共 1150.1km；有支线 2

条，长 48.2km。

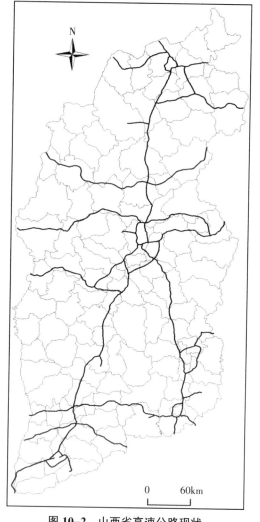

**图 10–2　山西省高速公路现状**

注：截至 2013 年 12 月。
资料来源：根据相关资料绘制。

　　1978 年以来，山西铁路建设向电气化、现代化迈进。1982 年改造完成石（家庄）太（原）线（阳泉—太原段），使石（家庄）太（原）线成为中国第一条双线电气化铁路。之后陆续完成了（北）京包（头）线（北京丰台—大同段）电气化改造、太（原）焦（作）线（长治北—月山段）电气化改造、北（大）同蒲（风陵渡）线的双向电气化改造。这一时期，以"多通路、大能力、现代化"为导向，加快了晋煤外运通路的建设和改造，兴建、改造完成了大（同）秦（皇岛）线运煤专线、侯（马）月（山）线、侯（马）西（安）线、南（大）同蒲（风陵渡）线（修文—侯马段）、太（原）岚（县）线支线等工程。1976 年山西地方铁路建设陆续开工，到 1995 年底全省地方铁路通车里程达 408km，主要地方铁路有武（乡）墨（灯）线、沁（县）沁（源）线等。与此同时，配套煤炭集运站、铁路专线、动力设备、通信设施都得到现代化改进。2011 年太原—中卫（银川）铁路（又称"太中银铁路"）建成投入使用，进一步完善了山西铁路网络的"大"字型空间布局。

2009 年 4 月，石（家庄）太（原）铁路客运专线正式开通运营；2014 年 7 月，大（同）西（安）客运专线（太原—西安段）正式开通运营，这是国家北京—大同—太原—西安—成都—昆明快速铁路通道的组成部分，使山西南北向通道输送客流能力增强。2014 年 11 月，国家有关部门批复《太（原）焦（作）客专预可研报告》，其中山西境内 299.9km，建成后山西客运专线也可形成"大"字型骨架。"十三五"期间，以太原为中心，辐射东、中、西部的三个高速铁路客运圈将会逐渐形成，城市间的时空距离将大幅缩短（见图 10-3）。

1949~2015 年山西省铁路营业里程如图 10-4 所示。

**（二）路网结构**

山西境内铁路基本形成以（大）同蒲（风陵渡）、太（原）中（卫）银（川）铁路及石（家庄）太（原）、大（同）西（安）客运专线等为主干，由石（家庄）太（原）、（北）京原（平）、（北）京包（头）、太（原）焦（作）、大（同）秦（皇岛）等 10 余条大铁路干线、10 条主要支线和 400 多条专用线构成的叶脉型铁路网络格局。截至 2015 年底，山西在建铁路有：山西中南部铁路通道、大同—西安客运专线（太原—大同段）、大同—张家口客运专线、太原—焦作客运专线、太（原）兴（县）铁路、吕梁—临县（孟门）铁路、黄陵—韩城—侯马铁路（山西段）、太原铁路枢纽西南环线、朔州—准格尔铁路、北（大）同蒲（风陵渡）铁路（韩家岭—应县段）增建四线、北（大）同蒲（风陵渡）（应县—原平段）新建取直线。截至 2010 年底，山西运营的地方铁路主要有孝（义）柳（林）线、武（乡）左（权）线、沁（县）沁（源）线、宁（武）静（乐）线，共 4 条地方（合资）铁路，正线里程合计 328km。未来山西将形成以大西铁路客运专线为骨干的快速客运网，建设太原、大同、长治、临汾、吕梁、运城 6 个国

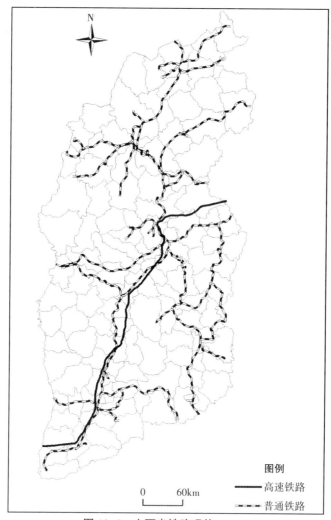

图 10-3　山西省铁路现状

注：截至 2013 年 12 月。

资料来源：根据相关资料绘制。

家综合运输枢纽，晋城、忻州、晋中、阳泉、朔州 5 个省级综合运输枢纽。

对于山西资源型地区转型发展而言，仍要加强铁路货运设施的建设，完善煤运后方通道。一方面，将继续建设高等级运煤专线，特别是国内最大规模运煤专线蒙华铁路山西段，这是全世界一次建成最长的重载运煤铁路，也是"北煤南运"新的国家战略运输通道，山西境内通过运城市，对打通新的南北通道有重要作用；另一方面，将在三大煤炭基地腹地新建沙泉—五寨、兴县—保德、静乐—静游等地方铁路。

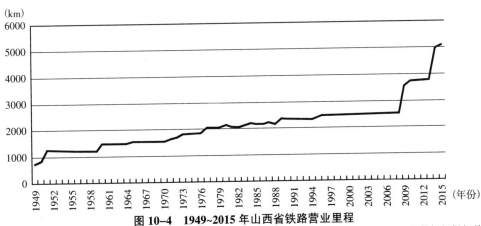

图 10-4 1949~2015 年山西省铁路营业里程

资料来源：2009 年之前的数据根据《辉煌山西 60 年·资料篇》整理；2009 年及以后的数据根据相关年份《山西统计年鉴》整理。

## 三、航空

### (一) 发展历程

山西民航发端于 1923 年，当时阎锡山为了组建航空队在太原北门外修建城北机场。1934 年南京国民政府与德国汉莎航空公司合资经营的欧亚航空股份有限公司，开辟北平—太原—广州航线，这是山西第一次有了正式的民航交通。中华人民共和国成立前，山西民航机场有太原新城、大同、临汾、运城等，但条件简陋，设备极差，客货运量都很小 (孙文盛，1998)。

1950 年 7 月，太原民航站成立，使用太原城北机场。1951 年迁址城南亲贤机场。1958 年 2 月，太原航空站改组为山西地方民用航空管理局。1959 年 9 月，山西地方民用航空管理局改称民航山西省局。此后，民航山西省局致力于发展航空运输，先后新建、改建和扩建了长治、大同、临汾和太原机场，初步建立了山西境内的航空运输网。

中共十一届三中全会后，山西民用航空进一步发展。1983 年增开太原—北京、太原—西安直达航线，并成立中国民航工业航空服务公司职工中等专业学校，培养专业技术人才。20 世纪 80 年代，山西现代化机群不断壮大，基础设施日趋完善，开辟了多条航线，1985 年继续飞行经停太原的国内干线和地方航线有 8 条，每周 32 个航班。1991 年山西国内航线增至 29 条，每周飞行 40 多个班次，年旅客吞吐量达到 15.9 万人次，年货邮吞吐量达到 2634t，初步形成了以太原为中心，以经停航线为主，辐射华北、西北、西南、华东、中南广大地区大中城市的航线辐射网。1991 年武宿机场落成并投入使用，1998 年机场跑道扩建、新候机楼建成，使太原成为华北地区又一个具有现代化设备的航空枢纽，形成了以太原为主要辐射基地，通达北京、上海、天津、广州、杭州、武汉、南京、成都、大连、昆明、重庆等 30 多个大中城市的航空运输网络。2006 年太原机场改扩建工程正式开工，2008 年 2 号航站楼正式投入使用，并不断增加运力投放，扩展航线网络，使太原机场每周航班达到 530 架次。

### （二）机场结构

山西省最早成立的机场是太原机场。2003 年长治王村机场复航，2005 年运城关公机场建成通航，2009 年大同机场进行了扩建，2013 年 1 月大同云冈机场新航站楼运营，2014 年吕梁机场通航，2016 年临汾乔李机场通航。现在基本形成了以太原武宿国际机场为中心，长治、运城、大同、吕梁、五台山、临汾等省内支线机场为基地，布局合理、功能完善的民航机场体系。2015 年，全省共开辟国内外航线 162 条。

"十二五"期间，山西省通用航空机场（含直升机临时起降点）大规模建设启动，确保除太原市以外，省内辖 10 个地级市中，共布局 10 个通用航空机场、公务机及普通通用航空机型飞机起降点，与支线和通勤机场共同构成全省内民航机场网络体系，以满足农林航空、航空测绘、应急救援、抢险救灾等通用航空的需求，并选择临时起降点和通用机场的试点，逐步实现通用航空机场布局，改善交通不便地区与外界的联系，进一步促进区域经济和社会发展。远期，力争使山西内新增通用航空机场布点遍布全省所有县（市），达到县（市）有机场，全面提高已有机场的保障能力，视情况对部分通用航空机场（含直升机临时起降点）进行改造使之升级为通勤机场，对通勤机场基础设施进行建设改造使之升级为小型支线机场。

山西省机场布局示意图如图 10-5 所示。

## 四、水运

### （一）发展历程

山西的水运主要可利用的航道是黄河和汾河。中华人民共和国成立初期，交通部门曾对流经省境的黄河河道有重点地进行疏浚。同时对汾河下游航道也进行

**图 10-5 山西省机场布局示意图**

资料来源：根据相关资料绘制。

了开发整治，但随着陆路交通的迅速发展，加之黄河、汾河的航道受自然条件的制约，水上长途运输逐渐衰落，但渡口之间的航运则日趋繁忙（孙文盛，1998）。

黄河航道北起偏关县老牛湾，经河曲、保德、兴县、临县、柳林、石楼、永和、大宁、吉县、乡宁、河津、万荣、临猗、永济、芮城、平陆等县，水急浪多、河面宽窄不一、水位高低无定，全程以禹门口、风陵渡为节点被分割为三段。主要渡口由四大古渡（茅津渡、风陵渡、禹门渡、军渡）发展为 88 处渡口。通过多年对黄河航道的开发、治理，能季节性分段通航的里程约 800km，1995

年山西水运货运量 90 万 t。黄河正规兴建的港口不多，现有港口和码头很少有现代化装卸设备。

汾河季节性强，河道淤积严重，不利于航运，由于各干支流陆续建成大中小型水库，航道的水量已无法保证，航运条件渐次消失。2010 年全省水运总通航里程达到 1393km。

表 10-1 为山西省水运主要渡口分布。

**表 10-1 山西省水运主要渡口分布**

| 航线 | 地区 | 渡口名称 |
|---|---|---|
| 黄河 | 忻州 | 老牛湾、万家寨、关河口、黑豆埝、寺沟、梁家碛、马连口、河湾、南元、元头湾、冯家川 |
| | 吕梁 | 前兆会、后南会、裴家川、黑峪口、张家湾、罗峪口、牛家川、李家畔、大峪口、第八堡、第二堡、老虎寨、桥湾、薛家垛、开阳、前曲峪、白道峰、寨沟、天洪、高家峪、索达干、乔则沟、后河底、庄上、三交、棱角、辛关、贺家畔、阎旺村、砚瓦、崖头 |
| | 临汾 | 永和关、阳德河、佛堂、咀头、于家咀、平渡关、东马头关、冯家集、孟门、师家滩、石坪、井子滩 |
| | 运城 | 庙前、吴王、南赵、蒲州、薛家崖、首阳、沙窝、马头、大禹渡、礼教、大安、永乐、原村、晓里、车村、黄堆、河家滩、席家坪、圪塔、张裕、上堡、茅津渡、小堆、下巴滩、关家、西滩、东滩、东坡、东寨、马蹄窝、寨里、东关、船窝、禹门口 |
| 汾河 | 太原 | 河湾 |
| | 临汾 | 甘亭、柴庄、襄岭、高显、西门 |
| | 运城 | 秦村、西孙石、西苑、山王、百底、东埔、坑东、杨村、大李、杨赵、樊村、下船、南社、南梁 |

资料来源：孙文盛等.山西交通经济 [M].太原：山西经济出版社，1998：180-182.

### （二）发展方向

山西水运目前仅有黄河河道可以利用，黄河河道自然条件比较复杂。禹门口上游的黄河河道是黄河北干流长峡谷段，航道特点是狭而不险，局部险要河段只有壶口瀑布和禹门口两段。经过整治，已达到Ⅵ级航道标准。禹门口以下的河段是严重游荡河段。由于航运在各级政府之间有极高的协调成本，再加上 1990 年以来，黄河天然径流量大幅度减少，使中游的航运业也受到极大影响。但是随着国民经济的发展和技术经济条件的改善，恢复与发展黄河中游航运有了新的需要与可能。

黄河北干流、三门峡至潼关段、小浪底库区段均有航运开发的条件。在未来应加快黄河中游航运开发的进程，加深对发展黄河航运的作用与地位的认识，妥善处理水利枢纽建设与发展航运的关系，建议中央政府给予适度的投资倾斜政策，加强前期工作和基础研究工作，合理布局规划黄河交通运输网（安树伟和季任钧，2003）。

## 五、管道

对于山西而言，管道输煤的设想由来已久，但进展较为缓慢。目前长距离的煤炭运输主要依靠铁路，占运煤总量的60%以上。虽然铁路营运里程和运输能力连年大幅提高，但依然难以满足不断增长的包括煤炭在内的各种物资的运输需求，煤炭生产同煤炭运输之间的矛盾日益凸显。作为煤炭运输的第四种方式——管道输煤被提上议事日程。早在"六五"时期，我国就提出了通过管道实现"西煤东运、北煤南运"的构想，但发展并不顺利。到目前为止，仅有一条运煤管道投入运营，即1997年7月投入使用的山西娄烦尖山煤矿—太（原）钢管道。管道长104km，管道直径229mm，年输送能力200万t（刘斌彬，2011）。

国内已建主要天然气管线途经省境的有中石油西气东输一线、陕京一线、陕京二线、陕京三线，中石化的榆林—济南线和鄂尔多斯—安平—沧州管线。2005年4月，山西第一条天然气管线金沙滩—大同段开始铺设，现在的管道运输主要对象为天然气和煤层气，主要使用的区域为晋南和晋东南。其中，中国石油天然气股份有限公司在沁水县的山西煤层气处理中心，作为补充气源与新疆塔里木和陕西苏里格气田的天然气混合后，被输送到终端用户，注入西气东输主干线的山西煤层气日供气量为50万 $m^3$。中石油昆仑能源集团、华港燃气集团的天然气合作项目总投资30亿元，铺设山西晋城—河北邯郸高压输气管道270km。利用本地区资源优势，未来要加快输气管网建设，布局建设"三纵十一横、一核一圈多环"的输气管网[①]，逐步实现全省全覆盖。山西省批准建设以及规划建设的管线

---

① "十二五"时期，山西省提出"三纵十一横"的管网格局，"三纵"即贯穿河东煤田的乡宁—临县—保德输气管道（"西纵"），贯穿中部的运城—大同输气管道（"中纵"），贯穿沁水煤田的晋城—阳泉输气管道（"东纵"）；"十一横"包括国家陕京一线、二线、三线、西气东输、榆济线和应张线六条国家级管线和五条省级长输管线，即沁水—侯马—河津长输管道、洪洞—安泽—长治长输管道、离石—太原—阳泉长输管道、保德—神池—原平长输管道和长治—临汾长输管道，为"气化山西"提供了安全可靠的基础设施保障。"一核一圈多环"指围绕太原都市区和太原都市圈的天然气输气管道，"多环"是指利用全省输气管网已初步形成的"三纵十一横"架构，围绕晋西北、晋西南和晋东南等煤层气主采区建立三个输气主环，围绕太原、大同、长治、临汾、吕梁等主要城市群建立多个次环，主环与次环之间环环相接，提升管网供气的安全可靠性。

工程如表 10-2 所示。

表 10-2　山西省批准建设以及规划建设的管线工程

| 年份 | 工程名称 |
|---|---|
| 2015 | 保德煤层气联络线输气管道工程、河津—运城输气管道工程、河津—禹门口输气管道工程、阳泉—平定（娘子关）输气管道工程、保德燃气热电联产项目供气专线、大盂—杨盘（复线）、临县—兴县—岚县输气管道工程、兔坂—八堡输气管道工程、大同南郊区—大同县输气管道工程、榆济线汾阳站至国化汾阳站管线工程、榆济平遥站至国化平遥站管线工程、八堡—兔坂输气联络线工程、东山电厂输气管线、神池—原平—五台输气管道、临兴区块连接线、三交区块连接线、柳林区块连接线、临县—柳林—临汾输气管线、临县—保德长输管线、临临线 5# 阀室—森泽管线、临临线石口—回龙管线、阳曲—太原长输管线、西气东输蒲县浮山改线 |
| 2016 | 阳城县城镇煤层气管网建设及综合利用工程（气化阳城）、山西晋城潘庄区块煤层气资源开发项目、沁水盆地马必区块南区煤层气资源开发项目、山西沁水盆地南部枣园区块煤层气开发项目、世行贷款煤层气开发利用示范项目 |

资料来源：山西省人民政府办公厅. 关于印发 2016 年省重点工程项目的通知 [Z]. 2016.

# 第二节　交通运输业

　　中华人民共和国成立之后，山西交通运输业的发展以铁路、公路为主要着力点开展，由于煤炭资源量大质高的特点，开通了以大秦线为代表的"晋煤外运"通道，省内也陆续建成支线汇入此通道，满足各地区煤炭产品的运输需求。改革开放之后，由于产业结构中第二、第三产业的比重逐渐增长，对高质量、高效率客货运输的需求提高，公路运输以其机动、灵活的特点，在公路状况和车辆装备水平进步的条件下，其承担的运输量持续增长；民航则因其快速、安全的运输也在经济高速发展过程中占据一席之地。货物运输量及周转量仍以铁路、公路两种方式为主，占 99.98% 以上。旅客运输方面，中华人民共和国成立初期以铁路运输方式为主，客运量占 90% 以上；1977 年开始，公路客运量超过铁路，并持续增长。进入 21 世纪之后，铁路客运开始了以高铁为载体的新阶段，伴随着高速铁路网的初步形成，未来铁路客运量会有所增加，但以公路为主的客运方式仍将持续。

## 一、货运

改革开放以后，山西煤炭有计划地通过公路向省外运销。到 1995 年建成煤焦销售营业站 292 个、煤焦出省口管理站 45 个、企业用煤管理站 26 个、上火车站煤管理站 48 个（孙文盛等，1998）。山西运力结构优化，高级客车、重型货车在道路运输中的主力作用日益明显。

山西的转型发展对交通运输业提出了更高的要求。交通运输业面临的主要矛盾由基础设施能力不足转向发展方式与经济社会发展需求不相适应，运输服务的能力、水平、质量和效率与国民经济发展和社会公众要求不相适应。在这种形势下，交通运输进入大规模基础设施建设的中后期，主要是建设"三纵十二横十二环"路网；进入各种运输方式综合发展期，以优化配置运输方式来提升运输效率，加快运输枢纽建设，发展综合运输；进入发展方式转型期，以科技进步和创新为引领，减少占地、保护环境、节约资源、降低能耗成为交通运输发展的主题。

山西货运量结构呈现铁路公路并重的特征，二者所占比重存在比较明显的波动，除个别年份外二者合计比例几乎都在 99% 以上，这与全省主要工业产品重型化的特征密切相关。1949 年铁路货运量占到 91%，到 1952 年迅速降为 58%，之后波动较缓，到 1962 年上升至 73% 后，持续下降。1980 年之后呈现比较明显的铁路货运量下降、公路货运量增长的趋势，1998 年铁路货运量占比出现最低值 27.6%，之后缓慢上升至 50% 左右，2015 年为 43.6%。水路运输货运量从 20 世纪 90 年代开始持续减少，航空运输货运量从 1978 年之后持续增多，但是这两种运输方式总量仅占 1% 以下（见表 10-3）。

表 10-3 1949~2015 年山西省货物运输量

单位：万 t

| 年份 | 合计 | 铁路 | 公路 | 水运 | 民航 |
|---|---|---|---|---|---|
| 1949 | 82 | 75 | 7 | — | — |
| 1952 | 1499 | 865 | 634 | — | — |
| 1955 | 3100 | 1689 | 1411 | — | — |
| 1960 | 7504 | 4486 | 2998 | 20 | — |
| 1962 | 4072 | 2970 | 1101 | 1 | — |
| 1965 | 6234 | 3913 | 2320 | 1 | — |
| 1970 | 7939 | 5380 | 2555 | 4 | |

续表

| 年份 | 合计 | 铁路 | 公路 | 水运 | 民航 |
|---|---|---|---|---|---|
| 1975 | 11843 | 7263 | 4572 | 8 | 0.19 |
| 1978 | 15620 | 9166 | 6447 | 11 | 0.09 |
| 1980 | 18080 | 11067 | 7004 | 9 | 0.15 |
| 1985 | 29181 | 16110 | 13071 | — | 0.35 |
| 1990 | 50111 | 23332 | 26706 | 72 | 0.55 |
| 1995 | 65821 | 26095 | 39776 | 90 | 0.67 |
| 2000 | 86357 | 28779 | 57813 | 31 | 0.6 |
| 2005 | 133662 | 49067 | 76201 | 95 | 3.8 |
| 2010 | 124367 | 63836 | 60819 | 18 | 4.49 |
| 2015 | 161772 | 70509 | 91240 | 17 | 5.04 |

资料来源：2009 年之前的数据根据《辉煌山西 60 年》整理；2009 年及以后的数据根据各年《山西统计年鉴》整理。

山西货物周转量主要由铁路运输完成，其次为公路运输，二者合计占 99.9% 以上。铁路运输的比重 1963 年之前在波动中略有上升，由 1953 年的 93.2% 升至 1963 年的 97.0%，之后逐年下降，到 2015 年降至 60%；公路运输由 1953 年的 6.4% 波动变化至 1980 年的 7.0%，之后持续上升，到 2015 年升至 39.98%。水路运输近年来几近停运，航空运输虽然近年来增速较快，但是总量过低，因此二者合计仅占总量的 0.01% 以下（见表 10-4）。

表 10-4　1949~2015 年山西省货物周转量

| 年份 | 合计<br>（百万 tkm） | 铁路<br>（万 tkm） | 公路<br>（万 tkm） | 水运<br>（万 tkm） | 民航<br>（万 tkm） |
|---|---|---|---|---|---|
| 1949 | — | — | 569 | — | — |
| 1952 | — | — | 7618 | — | — |
| 1955 | 2525 | 236320 | 16206 | — | — |
| 1960 | 8934 | 844060 | 48857 | 470 | — |
| 1962 | 5511 | 534070 | 17027 | 30 | — |
| 1965 | 8208 | 781490 | 29287 | 40 | — |
| 1970 | 10737 | 1030300 | 43316 | 90 | — |
| 1975 | 13459 | 1274600 | 71055 | 90 | 163 |

续表

| 年份 | 合计<br>(百万 tkm) | 铁路<br>(万 tkm) | 公路<br>(万 tkm) | 水运<br>(万 tkm) | 民航<br>(万 tkm) |
|------|------|------|------|------|------|
| 1980 | 22538 | 2096450 | 157126 | 42 | 133 |
| 1985 | 36101 | 3086917 | 522878 | — | 348 |
| 1990 | 59493 | 4795516 | 1152520 | 259 | 969 |
| 1995 | 71805 | 5363846 | 1815463 | 321 | 871 |
| 2000 | 86808 | 5979700 | 2700200 | 50 | 860 |
| 2005 | 136312 | 9697000 | 3927700 | 820 | 5600 |
| 2010 | 284002 | 13624714 | 9698896 | 595 | — |
| 2015 | 343855 | 20637317 | 13747614 | 543 | — |

资料来源：同表 10-3。

## 二、客运

从运输结构来看，山西旅客运输最主要的运输方式由铁路运输转为公路运输。1949 年铁路客运量达到 93%，之后伴随着各类公路建设的大规模展开，公路客运量的比重持续升高，1977 年公路客运量首次超过铁路，之后一直保持领先优势，且二者差距逐年扩大。目前，公路成为旅客的主要运输方式，且铁路、公路合计客运量一直占到全部客运量的 96% 以上。1999~2012 年，民航客运量保持上升，但之后又有小幅下降。从旅客周转量来看，铁路和公路运输始终占到99% 以上，民航的作用更加弱化（见表 10-5）。

表 10-5　1949~2015 年山西省旅客运输量和旅客周转量

| 年份 | 客运量 (万人) | | | | 旅客周转量 (万人 km) | | | |
|------|------|------|------|------|------|------|------|------|
| | 合计 | 铁路 | 公路 | 民航 | 合计 | 铁路 | 公路 | 民航 |
| 1949 | 140 | 130 | 10 | — | — | — | 816 | |
| 1952 | 647 | 572 | 75 | — | — | — | 4280 | |
| 1955 | 989 | 810 | 179 | — | 93947 | 81540 | 12407 | |
| 1960 | 2749 | 1923 | 826 | — | 223928 | 185500 | 38428 | |
| 1962 | 2838 | 2172 | 661 | — | 275090 | 236470 | 38620 | |
| 1965 | 2009 | 1240 | 769 | — | 172424 | 133040 | 39384 | |
| 1970 | 2645 | 1549 | 1096 | — | 246642 | 191450 | 55192 | |
| 1975 | 3186 | 1739 | 1445 | 2 | 314312 | 237800 | 75967 | 545 |

续表

| 年份 | 客运量（万人） | | | | 旅客周转量（万人 km） | | | |
|---|---|---|---|---|---|---|---|---|
| | 合计 | 铁路 | 公路 | 民航 | 合计 | 铁路 | 公路 | 民航 |
| 1980 | 5866 | 2523 | 3342 | 1 | 498154 | 356420 | 141477 | 257 |
| 1985 | 10566 | 3391 | 7173 | 2 | 932563 | 621351 | 310432 | 780 |
| 1990 | 15960 | 3226 | 12728 | 6 | 1260441 | 668100 | 587953 | 4388 |
| 1995 | 21337 | 3308 | 17956 | 73 | 1750989 | 806580 | 861061 | 83348 |
| 2000 | 31818 | 2953 | 28821 | — | 2245807 | 833600 | 1358962 | |
| 2005 | 40209 | 3433 | 36456 | 212 | 3295406 | 1056422 | 1809406 | 429231 |
| 2010 | 39059 | 5746 | 32606 | — | 3715683 | 1558206 | 2157019 | |
| 2015 | 30676 | 7393 | 22085 | | 3799506 | 2154182 | 1645324 | |

资料来源：同表 10-3。

从客货运两方面的运输结构来看，山西仍以铁路、公路两种运输方式为主导，这种情况与区域所处的经济发展水平有关。在工业化和城镇化的初期，工业以大量自然资源的开发和利用为先导，产生大宗货物的中长途运输，因此需要运力大、运距长的铁路等运输方式，而区域的经济活动和空间利用形态出现"增长极—点轴—轴带"演化的特征。当区域进入工业化和城镇化的发展后期，经济活动更强调个性化，人民的生活空间更为开阔和灵活，各地区之间的经济活动联系逐渐忽略空间的限制，转为高速远距交通运输方式，因此高速公路、高铁、航空的需求加大。此外，管道运输方式由于设备投资大、灵活性较差，并不是一种主流的交通运输方式，目前仅在大中城市市区用气、国家"西气东输"工程方面有一定的使用。

## 三、存在问题

通过对五种主要运输方式的路网结构和运输结构的分析，山西综合交通网络初具规模，已经能够提供一定的运输能力，满足一定规模的运输需求，且从 2012 年开始，山西人均 GDP 已连续多年超过 5000 美元，综合运输体系已步入多式联运和一体化运输发展阶段，将主要解决综合交通运输通道构建、综合运输节点和枢纽布局、多式联运政策完善、运输结构调整和技术进步、一体化信息系统建设等核心问题。

## （一）交通运输网的供给矛盾结构性问题凸显，运输结构有待合理化

2015 年山西交通网络的通达性大大提升，交通供给数量的矛盾基本得到缓解，高速公路的通车里程、面积密度和人口密度均处于全国前列，全省高速公路总里程为 5028km，居全国各省（自治区、直辖市）第 11 位；面积密度为 3.22km/100km²，居全国各省（自治区、直辖市）第 13 位；人均密度为 138.52m/1000 人，居全国各省（自治区、直辖市）第 7 位。但是，供给的结构性矛盾仍十分突出。一是铁路、公路的发展速度不协调。铁路方面，虽然以大（同）西（安）客运专线、石（家庄）太（原）客运专线为主的客运通道初步建成，太（原）焦（作）、大（同）张（家口）客运专线正在建设，但城际铁路规划和建设尚未提上日程；公路方面，高速公路、普通干线公路和农村公路发展不平衡，且客货运量公路承载过多。二是重货物运输、轻旅客运输。铁路发展的重点一直围绕"晋煤外运"进行，客运发展相对滞后，通过客运专线与华东地区的联系仍显不便。

山西目前的运输结构是在运输设施资源短缺的状况下形成的，各种运输方式在分工上只能通过运输客货流来实现。铁路运输因价格偏低，承担了大量的短途运输（郭卓英，2007），2015 年公路客货运输的平均运距只有 74.5km 和 150.7km。在市场经济的背景下，公路和铁路的市场竞争往往不是通过提升服务来占领市场份额，而是以追求大量运输却没有充分发挥各种运输设施优势来实现的。从运量来看，铁路、公路比重过大，尚未完成运输方式现代化的转变，这种交通运输方式发展不均衡导致交通运输结构的不合理。各种交通运输方式自成体系，衔接不通畅，在交通资源的优化配置、客运换乘、货运对接、不同交通运输方式分工和协作等方面均存在障碍，使综合交通运输的组合效率和优势没有得到充分发挥。在各种运输方式中，公路特别是高速公路的发展最快，虽然各地级市都在积极申报地方机场的建设项目，但是从运量来看，航空运输增长十分缓慢。客运专线、普通铁路主要承担大量的对外长途客流和货流运输任务，对城际间客运交通难以兼顾。由于地处内陆，山西水运方面只有内河航运，而此功能目前已基本丧失，众多的码头、渡口失去交通运输功能，转而成为旅游业设施。随着经济社会发展水平的提升和城镇化进程的不断加快，合理规划、调整运输结构成为推动交通运输业发展的重要途径。

### （二）城市群交通运输体系尚未建成

交通设施是区域经济发展的重要支撑系统，按照山西"一核一圈三群"的城镇体系规划布局，未来在全省范围内将形成四大城市（镇）群，区域内部交通一体化是促进城镇群发展的先决条件。城市群交通往往要求达到高效、便捷的目标，因此通常由高速公路、快速路、客运专线、城际铁路将内部各城市串联，实现城市群内部公交化出行。目前，山西城市群内部交通基础设施的建设仍处于起步阶段，城际铁路、快速路等尚未建成，一定程度上制约了区域一体化进程。从交通枢纽的结构来看，太原市作为省会和城镇化水平最高的城市，成为全省一级枢纽，围绕城市的立体、综合交通体系已经形成，而其他三个城镇群的区域性次级中心，综合交通体系尚未形成，导致各种运输方式之间衔接不畅，极大地影响了区域经济发展的要素流动效率。

## 四、发展综合运输体系

### （一）优化客货运结构，完善对外联系通道

结合国家中远期高铁客运专线规划，加快建设大（同）西（安）客运专线（太原—大同段）、太（原）焦（作）客运专线，最终形成"大"字型客运专线路网结构，在重要换乘站建立交通换乘枢纽。依托不同运输方式的运行特征，将公路承担的客运分散给铁路客运专线和通勤机场。加快建设大（同）张（家口）客运专线，打通北上呼包鄂城市群、蒙晋冀（乌兰察布—大同—张家口）长城金三角合作区等的通道，加快融入京津冀协同发展进程，连接（北）京张（家口）城际铁路，加强与京津冀北部区域的联系。在建设"三纵十二横十二环"高速公路网的基础上，重点提升改造普通干线公路和拓展县乡农村公路。

### （二）建设交通枢纽，增强城镇群间的联系

以大（同）西（安）（太原—大同段）、太（原）焦（作）等一批铁路客运专线建设为契机，抓住国家建设综合客运枢纽和重点物流园区的重要机遇，在太原客运南站综合客运枢纽的基础上，加快建设大同、长治、临汾等综合客运枢纽，以及大同周士庄物流园区等一批货运枢纽，完成太原、大同两个国家级综合交通枢纽，太原、大同、长治、临汾、吕梁五个国家公路运输枢纽和晋城、忻州、晋中、阳泉、朔州、运城六个区域性公路运输枢纽建设。

在现有高速公路、客运专线的基础上，规划建设一批城际铁路和城际快速

路，加强城际间的交通联系。以太原为核心，加强其在政治、文化、教育、科技、服务等方面的中心地位，构建山西放射型城际铁路网络，建设阳曲—太原—榆次、清徐—太原—榆次、太原—长治—晋城、太原—忻州—五台山—石咀、太原—吕梁、太原—朔州、太原—阳泉等方向的城际铁路，加强太原都市圈和晋北城镇群、晋南城镇群、晋东南城镇群的联系。对于区域次级中心城市，关键在于交通运输枢纽的选择和衔接，可以围绕城市建立综合交通枢纽，实现机场、火车站、长途汽车站等枢纽互联互通，提高运输效率。

# 第三节 水利设施

山西的地理位置和气候特点，决定了其长期处于水资源短缺的状况，合理规划布局水利设施成为影响全省可持续发展的重要环节。虽然各级政府长期关注重大水利工程建设等问题，但水利瓶颈尚未突破。加快建设山西大水网，启动实施小水网配套工程建设，加快形成覆盖全省六大盆地（忻定盆地、大同盆地、运城盆地、太原盆地、临汾盆地、长治盆地）和主要经济中心区的十大供水体系。

## 一、建设成就

改革开放之后，国家对水利建设方向进行了三次调整。"六五"时期，提出"水利要从为农业服务为主转到为社会经济全面服务"。"八五"时期，提出"要把水利作为国民经济的基础产业，放在重要战略地位"。"十五"时期，提出"水资源是基础性的自然资源和战略性的经济资源，是生态环境的控制性要素，在国民经济和国家安全中具有重要的战略地位"。不同的阶段，山西水利建设也呈现不同的特点。1978~1990 年，主要为恢复性建设阶段，围绕农田水利建设；1991~2000 年，全面规划、综合治理，开始水利改革，完善小流域治理体制，加强防汛防灾能力，万家寨引黄枢纽工程也在此期间开工建设；2000 年以后，以人畜饮水解困、防汛抗旱、水土保持生态环境建设、新水源工程建设为重点全面展开（《山西改革发展 30 年》丛书编委会，2008）。当前山西水利建设以寻求解决水资源短缺为主旨，实施应急水源、农田灌溉、水保淤地坝、农村饮水安全、城乡节水、地下水及水源地保护、抗御洪涝等自然灾害工程，解决"水少、水脏、水远、水漏、水失"问题，构建符合实际、具有地方特色的水安全保障体系。

2011 年《中共中央关于加快水利改革发展的决定》发布之后，进一步加强了水利在经济社会可持续发展中的基础性地位，有利于建设节水型社会，改善水生态环境状况，改善城乡人民的饮用水安全状况和生活质量。相应地，人口增长对供水安全提出了更高的要求，经济与社会快速发展对抗御洪涝灾害的要求也进一步提高。在城镇化进程中，城市防洪、供水、排涝和水资源保护任务将更加繁重。

## 二、主要问题

### （一）地表水利用不足，水权占有水平偏低

全省境内地表水供水能力达到 37 亿 m³，但由于水资源区域间调配能力不足，未能实现对水资源的有效配置，导致总体安全保证程度和应急保障程度较低，目前全省境内地表水的利用量仅为 20 亿 m³ 左右。国务院分配山西省年可耗用黄河水量 43.1 亿 m³，2010 年在黄河干流年提水量仅为 8.0 亿 m³，占分配水量的 18.6%。

### （二）地下水超采严重，供水结构有待优化

地下水是经济社会发展最为宝贵的战略性资源，一般年份应充分涵养，干旱年份保障应急。多年来山西用水结构以地下水为主，地下水超采严重。2010 年超采量达 5 亿 m³，如果这种用水结构得不到根本扭转，一旦持续干旱后果会很严重。

### （三）流域治理势在必行，防洪抗旱减灾体系有待加强

受气候影响，山西大部分河流年平均径流量普遍较小，但是来水主要集中在汛期短短的两三个月里，极易形成洪涝灾害。这些河流沿岸，分布着众多的城镇、工业区及农田，一旦发生洪灾后果不堪设想。中华人民共和国成立以来，山西组织开展了大规模的防洪建设，对主要河流进行了不同程度的治理，然而数量多、分布广的中小河流，大都是 20 世纪 50~80 年代通过群众投劳冬修和春修水利的方式进行治理的，与主要河流的防洪建设相比，中小河流治理总体滞后，仍处于"大雨大灾、小雨小灾"的局面。

省内主要河流的防洪标准偏低，平川地区河道一般仅能防御 5 年一遇到 20 年一遇的洪水。河道人为设障、挤占河道、泥沙淤积，导致河道行洪和洼地蓄洪

能力普遍下降。400 座小型水库存在不同程度的安全隐患，水闸等工程老化失修严重。山洪等自然灾害监测和防御能力严重不足，非工程防洪措施未得到普遍重视。

## 三、重大水利工程

### （一）水利枢纽

主要的水利枢纽多存在于山西与河南、陕西、内蒙古交界的黄河干流，承担着多项任务。

1. 黄河小浪底水利枢纽工程

黄河小浪底水利枢纽位于黄河中游豫、晋两省交界处，在洛阳市西北约 40km。上距三门峡坝址 130km，下距郑州花园口 128km。北依王屋山、中条山，南抵崤山余脉，西起平陆县杜家庄，东至济源县大峪河。控制流域面积 69.4 万 $km^2$，占黄河流域面积的 92.3%。坝址所在地南岸为孟津县小浪底村，是黄河中游最后一段峡谷的出口。南北最宽处约 72km，东西长 93.6km。淹没区涉及河南的孟津、新安、渑池、陕县、济源，山西的垣曲、平陆、夏县，共 8 个县（市）。小浪底工程是黄河干流三门峡以下唯一能取得较大库容的控制性工程，是黄河干流上的一座集减淤、防洪、防凌、供水灌溉、发电等于一体的大型综合性水利工程，是治理开发黄河的关键性工程（《山西改革发展 30 年》丛书编委会，2008）。小浪底水库区为峡谷河段，有利于保持较大的长期有效库容，可以长期发挥调水调沙、兴利除害的效益。小浪底工程 1991 年 9 月开始前期工程建设，1994 年 9 月主体工程开工，1997 年 10 月截流，2001 年底主体工程全面完工，共安置移民 20 万人。2009 年 4 月，小浪底工程顺利通过竣工验收。小浪底工程投运以来，发挥了巨大的社会效益、经济效益和生态效益，为保障黄河中下游人民生命财产安全、促进经济社会发展、保护生态与环境做出了重大贡献。

2. 三门峡水利枢纽工程

三门峡位于中条山和崤山之间，是黄河中游下段著名的峡谷。[①] 三门峡水库北面是山西平陆县，南面是河南省三门峡市。渭河、洛河汇合后再向东流到风陵

---

① 旧时黄河河床中有岩石岛，将黄河水分成三股，自南而北依次为神门、鬼门、人门，故名"三门峡"。

渡入黄河，所以黄河入河南省后水流急、流量大，在中华人民共和国成立前经常泛滥成灾。为根治黄河水害，国家决定兴建三门峡水利枢纽，这是"一五"时期苏联援建的 156 个重点项目中唯一的一个水利工程。工程于 1957 年 4 月开工，1961 年建成，被誉为"万里黄河第一坝"。大坝的建成结束了黄河三年两决口的局面，使两岸人民得以安居乐业。大坝主坝为混凝土重力坝，坝长 713.2m，最大坝高 106m；副坝为钢筋混凝土心墙，长 144m，最大坝高 24m。电站厂房为坝后式，可安装 8 台发电机组，现有 7 台机组，装机容量 41 万 kW，为低水头径流发电。由于当时对黄河的泥沙问题了解不多，所以在设计时只求坝高库容大，忽视了泥沙淤积问题，致使五年间泥沙淤积量达 5041m³。从 1964 年开始，对大坝工程多次进行改建，最终使库区雨季大为减轻，进出库泥沙基本平衡，实现了防洪、防凌、灌溉和发电、供水等综合效益。

三门峡水利枢纽作为在世界上泥沙量最多的河流建设的第一座水库，在水轮机及水工建筑物抗高含沙水流磨蚀方面取得了丰硕的成果，在水库调度运用方面积累了丰富的经验。

3. 万家寨水利枢纽工程

万家寨水利枢纽位于黄河北干流托克托至龙口峡谷河段，坝址左岸为山西偏关县，右岸为内蒙古自治区准格尔旗，是一座以供水、发电为主，兼有防洪、防凌等综合效益的大型水利枢纽工程。控制流域面积 39.5 万 km²，总容量 8.96 亿 m³，调节库容 4.45 亿 m³。每年向内蒙古和山西供水 14 亿 m³。电站装机容量 108 万 kW，年发电 27.5 亿 kW·h。工程于 1993 年立项，1994 年底主体工程开工，1995 年 12 月截流，2000 年全部机组发电。2002 年 6 月，黄河万家寨水利枢纽工程通过了水利部组织的竣工初步验收（《山西改革发展 30》丛书编委会，2008）。

（二）跨流域调水工程

1. 引黄入晋

引黄入晋工程是从根本上缓解山西水资源短缺，促进经济、社会可持续发展的战略工程，是改善生态环境和提高人民生活水平的民生工程，1993 年批准立项，2011 年全线竣工，是山西有史以来建设的最大水利工程，也是世界级跨流域、长距离并以地下隧洞输水为主要特点的大型水利工程项目，被誉为"天下第一地下长河"。

引黄入晋工程位于山西西北部，由万家寨水利枢纽、总干线、南干线、联接段、北干线和太原市供水工程组成。工程从水利部、内蒙古和山西共同投资建设的万家寨水利枢纽工程取水。工程线路总长 441.8km，设计年引水总量 12 亿 m³，向太原供水 6.4 亿 m³，向大同、朔州供水 5.6 亿 m³。已建成的引黄总干线、南干线及联接段工程于 2003 年正式向太原市供水，有效缓解了太原市生产、生活、生态用水紧缺的局面，为太原市经济社会建设和生态环境改善做出了巨大贡献。向大同、朔州供水的北干线工程于 2009 年 2 月正式开工建设，途经山西偏关、平鲁、朔州、山阴、怀仁、大同，线路全长 156.54km，设计年引水 5.6 亿 m³。引黄北干线的建成，与南干线组成了近千里的"人"字型水脉，纵贯山西一半的版图，缓解了地区生产和生活严重缺水的局面，使晋西北供水成本大幅下降，供水水利不断增加，供水区范围扩大。

2. 引沁入汾

汾河和沁河分别是山西省境内的第一和第二大河流。多年来，汾河中游一度处于断流局面，导致其流经的临汾盆地供水不足，下游河段也污染严重，而邻近汾河的沁河水资源开发利用率不足 10%。因此，将引沁入汾作为调配利用山西地表水资源的重要工程，引沁入汾和川引水枢纽工程也成为"十一五"期间山西省 35 项应急水源工程之一和山西大水网建设"两纵十横"中第七横的重要组成部分。

引沁入汾工程原计划全长 110km，建设内容为"一库、一总干、二支线"。一库即马连圪塔水库，库容 4.25 亿 m³；一总干即安泽县草峪岭隧洞，长 20km；二支线即上线跨越浮山、翼城，下线跨越古县、洪洞、尧都、襄汾，覆盖了临汾市 7 个县（区）。由于马房沟提水枢纽缺少调蓄功能，运行中水资源严重不足，不能正常运行，改为兴建引沁入汾和川取水输水工程。目前，引沁入汾工程以和川枢纽为龙头，与正在建设的五马水库和已建成的曲亭、涝河和巨河水库形成"长藤结瓜"式的供水体系。5 座水库总库容将达到 1.63 亿 m³，年可调水 1 亿 m³，可为临汾盆地用水提供有力保障，同时有效改善汾河下游水生态环境，保证汾河下游 15 处泵站、4 万多 ha 耕地的灌溉用水。

## 四、发展的方向

### (一) 建设山西大水网

山西大水网是结合水源条件、河流水系分布特点及已建、在建水利工程布局，按照河湖连通、科学调度的水资源优化配置思路，以骨干水源工程为龙头，以天然河道和输水工程为通道，以地表水、地下水、岩溶水优化配置为中心，以正常年份、一般干旱年、严重干旱年和特大干旱年不同水源调度为手段，覆盖全省重点保障区域的供水体系。主要架构为"两纵十横"，"两纵"是指纵贯南北的黄河北干流和汾河两条天然河道。第一纵为黄河北干流段，北起偏关县老牛湾，经已建的万家寨水利枢纽，规划的碛口、古贤水利枢纽，南至风陵渡，全长763km。第二纵为汾河—涑水河线，以汾河为主干，通过已建成的万家寨引黄工程南干线将黄河与汾河连通，远期通过黄河古贤供水工程将汾河与涑水河连通，全长约800km。"十横"是指建设覆盖全省六大盆地和11个中心城市、70个县（市、区）的十大骨干供水体系，分别为朔州—大同线、忻州—阳泉线、晋中北线、吕梁山线、晋中—长治线、黄河古贤—临汾—运城线、临汾—晋城线、黄河禹门口—翼城线、黄河—运城线、黄河三门峡—小浪底线。其中"五横"是从黄河取水，另外"五横"是利用已调蓄的境内地表水（见图10-6）。在此基础上，

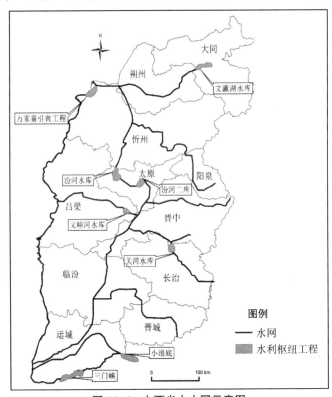

**图10-6　山西省大水网示意图**

资料来源：根据相关资料绘制。

以黄河、汾河、沁河、桑干河、滹沱河、漳河六大主要河流和区域性供水体系为主骨架，通过继续完善或完成已建、在建工程，新建水源及水系连通工程，构建以黄河干流为取水水源、汾河干流为输水通道、大中型蓄水工程及泉水为水源节点、桑干河等天然河流及提调水输水线路为水道的水网框架，形成覆盖六大盆地和主要经济中心的山西大水网。山西大水网包括十大骨干工程：中部引黄工程、晋中东山供水工程、辛安泉供水改扩建工程、小浪底引黄工程、滹沱河连通工程、龙华口调水工程、吴家庄水库、西苑灌区东扩工程、油篓山拦河闸、黄河古贤水利枢纽和山西古贤供水工程。建成后，全省总供水量将由 63 亿 m³ 提高到 86 亿 m³（杨勤和武年丰，2011）。

**（二）建设一批重大水利枢纽工程**

根据《黄河流域综合规划（2012~2030 年）》的要求，应完善水量调节机制，建设水量调度系统，从缓解电网调峰和保障沿河城市安全的角度，加快建设两大水利枢纽工程。

1. 黄河古贤水利枢纽工程

黄河古贤水利枢纽工程位于黄河北干流下段，坝址右岸为陕西省宜川县，左岸为山西省吉县，上距碛口坝址 235.4km，下距壶口瀑布 10.1km，控制流域面积 489944km²，占三门峡水库流域面积的 71%。古贤水利枢纽工程是《黄河治理开发规划纲要》确定的黄河干流七大骨干工程之一，是黄河水沙调控体系的重要组成部分，具有防洪、减淤、供水、发电、灌溉等综合效益，可向临汾和运城盆地的 19 个县（市、区）提供生活、工业、农业灌溉及河道生态等供水。

2. 碛口水利枢纽工程

碛口水利枢纽工程位于坝段上游的索达干村，上距天桥水电站 222km，下距禹门口 310km。坝址控制流域面积 43.11 万 km²，占黄河全流域面积的 57.3%。碛口水利枢纽的开发任务以防洪减淤为主，兼顾发电、供水等综合利用。碛口水库滞洪运用可以削减龙门—潼关河段洪峰流量，有利于减轻洪灾损失，减少黄河洪水顶托倒灌渭河造成的不利影响，可降低三门峡水库蓄洪水位，对降低潼关高程具有一定的作用。碛口水利枢纽控制了黄河 39.5% 的泥沙，对于协调黄河水沙关系、减少下游河道淤积、恢复中水河槽行洪排沙功能、维持黄河健康生命具有重要的作用。碛口水库调节径流可满足龙门灌区引水要求，为太原、榆林能源基地供水提供有利条件。按 2003 年价格水平测算，工程静态总投资为 151.67 亿元，其中工程部分静态投资 110.20 亿元，移民、环境、水保静态投资 41.47 亿元（临县人民政府，2007）。

### （三）开展流域治理

要统筹处理好中小河流治理与城镇发展、河流生态环境保护、水资源开发利用的关系，统筹协调好中小河流治理河段与河流下游防洪标准的关系，统筹衔接好中小河流治理与山洪灾害防治的关系，统筹兼顾中小河流治理与河道管理、工程措施与非工程措施、防洪与排涝、近期与长远的关系。具体而言，要加强流域内水利枢纽工程的统一调配、综合治理，充分利用流域内梯级水利枢纽工程的调洪能力；要从防洪安全治理转向对水生态、水环境影响的研究，改善水域的景观和生态环境，探索河流治理的新模式；加强工业、农业及人口集聚区的河流段治理和水情预测。重点完成汾河、桑干河、滹沱河、漳河、沁河等 11 条重要河流的生态治理，通过实施堤防加固、河道疏浚、河水调蓄，使中小河流重点河段防洪能力由现状的 5 年一遇提高到 10~20 年一遇。实施河道综合整治美化绿化工程，发挥河流水生态优势，实现"堤固、河畅、水清、岸绿"的目标。

### （四）建设节水型社会

2012 年，《山西省加快实施最严格水资源管理制度试点方案》发布，要求立足省情水情，以建立和实施用水总量、用水效率、水功能区限制纳污"三条红线"控制指标体系为核心，以制度建设为抓手，提升水资源管理能力，优化水资源配置，保障经济社会发展与水资源承载力相协调的合理用水要求，实现水资源的可持续利用。

从设施建设方面要做好节水型工程建设和节水技术改造，落实节水措施，促进水减排。把节水型社会建设分解为节水型工业、节水型农业、节水型城市、节水型社区园区等不同的工程载体，实行分类管理、行业指导。努力开展水资源管理能力建设，构建省、市、县三级网络实时监控系统。建设重点水源地、地下水超采区、水资源论证、取水许可、水资源费征收使用、入河排污口、水资源调度以及水资源信息服务、水资源应急管理等模块的水资源管理业务应用系统，为合理开发、优化配置、科学管理水资源提供重要依据（山西省节水用水办公室、山西省水资源管理中心，2013）。

# 第四节 电网及输变电设施

资源优势决定了山西长期以来电力供应以煤电为主的特点，大量的坑口电站、煤电基地既保障了全省乃至华北、华东的电力供应，又逐渐导致环境污染、产能过剩等问题，成为影响可持续发展的重要因素，因此，在新能源、非化石能源的利用方面亟待突破。20世纪80年代，山西电力输送已经形成以太原为中心的高压输电网，进入21世纪，"晋电外送"初步建成"四纵四横"500kV骨干网架，形成晋北、晋中、晋东3个千万kW级大型外送电基地，输变电水平得到根本改变，对外输电的能力有了显著提高。

## 一、发展历程

改革开放之后，山西发输变电技术装备由中温中压和低参数转为大机组、高参数、大电网、超高压以及高度自动化。进入20世纪90年代，形成多元化办电的格局，有华北电力集团公司、山西省电力公司、山西省地方电力公司、华能股份有限责任公司、山西省水电公司等电力企业，此外，冶金、煤炭、化工等行业拥有自备电厂。山西电网由省电力公司主营500kV和220kV的主干电网，向京津唐、河北、江苏等输送强大电力。2006年1000kV晋东南—南阳—荆门特高压交流试验示范工程开工建设，2012年12月正式投入运营，有力地推动了晋东南大型煤电基地的集约化开发。2005~2015年，全省外调给外省市的电量由369.26亿kW·h增长到743.91亿kW·h。

在水电建设方面，1990年全省已拥有小水电站229座，装机容量10.37万kW。1998年形成了以晋东南为中心的水电骨干网架，拥有一座110kV变电站、14座35kV变电站、3001km的输电线路。2002年山西被列入全国首批五个以水代燃料项目试点省份之一，2007年全省拥有39个水电县，建成小水电站164处，装机15.71万kW。黄河河段水电资源已建成万家寨水利枢纽电站和龙口水利枢纽电站（《山西改革发展30》丛书编委会，2008）。山西已开发利用的水电资源占可开发量的24%，开发前景广阔。

## 二、发展现状

### （一）发展水平

目前的电力建设以农网改造升级、改善社会民生为出发点，通过建设输电线路、新增变压器、新增配变容量等方式，有效解决了农村地区配电变压器过载、低压线路老化、综合配电箱锈蚀严重等安全隐患问题，提高了农村地区人均配变容量，满足了农业生产用电需要（冉涌和段希，2015）。

截至 2015 年底，全省装机容量 6966 万 kW。其中，煤电装机容量 5517 万 kW，占全省装机容量的 79.2%。2015 年全省发电量 2457 亿 kW·h。省内电网已形成以 500kV"两纵四横"为骨干网架，220kV 大同、忻朔、中部、南部四大供电区域，110kV 和 35kV 及以下电压等级辐射供电的网络格局。在外送通道方面，形成了以 1000kV 特高压为核心，6 个通道、13 回线路的外送格局，输电能力约 2000 万 kW（山西省人民政府，2016）。

山西是国家确定的五大综合能源基地之一，也是我国千万 kW 级大型煤电基地，要实现煤炭的清洁利用，必须走"变输煤为输电"的能源转化之路，积极发展电力外送。山西风能资源丰富，总储存量达 53000MW（张向东，2009），经过多年开发，目前装机容量已突破 560 万 kW，成为除火力发电之外的第二大发电来源。"晋电外送"已与山东、湖南、湖北、江苏、浙江、北京、天津等省（直辖市）政府签订了战略合作框架协议。到 2020 年，山西电网将形成"一纵三横"特高压骨干网架，500kV 覆盖全部负荷中心（张帅，2015）。此外，还将建成"四交两直"特高压外送电网，外送输电能力达到 5700 万 kW（张剑雯，2016）。届时电网结构完善、装备先进、运行灵活，电网智能化水平显著提升，为经济发展提供可靠的电力保障。

### （二）主要电力设施

山西电网已在省内形成以 500kV 为骨干的高电压、大功率"北电南送"高速通道和 220kV 分区就地平衡的基本格局。实现 500kV"南北双回、两个环网"：北部大同—忻州—侯村—晋中和南部临汾—运城两个双回路，中部古交—侯村—晋中和南部晋中—榆社—长治—晋城—临汾—霍州—晋中两个环网，全省 11 个地级市都拥有 500kV 变电站，实现"一市一站"的建设目标。

山西 500kV 电网建设始于西电东送，发展于北电南送，经历了为京津地区送电、省内送电、跨区外送和 1000kV 特高压的发展历程。1984 年建成第一条 500kV 输电线路——大同二电厂—北京房山 I 回输电线路，1992 年建成第一座 500kV 变电站——侯村变电站，同时超高压输电线路也逐步成为山西电网及跨省电网的骨干网架。2005 年跨区域电网——侯村—廉州 500kV 线路的投运，加强了与华北电网的联系，拓宽了山西电网电力外送的北通道。2006 年世界领先水平的 1000kV 晋东南—南阳—荆门特高压交流试验示范工程在长子县开工，2008 年 12 月投入试运行，2009 年 1 月投入商业运行。2006 年完成神（木）忻（州）石（家庄）500kV 跨区输变电工程。2007 年山西中南部 500kV 双环网全面建成投运，山西电网主网结构显著加强。山西电网已经成为"西电东送"、"变输煤为输煤输电并举，以输电为主"的输送商品电"空中走廊"。截至 2007 年底，全省累积外送电量达到 462.56 亿 kW·h（《山西改革发展 30 年》丛书编委会，2008）。2015 年，山西电网完成外送电量 300.37 亿 kW·h。

根据国家及省关于加快发展风能、太阳能等非化石能源的政策和思路，"十三五"期间，预计非化石能源消费将有大幅增长。到 2020 年，全省风电装机容量达到 1600 万 kW，光伏发电 1200 万 kW，生物质能发电 50 万 kW，水电 250 万 kW。

从外送能源看，目前山西省分别与江苏、浙江、湖南、山东签署了 1000 万 kW 送电协议，与北京签署了 700 万 kW 送电协议，与湖北、天津分别签署了 500 万 kW 送电协议，到 2020 年山西外送电装机容量将达到 6000 万 kW。

### 三、主要问题

#### （一）传统产能严重过剩

山西作为我国煤炭大省，火电是电力供应的最主要来源，但是"十二五"时期受需求增长不旺、产能集中释放、成本较快上升、内外竞争加剧等因素影响，产能过剩问题进一步加剧，经济运行面临困难增多。价格持续下跌，导致众多煤炭企业停产，影响电力供应的稳定性。从能源综合利用来看，目前煤层气开采量严重不足，利用水平与全国煤层气资源大省的身份不符；全省煤矸石综合利用率和粉煤灰综合利用率仍低于全国平均水平，工业固体废弃物综合利用困难。

#### （二）电源结构不合理

系统调峰电源容量不足，电网调峰困难。山西以煤为主的能源结构在中短期内难以改变，能源消费品种单一，能源消费中煤炭燃料消费占能源消费总量大，远高于全国平均水平。火电企业普遍亏损严重，未来发展需以扩大晋电外送为抓手，重点建设大型煤电一体化基地，加快热点联产、煤矸石和煤层气综合利用发电的开发。新能源与可再生能源的开发和利用不足，未来应优化能源结构，积极发展水能、风能、太阳能等可再生能源。

**（三）扩大电力外送规模的紧迫性日益突出**

由于省内用电市场及省外送电市场有效增长不足，加之外送电通道建设滞后，电力外送能力不足，导致山西发电装机容量远远超过用电量，"窝电"现象持续加剧。电网适应能力不足，省内主网架北电南送通道传输能力不足，外送通道能力已趋饱和，应加强省内北电南送通道和外送通道建设。

**（四）体制机制缺乏活力**

山西成为国家资源型经济转型综合配套改革试验区之后，虽然在推动能源行政审批制度改革等方面已经取得一定成效，但在电力管理中没有很好地厘清政府和市场的边界，电力等能源价格形成机制仍不完善。目前，在能源管理体制、资源市场化配置、价格形成机制、生态环境保护等方面仍存在体制机制障碍，直接影响和制约了山西能源产业的转型发展。

## 四、发展方向与重点

应构建以晋北、晋中、晋东南特高压为核心、500kV 为支撑的骨干网架，形成"四纵四横"格局；加大配电网建设与改造，加快电网智能化建设，加大对集中连片贫困地区电网布局力度。

### （一）打通晋电外送通道

"西电东送"战略是中国经济和社会发展的一项重要工程（见图 10-7），山西电力工业在全省乃至华北地区的经济发展中具有举足轻重的作用，通过"西电东送"，变输煤为输电，把省内丰富的资源优势转化为经济优势，不仅为东部地区提供了清洁、优质、可靠的电力，更为本省的经济结构转型提供了一个有效路径。山西处于"西电东送"北通道的枢纽位置，与西部的周边省份相比，具有发电成本低、输电距离短、送电可靠性高等优势。"十五"期间，山西被确立为建设大型坑口电站、实施"西电东送"战略的重要省份，此后建立 500kV 骨干网架电网成为电力工业的主要任务。"十三五"时期，全省要建成"四纵四横"500kV 骨干网架，提高山西电网供电可靠性，推动外送电通道建设。依托晋北、晋中、晋东三个千万 kW 级大型外送电基地，加快建设蒙西—晋北—北京西—天津南 1000kV 交流高压工程、榆（林）横（山）—晋中—石家庄—潍坊 1000kV 交流高压工程、山西（晋北）—江苏（南京）±800kV 高压直流工程、盂县—河北 500kV 交流输电工程。"十三五"末，山西外送电能力可望达到 6000 万 kW，外送电量达到 3080 亿 kW·h，跻身全国前列。

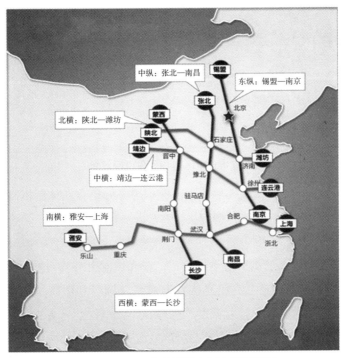

图 10-7　2015 年全国特高压电网规划图

资料来源：国家电网。

在 2015 年全国特高压电网规划"三横三纵"中，北横"陕北—潍坊"、中横"靖边—连云港"、西纵"蒙西—长沙"三条线路均通过山西，应根据此规划建设输变电站，提高山西供电输电能力（见图 10-8）。

**（二）探索新型发电、输电途径**

在国家大力推行新能源发展战略、山西经济转型和能源结构优化调整的大背景下，山西电网亟须探索新的发电、输电途径。"十二五"时期，山西电网新能源迅猛发展，其中光伏装机容量不断增加，尤其是随着大同采煤沉陷区国家先进技

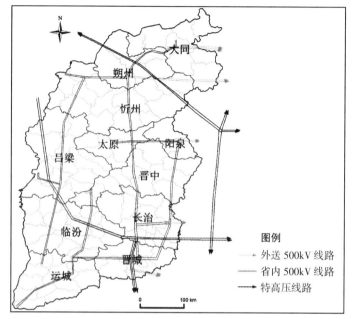

**图 10-8　2015 年山西省电网规划**

资料来源：根据相关资料绘制。

术光伏示范基地的建设和投产，省调光伏装机容量大幅提升，2016 年光伏装机容量已达 181 万 kW。省电力公司针对光伏发电受日照影响波动性明显的特点，合理安排火电、水电及抽蓄机组运行方式，在光伏发电高峰时期，充分挖掘火电和抽蓄机组调峰能力，努力克服光伏发电对系统调峰和电网稳定运行的不利影响，实现风、光、水、火的优化调度，保障在不同电网运行方式下的光伏充分消纳（张剑雯，2016）。另外，光伏发电也可以成为脱贫减贫的一个重要途径。

**参考文献**

［1］安树伟，季任钧.黄河中游航运发展问题研究［J］.中国软科学，2003（2）：119-123.

［2］陈帅.山西"十三五"电网投资逾 900 亿［N］.中国电力报，2015-08-19（002）.

［3］郭卓英.浅谈我国物流产业发展的机遇和挑战［J］.黑龙江交通科技，2007（3）：110-112.

［4］刘斌彬.陕煤化拟建输煤长输管线取代车拉煤［N］.城市经济导报，2011-03-16.

［5］山西省节水用水办公室，山西省水资源管理中心.严格水资源管理，建设节水型社会［J］.山西水利，2013（3）：47-49.

［6］冉涌，段希.国网山西电力持续推进农网改造升级［N］.国家电网报，2015-03-12

（003）．

[7] 王晓林.构筑公路网络　助推经济发展 [N].光明日报，2003-09-18．

[8] 临县人民政府.黄河碛口水利枢纽工程正式进入议事日程 [EB/OL].http：//www.linxian.gov.cn/content/2007-07/05/content_17985.htm.

[9] 张向东.山西风能资源及风电发展概述 [J].山西电利，2009（5）：48-50，63．

[10] 张剑雯.山西电网光伏发电出力首次破百万千瓦 [N].山西经济日报，2016-07-04（001）．

[11] 张剑雯.山西电网建设规模和投资力度再创历史新高 [N].山西经济日报，2016-01-24（001）．

[12] 杨勤，武年丰.山西：建设大水网优化配置水资源 [N].中国水利报，2011-04-22（001）．

[13] 赵京红.一泓清水济苍生 [EB/OL].http：//www.lfxww.com/linfen/jjjs/96528.html，2012-03-13.

[14] 赵崇伟.关于加快山西省中小河流治理的思考 [J].山西水利，2010（9）：24-26．

[15] 李茂盛，李劲民.山西省情报告（2014）[M].北京：社会科学文献出版社，2014：53-54．

[16] 《山西改革发展30年》丛书编委会.山西改革发展30年·综合卷 [M].北京：中共党史出版社，2008：352-367，649-686．

[17] 孙文盛等.山西交通经济 [M].太原：山西经济出版社，1998．

# 第十一章　生态文明

　　山西作为国家重要的能源重化工基地，经过改革开放后近 40 年的高强度资源开发，产生了严重的生态环境问题，资源环境负面影响日益突出，经济社会可持续发展面临严峻形势和巨大挑战。积极探索资源型经济转型之路，促进经济社会可持续发展成为山西面临的重要问题。必须面对当前突出的生态环境问题，以制度建设为突破口，积极探索，走出一条适合省情的生态文明建设道路。

## 第一节　生态建设

　　山西素有"煤铁之乡"之誉，地处黄土高原东部生态脆弱带，自然环境脆弱，生态承载力低。20 世纪 50~80 年代，山西的生态环境还是比较好的。但是，1980 年以来作为全国重要的能源重化工基地为国家社会经济发展做出巨大贡献的同时，由于资源掠夺性开采、工业污染与产业结构不合理，加之自然地理环境复杂、生态环境脆弱，导致 1990 年末期山西成为全国污染最严重的省份之一，大同、阳泉等 5 个城市在全国污染最严重城市中处于倒数位置。二氧化硫、化学需氧量、固体废弃物、烟粉尘、废水等污染物排放总量均排在全国各省（自治区、直辖市）的前列。

　　生态环境的恶化造成了一系列的负面影响。一是加剧了自然灾害发生的频率和强度。干旱、冰雹、暴雨、霜冻、干热风、大风、地表裂缝、塌陷、沉降等自然灾害频繁，农业生产条件趋于恶化。其中，干旱是出现频次最多、影响范围最广、危害最大的灾害。二是制约了产业结构的优化与升级。长期以来片面发展以煤炭为主的资源型经济,造成产业结构失衡、粗放、低效,2016 年山西三次产业结构为 6.1:38.1:55.8。三是激化了资源供需矛盾。由于高耗水工业比重高、农业与生活用水浪费惊人等,水资源供需矛盾日益尖锐。全省人均供水量为全国平均水平的 45.8%。同时,随着人口和城镇化快速发展,非农用地和人口逐年增加,而耕地面积基本保持不变,耕地面积与人口形成了强烈的反差,人地矛盾突出。1978~2013 年,全省人均耕地面积由 0.162ha 减少为 0.111ha(见图 11-1)。

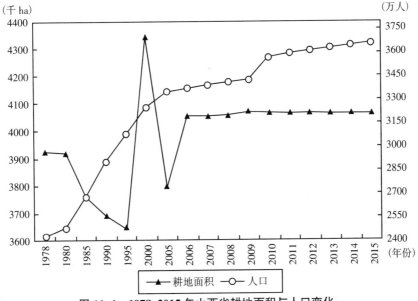

**图 11-1 1978~2015 年山西省耕地面积与人口变化**
资料来源:《山西统计年鉴》(2016)、《中国统计摘要》(2017)。

此外,环境破坏还带来了严重的经济损失。截至 2015 年,山西煤炭开采破坏生态环境经济损失至少可达 770 亿元。[①]

## 一、生态建设成就

1980 年以来,国家逐步加大对山西的生态建设力度,水土保持、流域治理、植树种草、防治沙漠化、生态农业建设、天然林保护工程等内容已纳入全省国民经济与社会发展计划。进入 21 世纪,特别是 2010 年设立山西省国家资源型经济转型综合配套改革试验区以来,为实现进一步转型发展、跨越发展、绿色发展,

---

① 尚未包括生态环境的初步恢复治理费以及基因、物种等许多难以测算的潜在经济损失。

使山西成为中西部地区的一个重要增长极和全国资源型经济转型示范区，国家启动并实施了一系列重大生态工程项目。山西省政府还列出专项资金实施了汾河上游水土保持综合治理、雁门关生态畜牧经济区建设、生态环境治理修复"2+10"工程和"百镇（乡）千村万户"生态示范工程等综合治理项目，积极开展水土流失综合治理，使自然生态环境得到一定程度的改善。

### （一）人工造林成效显著，森林资源面积持续增长

由于土地沙化、水土流失、干旱缺水、物种减少等各种生态危机的严重威胁，林业的特殊生态作用受到社会高度关注，其在经济社会全局中的地位日益提升。山西开展了天然林资源保护工程、退耕还林工程、"三北"防护林体系建设工程、京津风沙源治理工程等，通过确立以生态建设为主的林业发展指导方针，加强森林资源管理，启动森林生态效益补偿制度，森林面积和森林蓄积量迅速增加，森林质量趋于提高，实现了由持续下降到逐步上升的历史性转折。林业的快速发展极大地改善了全省生态环境，为经济发展、社会进步、自然环境和谐发展以及民生改善做出了不可替代的重大贡献（岳玲玲等，2010）。

#### 1. 植树造林面积和果园面积逐年扩大

自 20 世纪 70 年代以来，政府及相关部门把林业生态建设即植树造林工程作为治理水土流失的主要途径，植树造林面积和果园面积逐年扩大（见表 11-1），2015 年造林面积 280.94 千 ha，其中用材林造林面积 1.76 千 ha。1978~2015 年，山西果园面积增长了 4.67 倍，每年零星植树上亿株。

表 11-1　1978~2015 年山西省造林面积

| 年份 | 造林面积（千 ha） | 用材林造林面积（千 ha） | 零星植树（万株） |
|---|---|---|---|
| 1978 | 173.65 | 123.71 | 21992 |
| 1980 | 221.57 | 122.94 | 23129 |
| 1985 | 243.33 | 137.87 | 28764 |
| 1990 | 191.05 | 91.31 | 21057 |
| 1995 | 405.18 | 128.58 | 21418 |
| 2000 | 404.86 | 50.84 | 17176 |
| 2005 | 140.26 | 0.67 | 10596 |
| 2010 | 291.10 | 0.01 | 11098 |
| 2015 | 280.94 | 1.76 | 10023 |

资料来源：《山西统计年鉴》（2016）。

**2. 森林资源面积和蓄积量持续增长**

山西森林面积由第六次森林资源清查（1999~2003 年）的 183.6 万 ha，增加到第八次森林资源清查（2009~2013 年）的 282.4 万 ha，增加了 98.8 万 ha；森林蓄积量由 5644.0 万 $m^3$ 增加到 9739.1 万 $m^3$，增加了 4095.1 万 $m^3$；单位面积森林蓄积量由 30.7$m^3$/ha 增加到 34.5$m^3$/ha；林地面积由 676.5 万 ha 增加到 765.6 万 ha；森林覆盖率由 11.7%增长到 18.0%，增长了 6.3 个百分点。共建成 13 个森林生态站，其中国家级森林生态站 3 个、省级森林生态站 10 个，组成山西森林生态系统监测网络体系。大力发展碳汇林业，建立了中国绿色碳基金山西专项，成为继北京市之后全国第 2 个开展碳汇造林的省份，资金总额、发展速度和建设规模居全国首位。2015 年全省森林覆盖率提高到 20.5%。

2011 年全省拥有森林公园总数 111 处（其中，国家及省级森林公园 55 处、县级森林公园 56 处），森林公园总面积达 53.8 万 ha，占全省国土面积的 3.4%；森林公园旅游接待人数 1030 万人次，旅游收入 40562 万元，森林旅游逐渐发展成为林业经济新的增长点。

**（二）深入实施矿山生态恢复治理**

山西全面实施煤矿矸石山治理，"三区"①、自营公路、铁路通道、废弃矿井、采空沉陷区、周边荒山六大造林绿化工程的建设，推动了生态建设绿色转型，使矿区生态环境得到了显著改善。积极开展煤炭工业可持续发展调研和政策研究，并制定出相关的配套政策，启动了煤炭工业可持续政策措施试点工作，逐步建立并完善煤炭开采生态环境补偿机制，继续实施采空区、沉陷区、水土流失区、煤矸石山的生态环境治理修复，加强矿山生态环境监测，启动矿山生态环境质量季报制度，开展矿山生态修复治理效益评估。

---

**专栏 11-1　矿山生态恢复治理**

太原城郊森林公园建设。2011 年，太原市在西山破坏比较严重的前山地区规划了包括玉泉山公园在内的 21 个城郊森林公园，截至 2013 年底，已经完成绿化 4000 余 ha，栽植乔灌藤草 158 种、1000 余万株。

中铝山西分公司孝义铝矿复垦。中铝山西分公司孝义铝矿是亚洲最大的铝

---

① "三区"指生产区、生活区、居民住宅区。

矾土露天矿，过去，在矿产资源开发中，废矿渣石随处堆放，给矿山发展带来了一定的负面影响。孝义铝矿探索建设绿色矿山，在排土场进行复垦试验研究，还地于民，被国土资源部确立为第四批"国家级绿色矿山试点单位"。

资料来源：http：//news.tylr.gov.cn/？pcyear=gzdt&newslei=hydt&newsid=70150，2016.

### （三）水土保持综合治理力度进一步加大

山西大幅度拓展水土保持重点治理范围，京津风沙源治理项目、黄河水土保持生态工程、水土保持二期世行贷款项目、雁门关生态畜牧区水保项目、汾河上游两侧边山治理项目等一批重点项目顺利实施。太原市、晋城市被命名为全国水土保持试点城市，乡宁、壶关等15个县和167条流域被命名为全国水土保持生态建设"十百千"示范工程。针对山西水土保持重点项目增多、工程投资加大、工程建管形式创新等特点，推行了专业队治理、大户治理和报账制管理，大大加快了小流域治理和生态环境建设步伐。以承包治理、购买治理、大户治理、专业队治理、封禁治理为主的组织机制不断完善，重点工程招投标制、项目法人责任制、项目监理制等建设程序进一步规范，水土保持生态建设进入建设规模最大、速度最快的时期，使荒漠化和沙化趋势得到抑制。

山西开展了生态功能红线划定工作。截至2015年底，共划定2个生态功能保护区，创建16个国家级生态示范区、8个国家级生态乡镇、3个国家级生态村、2个省级生态县、257个省级生态乡镇及1454个省级生态村，创建省级环保模范城市23个。此外，山西坚持把建立自然保护区作为保护生态环境的重要措施。截至2015年底，共建成国家和省级自然保护区46处，占全省国土面积的6.5%。基本形成了种类齐全、分布较为合理的自然保护区网络，较好地保护了珍贵的物种资源。

## 二、生态环境存在的主要问题

### （一）天然林少，森林覆盖率低

森林资源总量不足。2013年全省人均森林蓄积量为2.9m³，相当于全国人均水平的28.7%。有限的森林资源集中分布在交通不便、经济贫困的边远山区及河流上游地区，特别是吕梁山、太行山、管涔山、关帝山、太岳山、中条山、五台山、黑茶山八大省直国营林区管理范围内，占到全省林地面积的75.0%。山西森林覆盖率相对偏低，与全国平均水平有较大差距；现有宜林面积自然条件差，造林难度很大，全省现有宜林荒山273万ha，多处于土壤瘠薄的石质山区，自然条件很差，再加上干旱缺水，采煤地表沉陷，致使新造林成活率、保存率提高艰难；林业生态建设体制机制不够完善，林业发展活力不足，城乡、区域发展不平衡（魏宜瑞，2000）。

### （二）水土流失严重，水资源短缺

山西境内植被覆盖率低，土壤固水能力差，水土流失、土壤侵蚀严重，沙漠化隐患较大。2010年水土流失面积达10.8万 m²，约占山西总面积的69.0%，其中中度以上水土流失面积达68.3%；生态极敏感和高度敏感区面积有7.73万 m²，约占全省总面积的49.0%。20世纪80年代水资源总量年均138亿 m³，人均水资源量为466m³/人；2014年水资源总量111.26亿 m³，人均水资源量为305m³/人，仅相当于全国平均水平的15.2%。2014年实际供水量不足71.37亿 m³，年缺水量约为20亿 m³。工业、农业和城乡生活供水全面短缺，供水不足已经成为制约经济社会可持续发展的重要因素。部分区域水资源开发利用程度较高，太原、临汾、运城、大同和忻定盆地平原区的水资源开发利用程度均达到50%以上。地下水超采区总面积达到1.06万 km²，占全省总面积的6.8%。

### （三）湿地面积退化

2014年山西湿地资源调查结果显示，全省湿地总面积15.19万 ha，比2003年减少69.6%。其中，河流湿地面积9.69万 ha，比2003年减少78.7%；湖泊湿地面积0.31万 ha，比2003年减少61.7%；人工湿地面积4.38万 ha，比2003年增加0.61万 ha；湿地面积占国土面积的0.97%。

### （四）矿区生态问题突出

改革开放以来，山西形成了63亿 m²的采空区，采空区面积5115km²，引发的地表沉陷面积达2978km²，造成矿山地面塌陷、地裂缝、滑坡、崩塌约2146处，3309个村庄、66万人受到影响，10.82万 ha的耕地、4260ha的林地遭到破坏。太原、临汾、长治、运城、大同等盆地及西北部县（市）的大部分地区为环境极超载和重度超载区，环境污染严重影响区域的生存环境。

### （五）区域可持续发展能力差

1995年以来山西可持续发展能力在波动中增长（见图11-2），2013年可持续发展能力指数为106.9，居全国各省（直辖市、自治区）第25位，低于全国平均水平。各分项指标多数低于全国平均水平（见表11-2）。

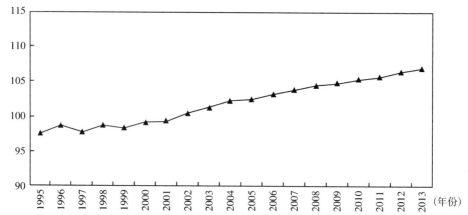

图11-2　1995~2013年山西省可持续发展能力指数变化趋势（1995年全国为100.0）

资料来源：中国科学院可持续发展研究组编. 2015中国可持续发展报告：重塑生态环境治理体系[M]. 北京：科学出版社，2015：209-210，232，236。

表11-2　2013年山西省可持续发展能力指数

| 项目 | 可持续发展能力指数 | | 山西在全国的位次 |
|---|---|---|---|
| | 全国 | 山西 | |
| 生存支持系统 | 105.4 | 102.1 | 29 |
| 发展支持系统 | 114.3 | 110.9 | 24 |
| 环境支持系统 | 109.5 | 99.3 | 29 |
| 社会支持系统 | 111.6 | 111.6 | 14 |
| 智力支持系统 | 111.9 | 110.7 | 12 |
| 可持续发展能力 | 109.2 | 106.9 | 25 |

资料来源：同图11-2。

此外，自然生态环境破坏必然对旅游环境、投资环境、人才环境、人体健康等多方面的社会生态环境产生深刻影响。环境问题引起的各类纠纷、上访甚至暴力事件呈现快速上升趋势，影响社会稳定。环境的破坏已经对人居环境造成了严重的危害，威胁人体健康，山西至少有三种与环境污染密切相关的疾病（癌症、尘肺病和新生儿出生缺陷）在全国处于高发水平（刘向东，2010）。近年来，山西在生态建设方面做了许多工作，生态环境呈现局部改善、整体恶化的态势，但生态恶化的趋势仍在加剧，严重制约着社会经济的良性发展。山西环境保护形势不容乐观，任务十分繁重，从源头上遏制生态环境的恶化，不仅必要，而且十分迫切。

## 三、生态功能区划

### （一）生态功能区划系统

2008 年编制完成的《山西省生态功能区划》，把全省划分为 5 个一级生态区、15 个生态亚区、44 个生态功能区（见图 11-3）。

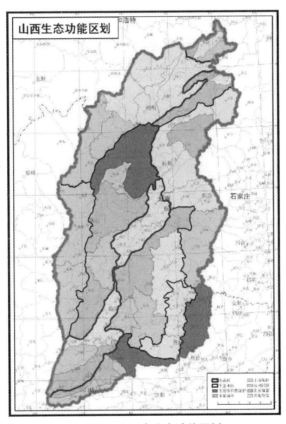

**图 11-3 山西省生态功能区划**

资料来源：山西省发展和改革委员会. 山西省生态功能区划〔Z〕. 2008.

山西省的一级生态区、生态亚区、生态功能区如下：

Ⅰ 晋北山地丘陵盆地温带半干旱草原生态区

    Ⅰ A 晋西北山地丘陵灌木草原生态亚区

        Ⅰ A-1 左右平台地风沙控制与林牧业生态功能区

ⅠA-2　洪涛山大同煤炭开发与生态保护生态功能区

ⅠA-3　黑驼山山地丘陵生态畜牧业与林业生态功能区

Ⅰ B　大同盆地农牧业生态亚区

ⅠB-1　大同城镇发展与盆地农林牧业及风沙控制生态功能区

ⅠB-2　朔平台地煤炭开发与风沙控制及农林牧业生态功能区

Ⅰ C　晋东北部山地丘陵灌木草原生态亚区

ⅠC-1　采凉山山地丘陵林牧业与水土保持生态功能区

ⅠC-2　天镇阳高盆地农林牧业及风沙控制生态功能区

ⅠC-3　丰稔山山地丘陵林牧业生态功能区

Ⅰ D　恒山山地丘陵森林草原生态亚区

ⅠD-1　恒山山地水源涵养与自然景观保护生态功能区

ⅠD-2　广灵山间盆地农牧业生态功能区

Ⅱ　东部太行山山地丘陵暖温带落叶阔叶林灌草丛生态区

Ⅱ A　太行山山地丘陵落叶阔叶林与农林牧生态亚区

ⅡA-1　灵丘山地丘陵农林牧业生态功能区

ⅡA-2　五台山自然与文化遗产保护及水源涵养生态功能区

ⅡA-3　系舟山山地丘陵林牧业及旱作农业生态功能区

ⅡA-4　阳泉丘陵煤炭开发与生态保护及旱作农业生态功能区

ⅡA-5　和顺左权山地丘陵林农牧业生态功能区

ⅡA-6　太行山南部山地林牧业与生物多样性保护生态功能区

Ⅱ B　太岳山山地丘陵针阔叶混交林与农牧业生态亚区

ⅡB-1　太岳山水源涵养与生物多样性保护生态功能区

ⅡB-2　太岳山西部煤焦业开发与环境保护生态功能区

ⅡB-3　北浊漳河上游旱作农业与地质遗迹保护生态功能区

ⅡB-4　沁水河上游农林牧业与煤炭开发及水土保持生态功能区

ⅡB-5　古县浮山低山丘陵旱作农业与水土保持生态功能区

Ⅱ C　中条山山地丘陵落叶阔叶林生态亚区

ⅡC-1　中条山东部山地水源涵养与生物多样性保护生态功能区

ⅡC-2　中条山西部山地有色金属开发与生态环境保护生态功能区

ⅡC-3　中条山南麓黄土丘陵水土保持生态功能区

ⅡD 太行山太岳山山间盆地丘陵农业生态亚区

    ⅡD-1 长治盆地北部丘陵潞安矿业开发与农业生态功能区

    ⅡD-2 长治城镇发展与盆地农业生态功能区

    ⅡD-3 晋城盆地及周边丘陵煤炭开发与生态保护及经济林生态功能区

Ⅲ 中部盆地农业生态区

  ⅢA 滹沱河流域农业生态亚区

    ⅢA-1 滹沱河上游农林牧业及风沙控制生态功能区

    ⅢA-2 忻州城镇发展与盆地农林业生态功能区

  ⅢB 汾河流域农业生态亚区

    ⅢB-1 太原榆次城镇发展与城郊农业生态功能区

    ⅢB-2 晋中盆地农业与人文景观保护生态功能区

    ⅢB-3 临汾城镇发展与盆地粮棉农产品和林果业生态功能区

  ⅢC 涑水河流域农业生态亚区

    ⅢC-1 运城城镇发展与盆地棉麦果农产品和湿地保护生态功能区

    ⅢC-2 峨嵋台地旱作农业与水土保持生态功能区

Ⅳ 西部山地落叶针叶林与灌丛生态区

  ⅣA 吕梁山山地落叶针叶林与灌丛生态亚区

    ⅣA-1 管涔山汾河源头水源涵养与生物多样性保护生态功能区

    ⅣA-2 关帝山水源涵养与生物多样性保护生态功能区

    ⅣA-3 太原西山煤炭综合开发与生态环境保护生态功能区

    ⅣA-4 灵石汾西低山丘陵旱作农业与生态环境保护生态功能区

    ⅣA-5 吕梁山南部水源涵养与生物多样性保护生态功能区

  ⅣB 吕梁山山间盆地黄土丘陵生态亚区

    ⅣB-1 汾河上游水库调蓄与水土保持生态功能区

Ⅴ 晋西黄土丘陵生态区

  ⅤA 晋西北部黄土丘陵温带半干旱灌木草原生态亚区

    ⅤA-1 河保偏黄土丘陵农牧业与煤炭开发及水土保持生态功能区

    ⅤA-2 神池五寨宽谷丘陵农林牧业与风沙控制生态功能区

  ⅤB 晋西南部黄土丘陵暖温带落叶阔叶林灌丛生态亚区

ⅤB-1  晋西离柳煤焦业开发与农林牧业及水土保持生态功能区

ⅤB-2  晋西南部黄土塬农林牧业与水土保持生态功能区

## (二) 生态功能区的发展方向

依据区域主导生态功能, 44 个生态功能区可归属为以下 6 类生态功能区:

1. 水土保持和风沙控制类型生态功能区

调整农、林、牧产业结构, 要从根本上转变发展方式, 以林牧业为主, 兼顾农业作为调产思路, 因地制宜建设生态畜牧经济区基地, 以果、枣为主的经济林果业园地, 晋西北高寒农产品杂粮基地, 培育特色农业, 发展脱贫致富的支柱产业。因地制宜地布局作物种类, 推广抗旱、耐寒优良品种及旱作农业技术, 改进和提高农作物产量与品质, 加工系列产品, 走规模化、商品化、专业化、市场化的路子。转变畜牧业生产方式, 加强草地建设与保护, 进一步做好草地承包经营、划区轮牧工作, 实现草地建设、保护和利用协调发展, 大力发展规模养殖, 加快建设标准化畜禽养殖小区 (场), 积极推行牛羊舍饲养殖。

2. 煤炭、有色金属开发与生态系统恢复类型生态功能区

发挥本地煤电能源优势, 加快大型煤炭基地建设, 培育大型煤炭、焦炭企业集团, 兼并、重组、改造中小煤矿和焦炭企业; 实施资源整合, 煤、气、电、油等各类能源共同发展, 提高产业集中度, 综合利用和节约资源; 建设环保型绿色矿山和企业, 提高煤炭综合利用率与附加值, 实现煤炭开采与生态环境协调发展; 工业反哺农业, 以工促农, 促进区域经济发展。根据本生态功能区的农业资源优势, 因地制宜, 调整农业生产结构, 发展生态农业和特色农业工程, 生产特色农产品, 实现专业化、规模化生产, 拉长产业链条, 提质、增量、增效, 促进农业可持续发展。

3. 山地丘陵水源涵养、生物多样性保护和自然景观保护类型生态功能区

综合开发, 提高森林资源的多样性和多功能价值。要合理、有序采伐, 将封山育林与人工造林相协调, 建立林、工、副、贸相结合, 产、供、销一体化的新型产业结构。将适度采集和引种、栽培相结合, 合理开发野生经济和药用植物资源, 发展特色产业, 形成种养加-农工贸相配套的产业结构和良性循环体系, 实现产业化。坚持保护优先, 以草定畜, 或实行草场禁牧期和轮牧制度, 防止超载放牧。农业以杂粮生产为主。在自然保护区的实验区和风景名胜区开展多种所有制下的旅游开发活动, 适度有序、科学合理地发展旅游。

4. 农牧业生产类型为主的生态功能区

一是调整农业结构。因地制宜，合理优化配置资源，突出主导产业和主导产品的培育与发展，发挥特色资源优势，建立合理的农业生态系统。大力发展农副产品加工业，围绕特色农业和农产品基地建设，培育和壮大一批生产规模大、农副产品流通快、市场覆盖广、辐射能力强、能带动农民增收致富的农副产品加工龙头企业，各自形成产业链，促进农业大发展，实现农业现代化。二是合理开发旅游资源。从严控制重点风景名胜区的旅游开发，合理设计旅游线路，确定旅游区的游客容量，使旅游容量与有效保护文物古迹和生态环境承载能力相适应，旅游设施建设要与自然景观相协调。

5. 水库调蓄与水土保持类型生态功能区

搞好植树造林，加强涵养水源功能，适度发展生态农业。

6. 城市发展与城郊、盆地农业类型生态功能区

发展无公害农产品、绿色食品和有机食品，建立优质粮生产基地、菜篮子基地、优质果品基地和优质苗木花卉基地，发展城郊型生态农业。走新型工业化道路，加快调整产业结构和转变经济增长方式，大力培育新型优势支柱产业，促进支柱产业多元化；优势支柱产业要延伸产业链条，提升科技水平，发展系列产品；大力发展循环经济和节约型经济。建设城郊乡村生态旅游区，发展生态旅游。

## 四、生态建设重点任务

### （一）天然林保护

持续增加天然林面积。天然林生态功能强，在林业生态建设中具有不可替代的作用。要不断增加天然林面积，一方面要通过封山育林、封山管护等措施，扩大天然林的面积。强化森林资源保护，实施好天然林保护二期工程，巩固造林绿化成果。全面停止天然林采伐和人工林皆伐，依法加强保护，对所有宜林荒山荒地、未成林造林地、灌木林地，采取封山育林、人工造林、飞播造林的办法，全面恢复林草植被，并对禁伐区的人工林加强抚育管理，促进生长，增强林木的保护功能；对限伐区的天然林采取一般性保护，通过人工造林、封山育林、促进更新等方式，大力营造和恢复生态公益林。另一方面要通过划定生态保护红线的方式，严格限制天然林转变为非林地，减少天然林的流失。健全农林有害生物监测预报和防治体系，建立森林生态效益补偿制度和天然林保护制度，提高贫困地区

国家级公益林补偿标准。

强化对集体天然林的保护。目前，国家对于国有和集体天然林保护政策的差别较大。国有天然林的保护政策既包括对天然林的保护，也包括国有森林工业企业转产、保险等多方面的政策支持，但集体天然林保护的政策稍显不足，主要集中于对天然林的保护，对农户经营收益等方面的考虑有所欠缺。为此，要进一步加强对集体天然林的保护力度。通过深化集体林权制度改革，赋予林农更加充分的处置权，调动林农保护天然林的积极性。通过扩大公益林补偿的覆盖范围和提高补偿标准等措施，努力将所有天然林都纳入补偿范围（邓永刚，2015）。

**（二）水土保持**

因地制宜，实施水土保持工程。在吕梁山贫困地区，大力实施梯坝滩联合治理开发工程，全力开展以淤地坝建设为中心的侵蚀沟道治理，保证防洪安全，通过建设集中连片的高标准基本农田，发展高产、优质、高效农业，加速当地致富奔小康。在汾河水库上游省城重要水源地保护区，在一、二期水土保持综合治理的基础上，启动实施三期工程，以拦挡泥沙、恢复植被为主要手段，积极实施生态清洁型小流域建设，保证生态安全。在太行山国家水土保持重点治理区，按照项目整体部署安排，下大力气开展水土保持综合治理，因地制宜地营造乔灌木生态林、干鲜果经济林以及石坎梯田，把改善生态环境与改善农业生产条件充分结合，提高农业综合发展能力，促进农村经济快速发展。在晋北风沙源区，依托京津风沙源治理等国家和省水土保持重点工程项目，统筹整合相关项目资金，高标准、集中连片地实施风沙源区的水土保持工程（杨才敏，2013）。此外，要抓好封禁治理，加快小流域生态自然修复封禁治理；加强水土保持监督管理，有效遏制人为水土流失。

**（三）采煤沉陷区生态修复**

采煤沉陷区是深层煤炭资源进行井工开采所造成的主要地质灾害之一，不仅会引致建筑裂塌、农田损耗等自然灾害，还会诱发企群纠纷、政群矛盾等社会问题。山西共有 2000 多 km² 的采煤沉陷区，2016 年山西省发布《关于加大采煤沉陷区治理力度的实施细则》，到 2017 年底，将完成全省 21.8 万户、65.5 万人的搬迁安置任务。到 2018 年底，将完成 59 个采煤沉陷区矿山环境恢复治理项目，历史遗留矿山环境综合治理率达到 35%；完成 40 个重点复垦区的土地复垦任务，复垦土地面积达到 310km²（邢云鹏和王建伟，2016）。

采煤沉陷区的生态修复，要在完成全省采煤沉陷区矿山地质环境、生态环境调查的基础上，坚持"生态、经济、社会"一体化的复合型治理理念，系统梳理采煤沉陷区引致的覆层地质破损、土地塌陷、地下水流失与污染、人口失地、产业转型等典型问题，设计适合不同区域特征、不同时序规律的采煤沉陷区治理方式。构筑全程全域的治理模式，从煤田规划、矿区规划、矿井建设、煤炭开采、采空区沉陷、生态复合系统受损评估、治理工程规划、工程实施及治理评估等复合治理的关键环节着力，构筑"预、疏、堵、评、治、控"全过程复合治理模式，形成生态、经济和社会全领域、全覆盖的治理格局（张洪潮，2015）。建立完善矿山环境治理恢复保证金政府动用机制，出台防范新生采煤沉陷灾害的相关政策法规。要按照迁出地宜耕则耕、宜水则水、宜林则林的原则，引导沉陷区居民向集镇和人口聚集区集中，传统农业向现代农业和多元产业方向发展，有效保护耕地和节约用地，改善农村生产生活条件，建设一批小康新村和新社区，提升人民群众生活品质，促进城乡统筹发展。

### （四）京津风沙源治理

晋北地区由于历史原因，自然条件一直比较恶劣。较低的植被覆盖率，脆弱的生态环境，不仅使晋北地区呈现雨天一身泥、风天满是灰的气象情况，而且每到春季华北发生沙尘暴，晋北地区就成了沙尘暴沙尘的发源地。

山西京津风沙源治理工程一期建设期为 2000~2012 年，范围包括大同市的天镇县、阳高县、大同县、浑源县、左云县、南郊区、新荣区 7 个县（区），朔州市的怀仁县、应县、山阴县、朔城区 4 个县（区），忻州市的繁峙、代县 2 个县和省直杨树林局、五台林局，共 15 个建设单位。截至 2012 年底，工程区共完成治理任务 110.77 万 ha，完成总投资 34.033 8 亿元。一期工程完成后，沙区生态环境发生了巨大变化，沙区植被大幅度增加，土地沙化得到有效控制。二期规划建设期为 2013~2022 年，范围包括大同市的天镇县、阳高县、浑源县、大同县、左云县、南郊区、新荣区、广灵县、灵丘县 9 个县（区），朔州市的朔城区、应县、山阴县、怀仁县、平鲁区、右玉县 6 个县（区），忻州市的河曲、保德、偏关、五寨、神池、繁峙、代县、岢岚 8 个县和省直杨树林局、五台林局、管涔林局，共 26 个建设单位，规划总投资 136 亿元，总治理任务 126.67 万 ha（程艳，2016）。

未来京津风沙源治理的总体思路是"封死两头，搞活中间"（周长东，

2015）。"封死两头"，一头是西北部风沙危害入口处，主要指的是毛乌素沙地东部的河曲、保德、偏关一带，雁门关的神池、五寨、朔城区一带，长城沿线的右玉、左云一带。这是西伯利亚冷空气由西北向东南侵移的必经之路，也是风沙危害最严重的地区，还是水土流失最严重的地区之一。另一头是东部风沙出口处，主要指的是天镇县与河北省怀安县的交界处、大同县与河北省阳原县的交界处、浑源县与广灵县的交界处、繁峙县与河北省的交界处。这些地方既有风沙的危害，也有严重的水土流失，更有必要大力营造防风固沙林和水土保持林。"搞活中间"，是指阳高县、大同县、大同南郊区、怀仁县、应县、山阴县等县（区）自然条件较好、交通方便、具有多种经济林栽植或加工能力。应通过发展种植业和旅游业，带动群众增收。要继续实施"造林绿化"工程，生态林建设实现景观化，经济林建设实现效益化，持续有效地改善自然生态环境。

山西京津风沙源治理将以"十带"、"八区"为建设重点，在晋北风沙区要形成一个完备的防沙治沙体系。其中，"十带"即十条水源涵养林带：桑干河流域水源涵养林带、朱家川流域水源涵养林带、南洋河流域水源涵养林带、岚漪河流域水源涵养林带、偏关河流域水源涵养林带、苍头河流域水源涵养林带、十里河流域水源涵养林带、御河流域水源涵养林带、滹沱河流域水源涵养林带、唐河上游水源涵养林带；"八区"即八个重点区域，即汾河源头，天（镇）阳（高）盆地边山峪口风沙区，龙首山水源涵养林区，左云、右玉长城沿线，洪涛山、采凉山防风固沙区，神池、五寨、岢岚沙尘天气易发区，滹沱河上游水源涵养林区，应县、浑源县、大同县、阳高县等平川沙地经济林区（周长东，2015）。此外，工程范围有待进一步拓展，晋西北地区的宁武县、五台县、原平市、定襄县、忻府区存在大面积的沙化土地，属山西北部沙化土地面积较大、风沙危害较重的地区，亟待治理，但尚未纳入京津风沙源国家重点工程建设范围。为了有效发挥京津生态屏障作用，全方位加强治沙工作，建议将以上区域纳入国家工程建设范围（程艳，2016）。

（五）湿地保护

从维护湿地生态系统结构和功能的完整性、保护珍稀物种的栖息地、防止湿地及其生物多样性衰退的基本要求出发，通过人工适度干预，促进湿地修复与重建湿地生态景观，最大限度地保留原生湿地生态特征和自然风貌，维护湿地生物多样性。加快湿地自然保护区建设步伐，在自然特性和生态特征显著的湿地区域规划建立湿地公园，在具有生态恢复可行性的退化湿地区域采取拯救性生态恢复措施并建立湿地公园，完善湿地公园的基础设施建设，基本形成布局合理、功能完善的全省湿地公园体系。对已列入国家重要湿地名录，以及自然保护区、河流源头和上游区、泄洪区、水土流失重点防治区、国家重点保护野生动物栖息地内的自然湿地，严禁开发占用或随意改变用途。在保护湿地生物多样性的同时，加强湿地区域地方文化遗产的保护。

对随意开垦占用或改变湿地用途的，要责令其停止违法行为，并限期采取补救措施，恢复湿地的自然特性和生态特征。对已造成湿地生态环境严重破坏的单位和个人，要严格按照有关法律法规予以处罚。要加大对汾河、桑干河、涑水河等九大河流的水污染治理力度，严格实行排污许可证制度。在湿地鸟类等野生动物集中分布区，禁止使用化学药剂拌种或防治农作物和林草病虫鼠害。

---

**专栏 11-2 右玉县可持续发展之路**

右玉县地处外长城脚下，平均海拔 1400m，全年降水量 400mm 左右，年平均气温 3.6 度，无霜期不足 100d。由于气候条件恶劣，栽树是一件很不容易的事。在中华人民共和国成立初，仅有残次林 533.33ha，森林覆盖率不足 0.3%，有 15 万 ha 土地被沙化，气候寒冷，风沙干旱，水土流失，冰雹、霜冻等自然灾害频繁，寸草难生。"一年一场风，从春刮到冬；白天点油灯，晚上土堵门；男人走西口，女人挖野菜"，就是当时人民艰苦生活的真实写照。

右玉县有较好的煤炭资源，已探明储量为 34 亿 t。但没有盲目开采资源，而是把生态和环保放在首位，坚持科学规划，有序开发。右玉人保护大自然赠予的资源，宁愿更多地留给后人。新中国成立 60 多年来，生态建设的积累已经形成了比煤炭资源更为宝贵的永续利用的资源，右玉人用 60 多年的实践走出了一条以生态建设为根本的可持续发展道路。

目前全县有林地面积 10 万 ha，森林覆盖率达到 50%，治理沙化土地 13.33 万 ha，占原有沙化土地面积的近 90%，成为国家级生态示范县。据测算，目前每年扬尘天气比中华人民共和国成立前减少了 50%，在林地影响的有效范围内平均风速降低了 30%，地表径流和河水含沙量比造林前减少了 60%，冰雹由过去的 7.2 次/年减少到近几年的 1.5 次/年，全县近 5 年平均降雨量比周边县多 30mm。依托生态资源的 60 万只羊、8000 多头奶牛和 1.33 万 ha 优质土豆与杂粮，是农民致富奔小康的重要资源。另外，生态旅游已成为右玉最具潜力的产业。

资料来源：姜明慧. 60 年铸就的绿色辉煌 [J]. 河北林业，2009（6）：14–15, 17.

# 第二节  环境治理

20 世纪 50 年代特别是改革开放近 40 年来，山西作为全国能源原材料基地，为全国经济发展和能源工业建设做出了巨大贡献。但煤炭资源的大规模开采，以及煤、焦炭、电力、冶金、化工以及建材等高耗能、高污染行业的迅猛发展，给山西的生态和环境造成了巨大压力，使原本已十分脆弱的生态环境快速恶化。山西作为中国环境质量极差、可持续发展能力极为低下的地区，环境污染和生态破坏已成为危害人们健康、制约经济发展的一个重要因素。

## 一、环境治理成效与存在问题

为了打破环境污染和生态恶化带来的瓶颈，实现可持续发展，山西相继实施了"蓝天碧水"工程、造林绿化工程、生态环境治理修复工程和"百乡、千村、万户"生态示范工程，实现全省环境质量的提升和改善，推动山西进入全新的生态文明新时代。通过行政、市场两种手段，一方面对产业准入门槛、环保标准和环保设施等进行直接规制；另一方面发展循环经济，提高资源的综合利用率，转变经济发展方式，解决资源短缺、生态恶化与经济增长的矛盾。

山西的环境治理成效体现在四个方面：一是通过实行"部门联动"、"区域限批"、"末位淘汰"、"自动监控"、"奖惩问责"等一系列管理手段，对污染企业实施关停，对高能耗项目进行限制发展和淘汰落后产能。二是加快污水处理、垃圾处理和集中供热等城市环保基础设施的发展。2010 年全省污水处理厂总数达到 132 座，实现了县县建成污水处理厂的目标，全省 1/4 的县完成了生活垃圾无害处理设施建设。三是在全国率先建立了煤炭开采生态补偿机制，矿山生态环境恢复治理全面铺开，创建国家和省级生态示范县、乡镇和生态村 900 多个。四是加快循环经济发展，提高资源综合利用率。通过多年的努力，山西的生态环境得到根本性好转，局部区域的生态环境得到改观，有效地解决了资源、环境与经济发展的矛盾，并逐步转变了资源型经济的发展方式，改变了以往高能耗、高污染、低产出的发展路径，使山西逐步走上了可持续发展的道路。

概括来讲，山西环境污染还存在如下问题：

### （一）水污染依然严重

由于工业"三废"入河排污，大多数的河流水体普遍受到污染，特别是以氨氮、COD 为主的有机污染普遍存在，以挥发酚为主的毒物污染较为突出。山西年排放矿井水 5 亿 t，受污染的河流长达 3753km，致使太原、大同、阳泉、长治、晋城、临汾等城市水质含盐量较原先有不同程度的升高。2015 年全省地表水水质属中度污染，与 2010 年相比水环境质量有一定改善（见表 11–3）。2016年黄河、海河流域山西段共监测 100 个断面，达到Ⅲ类以上（包括Ⅰ、Ⅱ、Ⅲ类）水质标准的断面占 48.0%，达到Ⅳ类水质标准的断面占 20.0%，达到Ⅴ类水质标准的断面占 4.0%，劣Ⅴ类水质标准的断面占 28%。

表 11–3 2010~2015 年山西省地表水水质变化情况

| 统计项目 | | 断面数（个） | | | 占监测断面总数的比例（%） | | |
|---|---|---|---|---|---|---|---|
| | | 2015 年 | 2010 年 | 变化± | 2015 年 | 2010 年 | 变化± |
| 监测断面数 | | 100 | 101 | −1 | | | — |
| 污染断面 | | 56 | 66 | −10 | 56.0 | 65.3 | −9.3 |
| 其中 | 重度污染断面（劣Ⅴ类） | 32 | 52 | −20 | 32.0 | 51.5 | −19.5 |
| | 中度污染断面（Ⅴ类） | 6 | 6 | 0 | 6.0 | 5.9 | 0.1 |
| | 轻度污染断面（Ⅳ类） | 18 | 8 | 10 | 18.0 | 7.9 | 10.1 |
| 优良断面（Ⅰ~Ⅲ类） | | 44 | 35 | 7 | 44.0 | 34.7 | 9.3 |

资料来源：《山西省环境状况公报》（2010、2015）。

2015 年山西 11 个地级市总体水质达标率为 87.9%，其中临汾、阳泉水质较差；全省废水排放总量 41355.6 亿 t，化学需氧量排放量 68708.6t，氨氮排放量6297.9t。工业废水排放量大的行业依次是化工、煤炭采选、电力、焦化、冶金，五大行业废水排放量约占全省工业废水排放量的 3/4。

### （二）煤烟型的空气污染突出

特殊的产业结构造成能耗的加大和空气污染物排放量的增大，严重污染了山西的大气环境。煤矸石中混有残留煤，富含有机质和可燃硫，长期堆放会自燃发火，产生大量有害气体如二氧化硫、二氧化碳、硫化氢及苯并芘等。矸石山的自燃导致矿区大气质量严重恶化，呼吸道疾病流行，部分污染严重的矿区甚至发生工人呼吸中毒昏迷乃至死亡的恶性事故。

2006年、2010年、2014年，城市环境空气中可吸入颗粒物污染指标分别占污染负荷的39.8%、45.0%、47.9%，颗粒物浓度尤其是PM2.5浓度，目前已成为影响山西城市空气质量的主要因素；其次为$SO_2$污染，分别占污染负荷的48.8%、40.0%、40.0%；最后为细微颗粒，分别占污染负荷的11.4%、15.0%、12.1%。2015年全省废气排放量为33720.8亿标$m^3$，二氧化硫排放量为90.08万t，氮氧化物排放量为64.80万t。2015年全省11个地级市环境空气中二氧化硫、二氧化氮、PM10、PM2.5年均浓度分别为61$\mu g/m^3$、34$\mu g/m^3$、98$\mu g/m^3$、56$\mu g/m^3$，CO和$O_3$平均浓度分别为3.5$mg/m^3$和134$\mu g/m^3$。2015年全省11个地级市环境空气质量均超过二级标准，11个地级市环境空气质量达标天数平均为253d。2016年全省11个地级市环境空气达标天数介于202~320d之间。

### （三）固体废物污染加剧

山西的固体废物污染主要来自煤炭和其他矿产资源的开发与利用，致使工业固体废物成为影响环境质量的又一重要因素。采煤、发电等产生的煤矸石、电厂炉渣、粉煤灰、炉渣、尾矿等固体废弃物的大量排放，不仅侵蚀土壤，毁坏农田，而且许多自燃的煤矸石山、煤炭外运中煤粉尘和汽车尾气的排放，还对大气和水体造成了严重污染。山西煤矸石堆积量已超过10亿t，且以每年5000万t的速度增加。矸石中的有害成分通过径流、淋溶和大气飘尘，严重破坏了周围的土地、水域和大气。

2015年，全省固体废物产生量31814.9万t，固体废物综合利用量17630.0万t，综合利用率为55.4%，比全国平均水平低5.4个百分点；固体废物处置量为11312.3万t，固体废物贮存量为2956.3万t。

### （四）土壤污染问题突出

山西作为国家能源重化工基地，土壤污染问题较其他省份更为突出，主要是汞、镉、铅、砷及六价铬等重金属类的污染。太原市郊和晋东南污灌区土壤中砷、汞、铬、镉的含量比清水灌区高出几倍到20多倍，粮食中镉的残留量检出率达84.2%，浓度范围为0~2.0mg/L，铅的检出率为75%；汾河灌区粮食中汞的

检出率为 41%，蔬菜中为 45%，粮食中苯并（a）芘（强致癌物质）的平均含量为
2.44μg/kg，比非污灌区 0.53μg/kg 约高 4 倍。太原市耕地出现铅污染迹象的地区
已达 56%，靠近公路主干道的土地污染情况更为突出。同时，铜、锌等重金属对
土地的污染也很严重。其中有两个区、县观测点的铜含量超国家一级水平，显现
污染迹象；另有两地的锌含量超国家一级水平，而铅污染超国家一级水平的涉及
太原市的多数地区（原建猛和杨思远，2013）。

## 二、环境问题产生的原因

　　山西环境问题产生的原因是多方面的，概括起来主要有：一是产业结构没有
得到根本扭转，传统工业项目仍在低水平、重污染中发展。目前全省仍然是以煤
炭、电力、化工、冶金为主的高能耗、重污染型工业结构，结构型污染还没有得
到根本扭转，环保工作对经济结构调整的促进作用还没有充分发挥出来。二是清
洁生产落实不到位。三是环保投入偏少。环保产业基础差、水平低，对污染治理
没有形成强有力的支持。山西是经济不发达省份，国有大中型企业经济效益差，
污染治理资金自筹能力严重不足。部分民营企业和乡镇企业片面强调经济效益，
主动投资治理污染的积极性不高。城市环境保护基础设施建设配套资金筹措困
难，影响了治理工程的进展。四是体制机制的障碍。部门之间协调不畅，各自为
政。污染防治市场化机制作用尚未充分发挥。虽然市场化政策作为法规制度和行
政手段的补充已有应用，但排污许可证交易、绿色金融、生态保险等有效的市场
化手段尚处于起步阶段（山西省发展和改革委员会，2014）。

## 三、环境保护的重点任务

### （一）实施"蓝天碧水"工程

　　调整产业结构，大力发展服务业。积极调整工业结构，严格控制新开工高能
耗、高排放项目，对企业搬迁、改造严格能耗、排放准入管理，加快淘汰落后生
产能力、工艺、技术和设备，大力提高高效清洁能源使用效率。突出抓好钢铁、
有色金属、电力、煤炭、化工、建材等重点耗能、排污企业的节能减排和清洁生
产工作。调整能源结构，加快现有燃煤企业搬迁或改用清洁能源，拆除集中供热
范围内的所有分散燃煤锅炉，逐年削减市中心区燃煤总量。综合治理河流污染，
加强沿河污染企业监管，严厉打击偷排偷放行为。

1. 转变传统发展模式，实现产业升级

加快产业结构的转换、优化与升级是提高山西经济实力的关键所在，同时也是从根本上解决生态环境恶化的关键所在。应遏制产能严重过剩行业的盲目扩张，加大落后产能淘汰力度，引导过剩产能有序退出，调整优化能源生产和消费结构，严控化石能源消费增量，大力发展服务业和战略性新兴产业，加快兼并重组，优化产业布局。以发展潜力产品为突破口，通过择优扶强，重点培植，积极推广应用清洁生产等绿色技术，节能降耗，大力发展生态产业，改造提升传统产业。

2. 加快低污染节能技术开发及推广

加快污染防治与节能减排共性关键技术研发，以提高能源利用效率、减少污染物排放、促进资源循环利用为重点，建设一批技术水平高、带动性强的节能减排产业化示范基地，培育一批拥有自主知识产权和自主品牌、具有核心竞争力、世界领先的节能产品制造企业。强化污染防治、节能减排科技支撑能力建设。

3. 加强重点领域节能，提高能效水平

深化工业节能，突出抓好电力、焦化、钢铁、有色、建材和化工等主要耗能行业的节能工作。强化建筑领域节能，开展绿色建筑行动，全面执行新建建筑65%的节能设计标准，完成既有居住建筑节能改造任务，提高建筑能效水平。加强交通运输节能，加快构建便捷、安全、高效的综合交通运输体系，优化运输结构，促进科技和管理创新，进一步提升运输工具的能源效率。强化公共机构节能，新建公共建筑严格实施建筑节能标准，实施公共机构既有建筑节能改造工作。抓好商业民用及农业农村节能，实施机动车环境保护标志管理，加速淘汰老旧汽车、机车、船舶。

4. 建设节水型社会

一是减少污染排放，增加水资源的可利用量。严格水环境保护，通过水污染防治、水资源保护、洪水管理等措施，从水量和水质的结合上保护水资源，减少水污染和水资源的无效流失，增加水资源的可利用量。二是实施全民节水行动计划。通过多种宣传媒体和宣传方式，增强保护水资源的意识，普及节水技术，推广节水工艺，使节水成为全社会的自觉行动。坚持以水定产、以水定城，制定严格的产业准入标准，杜绝制造业及传统产业迁入新区。加快农业、工业、城镇节水改造，改革农业综合水价，开展节水综合改造示范。开展高效用水，发展节水型农业、节水增效减污型工业。三是积极开展"一水多用",尤其要多渠道利用再生水。例如,新加坡通过充分利用高科技手段回收所有的工业和家庭生活废旧水,然后经过各种过滤和消毒,使其达到可以饮用的标准,即所谓的"再生水"。再生水不仅纯净安全,而且超越了世界卫生组织的饮用水标准。目前新加坡共有五座再生水厂,所生产的再生水差不多可以满足全岛 30%的用水总需求。以色列在再生水利用方面也已取得很大成绩。我国在再生水应用方面已做了一些研究工作,并有一定的实践经验,但至今没有大量利用,建议借鉴新加坡和以色列的经验,逐步推广使用再生水。

**(二)实施城乡清洁工程**

以建设现代宜居城市和社会主义新农村为目标,以解决城乡环境"脏、乱、差"问题为重点,以创建卫生城市、卫生县城、卫生乡(镇)村、卫生旅游景区、卫生先进单位活动为载体,开展城乡环境卫生整治。

建立绿色消费体系,广泛开展绿色消费教育,努力提高全民的环保意识。倡导理性消费与清洁消费,培养绿色消费需求,建立政府绿色采购制度和社会绿色消费体系。结合国家"限塑令"的实施,积极开展"绿色超市"、"绿色商场"、"绿色集贸市场"创建活动,鼓励使用再生资源产品和环境友好产品。

继续完善"城乡清洁工程"的长效机制,建立健全稳定的投入机制,进一步深化城镇建设投资体制改革,在保证政府必要投入的基础上,多渠道鼓励和吸引资金投入,不断加强环卫设施建设。要广泛动员群众和社会各界积极参与投入,使群众队伍在自觉维护环境卫生方面发挥重要作用。建立健全有效的监督机制,坚持广泛发动群众参与,把群众监督与行政单位、新闻媒体的监督结合起来,形成全社会共同关注、共同参与、共同监督的监督网络。

**(三)加快清洁生产**

1. 实施一批清洁生产技术改造项目

重点围绕主要污染物减排和重金属污染治理,全面实施农业、工业、建筑、商贸服务等领域的清洁生产示范,从源头和全过程控制污染物的产生和排放,降低资源消耗。加强源头控制,提高企业清洁生产水平,加快老企业治理步伐。加大产业循环和资源综合利用,大力发展循环经济,实现生产、流通、消费各环节循环发展,把循环经济作为基本的市场准入标准和技术原则,发展清洁生产。

结合国家大气、水、土壤污染治理的一系列政策措施以及环保新标准的贯彻落实，对电力、冶金、焦化、煤化工等重污染行业实施环保提标改造、搬迁改造。电力、冶金行业要重点推广烟气污染物超低排放改造、低氮燃烧改造、脱硫脱硝除尘系统升级改造、高炉富氧喷煤改造、钢铁烧结机烟气活性炭吸附法复合污染物协同处置、有色行业烟气电凝并—电袋一体化除尘等清洁生产技术；焦化行业要加快干熄焦、煤调湿、废水深度处理回用等节能减排工艺技术的推广；煤化工行业要进一步加大脱硫脱硝系统升级改造、高效催化氧化废水预处理、有机废气吸附回收、低浓度难降解有机废水深度臭氧催化氧化等清洁生产技术的推广应用；加快聚氯乙烯生产汞替代工艺改造。

2. 加快资源综合利用先进适用技术的推广应用

提升资源综合利用水平，煤矸石、粉煤灰、脱硫石膏、冶炼渣等大宗工业固废在利用量和利用产品附加值上应进一步提高。推广应用再制造、城市矿产（再生资源）、产业废弃物资源化利用等重点领域的关键技术与装备。开展"城市矿产"治理，实现废轮胎、废旧金属、废旧家电及电子产品的回收再生利用。

3. 鼓励园区或产业集聚区朝"资源节约型、环境友好型"发展

加大废弃资源综合利用，按照"谁污染、谁治理"的原则，落实入园企业主体责任，建立"污染者付费、治污者受益"的良性发展机制。引导焦化、煤炭、电力等高耗能、高污染入园企业开展工业产品生态设计，完善园区产业生态共存良性发展机制。严格国家产业政策和市场准入条件，限期淘汰落后生产工艺技术装备，严格执行园区环境影响评价报告，实现园区工业废水分类收集、分质处理、循环利用，加快配套集中废（污）水处理厂建设，安全处置危险废弃物。

### （四）强化土壤修复

土壤污染已成为山西目前十分重要的环境问题。农业土壤污染尚未得到解决，工业污染引发的土壤环境问题又凸显出来。土壤污染除影响农产品产量和质量外，还危及地下水、地表水和大气环境质量等，并直接危害人体健康。尤其是焦化及化工企业污染影响区涉及范围很大，不仅对生产场地的土壤造成污染，也对企业周边的农田土壤造成了很大的污染，已经在很大程度上影响到周边居民的生活质量及健康水平，成为制约经济社会可持续发展、人与环境和谐共存的根本性问题，因而对焦化污染土壤进行修复刻不容缓。

应逐步健全土壤环境质量调查、评价、监测、修复的管理制度；建立工业企业关停、搬迁及原址场地再开发利用过程中的污染防治制度，建立工业废弃场地

和城市改造场地污染评估制度与污染土壤修复制度，明确治理、修复的责任主体和要求；开展关停、搬迁工业企业原址场地的环境调查和风险评估工作，经场地环境调查及风险评估认定为污染场地的，落实关停、搬迁企业的治理修复责任，编制治理修复方案并实施；开展农用地、工业污染场地、生态敏感区的土壤环境监测和安全评估；建立污染场地土壤档案和信息管理系统，加强重污染企业及周边地区土壤污染风险管理；对影响土壤环境的重点污染源加强监管，对涉及土壤污染的生产企业实施强制性清洁生产审核，限期治理重点工业污染源（山西省发展和改革委员会，2014）。

开展污染场地修复试点工作，开展污灌农田土壤修复与综合治理技术试点。农田土壤污染的修复技术要求能原位地有效消除影响到粮食生产和农产品质量的微量有毒有害污染物，同时既不能破坏土壤肥力和生态环境功能，又不能导致二次污染的发生。发展绿色、安全、环境友好的土壤生物修复技术能满足这些需求，并能适用于大面积污染农地的土壤治理，具有技术和经济上的双重优势。从常规作物中筛选合适的修复品种，发展适用于不同土壤类型和条件的根际生态修复技术已成为一种趋势。应用生物工程技术如基因工程、酶工程、细胞工程等发展土壤生物修复技术，有利于提高治理速率与效率，具有广泛的应用前景。

# 第三节　循环经济[①]

发展循环经济是突破资源约束、破解环境难题的现实要求，是转变经济增长方式的有效途径，是建设生态文明的必然选择，是走可持续发展道路的战略要求。多年来全省上下，从企业到政府都在积极探索实现降低能耗、减少污染、废物利用、清洁生产的有效途径，在发展循环经济方面取得了一定进展，逐渐走上了一条环境污染少、资源消耗低的循环经济新路子。

---

① 本节在写作过程中较多引用了《山西省"十三五"循环经济发展规划》。

## 一、发展循环经济的主要成效

近年来山西涌现出一批典型模式，建立起了发展路径和保障体系，为调整产业结构、转变发展方式、建设生态文明、促进可持续发展发挥了重要作用（山西省人民政府，2016）。

### （一）循环经济试点示范工作全面展开

积极争取国家循环经济试点建设。太原、晋城、长治、运城被列为国家循环经济标准化城市建设试点市，太原、大同、晋中相继被列为国家开展餐厨废弃物资源化利用和无害化处理试点市，太原、大同、晋城相继被列为全国再生资源回收体系建设试点城市，晋城市、县级孝义市被列入首批国家循环经济示范城市（县）创建名单，朔州市和浮山县被确定为第二批国家资源综合利用"双百工程"示范基地，晋城市被确定为第二批国家低碳试点城市，晋中市被确定为全国首个甲醇汽车试点启动城市，阳泉市被列为全国第四批节水型试点城市，大同、运城、长治三市被列为国家新能源示范城市，朔州市被列为全国首批工业绿色转型试点，太原钢铁集团被列入资源综合利用"双百工程"骨干企业，太原不锈钢产业园区入选第二批国家级循环化改造示范试点园区。

积极布局省级循环经济试点建设。先后确定三批共 186 个省级循环经济试点单位，基本形成"一市一园"、"一县一企"的循环经济试点局面。通过试点，循环经济理念广泛传播，技术装备水平显著提高，循环经济运行模式不断创新，引领各行业、各领域、各个层面的循环经济纵深发展。

### （二）工业固废综合利用效率显著提升

近年来，山西强化工业固废资源化利用，利用领域逐渐拓宽，技术水平和综合利用效率稳步提升。2015 年全省大宗工业固体废物综合利用率达到 65.2%。煤矸石综合利用以低热值煤发电为主，"十二五"期间，全省累计核准开工低热值煤发电项目 24 个，总装机 2199 万 kW，投产后每年可消耗煤矸石 8400 万 t；粉煤灰综合利用以生产水泥、混凝土、墙体材料、干混砂浆等建筑材料为主要途径，年消纳粉煤灰 2000 多万 t；脱硫石膏综合利用在水泥缓凝剂、石膏建材制品、路基回填材料等方面开展了较大规模的应用，年利用量约 240 多万 t，综合利用率达 40%。

### （三）循环经济重点领域建设成效显著

太原、大同、晋城等国家级试点城市再生资源重点品种的回收率超过 60%。选择有条件的设区城市建设了餐厨废弃物资源化利用和无害化处理设施，并鼓励使用餐厨废弃物生产油脂、沼气、有机肥、饲料等，大同市餐厨废弃物循环利用处置项目已正式投产运行。强化农作物秸秆综合利用，初步形成了肥料化、饲料化、能源化、原料化等多元化利用格局。2015 年，秸秆利用量达 1600 多万 t，综合利用率达到 45%。实现煤炭、电力、焦化、冶金等传统产业集聚区和有条件的园区实施循环化改造，鼓励园区开展资源集成、能源集成、水系统集成、信息集成等基础设施建设，鼓励现有园区开展增环补链项目建设，园区循环化改造已成为山西经济开发区和产业集聚区发展的重要路径。

### （四）科技创新支撑能力不断增强

在发展循环经济的实践中，以主导产业和优势领域为主攻方向，研发推广了一批减量化、再利用、资源化、资源替代、共生链接、系统集成等方面的实用技术。矿山绿色开采技术、保水采煤技术、大型循环流化床锅炉技术、烟气脱硫脱硝技术、"熔渣—非熔渣"气化炉技术等煤炭清洁高效利用技术得到推广应用；煤矸石制取铝硅多元复合新型材料、高铝粉煤灰资源化利用制取氧化铝技术、工业窑炉用赤泥及粉煤灰耐火保温材料技术、绿色高性能水泥外加剂关键技术、煤矸石砖厂余热循环利用技术、铅蓄电池回收利用技术等进行了工业性试验并获得成功；烧结烟气脱硫富集 $SO_2$ 烟气制酸技术、脱硫石膏生产建筑石膏粉及喷涂料技术、钢渣超细粉技术、热熔矿渣生产纤维保温棉技术等一批先进适用的循环经济技术得到应用推广；煤矿废热循环利用技术开发及示范、水煤浆水冷壁气化炉技术开发、3MW 风力发电机组成套化技术及装备研究以及非晶、纳米晶带材和制品研发等低碳与循环经济发展技术取得阶段性进展。

积极支持循环经济关键技术开发和共性技术推广应用，组织开展煤基重点科技攻关项目，把粉煤灰、煤矸石高效利用关键技术开发与园区示范列入项目计划予以支持。一批循环经济研发项目已列入国家"金太阳"示范工程项目、国家级星火计划项目，并得到国家科技型中小企业技术创新基金、国家成果转化引导基金等中央财政专项资金的支持，有力地推动了循环经济关键技术研发和科技成果转化。

### （五）形成了一批发展循环经济的典型模式

一批特色鲜明、具有示范推广意义的循环经济典型模式起到了引领全省循环经济建设的重要作用。晋城市依托丰富的煤层气资源，统筹考虑煤层气产、储、运、用平衡，形成生产与生活循环链接的循环经济发展模式；同煤塔山工业园区以塔山矿井、同忻矿井为龙头，构建了"煤炭—电力—建材"、"煤炭—电力—化工"等产业链条，形成按循环经济理念进行全面规划建设的大型煤炭工业园循环经济发展模式；潞安集团建设了煤焦、煤电、煤油、电化四大循环经济园区，形成以煤基多联产、产品多元化为特点的煤炭企业循环经济发展模式；太原钢铁（集团）有限公司坚持绿色发展，以低能耗、低污染、大循环的生产方式，形成内陆大型钢铁企业与省会城市和谐发展模式。

## 二、循环经济发展中存在的问题

### （一）关键技术亟待突破

近年来，山西在一些重点产业领域和关键技术的攻关方面取得了一定的突破，但仍存在只注重拉长加粗产业链条，忽视减量技术、再利用技术和资源化技术的组织开发和引进利用等问题，一定程度上造成循环不经济、联产不增效，使新上项目的经济效益和环境效益难以实现，循环经济关键的共性技术研发和技术成果转化仍与循环经济的发展需求存在较大差距，与循环经济发展直接相关的热工及热能转化、粉体材料以及资源高效转化等相关技术和学科建设较为滞后。在循环经济技术装备上，一些大型煤气化炉、甲醇反应器及催化材料、关键泵阀等零部件省内尚缺乏研发和制造技术。低热值煤发电是山西发展循环经济的重要领域，但煤炭清洁燃烧发电产业技术相对落后，省内百万千瓦级高参数、大容量超临界机组尚属空白。在煤炭延伸产业链方面，煤合成油技术尚需进一步突破，煤焦油深加工程度不足，成为延伸发展的屏障。城市和社会领域的循环经济技术仍需深度开发，城市建筑垃圾、餐厨废弃物、污水处理厂污泥等城市废弃物的资源化利用技术尚处于工程示范阶段，未得到推广应用。突破这些技术路径对循环经济的制约，将会释放出更大的循环经济活力。

### （二）约束因素还比较多

资源型产业发展的趋同化、产品链条短、循环化改造成本高、部分技术应用不成熟、盈利模式不清晰等问题，致使循环经济在发展过程中时而存在"循环不经济"的现象。单纯追求"循环"而忽略了市场的承受能力，也导致了下游循环经济项目和产品的同质化，如新型墙体材料、水泥等产业虽然较大地消纳了大宗废弃物，但低水平重复建设加剧了市场竞争，加之区域发展不平衡和落实"禁粘"不到位，致使建材领域一批循环经济企业效益下降。多数煤焦化工业园区整体化工产品回收设施和技术水平比较低，产品重叠、单一，缺乏多元化和深加工，优势资源的整体效益未得到充分发挥。重大循环经济项目一般具有投资大、周期长、存在市场风险和技术风险的特点，产品链越长投资额越大，致使企业陷入内部成本居高难下的经营发展困境，阻碍了循环经济进一步发展。同时，一些大型的循环经济产业项目，如煤制油、煤制甲醇、煤制烯烃、煤制天然气等，受国内、国际市场能源价格影响较大，使部分项目经济可行性存在较大变数，在一定程度上限制了项目落地和规模化建设。

受土地总量指标约束，绝大部分循环经济园区和企业的用地指标短时间内无法落实，不少循环经济重大项目难以落地，循环经济发展滞后。电价制约循环利用效益突出反映在循环经济园区内建成的资源综合利用电厂项目上，除被认定为自备电厂以外，其他均实行低价上网，而后再以两倍甚至更高的价格回购电量用于生产，电价问题已经成为多数园区循环不经济的重要原因（闫林，2013）。

## 三、循环经济的发展方向和重点

### （一）优化循环产业布局

以太原都市圈循环经济板块、大同—朔州循环经济板块、临汾—运城循环经济板块、长治—晋城循环经济板块四大板块为基础，通过产业聚集、产业耦合、链条延伸，对现有的 16 个省级以上开发区和 7 个省级以下开发区进行循环化改造提升，建设朔州市全国一流固废综合利用示范基地，培育大同煤矸石和粉煤灰、吕梁柳林煤矸石、长治区域煤矸石和粉煤灰、河津市粉煤灰和赤泥、临汾区域矿渣等全循环产业化综合利用企业集聚区，形成一批固废循环利用典型示范区，促进相关企业或产业的共生和循环，实现土地集约利用、废物交换利用、能量梯级利用和污染物的集中处理，逐步构建具有山西特色的循环经济发展体系（闫林，2013）。

### （二）发展循环型产业体系

全面推行循环型生产方式，实施清洁生产，促进源头减量。以循环发展为引领，加强绿色、循环、低碳发展的深度融合，全面节约和高效利用资源，促进资源型产业一体化、循环化发展和新兴战略型产业绿色化、规模化发展。

1. 构建循环型工业体系

构建煤电一体化循环及资源综合利用体系。加快煤炭由单一燃料向原料和燃料并重转变，加快煤电一体化融合、煤层气（煤矿瓦斯）抽采利用、煤炭共伴生物和加工副产物综合利用。推广可资源化的烟气脱硫、脱氮技术，开展颗粒物（PM2.5）、硫氧化物、氮氧化物、重金属等多种污染物协同控制技术研究与应用，建立和规范全过程用煤质量保障体系，完善煤炭加工转化产品质量和能效标准，从根本上实现煤炭清洁高效利用与生态文明建设协调发展。在煤层气、煤矸石、粉煤灰、脱硫石膏、矿井水等综合利用领域积极开展煤炭绿色生产、煤炭分质分级梯级利用、煤电一体深度融合。

发展流程循环和协同循环的冶金产业体系。对余热余压利用、冶炼渣（重点是高炉渣、转炉渣、电炉渣）综合利用、赤泥综合利用、镁渣综合利用、废金属回收利用、$CO_2$ 减排和资源化利用等重点领域积极开展矿产资源综合开发利用、冶金流程循环，构建跨界耦合的冶金协同循环经济产业链。

发展多联产和深度延伸的煤化工产业体系。加快煤炭—能源化工/原料化工一体化发展，突出煤炭基地与煤化工产业集聚，促进区域煤炭资源有效利用和上下游链接，形成与电力、冶金、建材等互供、互享以及服务延伸的循环经济发展模式。在节能降耗，废渣、废气、废水资源化利用，焦化副产品延伸加工等重点领域实现产业示范升级，加强煤化工产业链优化集成，加快转变焦化发展方式，发展绿色化工，构建多联产和链条延伸的煤化工产业链。

2. 构建循环型农业体系

发展节约高效的有机种植业，大力实施节水种植，治理土壤面源污染；建设清洁环保的健康畜禽养殖业，实施畜禽养殖清洁生产，加强对畜禽加工副产物的利用，构建农牧业循环经济产业链；发展林地资源综合利用的生态林业，发展木材精深加工和"林下经济"，提高林木废弃物资源化利用水平；创新发展低碳农业，优化农村能源使用结构，搞好秸秆资源化利用、废农用薄膜回收利用和畜禽粪便资源化利用。

3. 构建循环型服务业体系

积极培育循环型服务业态，充分发挥服务业引领产业价值链提升和倡导绿色低碳消费的积极作用，促进产业提升和消费升级。

围绕工农业全产业链整合优化，充分发挥生产性服务业在研发设计、流程优化、市场营销、物流配送、节能降耗等方面的引领带动作用，加快云计算、物联网、大数据在生产性服务业中的应用，促进产业逐步由生产制造型向生产服务型转变，使循环经济向价值链高端延伸。

充分运用产业跨界融合带来的新型消费需求，倡导用绿色、循环、低碳发展理念，加快发展贴近人民群众生活、需求潜力大、带动作用强的生活性服务业，实现生活消费方式由生存型、传统型、物质型向发展型、现代型、服务型转变，促进消费结构升级。积极发展居民和家庭服务中的循环利用，全程优化零售批发供应链，实现餐饮住宿绿色化。

优化物流供应链服务，提高物流配送的信息化、智能化、精确化水平，推广云库存管理等现代企业管理模式，引导物流设施资源集聚集约发展。发展绿色仓储和配送，在低碳、清洁化旅游业领域，以丰富的旅游产品，实现旅游服务向观光、休闲、度假转变，提升旅游文化内涵和附加值。

### （三）建设循环经济园区

加快现有国家、省级开发区的循环化改造，建设一批"国内有特点、省内是重点"的特色化园区，搞好太原不锈钢产业园区国家循环化改造示范园区建设，开展孝义经济开发区、交城经济开发区、同煤集团塔山循环经济园区等省级循环化改造示范试点园区建设，在资源综合利用、能量梯级利用和废物循环利用等领域取得重大突破，实现产业园区资源高效循环利用和废物"零排放"，通过循环化改造，提高资源能源高效利用和污染物集中处理水平，形成一批经济快速发展、资源高效利用、环境优美清洁、生态良性循环的循环经济示范园区，提升产业园区的综合竞争力和可持续发展能力。

1. 太原不锈钢产业园区

太原不锈钢产业园区2006年被批准为省级开发区，2007年被山西列为第一批循环经济试点单位。经过十多年的发展，不锈钢产业链不断延伸，呈现出企业集群化的发展态势，基本形成了不锈钢材料和配件加工体系、不锈钢设备制造体系、不锈钢回收利用体系，成为太原市转型发展的先行者。

要围绕不锈钢加工产业链，建立健全覆盖节能、节水、节材和废物循环再利用、资源利用等方面的循环经济标准化体系，重点突出流程循环标准化和共享设施标准化，完善园区循环经济管理体系，实现循环化改造。重点提高钢材利用率，构建低等级品不锈钢板材—优化选料—加工制成品—余角料回收利用、钢材—装备制造、炼钢轧钢机械设备—再制造等产业链。大力发展现代物流业和工业旅游业等服务业，优化园区空间布局，完善基础设施，构建生产性、生活性和公共性服务体系，提升园区创新能力，促进企业集聚与升级，积极实现品牌战略。

2. 交城经济开发区

交城经济开发区[①]是山西首批生态工业园区之一。近年来，交城经济开发区在煤化工、机械铸造等传统产业基础上，加快产业结构调整和传统产业新型化，积极发展以碳纤维为代表的新材料、以精细化工为代表的能源化工化肥、以锰铁合金为代表的特种冶炼以及以焦炉煤气、合金钢尾气制天然气、甲醇为代表的可转化能源产业，大力培育发展生物工程、医药化工、新能源材料等新兴产业。同时，按照"资源整合"和"产品衔接"的循环经济要求，使区内资源得到有效利用，初步形成了以煤焦冶炼为基础、精细煤化工为核心、机械铸造和新材料为补充的循环经济发展模式，逐步构建了原煤—精煤—焦炭—生铁—铸件—机械；原煤—焦油—针状焦—超高功率电极、原煤—煤矸石—发电—高载能产品、原煤—焦炉煤气—金属镁—镁合金、原煤—焦炉煤气—合成氨—硝基复合肥、煤—焦油—蒽油—炭黑等 10 余条生态工业链。

交城经济开发区将按照产业结构调整的发展趋势，发展以焦炉气、煤焦油加工为主的煤化工产业，以铸造和机械加工为主的装备制造业和以光伏材料、碳纤维等为主的新材料工业，成为全省一流的循环经济示范区。

3. 孝义经济开发区

孝义经济开发区前身为吕梁梧桐焦化工业园区，2006 年 4 月被山西省核准为省级开发区，2006 年被列为山西省循环经济园区。近年来，开发区加大基础设施建设力度，规划面积由原来的 7.5km² 拓展为 70.7km²，初步形成了新型煤化工产业园、铝工业和光伏产业园、高新技术产业园"一区三园"的产业发展格局。"十三五"时期，孝义经济开发区要集聚焦化产能，延伸焦化产业链，开展污染物集中治理的循环化改造。

---

① 前身为吕梁夏家营生态工业园区。

#### 4. 同煤塔山循环经济园区

同煤塔山循环经济园区于 2003 年开工建设，总规划面积 56km²，2006 年被山西省经济贸易委员会列为全省第一批示范工业园区，也是同煤集团有别于传统煤炭开采方式的一次全新尝试。园区以世界上年产 1500 万 t 矿井为龙头，延伸煤—电—建材、煤炭—化工两条产业链，初步形成了资源—产品—废弃物—再生资源反馈式循环经济模式，充分体现出"绿色、环保、转型、高效"的特点，为资源型企业的可持续发展探索出一条成功之路，成为大同市南郊区经济发展的重要载体。

未来，同煤塔山循环经济园区以矿地联合循环、产业链循环链接、资源"吃干榨净"为导向，处理好与城市规划、周边居民集中居住区、周边集中饮用水源地等环境敏感保护目标的关系，以煤炭—电力—建材产业链为基础，扩展煤—气—化、煤—油—化产业链等煤化工产业链，降低开发区发展的资源能源消耗水平，朝经济循环、生态示范的方向发展。

**参考文献**

［1］山西省发展和改革委员会.山西省生态功能区划［Z］.2008.

［2］魏宜瑞.山西生态环境建设问题及对策［J］.山西科技，2000（2）：10-11.

［3］岳玲玲，刘勇，刘益帆.山西省生态建设的回顾与发展研究［J］.山西林业科技，2010，39（3）：1-3.

［4］姜明慧.60 年铸就的绿色辉煌［J］.河北林业，2009（6）：14-15.

［5］山西省环境保护厅.山西省环境状况公报［Z］.2010，2015.

［6］中国科学院可持续发展研究组.2015 年中国可持续发展报告：重塑生态环境治理体系［M］.北京：科学出版社，2015：212-215.

［7］刘向东.以生态文明为指导积极探索山西环境保护新道路［J］.记者观察，2010（6）：16-21.

［8］山西省发展和改革委员会，山西大学.山西省"十三五"强化污染防治与节能减排政策措施［Z］.2014.

［9］山西省人民政府.山西省"十三五"循环经济发展规划［Z］.2016.

［10］张洪潮.山西采煤沉陷区治理六策［N］.山西日报，2015-07-07（C02）.

［11］邢云鹏，王建伟.山西加大采煤沉陷区治理力度［N］.中国矿业报，2016-06-08（004）.

［12］邓永刚.我国天然林保护现状、问题及对策研究［J］.农业经济，2015（8）：35-37.

［13］杨才敏.生态文明建设与山西的水土保持［J］.水土保持应用技术，2013（6）：41-43.

［14］周长东.京津风沙源治理工程建设战略研究——以山西省为例［J］.林业经济，2015（6）：44-46.

［15］程艳.山西省京津风沙源治理工程实施现状及对策建议［J］.山西水土保持科技，2016（3）：1-3.

［16］原建猛，杨思远.山西污染土壤修复现状调查［N］.发展导报，2013-08-16（007）.

［17］闫林.加快循环经济发展　推进生态文明建设——关于山西发展循环经济的思考［J］.中国经贸导刊，2013（1）：51-53.

# 第十二章  若干重大问题

改革开放以来，山西经济社会发展水平在波动中呈现上升趋势。在此过程中，国家能源重化工基地建设、国家资源型经济转型综合配套改革试验区建设、资源枯竭型城市转型与老工业基地调整改造、晋陕豫黄河金三角承接产业转移示范区与区域合作等无疑是具有重要意义的问题，这些重大问题决定了山西的整体发展水平及其在全国的地位，对山西经济、社会、环境等方面的发展均产生了深刻影响。

## 第一节  国家能源重化工基地建设

山西国家能源重化工基地建设充分发挥了其煤炭资源优势，在一定时期内缓解了我国能源、原材料供应紧张的状况，带动和促进了地方经济社会发展。但过分重视能源、原材料工业的单一发展，不仅导致了产业结构不合理等经济问题，而且引发了人民生活水平低下、生态环境恶化等社会与环境问题。

### 一、能源重化工基地建设的背景

中共十一届三中全会之后，我国的工作重点转移到经济建设上来，能源供应日趋紧张，而此时国际上也正处于第二次石油危机期间。为了解决我国经济发展长期能源保障的问题，1979 年薄一波受中央委托对山西进行了详细考察，发表了《尽快把山西建设成为一个强大的能源基地》。同年，山西省根据国家要求，做出了建设能源基地的决策，围绕"能源基地建设"制定了一整套全新的经济发展战略和政策体系。1980 年编制了《山西能源基地建设规划纲要》，提出发展战略的重点主要集中于扩大煤炭和电力生产建设规模、提升交通运输能力以及开展其他国民经济部门和社会基础设施的配套建设。1983 年编制了《1981~2000 年山西能源重化工基地综合建设规划》，将"能源基地"变为"能源重化工基地"，战略重点为煤炭、电力和煤炭化学工业。20 世纪八九十年代，能源重化工基地建设成为山西经济社会发展的重点内容。

## 二、能源重化工基地建设的主要内容

### （一）建设了一系列国家重点工程

"六五"到"八五"时期，国家陆续在山西投资兴建了 40 项能源重化工基地建设重点工程，其中煤炭方面重点工程 7 项：平朔安太堡矿区、古交矿区、大同矿区、晋城矿区、潞安矿区、阳泉矿区、离柳矿区；电力方面重点工程 10 项：大同第二发电厂、漳泽电厂一二期工程、神头第一发电厂、神头第二发电厂、阳泉第二发电厂、太原第一热电厂五期扩建工程、太原第二热电厂四期扩建工程、榆社电厂、柳林电厂、神头—大同—房山 500kV 输变电线路；化工方面重点工程 2 项：山西化肥厂、太原化工厂 TDI 工程；原材料方面重点工程 3 项：山西铝厂、太钢尖山铁矿、太原平板玻璃厂浮法玻璃生产线；铁路方面重点工程 12 项：大（同）秦（皇岛）铁路、（北）京包（头）线（丰台—沙城—大同）电气化工程、侯（马）月（山）铁路（山西段）、南（大）同蒲（风陵渡）铁路增建复线工程、北（大）同蒲（风陵渡）铁路电气化工程、太（原）焦（作）铁路技改扩建工程、武（乡）墨（登）铁路、沁（源）沁（县）铁路、孝（义）柳（林）铁路、神（池）河（曲）铁路、阳（泉）涉（县）铁路、宁（武）静（乐）铁路；公路方面重点工程 1 项：太（原）旧（关）高速公路暨武宿立交枢纽工程；邮电方面重点工程 2 项：京太西光缆通信干线工程（山西段）、呼和浩特—北海光缆通信干线工程（山西段）；水利方面重点工程 3 项：万家寨水利枢纽工程、万家寨引黄工程、汾河二库工程。

### （二）建设了一系列省级重点工程

山西先后投资兴建了 67 项省级重点工程，包括 1 个水利项目、4 个铁路项目、17 个公路项目、2 个煤炭项目、6 个电力项目、11 个原料项目、2 个邮电项目、2 个化工项目、9 个城市基础设施项目、3 个轻工项目、8 个文教卫生项目和

2 个其他项目。67 项省级重点工程与 40 项国家重点工程共同构成了山西能源重化工基地建设的骨架。

---

**专栏 12-1　山西能源重化工基地建设时期的 67 项省级重点工程**

**水利项目（1 个）**：禹门口黄河提水工程。

**铁路项目（4 个）**：邯（郸）长（治）铁路、太原火车站高架候车厅工程、为大秦线配套的 13 个煤炭集运站、朔（州）黄（骅港）铁路（山西段）。

**公路项目（17 个）**：晋城—张路口公路、倍加皂—孙启庄公路、左权—涉县公路、大同—运城二级公路、长治—下浣公路、白毛岭—地都公路、晋祠—夏家营一级公路、长治—晋城公路、风陵渡黄河公路大桥、太原东山过境高速公路、和顺—董坪沟公路、晋城—阳城高速公路、原平—太原高速公路、武宿—罗城高速公路、晋城—焦作高速公路、太原—晋祠公路、北京—大同高速公路（山西段）。

**煤炭项目（2 个）**：高平赵庄煤矿、长治南寨煤矿。

**电力项目（6 个）**：神头—侯村 500kV 输电线路工程、晋城东沟—新绛 220kV 输电线路工程、漳泽—平遥 220kV 输电线路工程、太原第一热电厂六期扩建工程、阳城电厂、河津电厂。

**原料项目（11 个）**：临钢炼钢及其配套工程、解州电解铝厂、大同水泥厂扩建工程、太钢 1549mm 热连轧工程、山西水泥厂、临钢焦炉易地改造工程、太原水泥厂 1# 和 2# 窑综合技改工程、太钢六轧厂冷轧电机硅钢改造工程、长钢热连铸工程、长钢小型轧机技改工程、太钢七轧厂冷轧不锈钢改造工程。

**邮电项目（2 个）**：太原长途通信枢纽工程、大同至长治数字微波干线工程。

**化工项目（2 个）**：山西化肥厂新增锅炉工程、山西焦化厂焦炉易地改造工程。

**城市基础设施项目（9 个）**：太原焦化煤气一期工程、长治辛安泉引水工程、临汾龙祠引水工程、大同焦化煤气工程、临汾焦化煤气工程、长治焦化煤气工程、榆次焦化煤气工程、太原焦化煤气二期工程、太原飞机场改扩建工程。

**轻工项目（3 个）**：山西涤纶厂 80 台喷水织机工程、山西涤纶厂扩建丝织车间工程、万吨汾酒技改工程。

**文教卫生项目（8 个）**：山西大学图书馆、山西省图书馆、山西省社会科

---

学院科研楼、山西医科大学第一附属医院综合门诊楼、山西体育中心体育场、太原理工大学科学楼、山西大学文体中心、山西省儿童医院儿科住院大楼。

**其他项目（2个）**：山西汽车制造厂 8t 汽车工程、山西广播电视卫星地球站。

资料来源：梁志祥，李茂盛.当代山西概览 [M].北京：当代中国出版社，2003：54.

1982~1998 年，山西累计完成投资 838.1 亿元，其中国家重点工程完成投资 548.6 亿元，省级重点工程完成投资 289.5 亿元，100 多项国家和省级重点工程建成投产 91 项。这些项目的建成投产，为全省新增煤炭生产能力 7907 万 t/年，新增发电装机容量 614 万 kW，新建铁路 1615km，二级以上公路 1323km（其中高速公路 300km），形成氧化铝生产能力 120 万 t/年，新增平板玻璃生产能力 239 万重量箱/年，新增城市煤气生产能力 86.4 万 m³/日，新增钢板卷生产能力 185 万 t/年，有力地促进了山西国民经济和社会发展（梁志祥和李茂盛，2003）。

## 三、能源重化工基地建设的评价

能源重化工基地建设为促进山西经济发展和保障国家能源供应做出了巨大贡献，然而，大规模、高强度、单一化的煤炭开发也付出了沉重的环境代价、资源代价和可持续发展能力代价。

### （一）实施成效

**1. 奠定了山西经济发展的基础**

工业体系逐步形成。能源重化工基地建设使这一时期山西的能源工业，特别是煤炭和电力工业获得了很大发展，在煤炭和电力高速发展的基础上，逐步形成了以能源工业为骨干，以冶金、机械、电子、化工、汽车、轻纺为支柱的门类齐全、框架完整的工业体系。山西形成了全省生产力布局框架（刘江，1999）：以大同、朔州为中心的动力煤、火电、建材、铁合金、煤化工工业区，以忻州、原平、定襄为中心的煤、化工、冶金工业区，以太原为中心的重化工为主体的综合工业区，以榆次、介休为中心的轻纺、炼焦工业区，以汾西、临汾、霍州、洪洞为中心的焦煤、火电、冶金、煤化工工业区，以侯马、垣曲、河津为中心的有色冶金、机械工业区，以运城、永济为中心的盐化工、轻纺工业区，以晋城、长治为中心的无烟煤、电力、冶金、化工、机械、轻工工业区，以阳泉、平定为中心的无烟煤、电力、冶金、铁合金、硫铁矿工业区。

主要工业产品产量大幅度提升。1978~1998 年，山西工业总产值由 98.2 亿元增加到 1106.7 亿元，年均增长 12.9%。1998 年原煤产量达 3.2 亿 t，是 1978 年的 3.2 倍，年产量占全国的比重由 15.9% 上升到 25.5%；发电量达到 554.0 亿 kW·h，是 1978 年的 5.2 倍，发电量占全国的比重由 4.1% 上升到 1998 年的 4.7%。钢、焦炭、水泥、化学肥料等主要工业产品产量也得到大幅度提升（见图 12-1），其中焦炭产量占全国的比重提高尤为明显，1978~1998 年由 7.6% 提高到 44.5%。

基础设施条件明显改善。在能源重化工基地建设过程中，投资兴建的重点工程包括多项铁路、公路、邮电等基础设施项目。基础设施项目建设为山西建立起相对完善的交通网络和现代通信体系，极大地改善了基础设施条件。

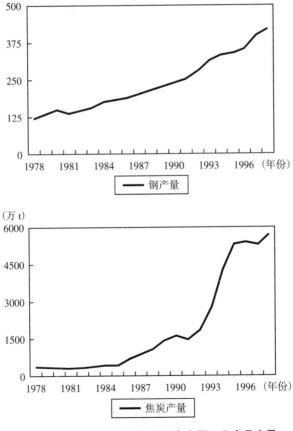

**图 12-1 1978~1998 年山西省主要工业产品产量**

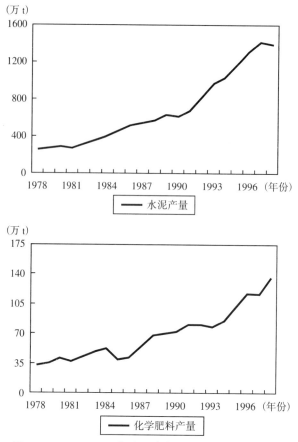

**图 12-1　1978~1998 年山西省主要工业产品产量（续）**

资料来源：《山西改革发展 30 年》丛书编委会. 山西改革发展 30 年·综合卷 [M]. 北京：中共党史出版社，2008：258-265.

2. 保障了全国能源供应

山西能源重化工基地建设有力地支持了全国各省（直辖市、自治区）的经济建设。1989 年煤炭外运量 2.0 亿 t，占全省煤炭产量的 72.4%。1992 年煤炭外运量 2.2 亿 t，占全省煤炭产量的 75.0%。1997 年煤炭外运量 2.4 亿 t，占全省煤炭产量的 72.7%，煤炭产量和外运量分别占全国的 1/4 和 3/4（苑琳，2006）。1998 年煤炭外运量 2.12 亿 t，占全省煤炭产量的 67.3%，占全国省际间煤炭净调量的 80% 左右，供应全国 26 个省（直辖市、自治区）；外输电力 117.4 亿 kW·h，占全省发电量的 21.2%（刘江，1999）。

### （二）存在问题

#### 1. 形成了以重工业为主的产业结构

山西以能源工业为重心的发展模式导致产业结构不合理问题突出。首先，三次产业中第二产业比重过高，1985 年山西第二产业比重比全国高 11.7 个百分点；其次，工业增加值中重工业比重过高，1982~1998 年工业增加值中重工业比重比全国高 20 个百分点左右，该期间工业增加值中重工业比重上升了 11.2 个百分点，而全国仅上升了 0.5 个百分点；最后，重工业中采掘工业比重过高，加工业比重过低（见表 12-1）。

表 12-1　1982~1998 年山西与全国产业结构对比

| 年份 | 山西 | | | 全国 | | |
|---|---|---|---|---|---|---|
| | 三次产业结构 | 轻重工业比例 | 重工业内部比例（采掘工业：原料工业：制作工业） | 三次产业结构 | 轻重工业比例 | 重工业内部比例（采掘工业：原料工业：制作工业） |
| 1982 | 26.8：50.5：22.7 | 30.2：69.8 | 37.4：30.4：32.2 | 33.3：45.0：21.7 | 50.2：49.8 | 14.3：38.3：47.4 |
| 1985 | 19.3：54.8：25.9 | 26.3：73.7 | 38.5：26.9：34.6 | 28.4：43.1：28.5 | 47.4：52.6 | 12.7：36.8：50.5 |
| 1990 | 18.8：48.9：32.3 | 21.2：78.8 | 38.0：32.6：29.4 | 27.1：41.6：31.3 | 49.4：50.6 | 12.2：41.0：46.8 |
| 1995 | 15.4：49.9：34.7 | 19.7：80.3 | 29.4：47.5：23.1 | 20.5：48.8：30.7 | 47.3：52.7 | 8.5：32.9：58.6 |
| 1998 | 12.9：53.5：33.6 | 19.0：81.0 | 32.0：46.3：21.7 | 18.4：48.7：32.9 | 49.3：50.3 | 10.5：39.1：50.4 |

资料来源：《中国工业统计年鉴》(2012)、《中国工业统计年鉴》(1999)、《中国工业统计年鉴》(1949~1984)、《山西统计年鉴》(1999)。

#### 2. 人民生活水平提高幅度较小

扭曲的产业结构不仅抑制了山西整体经济的协调发展，还导致社会财富分配状况恶化和总体社会福利损失，人民生活水平提高幅度较小。1982~1998 年，无论是城镇居民家庭人均可支配收入还是农村居民家庭人均纯收入，山西均低于全国平均水平，且差距呈现不断扩大的趋势（见图 12-2）。

#### 3. 环境污染严重

能源重化工基地建设带来了严重的环境污染。20 世纪 90 年代末，山西曾是"全国污染最严重省份"，26 条主要河流 88% 的河段遭受污染，64% 的河段遭受严重污染（李茂盛和卢海明，2008）。2002 年全省 16 个城市二氧化硫日均值年平均浓度超过国家二级标准 1.75 倍，总悬浮颗粒日均值年平均浓度超过国家二级标准 1.28 倍，污染最严重的城市超标倍数高达 4.05 倍，13 个城市进入全国污染

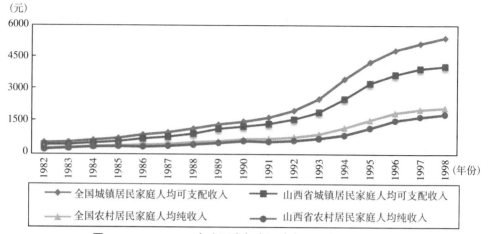

**图 12-2 1982~1998 年山西省与全国城乡居民收入水平对比**

资料来源:《中国统计年鉴》(1999)、《山西统计年鉴》(1999)。

最严重城市行列（苑琳，2006）。

受 1997 年、1998 年国际经济危机影响，能源需求大幅度降低，经济出现剧烈波动。1999 年开始，山西做出了一系列加快经济结构调整的重大战略部署。

# 第二节　国家资源型经济转型综合配套改革试验区建设

山西省转型综改试验区建设是其经济结构调整工作的进一步深化，是推动资源型经济转型的重大战略举措。转型综改试验区建设在资源型产业比重下降、体制机制创新、重大领域改革等方面取得了一定成效，但仍面临不少难题。

## 一、转型综改试验区建设的背景

山西煤炭资源丰富，长期肩负着保障国家能源安全的历史使命，经过多年能源重化工基地建设，形成了主导产业初级化、产业结构单一化和工业过度重型化的经济结构，出现了经济增长波动、生态环境恶化、安全事故多发、收入分配差距扩大、创新能力滞后、区域可持续发展能力下降等诸多难题。1999 年 10 月，在运城召开了山西省调整经济结构工作会议，拉开了经济结构调整的序幕。随后几年的工作都紧紧围绕"经济结构调整"这一主线：2001 年 9 月出台了《关于进一步推进经济结构调整实施"1311"规划的意见》；2003 年下半年先后制定出台了《关于实施行业结构调整的意见》、《山西行业结构调整方案》和《山西行业结构调整实施办法》；2004 年 8 月再次召开经济结构调整会议，做出了把山西省建设成为新型能源和工业基地的战略决策；2006 年出台了《关于优化产业结构、培育优势产业的实施意见》；2008 年在全国率先做出了实施煤炭资源整合重组的重大战略决策，由"小煤窑"时代跨入"大矿"时代。2009 年以来，中共中央财经领导小组办公室、国家发展和改革委员会组织在山西开展实地调研，向中央提出了"将山西作为国家资源型经济转型发展综合试验区"的建议和相关方案。2010年 12 月，经国务院同意，国家发改委批复同意设立"山西省国家资源型经济转型综合配套改革试验区"（以下简称转型综改试验区）。这是我国设立的第九个综合配套改革试验区，也是第一个全省域、全方位、系统性的国家级综合配套改革试验区。山西省转型综改试验区建设以经济结构调整为基础，是经济结构调整的延续和进一步深化。

## 二、转型综改试验区建设的主要内容

建设转型综改试验区有两个基本要求，一是资源型经济转型，二是综合配套改革（张秀水和张翠莉，2012）。资源型经济转型包括资源型经济向非资源型经济的转型和资源型经济自身的转型。综合配套改革是以资源型经济转型为中心的体制、机制、政策及相关领域的改革。转型综改试验区建设基本按照"《总体方案》—《实施方案》—《年度行动计划》"的模式推进。2011 年 7 月，《山西省国家资源型经济转型综合配套改革试验总体方案》（以下简称《总体方案》）正式上报国家发改委；2013 年 4 月，《山西省国家资源型经济转型综合配套改革试验实施方案（2013~2015 年)》（以下简称《实施方案》）出台。围绕《总体方案》和《实施方案》，山西省分别编制了 2013 年、2014 年、2015 年《山西省国家资源型经济转型综合配套改革试验行动计划》，详细列出了每年需要突破的重点领域，为转型综改制定了具体的时间表、路线图和任务书。

### （一）改革创新体制机制

一是创新产业转型促进机制。理顺煤炭等矿产资源有偿获得开发利用体制，创新煤炭等矿产资源开发补偿、获利回馈收益分配体制，改革煤电体制，健全接续替代产业发展机制，深化煤层气管理体制改革，建立衰退产业退出援助机制，完善促进循环经济发展机制。二是完善资源、能源节约和环境保护体制机制。建立健全生态环境保护与恢复治理补偿机制，完善资源开发与生态保护修复同步规划、同步实施机制，建立完善生态环境保护与修复治理责任机制，构建生态环境保护修复多元投入机制，实施主要污染物总量管理制度改革，深化污染者付全费制度改革与排污权有偿使用和市场化改革，深化资源性产品价格改革与水资源有偿使用制度改革。三是改革创新城乡统筹体制机制。创新"五规合一"规划统筹协调机制，深化户籍制度改革，创新农业生产经营机制，探索公共资源在城乡之间的均衡配置促进机制。四是加快社会体制改革。完善就业促进机制，构建城乡劳动者平等就业机制，改革收入分配制度，创新基本公共服务供给机制，实施社会保障、教育、医药卫生、文化体制改革，创新社会管理机制。五是健全科技创新体制机制。深化科技投融资体制改革，建立企业研发费用提取积累机制。六是深化财税体制改革。深化资源税费制度改革，建立健全财力与事权相匹配的财政管理体制，改革和完善财政预算管理体制，实施国有资本经营预算管理体制改革。七是改革完善土地管理制度。深入改革用地管理制度，加快农村土地制度改革，改革土地审批制度，建立跨区域耕地占补平衡市场化机制，建立土地开发整治多元投入机制。

### （二）加快产业转型

建设太（原）榆（次）地区科技创新城。实施传统产业联合兼并重组，提高产业集中度，深化煤炭资源整合和企业兼并重组，建设煤电基地，加快煤层气开发和综合利用，实施资源型产业改造升级，提高行业竞争力。培育壮大接续替代产业，大力发展现代服务业，开展旅游产业改革发展试点，加快文化产业快速发展，构建全省大物流体系。努力扩大消费，提升中国（太原）煤炭交易中心功能。实现资源型产业低碳发展，继续完善循环经济试点省的建设。鼓励民间投资发展，培育发展中小微企业，统筹规划布局各类园区建设。

### （三）加大生态修复

筹划举办国际低碳发展大会，争取碳排放权交易试点，建设晋城国家低碳城市试点，加快生态修复和环境污染治理重点工程建设，加快矿山地质环境治理。加快水生态系统保护与修复试点工作，大力开展造林绿化工程，建设山西大水网，实行最严格的水资源管理制度，实现非常规水资源循环化利用。实现生态文明示范建设，合理控制能源消费总量，加快节能降耗重点工程建设，推行合同能源管理，开展合同环境服务。加快工业固体废弃物综合利用，构建废旧资源回收利用体系，实施太原市生态环境综合整治工程。

### （四）统筹城乡发展

支持太原率先发展，实现太原—晋中同城化，建设太原都市圈，建设晋北、晋南、晋东南三大城镇群。实施大县城战略与百镇建设工程，加快新农村建设，支持资源型城市转型，加快矿区城镇化。加大"三农"投入力度，鼓励和引导城市工商资本"下乡"，加强农业基础设施建设。大力发展农副产品加工业，加快发展"一村一品"、"一县一业"，建设现代农业示范区、生态畜牧经济区。加强农业服务体系建设，统筹城乡重大基础设施建设，提高村级公共服务和社会管理水平，开展城乡一体化试点。

### （五）深化民生改善

千方百计扩大就业，实施农村困难家庭危房改造、特困群众易地搬迁、行政村街道亮化、村级幼儿园改扩建和乡村清洁工程。加快保障性住房建设，健全保障性住房建设、分配、运营、退出全过程管理办法，实现公共租赁住房和廉租住房制度并轨。完善基层社会服务管理体系，在城乡全面实行网格化管理，强化城乡社区自治和服务功能，整合基层服务资源，建立管理和服务一体化的社会服务管理平台，鼓励社会组织承担社会管理职能。构建公共安全体系，严格安全生产目标责任考核和事故责任追究，强化安全监管和企业安全生产基础建设，健全安全生产长效机制，完善食品药品安全监管体制，强化食品药品安全网格化管理。

### （六）加强科技创新

加强政府引导，使企业成为研发投入的主体，大幅度增加财政科技投入预算，支持企业建设高水平研发中心。实现科技资源开放共享，创造公平开放的市场环境，支持企业开展国际科技交流合作，加大对有市场竞争力的科技成果的推广转化力度，凡科研院所、高等院校科研成果在省内实现转化的，由政府承担部分转化费用。加强培育创新型企业，加快创新型企业、高新技术企业和技术创新示范企业的认定培育，实施知识产权优势企业培育工程，加强知识产权的创造、运用、保护和管理。完善科技中介服务体系，制定扶持政策，提高科技中介组织的服务功能和水平，建设一批科技成果转化基地。实施科技重大专项，加强科技创新平台建设，新建一批产业技术创新战略联盟。

### （七）加快对外开放

加快承接产业转移，建设晋陕豫黄河金三角承接产业转移示范区，支持园区承接引进国内外高端制造业、研发中心、服务外包产业。探索"飞地经济"发展模式，在运城市、晋城市按照"飞地经济"发展模式，对接长三角、珠三角等发达地区，各建设一个"飞地经济"工业园。深化区域合作交流，全方位加强区域合作，针对不同地区创新建立差异化合作模式，重点在招商引资、产业合作、人才流动、资质互认等领域开展交流合作。实施"走出去"主体培育工程，加快外贸转型升级，加快建设海关特殊监管区，完善大通关制度。

### （八）保障要素支撑

积极争取环境保护税开征试点，争取有利于资源综合利用和促进循环经济发展的税收优惠政策，以及国家较高的财政转移支付水平。建设地方领军金融机构，积极稳妥应用期货功能，积极引进各类金融机构，大力发展金融后台服务，发展农村金融机构和非银行金融机构，完善信用体系。实施土地整治工程，集约节约用地，加强耕地保护。培养高技能实用型人才，提升高等院校发展水平，积极实施人才强省战略。此外，积极稳妥优化调整行政区划。

## 三、转型综改试验区建设的成效

### （一）资源型产业比重下降

1999年开始山西做出了一系列加快经济结构调整的重大战略部署，2006年以来国家对促进山西资源型经济转型制定了相应的政策。然而，在资源型经济转型的政策框架下，资源型经济仍然在强化，资源型产业的主体地位并没有改变。1999~2015年，山西资源型产业增加值占工业增加值的比重始终保持在70%以上，且2012年之前基本保持上升趋势。但转型综改试验区建设以来，资源型产业增加值占工业增加值的比重从2012年开始出现了明显的下降趋势，尤其是采矿业所占比重的下降趋势更为明显（见图12-3）。

### （二）体制机制创新取得重要成果

省部合作机制建设取得重大突破。与国家农业部、文化部、电力监管委员会、测绘地理信息局、国家气象局等开展了省部合作。统筹联动工作机制基本形成，建立了部门沟通协作、上下联动工作机制，重点任务责任分工、联络、月度

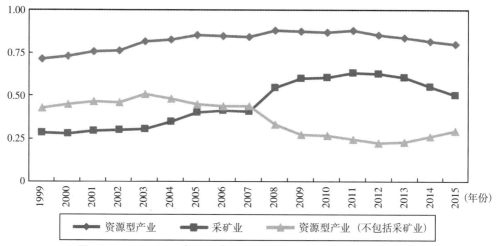

图 12-3 1999~2015 年山西省资源型产业增加值占工业增加值比重

注：资源型产业包括采矿业，石油加工、炼焦及核燃料加工业，非金属矿物制品业，黑色金属冶炼及压延加工业，有色金属冶炼及压延加工业，电力、热力的生产和供应业。

资料来源：根据相关年份《山西统计年鉴》整理。

协调制度，综改信息沟通通报、重大新闻宣传、综改简报（专报）制度，综改任务考核制度等统筹联动工作机制。

财税体制改革逐步深化。全面推行营业税改征增值税试点，初步建立了较为完善的全过程预算绩效管理机制，有效地推动了预算管理体制改革。

金融创新取得新进展。山西省人民政府金融办公室与中国人民银行太原中心支行、山西银监局、山西证监局、山西保监局联合出台《关于金融支持山西经济结构调整和转型升级的指导意见》，重点支持新型能源、先进制造、现代服务业、战略性新兴产业，优先支持重点在建续建项目、转型综改重大标杆项目、城镇化建设项目。

用地制度改革深入推进。露天采矿用地、矿业存量建设用地整合利用和城乡建设用地增减挂钩用地机制逐步完善。

行政审批制度改革取得实质性进展。1920 万 kW 低热值煤发电项目、煤炭和煤层气矿业权审批、动力煤期货交易试点三项改革事项获得国家授权。贯彻落实国务院关于取消和下放 50 项行政审批项目等事项的决定，省政府进一步取消和下放一批行政审批项目，取消 95 项，下放 48 项。省发改委大幅调整投资审批事项和下放审批权限，调整审批事项 22 项，下放审批权限 8 项，随审批权下放的审批流程 2 项。

### （三）重大领域改革与发展取得新突破

产业转型。能源改革全面启动，煤电企业加快实施以股权为纽带的煤电联营，煤销集团与国际电力合并重组成立了晋能公司，全省 34 户主力火电企业中有 26 户实现煤电联营，煤电一体化改革取得重大突破。成立了中国（太原）煤炭交易中心，与新华社联合发布中国太原煤炭交易价格指数，国内首个反映产地煤炭市场价格的"太原指数"正式上线，煤炭交易机制和市场体系逐步健全。

城乡统筹。"一核一圈三群"城镇框架体系加快构建，太原、晋中道路设施和公共服务对接成效明显，同城化提速；阳泉、忻（州）定（襄）原（平）、离（石）柳（林）中（阳）、孝（义）汾（阳）平（遥）介（休）灵（石）等城镇组群发展步伐加快，太原都市圈外围支点逐步形成；晋北、晋南、晋东南城镇群空间格局基本形成，各中心城市、大县城、中心镇扩容提质加快，集聚力、辐射力、带动力明显增强，城镇化水平逐步提高。

生态环境。深入改革引黄工程分质供水体系，有效提高黄河水利用效率，保护和涵养地下水源。实施循环经济试点，开展了区域、行业、园区等不同层面的试点，形成了焦煤、同煤、太钢等循环经济典型模式并深入推广。健全了循环经济标准体系，发布了在国内处于领先地位的《山西省循环经济标准体系》。强化了固体废弃物综合利用。

### （四）"一市两县"试点工作成效明显

2012 年，山西每个地级市选择两个县开展转型综改试点。11 个地级市进行不同的"先行先试"：太原市围绕省城生态环境大力实施五大工程和五项整治，大同市加快新兴产业集聚式发展，阳泉市着力建设特色生态新城，长治市建设上党"1+5"城镇群，晋城市以"气化晋城"为突破口探索低碳发展新路径，朔州市加快东部新区"四化一体"建设，忻州市建立储备、招商、落地、开工、服务和考核"六位一体"的项目推进机制，吕梁市以产业集聚、园区承载、循环经济为重点加快产业转型，运城市跨区域合作建设"黄河金三角"，晋中市着力建设"108 综合发展廊带"，临汾市加快建设百里汾河生态经济带。11 个省级转型综改试点县（市、区）也根据自身特点先行先试：孝义市侧重探索资源枯竭型城市的可持续发展，平鲁区、灵石县、高平市侧重探索煤炭资源型经济转型，灵丘县、盐湖区侧重非煤资源型经济转型，侯马市、阳泉郊区、潞城市侧重探索城乡和城镇化发展，太原市尖草坪区、原平市侧重探索"两型"社会建设。

### （五）强化循环经济试点工作

实施循环经济试点，"一市两园"①、"一县一企"试点工作以及转型综改标杆项目扎实推进，在原有 69 个循环经济试点单位的基础上，新选定 117 个省级试点企业和园区、20 个省级转型综改标杆项目，煤、焦、冶、电四大传统行业的循环经济发展特色模式初步形成。颁布了《山西省循环经济促进条例》，将循环经济发展纳入了法制化轨道（李志强，2014）。

### （六）扩权强县试点工作有序推进

不断深化扩权强县试点工作，综合考虑经济实力、发展潜力、区位优势及各市试点县（市）大体平衡等因素，分两批共确定了 27 个扩权强县改革试点。② 省委、省政府向 27 个扩权强县试点县（市）下放了 85 项经济和社会管理权限，试点县（市）在行使权限时，可越过市一级直接与省直相关部门对接，迈出了探索实行"省直管县"的第一步。

## 四、转型综改试验区建设的难点与下一步工作重点

### （一）建设难点

山西转型综改试验区建设在取得一定成效的同时，也存在以下三方面难点（张秀冰和张翠莉，2012）。第一，资源型经济的主体地位在循环经济、优化升级、资源整合、改造提升、产业转型等名义下得到加强和扩展。以循环经济为例，发展循环经济可以提高不可再生资源的利用率和减少污染物排放，但并没有从根本上解决可持续发展的两大障碍——资源枯竭和生态恶化，仍然局限于以不可再生资源为基础的经济模式。把发展循环经济作为转型战略，资金、技术、设备必然大量投入于资源型经济，结果将是再次强化本来已不可持续的资源型经

---

① "一市两园"名单是：太原的太原经济技术开发区和太原高新技术产业开发区清华科技园太原分园，大同的大同市装备制造业产业园和大同经济技术开发区科技创新园，阳泉的阳泉市鑫磊循环经济产业园和阳泉市东城科技创新园，长治的长治市光电工业园和长治市科技创新园，晋城的晋煤集团高硫煤洁净利用循环经济工业园和晋城市新能源科技创新园，朔州的中煤金海洋循环经济工业园和朔州市新型产业科技创新园，晋中的晋中经济技术开发区和晋中市科技创新园，忻州的忻州市煤化工循环经济园和忻州市蓝天科技创新园，吕梁的吕梁交城经济技术开发区和吕梁市科技创新园，临汾的临汾经济技术开发区甘亭工业园和山西国际陆港科技创新园，运城的运城空港经济技术开发区和运城市盐湖科技创新园。

② 第一批扩权强县试点县（市）包括清徐县、古交市、灵丘县、阳高县、山阴县、怀仁县、原平市、保德县、孝义市、柳林县、介休市、灵石县、盂县、平定县、襄垣县、长治县、高平市、阳城县、洪洞县、侯马市、河津市、永济市；第二批包括潞城市、太原市尖草坪区、朔州市平鲁区、阳泉市郊区、运城市盐湖区。

济。第二，资源型企业、各级政府等的利益格局调整困难。资源型企业在巨额资金、专业技术、先进设备等方面的长期投入，形成了巨大的产能和利润预期，再加上资源型经济的垄断性和国有企业的优越地位，大多数资源型企业只愿意在不放弃资源型经济的前提下实现转型，不愿意实现由资源型产业向非资源型产业的转型。另外，资源型企业与政府利益有着直接的联系，资源型产业作为地区支柱产业，既是政府经济发展指标 GDP 的主要构成部分，也是财政收入的主要来源。因此，在某种程度上各级地方政府也不愿意放弃资源型产业。第三，先行试点、筛选重大项目是转型综改试验区建设的主要途径，那么在政府规定的试点和项目之外，大多数市县、大多数企业和大多数项目将如何作为？政府规定的试点和项目在几年内可以见效？在此期间，大多数市县、大多数企业和大多数项目又如何作为？转型综改试验区政策对政府规定的试点和项目与政府规定之外的大多数市县、大多数企业和大多数项目，是否一视同仁？这些问题都是转型综改试验区建设过程中需要解决的。

### （二）下一步工作重点

1.进一步加强体制机制建设

第一，加快市场化改革步伐，充分发挥市场的决定性作用。通过市场化改革突破，全面激发市场机制、社会资本和创新创业"三个活力"，争取资源要素的市场化改革取得实质性突破，探索垄断行业改革试点，争取在金融、资源开发、电力、电信等领域向社会资本推出一批项目，为社会资本创造更加广阔的市场发展空间。第二，改革行政管理体制，着力提高政府效能和效率。紧紧围绕放权、分权和限权，加快建立以公平竞争为导向的宏观调控，建立"负面清单"和"权力清单"，强化由事前审批向事后监督转变，促进地方政府的公共角色回归，加快建设公共服务型政府，实行有效的政府治理。第三，深化财税金融体制改革，提升财政金融保障能力。构建山西资源型经济转型发展的财政金融支持体系，加大对资源型地区采空塌陷区生态修复和环境治理、资源型产业与非资源型产业结构均衡发展、转型综改重大项目等的财政金融支持力度。第四，加快土地制度创新，着力提升土地利用水平。管住政府经营土地之手，促进政府尽快退出土地经营市场。坚守耕地"红线"，探索建立耕地数量与质量并重的动态占补平衡机制，切实实现"以补定占、先补后占、占一补一、占优补优"。探索农村土地使用权物权化改革路径，同步实施农村承包地、农村集体建设用地和宅基地确权登记。

2. 进一步增强创新驱动力

一方面，加强"政产学研用"协同创新，构建区域科技创新体系。充分发挥政府的引导、监管作用，强化企业创新主体地位，鼓励企业、高等院校、科研机构通过相互参股联合建立技术开发机构，开展重大产业共性技术和关键技术的联合攻关，实现科技、经济和社会深度融合，加快形成企业为主体、市场为导向、产学研相结合的区域科技创新体系。另一方面，深化产业结构战略性调整，构筑现代产业新体系。充分利用高新技术和先进适用技术改造提升传统产业，实现煤、电、路、港、化工相关产业一体化发展，开发和应用新一代煤气化技术，实现煤矸石无害化处理和综合利用。打破产业边界，实现焦化、冶金、电力、建材等行业整合重组，鼓励建材企业跨地区、跨行业重组。培育壮大新兴产业。加快发展煤制油、煤制烯烃、煤制天然气、精细化工等现代煤化工产业。大力发展煤矿机械、铁路装备、重型机械、重型汽车等有产业基础和市场潜力的产业。鼓励开发利用风能、太阳能、生物质能等可再生能源和清洁能源，加快新能源产业化。加快发展现代物流、旅游、养老服务等现代服务业。

3. 强化生态文明建设

牢固树立环保优先理念，正确处理经济发展与生态环境保护的关系。实施绿色 GDP 核算工作，探索在部分生态示范区试行绿色 GDP 核算制度，将生态保护与建设成效、资源损耗和环境污染损失等纳入经济社会发展评价体系。在重大决策事项、区域开发工程、项目建设等领域实行环保一票否决制度。建立节能减排长效机制，实现经济社会绿色发展。在重点领域加快实施节能工程，深入开展六大主要耗能行业锅炉窑炉改造、余热余压利用、电机系统节能等。加快天然气、煤层气、页岩气勘探开采与应用，加大对清洁能源供应的推广力度。建立健全生态保护与补偿机制，加大生态环境治理与改善力度。完善资源有偿使用制度和生态补偿机制，坚持"谁污染谁付费、谁破坏谁补偿"的原则，建立横向生态补偿制度。牢固树立生态红线观念，完善资源开发全过程监督管理机制，实行矿产资源开发与环境恢复治理、土地复垦同步规划、同步实施。

4. 统筹城乡发展

创新新型城镇化体制机制，促进工业化与城镇化良性互动，探索具有中国特色、符合山西实际的"一核一圈三群"新型城镇化之路。构建和完善财政支农、金融支农政策体系，创新财政支农与金融支农联动机制，提高财政支持新农村建设的投入比重，强化支农资金整合运用。全面加快新型城镇化、工业化、信息化和农业现代化"四化同步"，实现城乡区域协调发展，加快转变城乡分割的经济发展方式。建立健全城乡统筹发展工作机制和管理体制，探索构建财政转移支付与农业转移人口市民化相挂钩的机制，制定城乡一体化发展政策及建设方案。

5. 进一步保障和改善民生

实施更加积极的就业政策，巩固民生之本。建立健全经济发展与扩大就业联动机制，增强创业扶持政策的执行效力，健全促进就业创业资金投入的长效机制，降低创业门槛，激发创业活力，鼓励以创业带动就业。完善就业服务体系和高校毕业生服务基层的保障机制，以及劳动维权、就业服务、职业培训"三位一体"的工作机制。深化教育领域综合改革，强化民生之基。优化城乡教育资源配置，完善城镇教师支援农村教育工作制度，实现优质教育资源共建共享。开展学校标准化建设，整体改善贫困地区义务教育办学条件。加快构建以就业为导向的现代职业教育体系，大力实现专业设置与产业需求、教学过程与生产过程、课程内容与职业标准"三对接"。建立更加公平可持续的社会保障制度，坚定民生之依。加快实现基本公共服务均等化，实现城乡基本公共服务制度有效对接，实现公共服务在不同区域间无障碍转续。全面推行"五险统征"，扩大社会保险参保缴费覆盖面，提高非公经济单位、灵活就业人员、失地农民等的参保覆盖率，实现社保关系跨制度、跨区域转移接续。

# 第三节　资源枯竭型城市转型与老工业基地调整改造

山西作为典型的资源型区域，经济发展过程中不可避免地出现了资源枯竭型城市和老工业基地。为了摆脱对资源的长期依赖，跳出"资源诅咒"怪圈，在全国资源枯竭型城市转型和老工业基地调整改造的大背景下，山西开启了资源枯竭型城市转型和老工业基地调整改造之路。

## 一、资源枯竭型城市转型

### （一）提出背景

中华人民共和国成立后，在高度集中的计划经济体制下，适应优先发展重工业的政策需要，一批依托当地丰富自然资源发展的地区迅速崛起为典型的资源型城市，特别是"一五"和"三线建设"时期，是中国资源型城市发展的主要时段。经过几十年的开采使用，许多资源型城市赖以发展的自然资源濒于枯竭，主导产业濒于衰败，各种经济社会问题纷至沓来：企业生产效益下降，下岗失业人员猛增，地方财力薄弱，社会负担沉重；资源数量递减与产业效益增长需求的矛盾突出；生态环境恶化，自然资源破坏严重，环境质量下降；面对市场经济和经济全球化，市场化因素先天不足（张秉福，2006）。从 20 世纪 80 年代起，资源枯竭型城市依靠资源企业自发开始了艰难的转型历程。2001 年辽宁省阜新市被确定为全国第一个资源枯竭型城市经济转型试点市，2004 年又在大庆市、伊春市、辽源市、白山市和盘锦市等不同资源类型、不同开采阶段的城市开展经济转型试点。2007 年 12 月，国务院出台《关于促进资源型城市可持续发展的若干意见》，标志着我国资源枯竭型城市经济转型试点进入全面铺开阶段（马克和李军国，2012）。

2008~2011 年，国家分三批将 69 个资源型城市（县、区）确定为资源枯竭型城市（县、区），山西的孝义市、霍州市分别在第二批（2009 年）和第三批（2011 年）被确定为资源枯竭型城市。2013 年 11 月，《全国资源型城市可持续发展规划（2013~2020 年）》确定全国有 262 个资源型城市，其中山西有 13 个。山西出台了《山西省人民政府关于促进资源型城市可持续发展的实施意见》，结合煤炭工业可持续发展政策措施试点工作，在工作目标和长效机制、培育壮大接续替代产业、着力解决就业等社会问题、加强环境整治和生态保护、加强资源勘查和矿业权管理、加大政策支持力度等方面提出了实施意见。

### （二）孝义和霍州的转型

孝义市、霍州市作为资源枯竭城市转型试点市，既是山西资源型城市转型工作的重点与难点，也是取得初步成效的地区。

#### 1. 孝义的转型之路

孝义市位于山西中部，是典型的资源型城市，以煤焦为支柱产业。2007 年进入第七届全国县域经济百强县名单,顺利完成了自2001年来"吕梁领先、三晋一流、中国百强"的"三步走"跨越式发展战略目标;2008年取代河津成为"三晋首富市(县、区)"。即便如此,随着煤炭资源枯竭,孝义不得不走上资源型城市转型之路。

"政府高度重视"支持转型。2009年3月,孝义被确定为全国第二批、当时山西唯一的资源枯竭城市转型试点市,可享受每年中央财政转移支付5000万元等一系列倾斜政策、特殊优惠。更重要的是,孝义的转型得到了地方政府的高度重视。从2008年政府工作报告提出"以资源型城市经济转型为主线",资源型城市转型一直是政府工作的重点。2011年编制了《孝义市资源型城市转型发展规划》。

"大项目"带动转型。为了确保项目可行有效,孝义建立了项目储备、签约、落地、开工、建设和投产"六位一体"的推进机制。实行了重点项目包扶责任制与严格的考核奖惩。2008~2015年孝义新开工亿元以上转型项目共103个,概算总投资1711亿元(不包括2012年的项目投资额)。截至2015年,已有33个项目完工或部分完工。

"产业结构调整"推动转型。在转型项目建设的强力推动下,孝义经济结构调整取得很大进展,基本形成"以煤为基、多元发展"的现代产业体系。第一,建设传统产业新优势。延伸"煤—焦—化、煤—电—铝、煤—铁—钢"三大产业链条,进行了低碳、清洁、循环式改造。稳妥推开煤炭地下气化试点工作,开辟了煤炭资源综合利用新途径。第二,培育新兴产业新格局。坚持以市场为导向,大力发展新兴产业,形成了新的经济增长点。依托高新科技产业园区,积极引进物联网、云计算等高科技产业项目。重点支持发展新型化工、机械制造、新型建材等高新技术产业,大力实施科技文化创意园区建设。实施了民营科技企业培育工程、中小企业成长工程。第三,塑造商贸服务新品牌。不断拓展服务业发展新领域,重点围绕"孝汾平介灵"休闲购物中心,以国际、国内知名商贸品牌为重点,整合城市交通、购物、餐饮、生态、游玩等优势资源,整体策划、精心包装,塑造休闲购物中心城市品牌形象。引进省内外知名企业,高起点、高标准整合建设汽车服务、矿山机电、建材装饰等现代化专业市场,进一步提升了现代服务业对周边区域的辐射力、影响力。

"环境综合整治"辅助转型。环境综合整治既是对城市转型的辅助,也是对转型成效的检验。孝义自实施资源枯竭型城市转型以来，牢固确立"生态立市"理念，先后实施了蓝天碧水、节能减排、造林绿化、城乡环境卫生清洁、净空治霾、流域生态综合整治等大型工程，采取了工业企业达标治理、企业排污口规范化整治、取缔高耗能高污染企业等具体措施，$SO_2$ 排放量明显降低，万元 GDP、万元工业增加值能耗显著下降，市域出境河流水质明显改善，城市污水处理实现稳定达标排放，城区空气质量明显提高。2011 年荣获"国家园林城市"称号，并被评为首批省级综合宜居城市，2012 年顺利通过国家卫生城市创建暗访验收，2013 年顺利通过创建国家卫生城市专家组技术评审。截至 2014 年，共完成工程造林 3453.34ha，新增城市绿地 27.14ha，全市森林覆盖率达到 32.2%，建成区绿化覆盖率达到 43.8%。

2. 霍州的转型之路

霍州曾是山西能源重化工基地，境内资源丰富，以煤为最。中华人民共和国成立以来，该市煤炭产业发展为国家经济建设做出了突出贡献，也逐步形成了以煤电为龙头"一煤独大"的产业格局。长期大量的开采，导致资源日渐枯竭，同时引发了地质灾害频发、环境污染严重、公共保障薄弱、失业问题突出等一系列问题。2011 年，霍州被纳入全国第三批资源枯竭城市，在宏观政策、项目建设、中央财政转移支付资金诸方面得到国家优惠和扶持，其转型跨越发展之路正式开启。

2013 年以来，霍州用足用活中央的资源枯竭城市转移支付资金和国家支持转型发展的优惠政策，运用"增减法"，在三次产业转型发展上走出了新路子（山西省人民政府，2014）。首先是工业转型，削减"高耗能、重污染"，新增"大投资、大产能、大园区"，实现工业经济由粗放型向集约型转变。对一些多、小、散、乱、差的土小企业进行了关停淘汰，共取缔小型洗煤厂、焦化厂、腐殖酸窝点等高耗能、重污染企业近 200 家。下大力气改造升级传统产业，培育壮大新型产业，兆光公司投资 52 亿元、国电霍州电厂投资 47 亿元实施产能扩容，全市电力总装机容量达到 300 万 kW，实现了变输煤为输电。引入山西普大和国新能源集团，实施了总投资 4 亿元的力拓煤业 90 万 t 技改、总投资 5.8 亿元的液化天然气调峰储气项目，实现了产能升级。其次是农业增效，缩减"小农业、小产出"，扩增"大基地、大规模、大品牌"，实现农业经济由传统种养殖向特色农业转变。大力建设特色经济林、无公害蔬菜、规模养殖三大基地，累计发展苹果、核桃等经济林 4000ha、无公害蔬菜 2667ha、小杂粮 1000ha，新增规模养殖场 220 个，扶持了壮瀚养殖、东城玮丰养殖等项目，培育了马刨泉小米、古衙黄小米、东湾芦笋、宗和农源果脯加工等一批特色农产品，建设了总投资 1.7 亿元的西张垣现代农业生态循环示范园区。最后是三产兴商，力减"小投入、小循环"，引增"大集团、大规划、大项目"，实现三产由自我造血向多元投入转变。与霍煤集团强强联手，投资 14 亿元对七里峪景区进行深度开发；和太原中景公司达成陶唐峪开发合作协议，投资 5 亿元进一步提升景区整体旅游文化品位；由陕西华茂香江集团注资 15 亿元强力实施霍州署文化产业示范园项目，建设霍州旅游文化产业集聚群。充分发挥招商引资在产业转型中的"桥梁"作用、"杠杆"作用，组团参加了中博会、能博会、首届晋商大会等招商活动。

### （三）下一步发展方向和重点任务

《全国资源型城市可持续发展规划（2013~2020 年)》遵循分类指导、特色发展的原则，根据资源保障能力和可持续发展能力的差异，将资源型城市划分为成长型、成熟型、衰退型和再生型四种类型，各类城市的发展方向和重点任务各有不同（见表 12-2)。

**表 12-2　山西资源型城市的发展方向和重点任务**

| 类型 | 城市 | 发展方向 | 重点任务 |
|---|---|---|---|
| 成长型 | 朔州市 | 资源开发处于上升阶段，资源保障潜力大，经济社会发展后劲足，是我国能源资源的供给和后备基地 | 规范资源开发秩序，形成一批重要矿产资源战略接续基地；提高资源开发企业的准入门槛，合理确定资源开发强度，严格环境影响评价，将企业生态环境恢复治理成本内部化；提高资源深加工水平，加快完善上下游产业配套，加快新型工业化；合理处理资源开发与城市发展之间的关系，使新型工业化与新型城镇化同步协调发展 |
| 成熟型 | 大同市阳泉市长治市晋城市忻州市晋中市临汾市运城市吕梁市古交市 | 资源开发处于稳定阶段，资源保障能力强，经济社会发展水平较高，是现阶段我国能源资源安全保障的核心区 | 高效开发利用资源，提高资源型产业技术水平，延伸产业链条，加快培育一批资源深加工龙头企业和产业集群；积极促进产业结构调整升级，尽快形成若干支柱型接续替代产业；高度重视生态环境问题，将企业生态环境恢复治理成本内部化，切实做好矿山地质环境治理和矿区土地复垦；大力保障和改善民生，加快发展社会事业，提升基本公共服务水平，完善城市功能，提高城镇化质量 |
| 衰退型 | 霍州市 | 资源趋于枯竭，经济发展滞后，民生问题突出，生态环境压力大，是加快转变经济发展方式的重点、难点地区 | 着力破除城市内部二元结构，化解历史遗留问题，千方百计促进失业矿工再就业，积极实施棚户区改造，加快废弃矿坑、沉陷区等地质灾害隐患综合治理；加大政策支持力度，大力扶持接续替代产业发展，逐步增强可持续发展能力 |

续表

| 类型 | 城市 | 发展方向 | 重点任务 |
|---|---|---|---|
| 再生型 | 孝义市 | 基本摆脱了资源依赖,经济社会开始步入良性发展轨道,是资源型城市转变经济发展方式的先行区 | 进一步优化经济结构,提高经济发展的质量和效益,深化对外开放和科技创新水平,改造提升传统产业,实现基本公共服务均等化;完善城市功能,提高城市品位,形成区域中心城市、生态宜居城市 |

资料来源:根据《全国资源型城市可持续发展规划(2013~2020 年)》整理。

## 二、老工业基地调整改造

### (一)提出背景

2013 年《全国老工业基地调整改造规划(2013~2022 年)》(以下简称《规划》)发布,规划范围涵盖 95 个地级老工业城市和 25 个直辖市、计划单列市、省会城市的市辖区,将山西的大同、阳泉、长治、晋中、临汾和太原万柏林区确定为老工业基地。山西老工业基地调整改造任务繁重,特别是城区老工业区发展方式粗放、落后产能集中、基础设施老化、环境污染严重、棚户区改造任务重、困难群体较多等问题比较突出,已成为制约老工业基地振兴的主要矛盾。2014 年 10 月,山西出台了《关于推进城区老工业区搬迁改造的实施意见》(以下简称《意见》)。《意见》提出,根据搬迁企业的产业类型、发展方向等条件,引导城区老工业区企业向具备条件的有产业关联的经济区、高新区、工业园区和产业基地搬迁,实现产业集聚发展。2015 年老工业基地城区老工业区搬迁改造工作全面启动,要求到 2022 年全省城区老工业区搬迁改造任务基本完成。

### (二)工作进展

2015 年大同、阳泉、长治、晋中、临汾和太原万柏林区 6 个老工业基地城区老工业区搬迁改造工作全面启动。太原万柏林和平老工业区是全国城区老工业区搬迁改造 21 个试点之一,也是山西唯一一个全国城区老工业区搬迁改造试点区。按照《太原市万柏林和平老工业区搬迁改造实施方案》,和平老工业区将在 2020 年率先完成搬迁改造任务,实现产业结构调整,为山西城区老工业区搬迁改造提供示范。2015 年临汾市和阳泉市先后编制了《临汾市尧都区东城老工业区搬迁改造实施方案》、《阳泉市城区老工业区搬迁改造实施方案》,长治市正在编制《长治市城区老工业区搬迁改造实施方案》。2015 年底,太原市首家享受全国老工业区基地改造政策的大众机械厂基本完成老工业基地一期改造项目。

### (三) 下一步工作重点

**1. 合理选择搬迁企业承接地**

根据搬迁企业的产业类型、发展方向等条件，结合山西重大产业项目布局，引导城区老工业区企业向具备条件的有产业关联的经济区、高新区、工业园区和产业基地搬迁，实现产业集聚发展。鼓励老工业区内装备制造企业向省内煤矿机械、轨道交通、电力装备、煤层气装备、新能源汽车等装备制造基地搬迁。冶金、化工、造纸、危险品生产和储运等环境风险较大的搬迁企业，必须迁入依法设立、环境保护基础设施齐全并经规划开展环境影响评价的产业园区。支持打破行政区划选择搬迁企业承接地，原则上不再为承接搬迁企业新设产业园区。鼓励建立兼顾企业原址所在地和搬迁企业承接地利益的税收分成及绩效考核机制。

**2. 积极实施企业搬迁改造**

对城区老工业区企业视情况分别实施就地改造、异地搬迁改造和依法关停等措施。加快淘汰不符合城市功能定位企业的现有落后工艺和生产装备，采用新技术、新工艺、新设备、新材料就地进行升级改造，提高清洁生产、安全生产和环境保护水平。对于环境污染严重，环境风险及安全隐患突出，就地改造无法达到安全、卫生及环境保护等法律法规要求和相关国家标准的企业，采取措施加快进行企业异地搬迁改造或依法关停。引导企业按照产业政策和行业规划等相关要求进行搬迁改造，支持企业同步进行升级改造和改制重组，促进产品技术提档升级。

**3. 加快产业结构升级**

以提升城市服务功能和科技创新能力为导向，充分利用腾退土地，重点发展现代服务业和战略性新兴产业。依托城区老工业区产业基础，积极发展设计咨询、科技、金融、电子商务、现代物流等生产性服务业。鼓励改造利用老厂区、老厂房、老设施，积极发展文化创意、工业旅游、演艺、会展等产业。大力发展商贸、健康、家庭、养老服务等生活性服务业。培育专业化服务机构，提供社会化服务。发挥城区老工业区的产业配套、科技人才及技术研发等优势，鼓励发展新材料、高端装备制造、新一代信息技术、节能环保等战略性新兴产业和先进制造业，积极培育产业链关联、创新能力强、特色鲜明的战略性新兴产业集聚区。积极争取国家和利用省级相关专项资金，支持城区老工业区新产业发展项目建设。根据城区老工业区发展定位和功能分区，适度进行商品房开发。

### 4. 完善城市基础设施和公共服务设施

坚持先地下、后地上的原则，加强供水、燃气、供热管网建设和老旧管网改造，建设雨污分流排水系统，完善污水和垃圾收集处理设施，有条件的地区要建设地下综合管廊。优化城市道路交通系统，加强路网衔接连通。加大消防、防洪、排水防涝等基础设施建设和改造力度，提高防灾减灾和应对突发事件能力。完善信息基础设施，应用先进信息技术提高城市管理水平，积极稳妥建设智慧片区，在老工业区改造中，从家庭、社区、园区、新区、城镇单元功能智慧化入手，以点带面，提升城市品质。倡导水务、地下空间、地下管网、绿色建筑等涉及民生、城市基础设施的数字化应用与智慧城市有机结合。不断提升公共服务水平，根据常住人口数量与结构变化，优化中小学、幼儿园、图书馆、博物馆、体育场馆、医疗卫生机构等公共服务设施布局。大力发展绿色建筑，对既有建筑加强节能改造，新建建筑严格按照65%的节能标准进行设计、施工、验收，节能标准执行率要达到100%。保障政府投入，加强非经营性基础设施建设。允许社会资本通过特许经营等方式参与城市基础设施投资和运营。

### 5. 治理修复生态环境

大力实施城区老工业区环境整治和生态系统修复，因地制宜加强绿地、公园建设，结合城市河湖水系和传统街区改造构筑特色生态景观。加强老工业区搬迁改造环境监管，落实场地污染者或使用者治理修复责任。要求企业在搬迁或依法关停前，制定搬迁过程中产生的废物和企业生产、存储设施处置方案并实施。开展企业搬迁遗留场地污染环境调查和风险评估，经评估认定为污染场地的，应明确治理修复责任主体，及时开展场地修复工作，防止污染扩散；未进行调查评估及未明确治理修复责任主体的，禁止进行土地流转和二次开发。对于保留的工业建筑物开展再利用环境和健康风险评估，对确认已污染的建筑物应编制清洁方案，治理后方能利用。

### 6. 实施城区老工业区棚户区改造

把城区老工业区搬迁改造与加快棚户区改造紧密结合起来，参照中央和山西出台的相关政策，大力实施城区老工业区棚户区改造。城区老工业区所在城市人民政府在上报年度棚户区改造计划时，优先安排城区老工业区的棚户区改造项目。支持对搬迁改造企业老家属区进行房屋修缮和环境综合整治，完善配套设施，着力改善老职工、困难家庭的居住条件。积极引入市场机制，吸引社会力量参与棚户区改造。

7.加强工业遗产保护再利用

高度重视城区老工业区工业遗产的历史价值,把工业遗产保护再利用作为搬迁改造的重要内容。在实施企业搬迁改造前,全面核查认定城区老工业区内的工业遗产,对具有重要价值的工业遗产公布为相应级别的文物保护单位。对于已列入文物保护单位的,应最大限度地维护其功能和景观的完整性、真实性,并制定相应的改造利用展示规划和保护维修方案。

# 第四节 晋陕豫黄河金三角承接产业转移示范区与区域合作

晋陕豫黄河金三角地区(以下简称黄河金三角)位于山西、陕西、河南三省交界地带的黄河沿岸,包括运城市、临汾市、渭南市和三门峡市(见图12-4),面积5.78万km²,2015年总人口1743.4万人,地区生产总值5044.2亿元,分别占三省总和的10.9%、9.4%和7.4%。黄河金三角处于我国中西部结合带和欧亚

**图12-4 晋陕豫黄河金三角地区范围**

资料来源:根据相关资料绘制。

大陆桥重要地段，是实施西部大开发战略和促进中部地区崛起战略的重点区域，晋陕豫黄河金三角承接产业转移示范区建设与区域合作对山西经济发展起着重要的带动作用。

## 一、晋陕豫黄河金三角承接产业转移示范区

### （一）示范区建设背景

21 世纪初，受要素成本持续上升的影响，东部地区一些劳动密集型的低附加值加工业开始寻求向区域外转移，中西部地区承接产业转移随之起步。该时期承接产业转移是中西部地区"为增长而竞争"延伸出来的自发行为，竞争基本上围绕投资项目展开。随着 2008 年国际金融危机的爆发，国际国内产业分工深刻调整，东部地区产业向区域外转移步伐加快，中西部地区也随之加快了承接产业转移的步伐。此时，中央政府开始重视并推动区际产业转移及其承接（杨国才，2012）。在国家层面政策的支持和推动下，中西部各省（区、市）依托自身比较优势，积极参与区域分工合作，竞相承接东部产业转移。2010 年以来，安徽皖江城市带、广西桂东、重庆沿江、湖南湘南、湖北荆州以及晋陕豫黄河金三角六个国家级承接产业转移示范区相继获批。

2012 年国家批准设立晋陕豫黄河金三角承接产业转移示范区，这是全国唯一一个跨省设立的承接产业转移示范区，其战略定位是：中西部地区重要的能源原材料与装备制造业基地、区域性物流中心、区域合作发展先行区和新的经济增长极，主要承接东部沿海地区的现代农业、新型工业、文化旅游产业、现代服务业等产业。

### （二）示范区建设情况

示范区建设的协调机制逐步形成。在原有"市长联席会议制度"的基础上，示范区成立了由四市市委书记、市长、常务副市长、发改委及相关部门负责人组成的晋陕豫黄河金三角承接产业转移示范区建设工作推进机构。同时，向省政府建议成立省级协调机构，加强三省有关部门的沟通协调，规划落实工作稳步推进。2012 年 11 月，四市在运城召开了示范区第一次联席会议，研究与国家有关部委对接、落实相关优惠政策及编制各市详规等 9 项具体事项，建立了示范区联席会议制度，并编制了示范区产业发展指导。

### (三) 示范区建设存在问题

1. 区域内政策不统一

示范区内不同地区分属不同省份、不同经济区,从而导致区域内产业、财政、税收、金融、土地等方面政策不统一。例如,在产业发展方面,示范区虽然明确了有色金属、装备制造、能源和现代物流为区域主导产业,但是由于缺乏统一的产业发展政策,产业合作尚未进入实质性阶段。另外,基础设施建设项目和承接产业转移项目需要由各省级人民政府相关部门审批,协调成本较高。

2. 区域合作缺乏制度规范

1986 年黄河金三角协作区成立以来,在区域合作的制度建设方面取得了很多成果,但仍然缺乏规范性,不利于示范区建设。首先,联席会议等区域协调机构是柔性组织,其做出的合作协议缺乏刚性法律约束力,不具有稳定性,可能会随着领导的变动而失去效力。其次,区域合作缺乏监督制约机制。由于我国整体的垂直领导和横向阻隔特点,地方政府只在纵向上受上级政府领导,而在横向上对平级政府不负责任。因此,缺乏对违反合作协议的平级政府的监督制约机制,从而大大增加区域内政府间合作的成本。

3. 区域内分工不明确,粗放型重复建设严重

示范区内不同地区不仅要素禀赋相似,而且技术水平趋同,在行政区划界限约束下,区域内分工不明确,粗放型重复建设问题严重。临汾、运城、渭南、三门峡四市均形成了以矿产、能源为依托的工业体系,产业结构趋同,城市功能定位相似,不仅导致区域内对专业人才、生产原料以及销售市场的恶性竞争,还造成了基础设施重复建设、资源浪费,致使各城市无法实现产业对接,降低了区域经济整体竞争力。

4. 产业配套能力差,载体功能不足

首先,示范区内产业配套能力差。产业配套能力对承接产业转移具有重要意义,较优的产业配套能力能够带来集聚效应和聚集经济,从而降低企业生产成本,提高企业经济效益。示范区的产业配套能力差,产业链条短,在很大程度上抵消了资源、政策等方面的优势,制约了承接产业转移的步伐。其次,示范区内载体功能不足。对于一个区域来说,功能齐全的产业集聚区是其承接产业转移、加速产业集聚、形成集聚效应和集聚经济的最重要载体。而示范区内园区的水、电、路、网等基础设施建设存在诸多问题,同时园区建设模式单一,园区内企业

间尚未形成良好的分工合作和经济技术联系。

**（四）示范区建设重点内容**

1. 优化投资发展环境

良好的投资环境是有效承接产业转移的保障（刘智民，2013）。一是营造高效的政务环境，按照"零障碍、低成本、高效率"的服务理念，进一步精简审批事项，加强行政服务中心建设，严格落实一次性告知、首问负责、限时办结等制度，简化办事程序，提高办事效率。二是建立健全社会信用服务体系，完善以物流、人力、智力、会计、评估、融资等为内容的中介服务体系，加大劳动力等要素资源的供给力度，为企业发展提供优质高效服务。三是提供有力的科技人才支撑，制定奖励支持政策，吸纳科研和高级管理人才。加快建立以市场为导向、产学研相结合的技术创新体系，为产业链发展提供技术和智力支撑。四是建设宜业宜居的社会环境，加快新型城镇化进程，以完善城市功能和改善生态环境为重点，集中实施一批重点工程、重点项目，不断提升城市形象，建设生态宜居城市，为客商提供优美的居住环境。加大治乱减负力度，认真落实检查审批制度、重点企业挂牌保护制度，切实维护企业和投资者的合法权益，为企业发展创造和谐稳定的社会环境。五是结合产业发展现状和国际国内大企业的投资动向，及时出台针对性、操作性强的新政策新举措，特别是围绕引进大项目、大企业、大投资，强化政策支持，使示范区成为承接产业转移的"政策洼地"。

2. 加强承接载体建设

把园区作为承接产业转移、加速产业集聚、培育产业集群的主要载体和平台。按照布局集中、要素集聚、功能集合、资源集约的要求，对园区进行科学合理的规划，实现一县一园、一园一业、错位发展的态势，形成以核心区块和龙头企业为主体，集研发、生产、交易、信息于一体，各项功能配套较为完善，具有区域影响力的产业集群。加快园区建设进度，完善水、电、路、气等基础设施，继续实施标准性厂房建设，支持重点产业、龙头企业的引进和建设，引导布局分散的中小企业集中到统一规划的产业园区，优化企业之间的生产协作，促进企业共享基础设施和公共服务，加强产业配套，培育产业集群。有计划、分步骤将同源企业、同类企业、关联度较强的项目纳入同一园区来发展，壮大园区的产业规模，建设专业园区、特色园区，形成承接产业转移的特色和品牌。

3. 突出重点精准招商

加强产业和市场调研,找准承接产业转移的结合点和突破口。一是围绕重点产业,实施定向招商。加快产业规划编制,制定引进产业指导目录,指导各县(市、区)依托优势资源和产业基础,重点引进竞争力强、成长性好、关联度高的项目,着力延伸产业链条,壮大产业集群。二是突出重点区域,实施重点招商。认真开展市场调研,选准目标客户,实施重点突破。面向珠三角地区重点引进加工制造以及装备制造、电子信息、光伏太阳能等产业;面向长三角地区重点引进精细化工、涉农加工、现代农业、生物医药等产业;面向港澳和京津冀地区重点引进现代服务业;面向西安、山西、河南等地重点地区引进能源开发、有色冶金等产业。三是紧盯龙头企业,实施招大引强。将世界 500 强、国内 500 强、行业 50 强和央企省企作为重点引进目标,加快与华润集团、万达集团、碧桂园集团、中航集团、兵器工业集团、蒙牛集团等一大批知名企业的合作进度,争取在央企名企引进上取得新的突破。

## 二、晋陕豫黄河金三角区域合作

1986 年"晋陕豫黄河金三角经济协作区"建立,2012 年国家批准设立"晋陕豫黄河金三角承接产业转移示范区",2014 年国家批准《晋陕豫黄河金三角区域合作规划》,晋陕豫黄河金三角地区合作领域不断拓展,合作机制不断完善,区域联动发展、一体化发展取得初步成效。

### (一)合作基础与背景

黄河金三角区位优势独特,承东启西、连通南北,铁路线纵横交错、公路网四通八达,初步形成了综合立体交通网络和区域内一小时经济圈。资源优势明显,铝、镁、钼、铜、黄金、芒硝等矿产资源储量较大,农业生产条件得天独厚,土地和水资源丰富,文化旅游资源富集。产业发展基础较好,苹果产量、浓缩果汁产能分别约占全国的 25% 和 75%,形成了以煤及煤化工、电力、有色金属等能源原材料生产,以及装备制造、农产品加工为主的产业体系。合作发展具备良好条件,四市长期以来经济联系紧密,产业关联度高,共建重大基础设施和产业基地,深化社会事业合作,区域合作机制初步建立,联动发展格局初步形成。

黄河金三角区域合作从 1986 年成立"晋陕豫黄河金三角经济协作区"(下文简称黄河金三角协作区)开始,由山西运城、河南三门峡和陕西渭南组成。协作区成立后，三市从实际出发，按照"政府搭台，企业唱戏"的原则，走联合协作发展之路，积极引导各种经济成分的经营实体开展广泛的经济技术合作，在促进区域市场经济体制的建立和完善方面进行了积极有效的探索，取得了明显的效益（安树伟等，2002）。首先，联合加快了区内基础设施建设步伐。1993年山西与河南合作建成了三门峡黄河公路大桥，1994年在陕西与河南的配合下，山西建成了风陵渡黄河公路大桥。与此同时，西安—潼关、运城—风陵渡、运城—三门峡、三门峡—潼关等高速公路相继建成通车。黄河航运开发取得一定成效，晋陕豫三省有关部门就三门峡库区航运开发进行了多次协商。协作区三市电信部分先后完成了西安—北京、西安—郑州协作区内800多km的光缆铺设任务，实现了本地网，并开通了数字移动通信，投资建成了金三角短波应急抗震防御通信网。其次，联合争取国家在区内安排重大工程和建设项目，促进了区内优势产业的发展和资源转化。根据区内资源优势和国家把本区列为能源重化工基地的实际，在国家能源办的指导下，制定了《晋陕豫黄河金三角经济协作区经济和社会发展规划》。依照该规划，通过联合争取使国家先后在区内安排了蒲城240万kW、三门峡240万kW、河津240万kW火力发电厂和渭南30万t合成氨、河津25万t铝厂、陕县4万t尿素、灵宝3万t磷铵等重点工程和技改项目。最后，联合建立区域市场，促进了区内生产要素的合理流动和物资商品的流通。制定了协作区经济技术协作中的"互惠办法"，为协调解决三市经济交往和协作中出现的各种矛盾与问题提供了政策依据；积极推进部门和行业之间协作网络的建立与发展；加快建设区域市场，促进三市之间商品流通和市场繁荣，相继建成了渭南渭桥市场、三门峡桥头贸易区、运城禹都市场等；加强区域联合，在市场作用的驱动下，一批企业自觉地开展跨地区、跨行业、跨所有制经营，实现了跨地区扩张，取得了良好的经济和社会效益。

黄河金三角协作区对参与合作三方的经济发展产生了积极作用，但是由于行政区划的局限，本区域内资源配置、生产要素有序流动及产业合理分布受到了限制，环境保护与开发难以同步，有利于区域协调发展的管理体制和运行机制难以形成，影响了区域协调发展进一步深化。目前，黄河金三角合作发展面临的主要矛盾和问题是：产业低水平重复建设问题仍未解决，资源要素跨区域整合难度大；区域生态环境治理与保护任务艰巨，统筹协调比较困难；地区封锁和行政壁垒仍然存在，一体化发展障碍较多；区域合作缺乏制度规范，体制和机制亟待完善。

**（二）合作主要内容**

根据《晋陕豫黄河金三角区域合作规划》，黄河金三角区域合作主要包括加快基础设施互联互通、加强产业分工协作、促进生态环境共建、实现公共服务一体化、协同推进改革开放五方面内容。

**1. 加快基础设施互联互通**

统筹交通、能源、水利、信息基础设施建设，大力提升互联互通能力与现代化水平，共同建设布局合理、功能配套、安全高效的现代基础设施体系。统筹交通规划与建设，畅通内外通道，完善交通网络，强化枢纽功能，加快形成布局合理、衔接紧密、内通外联、便捷高效的综合运输体系。发挥煤、电、气资源优势，根据区域环境承载能力和大气污染防治要求，科学布局、统筹能源基地建设，完善能源供输网络，提升能源设施共建共享水平。确保区域防洪安全、供水安全、生态安全和粮食生产安全，实现区域内黄河干流及主要支流水利设施共建，统筹水资源开发、利用、节约、保护及水害防治工作。统一规划，集约建设数字化、宽带化、智能化、综合化、一体化的信息设施，促进资源共享，加快落实"宽带中国"战略。

**2. 加强产业分工协作**

加强产业协作，促进优势互补、合理分工和布局优化，构建具有比较优势、体现区域特色的现代产业体系，加快建设承接产业转移示范区，提高产业整体发展水平。稳定提高粮食生产能力，积极发展高产、优质、高效、生态农业，促进农产品生产向优势产区集中，实现专业化、规模化和基地化，培育新型农业生产经营和服务主体，构建区域共享的农业服务体系，建成特色农产品生产与加工基地。以优势产业和骨干企业为龙头，培育壮大若干关联紧密、技术水平高、创新能力强的产业集群，延长产业链，提升产业层次，建设全国重要的有色金属深加工和现代装备制造业基地。充分发挥黄河金三角区位、资源和人文优势，加强旅游、文化、现代物流、金融和信息服务业的深度合作，提质增效，全面提升区域服务业发展水平。共建承接产业转移示范区，组织实施《晋陕豫黄河金三角承接产业转移示范区规划》，联合编制承接产业转移指导目录，明确产业承接发展重点。

3. 促进生态环境共建

实现生态环境一体化建设，完善环境治理、生态修复和生态补偿制度，合力建设人与自然和谐的生态文明示范区，共同建设天蓝、地绿、水清的美好家园。开展黄土高原生态建设，坚持保护优先、自然恢复为主，以国家和省级重点生态功能区为重点，实施分区治理，建设网络化生态廊道，有效防治黄土高原水土流失，减少入黄泥沙，促进水土资源可持续利用，大力改善区域生态环境。加强环境综合整治，创新体制机制，实现环保基础设施共建共享和环保管理一体化，共同保护生态环境和水源涵养区环境，协同解决区域性大气污染、重金属污染等突出环境问题。积极探索资源节约集约和循环利用有效途径，提高土地、水资源节约集约和矿产资源综合利用水平，实现绿色循环低碳发展。

4. 实现公共服务一体化

统筹公共服务资源在城乡之间、区域之间的合理配置，促进公共服务资源共建共享，实现基本公共服务一体化，切实保障和改善民生，实现发展成果更多更公平惠及全体人民。统筹城乡义务教育资源均衡配置，加强教育合作，实现区域内学校共建、师资交流和统一招生，率先普及高中阶段教育，实现普通高中多样化发展。整合区域内各类科技资源，加快形成以企业为主体、市场为导向、产学研相结合的技术创新体系，共建区域创新体系，提升自主创新能力。加强医疗卫生合作和资源共享，建立区域医疗卫生数据库和信息交换平台，完善门诊通用病历、双向转诊、区域内临床用血应急调配等合作机制。扩大公共文化产品和服务供给，促进区域、城乡基层公共文化服务资源共建共享，满足城乡居民精神文化需求。完善覆盖城乡的公共就业服务体系，形成统一开放、竞争有序的人力资源市场，促进跨地区自由就业。加强区域社会管理，改进社会治理方式，增强社会发展活力，创新有效预防和化解社会矛盾体制，全面推进平安黄河金三角建设。

5. 协同推进改革开放

全面深化改革，创新体制机制，完善开放格局，进一步提升区域开放合作水平，为黄河金三角一体化发展提供强大动力。创新一体化发展体制机制，加快转变政府职能，深化行政体制改革，创新行政管理方式，优化行政服务模式，建设行政服务平台，深化行政审批制度改革。构建多层次开放合作格局，加强与东部沿海和周边地区的互动合作，积极参与国际交流与合作，共同建设内陆开放高地。

### （三）合作进展

目前，运城、临汾、三门峡、渭南四市正积极沟通协调，探索和建立晋陕豫黄河金三角区域合作联动、协同并进、一体化发展的工作机制和办法。运城市制定出台了《运城市加快推进晋陕豫黄河金三角区域合作的实施意见》，全力建设晋陕豫黄河金三角区域金融中心，于 2016 年 1 月召开了晋陕豫黄河金三角金融创新与发展会议。2015 年 8 月，晋陕豫黄河金三角区域公共卫生协作在运城市启动。2016 年临汾市编制完成了《临汾市〈晋陕豫黄河金三角区域合作规划〉实施方案》。

**参考文献**

[1] 刘智民. 关于加快推进产业转移示范区建设的几点思考 [J]. 陕西发展和改革，2013（5）：35-37.

[2] 马克，李军国. 我国资源型城市可持续发展的实践与探索 [J]. 经济纵横，2012（8）：1-7.

[3] 杨国才. 中西部产业转移示范区的实际功用与困境摆脱 [J]. 改革，2012（12）：83-89.

[4] 张秉福. 资源枯竭型城市的问题与对策 [J]. 上海城市管理职业技术学院学报，2006（5）：54-55.

[5] 张秀冰，张翠莉. 山西建设转型综改试验区难点问题分析 [J]. 中共太原市委党校学报，2012（5）：22-25.

[6] 安树伟等. 中国省区交界地带经济发展研究 [M]. 北京：中国经济出版社，2002：43-45.

[7] 《山西改革发展 30 年》丛书编委会. 山西改革发展 30 年·综合卷 [M]. 北京：中共党史出版社，2008.

[8] 李志强. 山西资源型经济转型发展报告（2013）：创新驱动·转型综改 [M]. 北京：社会科学文献出版社，2013.

[9] 李志强. 山西资源型经济转型发展报告（2014）：全面深化改革·转型综改试验 [M]. 北京：社会科学文献出版社，2014.

[10] 梁志祥，李茂盛. 当代山西概览 [M]. 北京：当代中国出版社，2003.

[11] 刘江. 中国地区发展回顾与展望（山西卷）[M]. 北京：中国物价出版社，1999.

[12] 苑琳. 新型工业化问题研究：以山西老工业基地为例 [M]. 北京：中国财政经济出版社，2006.

[13] 国家发展和改革委员会. 促进中部地区崛起规划 [Z]. 2009.

[14] 国家发展和改革委员会. 全国资源型城市可持续发展规划 (2013~2020) [Z]. 2013.

[15] 晋陕豫黄河金三角. 晋陕豫黄河三角经济协作区 22 年合作成果 [EB/OL]. http://www.hhjsy.com/article/817.html，2010-12-23.

[16] 山西省发展和改革委员会.《霍州市资源枯竭城市转型规划 (2012~2020 年)》通过批复 [EB/OL]. http://www.sxdrc.gov.cn/xxlm/gyfz/zhdt/201311/t20131111_70384.htm，2013-11-11.

[17] 山西省人民政府. 霍州市"增减法"助力资源枯竭型城市产业转型 [EB/OL]. http://www.shanxigov.cn/n16/n8319541/n8319657/n8324722/17747685.html，2014-01-15.

# 第十三章　发展战略与前景

　　1949年中华人民共和国成立以来，山西的经济发展先后经历了社会主义改造阶段（1949~1957年）、社会主义建设在探索中曲折前进阶段（1958~1965年）、社会主义在建设中遭受严重破坏阶段（1966~1976年）、改革开放成功起步阶段（1977~1991年）、社会主义市场经济体制框架构建阶段（1992~2002年）、社会主义市场经济体制不断完善阶段（2002年至今）。到2016年底，全省常住人口达到3681.64万人，城镇化率提高到56.2%；经济规模不断扩大，综合实力显著增强，全省地区生产总值达到12928.3亿元；三次产业结构调整为6.1：38.1：55.8，战略性新兴产业增加值占全省规模以上工业增加值的比重达到12.6%，新型能源和化工基地建设成就斐然；固定资产投资达到14285.0亿元，全省公路里程达到14.2万km（其中高速公路5262.5km），民用航空航线187条，基础设施明显改善；海关进出口总额1099.0亿元，全方位对外开放格局基本形成；城镇居民和农村居民人均可支配收入分别达到27352元和10082元，人民生活水平显著提高。今后，要紧紧抓住国家"一带一路"倡议及环渤海区域合作、促进中部崛起等战略的机遇，以促进支柱产业发展的多元化、大城市优先增长的城镇化，继续加快东西通道建设，加快环保优先的生态建设，拓展区域发展新空间，在全国地域分工中发挥更加重要的作用。

## 第一节　发展阶段与基本特征

　　经济发展阶段是经济发展战略与前景分析的基础，下文在分析城镇化阶段、工业化阶段、市场化阶段、区域发展阶段的基础上，概括山西经济发展的基本特征。

## 一、发展阶段

### （一）城镇化阶段

2000~2016 年，山西城镇化率由 35.9% 提升至 56.2%，按照城镇化水平划分标准①，目前正处于城镇化快速发展阶段。但是，当城镇化率超过 50.0% 以后，城镇化率的增长速度将逐渐减缓。

### （二）工业化阶段

工业化水平也是目前衡量一个地区经济发展水平较为常用的重要指标。国内学者主要是从经济发展水平、产业结构、工业结构、就业结构和空间结构等方面评价工业化水平（见表 13-1）。根据这一标准，可以从各项指标对山西的工业化水平做出判断。

表 13-1　工业化不同阶段的标志值

| 基本指标 | 前工业化阶段 | 工业化阶段 | | | 后工业化阶段 |
|---|---|---|---|---|---|
| | | 工业化初期 | 工业化中期 | 工业化后期 | |
| 人均 GDP（经济发展水平，2010 年美元） | 827~1654 | 1654~3308 | 3308~6615 | 6615~12398 | 12398 以上 |
| 三次产业增加值比重（产业结构，%） | A > I | A> 20，A<I | A< 20，I>S | A<10，I<S | A<10，I<S |
| 制造业增加值占总商品生产部门增加值比重（工业结构，%） | 20 以下 | 20~40 | 40~50 | 50~60 | 60 以上 |
| 人口城镇化率（空间结构，%） | 30 以下 | 30~50 | 50~60 | 60~75 | 75 以上 |
| 第一产业就业人员比重（就业结构，%） | 60 以上 | 45~60 | 30~45 | 10~30 | 10 以下 |

注：A 为农业，I 为工业，S 为服务业。
资料来源：黄群慧、李芳芳等. 工业化蓝皮书：中国工业化进程报告（1995~2015）[M]. 北京：社会科学文献出版社，2017：28.

从经济发展水平看，2015 年山西人均 GDP 按当年平均汇率计算为 5606 美元（折合 2010 年汇率为 4929 美元），处于工业化的中期阶段。从产业结构看，2015

---

① 城镇化水平可以分为三个阶段：城镇化水平在 30% 以下为城镇化初级阶段，在 30%~70% 为快速发展阶段，70% 以上为成熟阶段。

年山西三次产业比重为 6.1：40.7：53.2，第二产业已经超过第一产业，第一产业增加值的比重小于10%，且工业比重小于服务业比重，具备由工业化后期向后工业化阶段转变的特征。需要说明的是，2011年以来由于宏观经济形势的影响，工业增加值占山西地区生产总值的比重大幅度下降，2011~2015年由52.5%下降到34.1%，平均每年下降4.6个百分点，这种下降是不正常的，并不能由此得出山西已经处于后工业化阶段的结论。从工业结构看，2015年全省制造业增加值为1402.20亿元，占地区生产总值的比重为11.0%，处于前工业化阶段。从空间结构看，2015年全省城镇化率为55.0%，处于工业化中期阶段。从就业结构看，2015年全省第一产业从业人员为666.6万人，占从业人员总数的35.6%，处于工业化中期阶段。总的来说，目前山西仍处于工业化中期阶段。

工业内部结构变化通常可以分为三个阶段：重工业化阶段、高加工度化阶段和技术集约化阶段。在以原材料工业为重心的工业发展时期，工业化处于初期阶段；当工业结构转向以加工装配工业为中心，高加工度阶段迅速推进时，工业化进入中期阶段；而当工业结构转向技术集约阶段，技术密集型产业对工业增长起主要支撑作用时，工业化便到了后期阶段。从2015年全省工业增加值结构来看，居前三位的行业依次为煤炭开采和洗选业，电力、热力生产和供应业，黑色金属冶炼和压延加工业，这三个行业都属于原材料工业。因此，从工业内部结构来看，山西还处于重工业化阶段。

### （三）市场化阶段

2008~2014年，在全国31个省（直辖市、自治区）市场化程度位序中，山西分别处于第22位（2008年）、22位（2010年）、24位（2012年）和23位（2014年），居中部六省末位，也处于全国较低水平（见图13-1）。

### （四）区域发展阶段

区域经济的成长分为四个阶段：待开发（不发育）阶段、成长阶段、成熟阶段、衰退阶段。其中，当区域经济跨过工业化起点，呈现出较强的增长势头时，标志着区域经济发展已由待开发阶段进入成长阶段（陈栋生，1993）。通过上述分析，山西经济总量不断扩大，工业化、城镇化不断提高，市场化程度虽然较低，但市场规模逐渐扩大，总体而言，山西处于区域经济的成长阶段。在这一阶段，经济总量将扩大，产业结构急剧变动，煤炭、钢铁、电力行业快速发展，逐步由重工业化阶段向高加工度化阶段转变，市场规模不断扩大，区域专业化分工迅速发展。

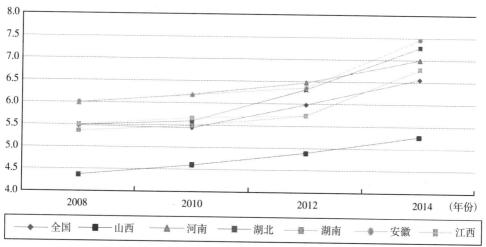

图 13-1　2008~2014 年山西省市场化指数及比较

资料来源：王小鲁，樊纲，余静文. 中国分省份市场化指数报告（2016）[M]. 北京：社会科学文献出版社，2017：5.

## 二、基本特征

1978 年以来，山西人口占全国的比重总体呈上升趋势，2016 年人口占全国的 2.66%；而地区生产总值比重在波动中下降，2016 年地区生产总值占全国的 1.74%，处于 1978 年以来的最低点（见图 13-2）。这表明，1978 年尤其是 2005

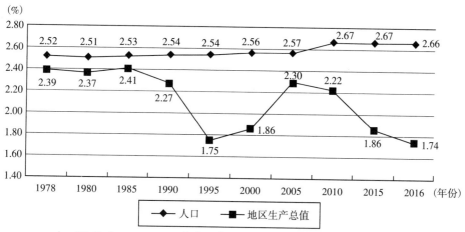

图 13-2　1978~2016 年山西省人口和地区生产总值占全国比重

资料来源：根据《中国统计年鉴》（2016）、《山西统计年鉴》（2016）、《中国统计摘要》（2017）整理。

年以来，山西与全国的差距在持续拉大。2016 年，山西以占全国 1.64% 的国土面积，承载了 2.66% 的人口，创造了 1.74% 的地区生产总值。

### （一）以能源原材料为主的经济结构，经济波动幅度大

中华人民共和国成立以来，国家实行优先发展重工业的工业化之路，山西作为首都北京的重要屏障和战略缓冲之地，始终是发展重工业的主战场，沿着建设成全国的"重工业基地之———能源重化工基地—重要的新型能源和工业基地"的发展道路，成功地抓住了国家振兴老工业基地、促进中部崛起的机遇，逐步明确了山西工业在全国经济发展中的地位和作用，促进了全省工业的持续稳定发展。特别是改革开放以来，能源基地建设取得了巨大成绩（牛仁亮，2009），逐步形成了能源原材料为主的经济结构，工业发展高度依赖煤炭开采、焦化、煤化工等行业，主导着全省的工业发展。1985~2015 年资源型产业增加值占工业增加值的比重介于 67%~90% 之间，其中煤炭开采业成为山西最重要的资源型产业，煤炭开采和洗选业占工业增加值的比重由 32.95% 提高到 47.55%（其中，2010 年高达 58.39%），成为工业经济中的重要支柱，电力、热力、燃气的生产和供应业，黑色金属冶炼及压延加工业分别成为全省的第二、第三大支柱产业。由此，导致了全省"重工业过重、轻工业过轻"的格局，2015 年重工业增加值占工业的比重为 91.5%。

由于特殊的资源禀赋和经济结构，山西经济波动与全国在总趋势、总规律基本一致的前提下，经济的波动强度明显大于全国和东南地区，经济波动的扩张期明显短于衰退期，山西经济进入增长型波动阶段的时间明显滞后于东南地区（张文丽、孙季玲和潘晔，2013）。由此，山西在全国区域经济格局中表现出典型的"沿海已热晋未热、沿海已冷晋未冷"的"山西现象"。

### （二）农业结构发生了根本转变，特色农业快速发展，但脱贫任务依然艰巨

山西地表崎岖破碎，山地和丘陵占土地总面积的 80.3%，降水偏少，十年九旱，土壤侵蚀严重，但热量条件较好，生物资源丰富。1978 年以来，在耕地逐年减少、人口不断增加的情况下，农林牧渔业全面发展，产品产量不断攀升，农业综合实力明显提高，农村经济实力显著增强，不仅解决了全省人民群众的温饱问题，而且为促进国民经济的快速发展奠定了坚实的物质基础。2016 年全省农业机械总动力 1744.3 万 kW，农作物种植面积 372.08 万 ha，粮食产量达到 1318.5 万 t，猪牛羊肉总产量 70.9 万 t，培育了众多的特色农产品，成为全国知

名的"小杂粮王国"。

1978~2015年，种植业产值占全省农业产值的比重由82.6%下降到67.5%，林业由6.0%提高到6.8%，牧业由11.4%提高到25.0%，渔业比重也有一定程度的提高，即由种植业"一业独大"的农业结构过渡到以种植业和牧业为主的农业结构，农业结构发生根本性改变（见图13-3）。近年来，在资源比较优势的驱动和产业政策的引导下，农产品逐步向优势产区集中，一批布局相对集中、区域特色明显的优质农产品生产基地取得突破，各具特色的农业经济区如雁门关生态畜牧经济区，忻定盆地玉米、杂粮经济区，晋中盆地蔬菜、水果、花卉等设施农业经济区，上党盆地玉米、畜牧业经济区，晋南盆地粮食、水果和蔬菜经济区，太行山和吕梁山杂粮、林果业经济区已经初具规模和影响力。"十二五"时期，全省建设各类农业园区超过1300个，晋中市和长治市等现代农业示范区正在成为引领全省农业现代化建设的标杆，有力地推动了农业的市场化、区域化、产业化进程。

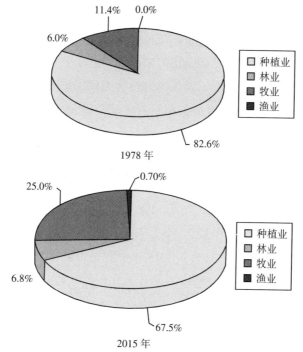

图13-3　1978~2015年山西省农业产值结构变化

资料来源：根据《山西统计年鉴》（2016）整理。

但是，作为国家重要的能源原材料基地，土壤污染问题较其他省份更为突出，主要是汞、镉、铅、砷及六价铬等重金属类的污染，农产品产地环境污染形势严峻。随着农业资源环境约束趋紧和农产品质量安全要求提高，保障农业绿色可持续发展的任务艰巨，发展无公害农业和绿色农业任重道远。山西是我国内陆欠发达地区和贫困人口较多的省份之一，在国家新时期14个集中连片的贫困地区中，涉及山西的有吕梁山区和燕山—太行山区，包括大同、忻州、吕梁、临汾的20个贫困县，位置偏僻，自然条件较差。山西119个县（市、区）中，102个县（区）有贫困人口；有扶贫开发工作重点县（区，以下统称县）58个，贫困村7993个；贫困人口232万人，占全省农村总人口的9.6%，高出全国平均水平3.9个百分点；80%以上的贫困人口集中在西部吕梁山黄土残垣沟壑区、东部太行山干石山区和北部高寒冷凉区，2/3的贫困村农民人均收入不足3000元①，反贫困任务依然艰巨。

**（三）资源开发是城镇化的主要动力源泉，城镇化滞后于工业化的状况得到根本改善**

城市是在一定的产业和人口集聚条件下形成的，中华人民共和国成立以后，伴随着资源开发和资源型经济的发展，在工业化的推动下，形成了资源导向型的城镇化道路。资源开发成为全省城镇化的主要推动力之一，矿产资源的开发不仅形成了新型的城镇，而且使原有不同规模的聚落因周围矿产资源的开发而成长起来。山西22个城市中有15个城市分布于六大煤田的覆盖区域内；11个地级市中，除太原外均为资源型城市；11个县级市中，有古交市、霍州市、孝义市3个资源型城市。② 由于"因矿设市"，导致城市规模普遍偏小。山西城镇体系的典型特征是大城市太少，小城市太多、太小。2015年建成区人口超过100万人的大城市只有太原和大同2个城市，50万~100万人的中等城市也只有长治、阳泉、临汾3个城市，其余17个城市均为50万人以下的小城市（其中，20万人以下的Ⅱ型小城市有8个）（见表13-2）；2015年全省城市城区平均人口50.56万人、平均建成区面积51.07km²，分别相当于全国平均水平的72.1%和64.3%。

学术界一般选取IU比、NU比的标准③来度量城镇化与工业化的关系（孙凡

---

① 山西省人民政府. 山西省"十三五"脱贫攻坚规划 ［Z］. 2017.
② 其中孝义市和霍州市为国家资源枯竭型城市。
③ IU比是指劳动力工业化率（即工业劳动力占劳动力的比重）与城镇化率（即城镇人口占总人口的比重）的比值，NU比是指劳动力非农化率（即非农产业劳动力占劳动力的比重）与城镇化率的比值。当城镇化、工业化和非农化发展较为协调时，IU比大致为0.5，NU比大致为1.2。如果IU比明显小于0.5，且NU比明显小于1.2，则说明相对于工业化和非农化的发展程度而言，城镇化超前；相反，如果IU比明显大于0.5，且NU比明显大于1.2，则说明相对于工业化和非农化的发展而言，城镇化发展滞后。

文和许世卫，2006）。1978~1985 年，资源导向型的城镇化道路导致山西的城镇化严重滞后于工业化，并且滞后程度日益扩大；1985~2005 年，城镇化仍然滞后于工业化，但二者不协调的程度在逐渐缓解；2005 年之后，城镇化滞后于工业化的状况得到根本改善（见图 13-4）。当然，这一改变既与全省着力调整经济结构有较大关系，也与宏观经济对能源原材料产品的需求减少有关。

表 13-2　2015 年山西省各城市的城区人口与建成区面积

| 城市 | 城区人口<br>（万人） | 建成区面积<br>（km²） | 城市 | 城区人口<br>（万人） | 建成区面积<br>（km²） |
| --- | --- | --- | --- | --- | --- |
| 太原 | 360.00 | 340.00 | 古交 | 16.66 | 16.66 |
| 大同 | 123.58 | 125.20 | 潞城 | 9.15 | 8.00 |
| 阳泉 | 60.13 | 55.16 | 高平 | 12.14 | 17.80 |
| 长治 | 73.92 | 59.30 | 介休 | 20.80 | 24.00 |
| 晋城 | 48.00 | 57.00 | 永济 | 17.10 | 23.04 |
| 朔州 | 39.61 | 41.60 | 河津 | 22.00 | 28.82 |
| 晋中 | 49.77 | 71.58 | 原平 | 18.10 | 15.10 |
| 运城 | 43.00 | 46.00 | 侯马 | 15.74 | 20.03 |
| 忻州 | 29.98 | 36.00 | 霍州 | 15.00 | 15.40 |
| 临汾 | 61.70 | 54.00 | 孝义 | 30.49 | 26.80 |
| 吕梁 | 27.00 | 25.80 | 汾阳 | 18.26 | 16.17 |

资料来源：国家住房和城乡建设部.中国城市建设统计年鉴（2015）[M].北京：中国统计出版社，2016：52-54.

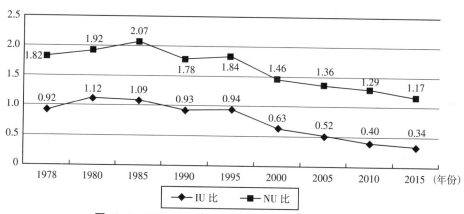

图 13-4　1978~2015 年山西省工业化和城镇化关系比较

资料来源：国家统计局国民经济综合统计司.新中国六十年统计资料汇编[M].北京：中国统计出版社，2009：189-208；《山西统计年鉴》（2016）。

### （四）服务业在国民经济中的地位日益突出，新业态快速成长

近年来，山西围绕"建设中西部现代物流中心和生产性服务业大省，建设文化强省、旅游强省"的目标，将推动服务业大发展作为经济结构战略性调整的突破口和产业结构优化升级的战略重点，服务业规模迅速壮大，质量效益不断提升，新的服务业态快速成长，在国民经济中的地位日益突出。2016 年，服务业增加值占地区生产总值的比重达到 55.8%，与 2010 年相比平均每年提高 3.1 个百分点。服务业比重大幅度提高既有工业整体不景气的原因，也体现了服务业在经济发展中的重要性，成为经济新常态下的新增长点。旅游服务、电子商务、现代物流、信息服务等服务业快速成长，2016 年全省接待入境过夜游客 63.0 万人次，接待国内旅游者 4.4 亿人次，旅游总收入达到 4247.1 亿元。生产性服务业竞争力不断增强，商务区、物流园、交易中心等一批现代服务业集聚区相继建成，信息、技术、品牌、管理、人才等高技术服务企业发展迅速，成为全省转型发展的重要力量。当然，山西生活性服务业大而不强，生产性服务业发展缓慢，知识密集、技术含量高的现代服务业规模不大，有影响的品牌较少，参与国内国际竞争的能力不强。

### （五）交通等基础设施基本成型，区域开发格局由点轴开发向网络开发格局转变

交通运输是国民经济和社会发展的重要基础。经过改革开放近 40 年的建设，2016 年全省公路通车里程 14.2 万 km（其中高速公路 5262.5km），铁路营业里程 5086km，公路和铁路密度分别达到 90.0km/100km² 和 3.2km/100km²，初步构建了"一轴两纵三辐射、四网五横六枢纽"的交通网络骨架，形成了网络设施配套衔接、运输装备先进适用、运输服务安全高效的综合交通运输体系，彻底改变了落后、封闭的交通状况，为拉动经济发展、加速能源重化工基地建设、促进资源型经济转型做出了重大贡献，有力地支撑了经济的发展。

伴随着道路等基础设施的完善，全省区域经济空间格局已由 20 世纪八九十年代的"K"字型格局逐步过渡到 2010 年的"大"字型格局，目前正在向"叶脉式"空间结构演变，实现了区域开发格局由点轴开发向网络开发的转变。当人口密度和经济实力达到一定程度时，就会形成典型的集聚区和都市圈，目前以太原为中心的都市圈基本具备了这一雏形。

### （六）环境质量有所改善，但促进人与自然和谐发展任重而道远

由于自然条件和经济结构的影响，山西曾是全国环境污染最严重的省份之一。通过加强重点流域、重点城市、重点区域环境整治和重点行业污染治理，全省环境污染急剧恶化的趋势得到初步遏制，水环境恶化趋势得到控制，工业废水排放量减少，处理率大幅度增加，大气环境状况明显改善，工业固体废物利用率提高，主要污染物总量减排成效初现，局部地区环境质量有所改善。但是，由于资源型经济发展模式具有一定的"锁定效应"，产业结构偏重、污染物排放量偏大在短期内不可能发生根本性转变。尽管随着科技进步、技术改造，单位产品产量污染排放强度逐步降低，但污染物排放总量仍将对环境形成较大压力，环境形势依然严峻，山西仍是全国环境污染和生态破坏严重的省份，生态环境脆弱与经济社会发展的矛盾依然十分突出，维护环境安全、促进人与自然和谐发展任重而道远（山西省环境保护厅，2016）。

# 第二节 功能定位

从经济社会发展现状、优势和限制性因素出发，考虑到区位和资源生态条件、发展基础和面临的发展环境等因素，未来山西的总体定位是：国家资源型经济转型综合配套改革试验区，国家新型综合能源与制造业基地，国家生态文明示范区，华夏文明展示、传承与创新区。

## 一、国家资源型经济转型综合配套改革试验区

作为我国典型的资源型地区，山西是我国重要的能源和原材料供应基地，长期以来肩负着维护国家能源安全、保障能源供给的艰巨使命，为中国工业化和现代化发展做出了特殊贡献。然而，由于过分依赖煤炭等资源开发，加之现行资源型产品加工形成机制不合理，生产要素大量流入煤炭开采及以煤炭为主要原料的炼焦、冶金等行业，导致经济发展方式相对粗放，进而引发了产业结构单一、生态环境恶化、增长路径依赖、发展风险增大、资源浪费严重、民生改善乏力、生产事故频发等一系列矛盾和问题，亟须通过深化改革和体制机制创新，提升改造

资源型产业，孕育壮大接续替代产业，探索资源型经济转型发展的新路子（黄群慧和杨丹辉等，2015）。

自 2010 年国务院批准山西省作为国家资源型经济转型综合配套改革试验区（以下简称试验区）以来，山西省以《山西省国家资源型经济转型综合配套改革试验总体方案》（以下简称《总体方案》）为统领，以循环经济和技术进步为基本路径，全面推进产业优化升级；以生态环境保护和治理修复为主要抓手，提高可持续发展能力；以城乡统筹为基本方略，协调城镇发展和社会主义新农村建设；以改善民生为重点，努力构建和谐社会（山西省人民政府，2012）。通过创新完善产业转型促进机制，深化财税体制改革，改革完善土地管理制度，健全科技创新体制机制，加强金融创新和改革，完善资源、能源节约和生态环境保护修复机制，改革创新城乡统筹体制机制，加快社会体制改革，改革行政管理和投资体制，加大开放力度，全面推进国家资源型经济转型综合配套改革，取得了明显成效。①产业结构不断优化。2010~2016 年全省三次产业结构由 6.0：56.6：37.4 调整为 6.1：38.1：55.8，服务业比重大幅度提高，在工业经济下行压力不断加大的情况下，成为拉动经济增长的主要动力。经济增长对煤炭的依赖程度逐步下降，2010~2015 年，煤炭工业增加值占全省工业增加值的比重由 58.4%下降到 46.8%，五年下降了 11.6 个百分点。同时，装备制造业增加值占工业增加值的比重达到 10.4%。②传统产业升级步伐加快。煤炭产业的产业集中度、现代化程度和安全生产水平显著提高，煤炭资源回收率提高到 80%以上；焦炭行业兼并重组加快，户均产能从 70 万 t 提高到 200 万 t 以上；钢铁行业高炉容积从 1000m³ 提高到 3200m³，2015 年全省新能源电力装机规模达到 1294 万 kW，占全省电力装机总规模的比重提高到 18.6%。③节能减排效果显现，生态环境显著改善。近年来主要污染物减排全部完成或超额完成国家下达任务，全省环境空气质量 PM2.5 平均浓度持续下降，"十二五"时期森林覆盖率年均提高 0.5 个百分点，全省地下水位连续 8 年持续回升，水质优良断面比例持续提高。④安全生产形势持续好转。2010~2016 年，全省煤炭百万吨死亡率由 0.188 下降到 0.053 的低水平（山西省发展改革委、山西省转型综改办，2016）。

伴随着宏观经济进入新常态，山西资源型经济结构面临更加严峻的形势，2010 年山西 GDP 增长速度比全国平均水平高 3.4 个百分点，2015 年则比全国低

3.8 个百分点，2016 年低 2.2 个百分点①（见图 13-5）。断崖式的经济下滑态势暴露出更加深层次的结构性矛盾，增长动能不足、产能严重过剩等问题亟待解决。在巨大的经济下行压力下，必须破解过度依赖资源型产业而造成的"产业结构锁定"、政府干预过多而造成的"转型模式锁定"等发展困局（李志强，2015）。从国内形势看，全国经济进入了换挡期，山西经济也由高速增长的黄金期进入平缓增长的调整期，中国工业化和城镇化的持续推进、东部地区产业向中西部地区加快转移，为深化资源型经济转型综合配套改革带来了新的机遇。

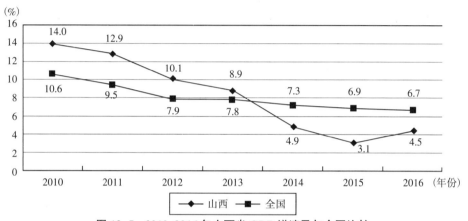

图 13-5　2010~2016 年山西省 GDP 增速及与全国比较

资料来源：《中国统计年鉴》（2016）、《山西统计年鉴》（2016）、《中国统计摘要》（2017）。

未来一段时期，要以《山西省国家资源型经济转型综合配套改革试验实施方案（2016~2020 年）》为重点，加强供给侧结构性改革，提高供给体系质量和效率，提高投资有效性，破解制约资源型经济转型的全局性重大体制问题，全面深化改革，进一步大胆探索，充分发挥市场在资源配置中的决定性作用，破除企业市场化退出障碍；加快煤炭清洁高效利用，实施煤基低碳科技创新；争取国家煤层气探矿权、采矿权审批制度改革试点；完善知识产权财政激励机制，让科技成果首先在省内转化；进一步争取扩大煤炭行业进项税抵扣范围，降低煤炭增值税负担，减轻煤炭企业税负；积极争取将煤炭行业纳入固定资产加速折旧实施范围，加快设备更新和技术应用；争取建设用地增减挂钩项目突破县域范围开展，

① 2016 年山西省 GDP 在全国 31 个省（自治区、直辖市）中仅高于辽宁省，连续两年居全国倒数第二位。

扩大工矿废弃地复垦利用改革试点范围；完善资源环境生态红线制度；健全非煤矿山生态环境治理制度；加快排污权交易；按照"管住中间、放开两头"的总体思路，加快电力、天然气等能源价格改革，把输配电价与发售电价在形成机制上分开，单独核定输配电价，分步实现公益性以外的发售电价由市场形成（山西省人民政府，2016）。与国家发展战略紧密结合，建立完善支撑资源型经济转型的政策体系和体制机制，发挥好试点对全局性改革的示范、突破、带动作用，努力为全国其他资源型地区转型发展发挥示范作用。

## 二、国家新型综合能源与制造业基地

山西之长在于煤，煤炭仍然是全省最大的优势矿产资源。2015年山西煤炭资源基础储量921.3亿t，占全国总基础储量的37.8%；2016年生产原煤8.30亿t，占全国总产量的24.3%，均居全国各省（自治区、直辖市）首位，山西已经发展成为门类齐全的国家现代化能源基地。当然，由于能源资源自身的有限性、不可再生性以及开发利用中的不合理性，煤炭开采也给经济发展、社会进步、生态环境带来了各种各样的问题。

在未来经济发展中，能源工业仍然是山西经济的支柱产业，这是由我国以煤炭为主的能源资源产品结构所决定的。2015年原煤占全国能源生产总量的72.1%，煤炭占全国能源消费总量的64.0%[①]；山西调给外省（自治区、直辖市）煤炭6.24亿t，占全省煤炭总产量的64.5%。[②]资源禀赋决定了山西和我国以煤为主的能源消费结构在短期内不会有大的改变。因此，未来巨大的煤炭消费需求，为山西以煤为主的能源工业提供了广阔的空间（牛仁亮，2009）。山西能源工业必须提升产业层次，提高发展质量，以晋北、晋中、晋东三大煤炭基地为重点，普及推广绿色开采技术，大力引进和推广先进适用技术，建立商品煤分级分质利用体系，提高洗配煤占商品煤的比重，提高能源供应能力；优化能源供应和外输结构，不断提升非化石能源比重，完善现代能源产业体系，促进能源产业升级，加快国家新型综合能源原材料基地建设。

工业是国民经济的主导，制造业是工业的主导。制造业是国家竞争力的基

---

① 2005年全国原煤占能源生产总量的77.4%，2010年占76.2%；2005年煤炭占全国能源消费总量的72.4%，2010年占69.2%。

② 2005年山西省外调煤炭4.00亿t，2010年外调5.07亿t，分别占当年煤炭总产量的72.2%和68.4%。

础，在国民经济中居于特别重要的地位。从发展中国家来看，制造业在国民经济中的地位日益提升；虽然发达国家制造业占GDP的比重有所下降，但地位依然非常重要。建设具有国际竞争力的制造业，是我国提升综合国力、保障国家安全、建设世界强国的必由之路。客观而言，山西制造业发展水平总体偏低，2015年制造业增加值1402.20亿元，占全省工业增加值的35.4%。无论是行业总量还是产品、企业规模都偏小，特别是传统制造业产品大多处于产业链低端，在市场竞争中处于弱势地位；尚未形成规模化的电子产业、信息产业、汽车配套产业等现代化制造业，承接产业转移、发展新兴产业的配套能力有限。但是，山西冶金工业发达，具有发展制造业的基础条件，应以装备制造园区为载体，重点发展轨道交通装备、煤机装备、煤层气装备、煤化工装备、节能环保装备和新能源汽车等先进装备制造，全面提高发展质量和核心竞争力，将山西建设成为国家重要的制造业基地。加快制造业集聚发展和产业结构优化升级，集中力量重点建设太原、永济、大同三大轨道交通装备制造基地，晋中、晋东、晋北三大煤机制造基地，太原、晋城两大煤层气装备制造基地，太原、长治、运城三大节能环保装备基地，太原、晋中、晋城电动汽车产业基地，形成布局合理、特色鲜明的制造业大省。

## 三、国家生态文明示范区

"绿水青山胜过金山银山"，生态环境是经济发展的基础，保护环境也是降低成本、提高经济效益的重要途径。中共十八大报告把生态文明建设放在突出地位，纳入社会主义现代化建设总体布局，进一步强调了生态文明建设的地位和作用。中共十八届三中全会进一步对加快生态文明制度建设提出了具体安排，并明确指出要"实施资源有偿使用制度和生态补偿制度"。《中华人民共和国国民经济和社会发展第十三个五年规划纲要》提出，"以提高环境质量为核心，以解决生态环境领域突出问题为重点，加大生态环境保护力度，提高资源利用效率，为人民提供更多优质生态产品，协同推进人民富裕、国家富强、中国美丽"。山西是能源大省，2015年以占全国1.64%的国土面积，生产了占全国25.8%的原煤、17.9%的焦炭、4.2%的发电量，虽为全国经济发展做出了巨大贡献，但也给自身留下了难以治愈的生态环境伤痛。2000年前后，山西曾是"全国污染最严重的省份"，11个主要城市的大气环境质量都超过了国家二级标准，其中有5个城市占据着全国污染最严重城市的倒数位置；全省二氧化硫、化学需氧量、固体废弃物、粉尘、废水等污染物排放总量均排在全国各省（自治区、直辖市）的前列（山西省环保局，2008）。

经过多年的努力，山西环境污染急剧恶化的趋势得到初步遏制，局部地区生态环境有所改善，但是生态文明建设的形势依然不容乐观。从城镇化方面来看，全省多数城市属于因煤而兴的资源型城市，形成了特有的污染企业群与人口密集区共存的城镇化模式，随着城镇化的快速推进，污染物在时间上的累积和区域空间上的复合效应将更加明显。从农村环境方面看，全省城乡环境公共服务差距很大，农村环境基础设施非常薄弱，随着农村居民生活方式逐渐与城市接轨，农村生活污水和垃圾产生量将大幅增加。现代农业产业化、规模化的变革将使污染物排放强度加大，养殖业集约化程度提高以及种植业化肥、农药等过度使用使农业面源污染日益严重（山西省人民政府，2016）。生态文明以尊重和维护自然为前提，以人与人、人与自然、人与社会和谐共生为宗旨，以改善环境质量为核心，应实行最严格的环境保护制度，强化污染防治与生态保护联动协同效应，围绕大气、水、土壤污染防治三项重点，加快生态环境治理体系和治理能力现代化建设，有效提升生态文明程度，为国家生态文明建设提供示范。

山西在未来的发展中要继续突出生态文明建设的内容，在绿色发展、低碳发展、循环发展和创新体制机制等方面率先突破。"绿色发展"就是要根据区域内的生态环境容量和资源承载力，把经济活动过程和结果的"绿色化"、"生态化"作为发展的主要内容和途径，实现经济、社会和环境可持续发展。按照"生产空间集约高效、生活空间宜居适度、生态空间山清水秀"的要求，坚持"点—轴开发、面上保护"的原则，立足于城市与区域的资源环境容量，以集中发展、集约发展、集聚发展为基本目标，划定生态保护红线，设定城市发展边界，促进经济要素和人口向中心城市转移，减少山区人类活动对生态环境的破坏；促进建设用地集约高效利用，建立适应转型跨越发展目标与可持续发展需求的规模调控和资源环境管理模式；鼓励园区集中紧凑布局，集约节约利用土地资源；突出考虑新区环境状况不容乐观的现实，加强环境保护及生态建设，严格环境污染治理。"低碳发展"就是要以低能耗、低污染、低排放为基础，实现能源利用方式的根本转变，进一步提高能源利用效率和清洁能源比重，尽量减少温室气体排放。"循环发展"就是以"减量化、再利用、资源化"为主线，遵循循环经济理念，创新资源利用方式，探索生态低碳产业园建设模式，建设低碳产业示范园区，利用工业生态学原理引导园区企业进行上下游衔接，形成资源共享和副产品互换的产业共生组合；构建节约型建设模式、生产模式和消费模式，促进经济又好又快发展。"创新体制机制"就是在加强生态功能区生态补偿机制的同时，充分考虑各主体的利益诉求，建立补偿方式灵活多样的横向生态补偿制度，调动微观主体的积极性，把生态环境保护与区域发展、人民生活改善等结合起来，实现多元共赢。

## 四、华夏文明展示、传承与创新区

山西是中华民族先祖的政治文化活动中心之一和华夏文明的发祥地，悠久的历史渊源和独特的地理环境在人类社会发展中留下了许多珍贵的遗产，保留有全国70%的地面古代建筑，大量的古遗址、古建筑、古文化使山西成为"中国古代艺术博物馆"。作为中华民族生息繁衍的摇篮，山西临汾市是最早被称为"中国"的地方，而早在四千多年前，尧就在这里建都，人称"华夏第一都"；省内有历代古塔280多座；有闻名世界的大同云冈石窟；山西现存唐朝以来的彩塑作品12712尊，是国内寺观彩塑最多的省份之一；表里山河的地貌特征，使山西有数量众多的名关险隘；现存壁画24000余㎡，数量之多、历史之久、艺术之精，在全国首屈一指；有大同、平遥等国家历史文化名城6座；发掘出具有较高研究价值的古文化遗址1200多处，著名的有芮城西侯渡遗址及匼河遗址、襄汾丁村遗址、沁水下川遗址、侯马晋国古都遗址、高平长平之战遗址、晋阳古城遗址、洪洞大槐树移民遗址等，华夏大半部的文明史都在这里浓缩。

"十二五"期间，山西文化产业快速发展，2015年全省文化及相关产业实现增加值268.65亿元，占地区生产总值的比重达到2.11%。但是，全省文化旅游业的发展与丰富的文化旅游资源、优越的区位还很不相称，要正视问题、创新理念、发挥优势，大力挖掘三晋历史文化的深厚底蕴，加大保护和利用历史文化遗产的力度，实现文化与旅游，历史文化、自然景观与现代城镇发展的融合，建设历史文脉和时尚创意、地域风貌和人文魅力相得益彰的美丽家园；建设国际国内文化交流平台，建设宗教古建、晋商文化、太行山水、黄河文明、寻根觅祖、红色圣地等文化旅游产业集聚区，持续开展文化旅游节庆活动，利用会展、论坛、赛事等平台，提升文化品牌的知名度和影响力；宣传推广"华夏古中国、山西好风光"、"五千年文明看山西"等品牌，重点塑造和提升五台山、云冈石窟、平遥古城三大世界文化遗产和晋商大院等一批具有世界和全国影响力的历史文化旅游品牌，展现和弘扬中华优秀传统文化，建设面向海内外的重要旅游目的地，在展示中实现华夏文明的传承与创新。

# 第三节　发展重点

## 一、发展多元化的支柱产业

发展多元化的支柱产业，就是要处理好煤与非煤产业的关系，在促进涉煤产业优化升级的同时，积极培育接续替代产业。"九五"期间，山西就提出调整优化产业结构，培育新的支柱产业，要下功夫培育和发展冶金、机电、化工、建筑建材四大支柱产业，加快与人民生活密切相关的轻纺、食品、医药工业的发展；"十五"期间提出，对经济结构进行战略性调整，因地制宜发展接续和替代产业；"十一五"时期明确提出，积极培育潜力大、市场前景广阔的新型支柱产业，夯实新型能源和工业基地的产业基础；"十二五"时期进一步提出，充分发挥资源优势，以重大项目为支撑，以技术研发和品牌建设为重点，大力培育龙头企业，培育壮大接替和新兴产业。但是客观而言，20多年过去了，山西的接续和替代产业一直没有得到较快发展，2015年资源型产业增加值占工业增加值的比重仍然高达79.1%。究其原因，主要是山西经济波动较大，在宏观经济形势趋好、能源原材料价格猛涨的形势下，只要挖煤、炼焦就有可观的利润，投资者对资源行业的热情更为高涨，政府和企业没有必要，也不会去考虑发展接续替代产业，产业转型在火红的投资热潮下没有完全达到政府预期目标；在宏观经济下滑、能源原材料价格大幅度下跌的形势下，当政府有心思去发展接续替代产业时，难免心有余而力不足，而企业更没有能力发展接续替代产业。

未来要把化解产能过剩和发展新兴产业有机结合起来，在加速改造煤炭、冶金、焦化、电力等传统产业的同时，加快发展市场潜力大、产业基础好、带动作用强的装备制造、煤化工等新兴支柱产业，促进新材料、节能环保、食品、医药等接续替代产业的尽快成长，逐步形成以传统优势产业为主导、新兴接续替代产业为先导、服务业全面发展的产业格局。山西接续替代产业的培育，要形成资源在煤与非煤产业间科学再配置的有效机制，充分发挥市场机制的决定性作用，综合运用科技、财税、土地、投融资、环保等政策，以价格、税收为杠杆，撬动、扭转资金、土地、技术、劳动力等要素的流向，将过度聚集在资源型产业的要素有效地引入接续替代产业（黄群慧、杨丹辉等，2015）。建议适时按照从价方式征收接续产业发展基金，通过创新和完善煤炭等矿产资源收益合理共享机制，保证接续替代产业发展的资金支持。对于新开矿井绝不能走过去"先开采、后转型"的老路，要走规避转型的路子，即在新矿区开采伊始，就要把过去资源型城市转型过程中遇到的环境、就业、接续产业等各种问题估计、考虑在先，将其解决在资源开采的各个阶段中，从根本上避免资源枯竭之后的被动转型。

## 二、走多元、集约的城镇化道路

未来山西的城镇化道路，应该从省情出发，因地制宜走多元、集约的城镇化道路。多元，既包括形成多种城镇化阶段共存的格局，也包括大中小城市和小城镇协调发展的格局；集约，应积极探索高效集约节约利用资源的发展方式，走紧凑节地、高效节约的集约型城镇化道路，减少城镇化过程中的资源消耗，提高城镇资源配置效率（魏后凯，2014）。

### （一）形成多种城镇化阶段共存的格局

城镇化在不同的发展阶段有不同的内容。从内涵角度划分，城镇化可以分为农村城镇化、城镇城市化和城市现代化三个阶段。在城市化初期，由于小城镇和小城市门槛较低，可以获得优先发展；在城市化中期，工业化也处于中后期阶段，工业集聚程度强化，规模经济效应显著，大中城市应该成为人口和非农产业的主要载体，大中小城市和小城镇应协调发展；在城市化中后期，城市集聚效应显著，通过现代化交通联系围绕大都市和超大城市形成城镇密集区、城市群成为主要趋势。

农村城镇化是以工业为主体的非农产业集聚发展的必然结果，是农村社会演进并通往现代化的一个重要过程，是传统农村向现代城市文明的一种变迁。在改造传统农业、推进农村现代化建设方面，城市的发展及所起的作用是小城镇无法替代的。现有的小城镇与城市发展的差距也决定了小城镇无力担当区域发展的重任，因此必须加快城镇城市化步伐。由城镇化转向城市化，意味着突出由人口流动转向功能提升。城市现代化一般是指城市的经济、社会、文化及生活方式等由传统社会向现代社会发展的历史转变过程，具体表现在城市的生产、生活和社会活动以及工厂、住宅、道路、通信、生态环境、公用文化设施等各项建设中，广泛应用现代科学技术成果和体现现代社会生产力水平与精神文明水平，从而使城市经济、社会、生态和谐全面地运行与协调发展，它以为城市居民提供最佳工作、学习、生活环境为目的（洪银兴、刘志彪和范从来，2002）。

1. 农村城镇化

对于山西而言，应把扩大城关镇的规模作为农村城镇化的重点。城市规模一般达到 20 万人以上才能形成专业化分工的优势。县城是建制镇中发展最快、最好的一部分，其经济发展状况、公共服务水平、辐射带动能力明显高于非城关镇类型的建制镇。因此，要将县城作为建制镇发展的重点所在，在土地、资金等方面进行重点扶持，使其逐步发展成为小城市，少数有条件的应争取发展成为中等城市。通过生产要素向县城的集聚，逐步形成以第三产业繁荣的县城为龙头，若干工贸结合的区块中心镇为骨干，特色工业小城镇、现代化农业中心村有机组合的城乡一体化格局。

2. 城镇城市化

如果达不到必需的规模，聚集不起服务业，聚集不起市场，聚集不起人气就不能成为城市。城镇城市化，就是要根据现代城市功能和城市观念来建设城镇，使之发展成为新型的小城市。具体而言，就是要提高小城镇规划和设施建设标准，特别要加快小城镇信息传播通道的建设，为城镇营造高质量、高标准的生产生活环境。一些近郊城镇可以结合城市郊区化进程，吸收大城市转移的人口和产业，成为大城市的卫星城，直接接受城市文化和城市观念的辐射。

3. 城市现代化

从一定意义上说，工业大市只是经济大市，只有形成以服务业为主的结构才能成为经济强市。要积极吸引包括乡镇企业在内的公司总部及营销中心进入城市，使城市由工厂林立转变为公司林立。以现代化为主要内容的城市化，要强化城市功能，建设现代化的城市设施支撑体系，提高城市质量，建设中心区与郊区之间的快速公共交通通道，实现城乡整体的现代化。大城市发展要注重土地的集约利用，防止人口的过度增长和空间的无序蔓延。山西城镇体系的典型特征是大城市太少，小城市太多、太小。要遵循城市发展规律，促进大城市的优先增长，集中力量建设 3 个左右的大城市，通过大城市的优先增长带动中小城市功能的提升。城镇集中要更多地依靠经济手段的调控，更注意自然形成的中心，依靠行政手段是建不起城市的。

### （二）引导转移农业人口向大城市集聚

人口向大城市集聚是城镇化的普遍规律（安树伟、闫程莉和王宇光，2017）。根据联合国社会和经济发展局的统计，1950~2010 年世界主要国家的城镇化率由不到 30% 提升到 56.7%，与此同时，世界主要国家小城市人口比重稳步降低，由81.25% 降到 55.45%。世界范围内，60 年间最大城市人口超过 500 万人和 100 万人口规模城市超过 5 个的国家中，小城市人口所占比重均呈大幅下降，最大城市人口所占比重呈上升趋势（丁成日，2015）。即使在中国现行的人口制度下，人口向大城市集聚也是城镇化的普遍特征。1992~2010 年，全国 50 万人以下的小城市人口占总人口的比重下降了 10.41 个百分点，50 万~100 万人的中等城市人口比重下降了 8.55 个百分点，100 万~200 万人的大城市人口比重下降了 1.66 个百分点。与此同时，200 万~800 万人的大城市人口占总人口的比重上升了 8.23个百分点，800 万人以上的大城市人口占总人口的比重增加了 12.39 个百分点（魏后凯，2014），说明中国的城镇化进程中大城市对人口的集聚作用要远远强于中小城市。

城镇化的国际经验和国内实践表明，城市人口的增长有其内在规律，很少受到政策和规划左右。大城市对人口的集聚作用要显著高于中小城市，特大城市对人口的集聚作用要明显高于一般大城市，人口向大城市集聚是城镇化的普遍规律。在中国新型城镇化进程中，依然要以市场为主导，减少人口自由流动的制度约束，降低人口城镇化的成本，对于特（超）大城市限制人口的强制性规划和政策应该谨慎应用，这对于山西科学合理地加快新型城镇化具有重要的意义。

应加快太原都市圈建设，促进太原都市圈的尽快成长。便捷的交通对于都市圈的发展极为重要，依托中心城市的集聚效应，强化周边城市功能和产业功能的发展，能有效提升各个周边地区的承接能力，通过中心人口、产业向周边地区的拓展，进而提升周边外围城市的收入水平，有助于实现沿交通线"点—轴—面"的不断扩散演化。除了建设中心城市太原与周边城市（镇）的交通干线之外，也要加快建设太原周边的晋中—寿阳—阳曲—古交—清徐—太谷—晋中环状交通干线，通过发达的交通网络激活周边中小城市的活力，最终形成太原都市圈新型的产业分工格局。太原的中心区要着重发展公司总部、研发、设计、培训以及营销、批发零售、商标广告管理、技术服务等环节，由此形成两头粗、中间细的哑铃形结构；太原郊区（工业园区）和其他大中城市侧重发展高新技术产业与先进制造业，由此形成两头小、中间大的菱形结构；而周边其他城市和小城镇则专门发展一般制造业和零部件生产，由此形成中间粗、两头细的棒形结构（见图13-6）。在这种新型的区域分工格局下，太原因公司总部、研发和设计中心、营运中心等的集聚而逐步发展成为管理控制中心，而中小城市的生产制造功能逐步强化，从而可以有效提高整个都市圈的产业竞争力。

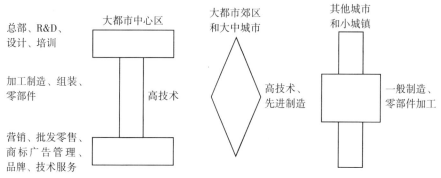

**图13-6　城市群产业协作的产业链分工模式**

资料来源：魏后凯. 大都市区新型产业分工与冲突管理〔J〕. 中国工业经济，2007（2）：28-34.

妥善解决已经出现的各种大城市病。大城市在发展过程中会产生各种各样的城市病，解决大城市病问题宜疏不宜堵，政府应在大城市内部均衡提供优质的基础设施和公共服务，缓解中心城区的人口过度集聚，提高城市的环境承载力。在交通方面，大城市内部交通应进一步加密地铁线路，缩短通勤时间，完善城际交通，建设快速交通圈。在医疗、教育方面，在城市内部均衡配置医疗和教育资源，合理增加医院和学校的供给，逐步实现大城市内部公共服务的均等化。为了促进大中小城市和小城镇的协调发展，政府应着眼于提升中小城市的公共服务功能，提升中小城市的服务配套措施，增强中小城市的人口吸引力，扮演好"政府搭台，市场唱戏"的角色。

## 三、拓展区域发展新空间

### （一）培育有效推动工业化和城镇化的关键区域

一般来讲，区域发展新空间是对全国或者区域经济发展具有重要的战略意义，资源环境保障能力强、经济规模较大、经济增长速度高于全国（或者较大范围）平均水平、能够集聚更多的人口和产业，经过一定时间的培育和发展，可以有效地推进国家或者区域的新型工业化和新型城镇化的关键区域（安树伟和肖金成，2016）。对于山西而言，区域发展新空间主要指工业化和城镇化的重点承载区域，也是新一轮经济调整和经济总量扩张的主要区域。山西正处于优化区域空间格局、经济增速由高速增长向中高速增长的转换期，其经济结构和发展模式正在发生转变。立足历史发展基础，综合考虑区位条件、经济增长、城镇化、环境容量等因素，晋城、朔州、忻州具有良好的区位优势，GDP 总量和人均 GDP 及其平均增速均有较好的表现，经济效率较高，城镇化率水平等有待提升，可以作为山西经济发展的新空间（见表 13-3）。

表 13-3　2015 年山西省各地级市经济发展主要指标

| 城市 | 地区生产总值（亿元） | 2005~2015 年地区生产总值年均增长率（%，现价） | | 人均地区生产总值（元） | | 城镇化率（%） | | 空气质量达标天数（天） | |
|---|---|---|---|---|---|---|---|---|---|
| | | 绝对量 | 相对量（全省=1） | 绝对量 | 相对量（全省=1） | 绝对量 | 相对量（全省=1） | 绝对量 | 相对量（全省=1） |
| 太原 | 2735.3 | 11.8 | 1.03 | 63483 | 1.82 | 84.5 | 1.54 | 230 | 0.91 |
| 大同 | 1053.4 | 11.0 | 0.96 | 30989 | 0.88 | 61.0 | 1.11 | 292 | 1.15 |
| 阳泉 | 595.7 | 11.3 | 0.98 | 42688 | 1.22 | 65.7 | 1.19 | 265 | 1.05 |
| 长治 | 1195.3 | 11.6 | 1.01 | 35029 | 1.00 | 50.0 | 0.91 | 242 | 0.96 |
| 晋城 | 1040.2 | 12.7 | 1.10 | 44994 | 1.29 | 57.0 | 1.04 | 263 | 1.04 |
| 朔州 | 901.1 | 17.3 | 1.50 | 51256 | 1.47 | 53.4 | 0.97 | 216 | 0.85 |
| 晋中 | 1046.1 | 12.2 | 1.06 | 31434 | 0.90 | 51.8 | 0.94 | 245 | 0.97 |
| 运城 | 1174.0 | 9.6 | 0.83 | 22304 | 0.64 | 46.0 | 0.84 | 237 | 0.94 |
| 忻州 | 681.2 | 15.1 | 1.31 | 21731 | 0.62 | 46.2 | 0.84 | 255 | 1.01 |
| 临汾 | 1161.1 | 8.3 | 0.72 | 26239 | 0.75 | 48.6 | 0.88 | 266 | 1.05 |
| 吕梁 | 955.8 | 11.9 | 1.03 | 25003 | 0.72 | 46.2 | 0.84 | 270 | 1.07 |
| 全省 | 12766.5 | 11.5 | 1.00 | 34919 | 1.00 | 55.0 | 1.00 | 253 | 1.00 |

资料来源：《山西统计年鉴》（2016）；牛仁亮.辉煌山西 60 年［M］.北京：中国统计出版社，2009：364-444.

晋城市要充分发挥产业发展、区域空间、资源环境、历史文化优势，加强供给侧改革，加快培育发展新动力，构建产业新体系，加快新型城镇化，加强生态文明建设，全力提升城区的辐射带动能力，成为集聚人口和产业的重要承载地，在全省率先走出资源型地区创新驱动转型升级的新路子，努力建设成为辐射周边地区的煤层气基地、装备制造基地、旅游休闲目的地，力争成为山西走向冀鲁豫和长三角东部发达地区的重要支点。朔州市要紧扣优化经济结构和提升发展质量两大主题，优化市域主体功能空间格局，建设成为全国综合能源示范基地、工业固废综合利用示范基地、日用陶瓷生产基地、生态畜牧养殖基地、全省特色农产品加工基地和"塞上明珠"。忻州市要加强农业基础地位，加快农业产业化经营，发展农副产品加工业，壮大县域经济；在抓好煤焦、医药、化工、冶金、建材、农产品加工等传统优势产业的基础上，大力发展煤、电、铝、化、冶和医药等产业；以五台山、芦芽山、温泉、雁门关、黄河五大旅游景区的建设为重点，突出发展以佛教文化、边塞文化、黄河文化、自然生态、度假疗养为特色的旅游业。强化忻府、原平、定襄核心城市建设，整合"忻（府）定（襄）原（平）"核心区功能；依托中部发达地区，加大东西山区的资源开发和生态建设力度，发展特色优势产业；统筹规划宁武、神池、阳方口组团，协调好河曲、保德、偏关沿黄地带城镇与工矿区布局。用好面向京津冀的区位优势，发展成为京津冀的重要腹地。

### （二）高度重视无煤县的发展

从县域经济的类型看，山西可以划分为市辖区、产煤县、无煤县三种。在全省 85 个县和 11 个县级市中，完全不产煤炭的县（及县级市）有 30 个。山西作为国家煤炭大省，一直以来十分注重市辖区和煤炭县域的经济发展，而无形中忽视了无煤县县域经济的发展。

山西资源型经济转型发展必须转变观念，跳出煤炭，在煤炭之外寻找突破口。山西无煤县土地面积 6.0 万 km²，占全省土地面积的 38.5%。无煤县并不意味着无资源，也不一定就没有发展前景，关键是怎么认识和如何开发非煤资源。如果我们转变观念，切实重视无煤县的发展，无疑是资源型经济转型发展的重要依托。如祁县的玻璃器皿出口额占全国的 25%，已经发展成为全国最大的人工吹制玻璃器皿生产出口基地。省内外也有许多矿产资源缺乏地区经济发展成就明显的案例。

无煤县是山西生态环境的一方净土。多年的煤炭资源开发和加工，使山西的环境容量已经接近极限。但是，无煤县生态环境优越，是发展现代农业、农副产品精深加工业、旅游休闲业等的重要场所。如沁县经过多方论证，已经打出了"北方水城·中国沁州"的品牌。除少数无煤县（如祁县、侯马、永济等）之外，绝大多数无煤县属于贫困县，经济落后，产业结构层次低，人民生活水平低，县级财政以转移支付为主。无煤县是山西建设国家资源型经济转型发展综合配套改革试验区的重要依托，"没有无煤县的小康就没有全省的小康，没有无煤县的发展就没有全省的发展"。

加大财政转移支付力度，尽快解决无煤县的财政问题，重点支持无煤县交通等基础设施建设和教育卫生事业的发展，支持无煤县大力发展特色优势产业。多数无煤县生态环境较好，具有发展特色优势产业的资源环境条件，如果能够给予一定的支持，对于培育无煤县支柱产业、培植财源具有重要的意义。建议在政策和资金方面加大对无煤县发展特色优势产业的支持力度。

## 四、加快环保优先的生态建设

山西的生态建设主要有两个问题：一是生态本底脆弱，地处黄土高原东部生态脆弱带，地表破碎，沟壑纵横，干旱少雨，全省植被覆盖率低，生态承载力低。尽管如此，20世纪50~80年代山西的生态环境还是比较好的。二是在生态本底脆弱的基础上叠加了严重的环境污染，导致20世纪90年代末期成为全国污染最严重的省份之一。因此，要走环保优先的生态文明建设之路，通过严格的环境保护，努力改善区域环境质量，同时搞好生态系统的保护和修复。

### （一）严格环境污染防治

坚持防治并举，统筹生产生活，兼顾城市乡村，实行最严格的污染防治政策，全面提高污染防治水平。严格电力、钢铁、水泥等行业的脱硫脱硝；建设完善的城镇污水处理设施及配套管网，改造污水治理设施，提高污水收集率、处理率和回用率；科学制定生活垃圾分类办法，建设完善的垃圾收运处理体系，全面实现生活垃圾无害化处理；通过排污单位淘汰落后和过剩产能、清洁生产、污染治理、技术改造升级等减少污染物排放，形成的富余排污权参加市场交易，建立排污权储备制度；探索排污权抵押融资，鼓励社会资本参与污染物减排和排污权交易；围绕"控煤、治污、管车、降尘"，强化重点行业挥发性有机物治理；加强重点行业提标改造，实施机动车污染防治和扬尘污染防治，促进环境空气质量进一步改善；强化能源消耗强度控制，做好能源消费总量管理；完善防控监测体系，提高环境监管能力，加快防污治污工程建设，落实污染物排放总量控制制度。

### （二）加强生态系统保护与修复

继续实施水资源开发利用控制、用水效率控制和水功能区限制纳污三条红线管理，在重要生态功能区、生态环境敏感区和脆弱区等区域划定生态红线，确保生态功能不降低、面积不减少、性质不改变。统筹山水林田湖综合治理，实施汾河、桑干河、滹沱河、漳河、沁河、涑水河、御河等综合治理和生态环境修复工程。加强沿黄地区水土保持和生态修复，实施黄河中游生态综合治理。在充分借鉴煤炭矿山生态环境恢复治理保证金制度经验的基础上，综合考虑非煤矿山种类、开采规模、单位产品保证金提取基价、开采方式、矿山生态环境状况、采矿权时限等因素，探索建立全省非煤矿山生态环境恢复治理保证金制度。探索建立资源环境承载能力监测预警机制，对资源消耗和环境容量接近或超过承载能力的地区，及时采取区域限批等限制性措施。

# 第四节　重大政策措施

## 一、提高经济的市场化程度

2017 年，美国传统基金会发布了《2017 年经济自由度报告》，其中中国香港得分 89.8 分，连续 23 年位列第一；紧随其后的是新加坡、新西兰、瑞士和澳大利亚；中国台湾得分 76.5 分，全球排名第 11 位；中国大陆得分 57.4 分，在参与排名的 180 个经济体中列第 111 位，仍属不太自由的经济体。经济自由度得分最高组国家也拥有最高的人均收入水平，随后逐步递减，减至最低得分组，人均收入水平也最低。就国内而言，以市场化进程衡量经济自由度，区域之间的差异非常明显。山西的市场化进程排名位于全国各省（自治区、直辖市）中下游水平，从各方面指数来看，山西在政府与市场关系、非国有经济发展、产品市场的发育程度、要素市场的发育程度、市场中介组织的发育和法律制度环境方面均处于全国中下游水平。

因此，山西要通过加强产权保护和减少规制来提高经济自由度，充分发挥市场在资源配置中的决定性作用，大幅度减少政府对资源的直接配置，实现资源配置依据市场规则、市场价格、市场竞争实现效益最大化和效率最优化。把政府的主要精力用于加强和优化公共服务、保障公平竞争、加强市场监管、维护市场秩序、实现可持续发展、促进共同富裕、弥补市场失灵方面，着重解决好收入分配、教育、就业、社会保障、医疗、住房、生态环境、食品药品安全、安全生产等关系群众切身利益的问题。

## 二、优化企业发展的制度环境

山西的企业在发展中面临着一系列高交易成本，包括税收成本、融资成本、管制成本以及制度性交易成本，其中尤以非生产性的制度性交易成本为最且充满不确定性，企业的发展环境排名还比较低，在 2006 年、2008 年、2010 年和 2012 年的全国排名分别为第 21 位、第 30 位、第 17 位和第 26 位，4 年中有 3 年处于全国下游位置。各年得分依次为 2.82 分、2.93 分、2.96 分和 2.94 分，均低于 3.00 分的中性评价[1]，说明山西企业发展环境偏差（王小鲁、余静文和樊纲，2013）。因此，要着力改善企业的经营环境，降低企业的制度性交易成本，并把降低制度性交易成本与提高企业创新能力结合起来。对于目前急需解决的产能化解与企业盈利问题，要根据实际情况分别对待，看哪些是由制度因素导致的，哪些是由经济政策与管理造成的，根据不同的原因对症下药。要从根本上优化企业发展的制度环境，降低企业发展的非生产性成本，用制度来约束地方政府的投资冲动，使企业真正成为市场活动和投资决策的主体。

## 三、促进经济活动调控方式由行政手段为主向法律手段和经济手段转变

政府调控经济活动的方式包括经济手段、行政手段和法律手段，由于历史传统及现实条件的影响和制约，我国各级政府习惯于采用行政手段调节经济活动。通过行政机关的直接干预，以通知、意见、纲要、决定、建议、规划等形式发布，措施颁布简便灵活，见事早，反应快，直接作用于调节对象，可以较快地达

---

[1] 王小鲁、余静文和樊纲（2013）将企业发展环境得分的中位评分 3.00 分（表示"一般"）视为中性评价，高于 3.00 分的评分是比较积极或偏向于正面的评价，而低于 3.00 分的评分是比较消极或偏于负面的评价。

到预期效果。但是也存在稳定性弱、公众参与度低、长期成本高的不足，导致其执行效果较差（安树伟和刘晓蓉，2010）。而法律手段和经济手段在促进经济发展方面有明显优势，而且经济的快速发展、全球化及市场化程度的不断提高，要求我们重视法治建设，促进政府调控经济活动的方式由行政手段为主尽快过渡到以法律手段和经济手段为主，以保证政策的科学性、连续性、高效性和透明性。

## 四、加快东西贯通的通道建设

山西表里山河，受到"两山夹一水"地貌特征的影响，经济发展主要轴线以南北纵贯的（大）同蒲（风陵渡）铁路、大（同）运（城）高速公路、大（同）西（安）客运专线为主，大同盆地、忻定盆地、太原盆地、临汾盆地、运城盆地、上党盆地从北至南是全省人口最集中、城镇最密集、经济发展水平最高的区域，在行政区经济的作用下，省内交通线也以太原为中心的纵贯南北的通道为主，而省内东西向的交通联系通道相对偏弱。我国北方客货运输主导方向是东西方向，在省内交通已经得到根本改善的状况下，鉴于山西承东启西的地理位置，以及"东引西进"的对外开放战略（黄桦，2012），未来要在基本形成快速、便捷、高效、安全、绿色的现代综合交通运输体系，为经济社会发展提供强有力的运输保障的基础上，加快全省东西贯通的通道建设，以引导沿海产业向山西转移与山西能源产品和工业制成品向沿海流动，加快山西与京津冀、中原城市群以及中西部广大地区的人员与货物流动。

近期，要加快大（同）张（家口）、太（原）焦（作）、原（平）大（同）、忻（州）保（定）、运（城）三（门峡）等高速铁路项目建设。完善铁路运煤通道建设，加快建设蒙西—华中地区运煤通道、和顺—邢台等铁路项目。加快国家高速公路、高速公路出省通道及地方高速公路建设，"十三五"时期建成 33 个高速出省口。

## 五、加快省外科研成果在山西的转化

山西科技创新实力基础弱、底子薄，2015 年创新能力综合排名居全国各省（自治区、直辖市）第 25 位，属于科技综合竞争力薄弱的地区。科技经费投入不足，2014 年 R&D 经费投入占 GDP 的比重只有 1.19%，明显低于全国 2.05%的平均水平，R&D 经费投入排全国第 20 位。科技支撑传统产业转型升级的能力较弱，产业转型升级和创新缺乏充足有效的技术供给。[①] 因此，山西实施创新战略要坚持自主创新与引进相结合的道路，在制约发展的关键技术和共性技术方面取得重大突破，完善创新平台，建设山西科技创新城，有效借助外部科技资源，加强与省外（尤其是京津冀与长三角）高等院校、科研机构、企业的合作与交流，鼓励在山西建立成果转移中心或研发、成果转化基地，开展科技创新活动。营造优良的区域创新环境，引导企业引进国内外先进技术、新工艺、新装备，通过消化、吸收和再创新，大幅度提高企业工艺装备水平和产品竞争力。

## 六、提高县级领导干部的科学决策水平

县域经济是山西经济发展的基本单元。决策正确是最大的节约，决策失误是最大的浪费。由于一个或者几个项目决策正确，使一个县经济迅速发展的例子屡见不鲜，而相反的例子也很多。县域经济要发展得快、发展得好，关键是要有一个好的领导班子。作为领导干部，既要敢想敢干，又要会干巧干；既要坚决执行上级指示精神，又要了解县情，创造性地开展工作。领导干部要加强学习，研究经济政策，用好用足已有的政策。但是，县里的工作千头万绪，要完成大量的学习任务很不容易。除了自学外，有关部门要为他们提供更多的学习机会，以增强他们在市场经济条件下驾驭经济发展全局的能力，有效提高他们的科学决策水平。

**参考文献**

[1] 安树伟，刘晓蓉. 区域政策手段比较及我国区域政策手段完善方向 [J]. 江淮论坛，2010（3）：36-40，52.

[2] 安树伟，肖金成. 区域发展新空间的逻辑演进 [J]. 改革，2016（8）：45-53.

[3] 安树伟，闫程莉，王宇光. 遵循城市发展规律，促进京津冀协同发展 [J]. 财经智库，2017（3）：37-47.

[4] 陈栋生. 区域经济学 [M]. 郑州：河南人民出版社，1993：30-36.

[5] 黄群慧，李芳芳等. 工业化蓝皮书：中国工业化进程报告（1995~2015）[M]. 北京：社会科学文献出版社，2017.

---

① 山西省人民政府. 山西省"十三五"科技创新规划 [Z]. 2016.

［6］丁成日.世界巨（特）大城市发展——规律、挑战、增长控制及其评价［M］.北京：中国建筑工业出版社，2015：89-90.

［7］洪银兴，刘志彪，范从来.转轨时期中国经济运行与发展［M］.北京：经济科学出版社，2002：373-385.

［8］黄群慧，杨丹辉等.破除"资源诅咒"——山西省资源型与非资源型产业均衡发展机制研究［M］.北京：经济管理出版社，2015：1-2，303.

［9］黄桦.新形势下山西区域经济发展战略研究［J］.经济问题，2012（12）：125-128.

［10］李志强.山西资源型经济转型发展报告（2015）：新常态下资源型经济结构均衡发展［M］.北京：社会科学文献出版社，2015：9.

［11］牛仁亮.辉煌山西60年［M］.北京：中国统计出版社，2009：79，96.

［12］王小鲁，樊纲，余静文.中国分省份市场化指数报告（2016）［M］.北京：社会科学文献出版社，2017：5.

［13］山西省发展和改革委员会，山西省转型综改办.全省转型综改试验区建设三年总结［Z］.2016.

［14］山西省环保局.山西环保：在困境中强势崛起［A］//《山西改革发展30年》丛书编委会.山西改革发展30年·综合卷［M］.北京：中共党史出版社，2008：497-507.

［15］山西省环境保护厅.2015年山西省环境状况公报［Z］.2016.

［16］山西省人民政府.山西省国家资源型经济转型综合配套改革试验总体方案［Z］.2012.

［17］山西省人民政府.山西省国家资源型经济转型综合配套改革试验实施方案（2016~2020年）［Z］.2016.

［18］山西省人民政府.山西省"十三五"环境保护规划［Z］.2016.

［19］山西省人民政府.山西省"十三五"科技创新规划［Z］.2016.

［20］山西省人民政府.山西省"十三五"脱贫攻坚规划［Z］.2017.

［21］孙凡文，许世卫.我国城镇化与工业化发展关系分析与判断［J］.调研世界，2006（7）：45-47.

［22］王小鲁，余静文，樊纲.中国分省企业经营环境指数2013年报告［M］.北京：中信出版社，2013：145-149.

［23］魏后凯.大都市区新型产业分工与冲突管理［J］.中国工业经济，2007（2）：28-34.

［24］魏后凯.走中国特色的新型城镇化道路［M］.北京：社会科学文献出版社，2014：32，103.

［25］张文丽，孙秀玲，潘晔.山西经济周期性波动的特点及成因分析［J］.经济问题，2013（7）：106-110.

# 后　记

1989 年当我还在山西师范大学地理系读本科的时候，就读到了山西大学张维邦教授主编的《山西省经济地理》(新华出版社，1987 年版)，该书对于认识山西、了解山西、研究山西意义重大，但我的确没有想到 30 年后由我负责组织编写新版《山西经济地理》。2014 年 6 月，在江苏师范大学召开的第一次《中国经济地理》丛书编写会议上，受全国经济地理研究会的委托，由我负责组织编写《山西经济地理》；2015 年 1 月，在广西大学召开的区域开放合作与新经济地理发展研讨会暨《中国经济地理》丛书编写第二次会议上，明确了各省 (自治区、直辖市) 分册的编写大纲。之后，由首都经济贸易大学、山西师范大学、太原师范学院、忻州师范学院、山西大同大学、中国人民银行兰州中心支行、晋城职业技术学院、山西省沁县中学等单位的专家学者组成了编写组，2015 年 9 月在太原召开了第一次编写会，讨论了编写大纲，明确了分工；2016 年 3 月在太原召开了第二次编写会，讨论了每章的提纲；2016 年 9 月在太原召开第三次编写会，讨论了各章初稿；2017 年 6 月全书定稿。

本书的基本内容和结构框架由安树伟提出并做最后修改，各章内容按照分工分别执笔完成，最后由安树伟统一修改和定稿。本书数据一般截至 2015 年 (个别数据更新到 2016 年)，除特别说明之外，数据一般根据相关年份的《山西统计年鉴》和《中国统计年鉴》整理得到；2016 年的数据一般根据《中国统计摘要》(2017) 以及相关统计公报整理得到。本书所引用的参考文献尽量在文中注明，如有遗漏敬请有关专家学者谅解。

本书是山西人合作完成的新版《山西经济地理》，作为一部学术性著作，对改革开放以来山西经济发展的历程、现状与问题、产业布局、发展方向与对策等，进行了较深入的研究，可以供相关专业的专家学者和政府经济管理部门有关人员参考借鉴，也具有一定的知识普及性，可以供大家阅读参考。本书凝聚着大家的心血和汗水，本书各章分工如下：第一章，成晋霞；第二章，张杜鹃、孙小娇、王珺；第三章，王萍、安祥生；第四章，郁鹏、边鹏鼇；第五章，任瑞萍、冯文勇；第六章，余昀、冯文勇；第七章，张爱国、刘秀丽、郭郝川；第八章，昝国江、王鲲；第九章，郭文炯、秦志琴、吕敏娟；第十章，张侃侃；第十一章，郝金连；第十二章，常瑞祥、申建锋；第十三章，安树伟、闫程莉。常瑞祥做了大量的组织协调工作，张晋晋协助安树伟对书稿进行了校对。

本书由首都经济贸易大学特大城市经济社会发展研究院和"城市群系统演化与可持续发展的决策模拟研究"北京市重点实验室资助出版。在本书付梓之际，谨代表所有作者对为本书顺利完成及出版提供支持与帮助的单位和个人表示诚挚的感谢！感谢首都经济贸易大学特大城市经济社会发展研究院常务副院长和"城市群系统演化与可持续发展的决策模拟研究"北京市重点实验室主任段霞教授、副主任吴康副教授的鼎力支持！感谢经济管理出版社申桂萍主任，是她的支持、关心和耐心使本书得以顺利出版。

山西经济发展仍有许多问题有待深入探索，由于水平有限，本书难免有不少纰漏和不当之处。作为一块引玉之砖，我们诚挚地期盼各位专家、学者、同行不吝批评、指正。

安树伟

2017 年 6 月于北京丽园